郑大史学文库

中国近代社会与文化

郑永福　吕美颐◎著

大象出版社

图书在版编目(CIP)数据

中国近代社会与文化/郑永福,吕美颐著.—郑州：大象出版社,2012.1
ISBN 978-7-5347-6835-4

Ⅰ.①中… Ⅱ.①郑…②吕… Ⅲ.①中国历史：近代史—研究 Ⅳ.①K250.7

中国版本图书馆CIP数据核字(2011)第147890号

郑大史学文库
中国近代社会与文化

出 版 人	王刘纯
责任编辑	杨天敬
责任校对	张迎娟　李娟慧　侯金芳
封面设计	高银燕
版式设计	张　帆
监　　制	杨吉哲

出版发行	大象出版社(郑州市开元路18号　邮政编码450044)
	发行科　0371-63863551　总编室　0371-63863572
网　　址	www.daxiang.cn
印　　刷	河南省瑞光印务股份有限公司
经　　销	各地新华书店经销
开　　本	787×1092　1/16
印　　张	21
字　　数	429千字
版　　次	2012年1月第1版　2012年1月第1次印刷
定　　价	82.00元

若发现印、装质量问题,影响阅读,请与承印厂联系调换。
印厂地址　郑州市二环支路35号
邮政编码　450012　　　　　电话　(0371)63956290

本书的出版得到了郑州大学三期"211"重点学科建设项目"考古学与中原文化"及历史学重点学科经费的资助

"郑大史学文库"编辑委员会

主　编　韩国河

编　委（以姓氏笔画为序）
　　　　王星光　安国楼　张民服　张旭华
　　　　张国硕　谢晓鹏　韩国河

总 序

  郑州大学历史学科创建于1956年,1976年增设考古学及博物馆学专业。1981年中国古代史、专门史、世界史专业获得首批硕士学位授权点,1996年中国古代史专业获得博士学位授权点,2003年考古学及博物馆学专业获得博士学位授权点,并获得了历史学博士后流动站,2006年获历史学一级学科博士学位授予权。2007年,中国古代史专业被确定为国家重点(培育)学科。历史学为国家级特色专业,也是河南省一级重点学科。历史文化遗产保护研究中心、中原文化资源与发展研究中心为河南省普通高校人文社会科学重点研究基地。

  50多年来,历史学科名师荟萃。嵇文甫、秦佩珩、荆三林、史苏苑、刘铭恕、张文彬、高敏、李民、戴可来等知名教授学者曾在此执教。目前,历史学科已形成年龄、职称、学历、学缘结构相对合理的学科及师资队伍。现有教授24人,副教授21人,讲师9人;具有博士学位者25人,多来自国内著名高校;有博士生导师15人,省特聘教授2人,"百千万人才工程一二层次入选者"1人,国务院政府津贴获得者2人,省管专家4人,省优秀中青年骨干教师12人。

  近几年来,历史学科先后承担并完成的主要科研项目有:国家"十五""211"工程重点学科建设项目"中国古代文明与考古学""考古学与中原文化";国家"十五"重点科技攻关项目"中华文明探源"工程子课题"登封南洼遗址的发掘与研究";面向21世纪教育振兴计划中国古代史学科建设等。在研与完成国家社科基金项目十余项,横向科研项目15项,科研总经费达2000余万元。

  经过50多年的积累和发展,历史学科已凝练成相对稳定并具有各自优势特色的研究方向。如在先秦思想史、秦汉史、人口史、魏晋南北朝史等领域取得了突出成就;在田野考古、陵寝考古、城市考古、科技考古、中原考古等方面形成了自己的特色;在三礼及郑注研究和整理、出土古文字整理与研究方面,有深厚学术积淀;在中国近代思想文化史、近代妇女史、港澳史等方面的研究颇具影响,同时与河南地方史研究相结合,显示出学科实力;在明清经济史、区域经济史、宋代民族史、移民经济文化等方面的研究,产生了较大的学术影响;在东南亚史尤其是越南史,以及犹太史、欧洲文化史方面,取得了不少高水平成果;在中原历史及古代文明、中原历史文化遗产、中原科技史等方面进行了较为系统的研究,为弘扬中原文化、推动河南省文化事业发展做出了自己的贡献。

  目前,历史学院的基本定位是依托中原地区丰富的历史文化资源,充分发挥师资力量雄厚、科研成果丰硕、学科实力较强的优势,以培养厚基础、宽口径、高素质、创新型专业人才为目标,以本科教育为基础,积极发展研究生教育,努力把历史学院建设成为在全国有重要影响的学术研究型学院。办学思路是以教学工作为中心,以学科建设为龙头,以人才质量为生命,不断加强对学生综合能力和基本素质的培养,努力造就系统掌握专业理论知识,并适应现代化建设需要的高级专门人才。具体来讲,历史专业要大力弘扬中原文化,积极为河南省的"文化强省"建设和"中原经济区"战略提供智力支持。考古专业要充分利用河南文物大省的优势地位,积极开展田野考古实习与文化遗产的保护与研究工作,注重培养学生的实际工作能力。人文科学实验班(国学方向)在推行"2+2"培养模式上,积极构建文史哲交叉融合的一体化教育平台,强化学生的人文素质和综合能力。

为了实现历史学院又好又快地发展,我们必须抓住国家"千人计划"和河南省"百千万工程"的机遇,实施新一轮高层次人才引进计划。历史学院一贯认为:人才是学院兴盛的保障。一是尊重知识、尊重人才,尤其是要发挥老专家、老学者的传承与帮带作用。二是积极引进名校毕业的博士,改善人员梯次和年龄结构。三是注重人才成长与学科建设、科学研究的关系。四是平衡郑大人才固有传统和新兴学科人才群的关系,达到人才和谐、共同进步的最佳状态。

为了实现学术研究型学院的目标,我们必须切实提高教学水平和人才培养质量。历史学院一贯主张:专业建设需要突出专业的特色和优势。首先是加大教授为本科生授课的力度,突出专题研究教学内涵,引导学生对历史考古研究的学术兴趣。其次是突出实践教学环节,加大中原历史文化的教育特色以及国学教育的内容,搭建嵩阳书院的教学平台,达到厚基础、宽口径的学术探索目的。再次是培养一支优秀的中青年教师队伍,彰显教师个人的研究领域和水平,形成"黄金教学研究链条"。

为了实现各研究方向的可持续发展,必须倡导顶天立地抓科研,努力提高科研水平和成果转化能力。历史学院的一贯做法是:科学研究是立院根本。一是营建科学研究的人文氛围,建立科学研究的奖惩机制。二是加大重点学科的建设力度,出原创、出精品。三是充分发挥学科带头人的科研引导作用,努力承担国家、省部级项目以及社会服务工作。四是正确引导学生(本科及研究生)对科研对象、领域的选择,包括大学生的假期实践活动,也要贯穿科研意识和能力的培养。

"郑大史学文库"系列著作的出版,就是基于以上的历史积淀和现实考虑,一方面是展示郑州大学历史学院教师的学术研究成果,另一方面也是学者自己对学术研究的一个深层总结与回顾,在此基础上,选择和坚持更加明确的学术研究方向,瞄准学术前沿问题,开展更为深入的科研工作。

司马迁说过:"欲以究天人之际,通古今之变。"这是我们大家共同的追求。

是为序。

韩国河
2011年4月7日

目录

冲击与反应
《川鼻草约》考略 　　3
历史上关于澳门问题的中葡条约 　　10
律劳卑来华与鸦片战争 　　19
关于律劳卑事件的不同解读
　　——从律劳卑纪念碑谈起 　　27

维新与自救
晚清地主阶级自救运动论纲 　　43
戊戌变法与官制改革 　　51
美国公使夫人眼中的那拉氏
　　——萨拉·康格九次觐见慈禧太后记 　　61
义和团运动时期河南省河北道筹防局个案研究 　　72
清末宪政编查馆考察 　　78
论清末官制改革与国家体制近代化 　　86

思想与文化
《天演论》探微 　　99
关于《天演论》的几个问题 　　108

《新中国未来记》与20世纪初梁启超的思想　　118
卢梭民权学说与晚清思想界　　127
晚清近代自然科学的输入及其影响　　134
孙中山与基督教　　143
佛教与基督教在近代中国女性中影响之比较　　152

官治与自治

历史上澳门地方自治制度论略　　161
近代地方自治思潮的东渐与传播　　169
评清末"筹备立宪"中的地方自治　　182
地方自治：孙中山关于中国政治近代化的一个重要设计　　199
联省自治思潮与联省自治评析　　210
湖南"自治运动"中毛泽东的地方自治思想　　217
论日本对中国清末地方自治的影响　　225

习惯与制度

近代中国民事习惯中的合会与互助会　　237
清末民初家庭财产继承中的民事习惯　　250
近代中国"相邻关系"中的民事习惯　　263
清代的督催与注销制度　　276
清代灾赈制度中的"报灾"与"勘灾"　　284

士绅与学人

试论辛亥革命前河南人民收回矿权的斗争　　291
从理学家到著名实业家的王锡彤
　　——一个近代中原士绅的嬗变追踪　　300
嵇文甫先生旧学师承渊源考略　　309
文不虚发　有所不为
　　——胡思庸先生逝世十周年祭　　315

后记　　323

冲击与反应

《川鼻草约》考略

鸦片战争初期,英国侵略军于1841年1月强占香港时,曾发布公告诡称义律与琦善已经签订协定(即此后所谓的《川鼻草约》),将香港岛割让给英国。百余年来,中外史籍颇多沿袭此一谬说。近年这个问题虽已引起一些学者的注意,但还没有专门的论述。本文拟就这个问题做进一步考订。

琦善与义律在广东的谈判,大致经过三个阶段,分述如下。

(一)

第一阶段是从1840年11月底开始的。

早在1840年8月9日,义律等在天津呈递的英国外交大臣巴麦斯顿《致清朝宰相书》中,即提出了赔款及割一岛或数岛的无理要求。琦善到达广州后,义律又迫不及待地要求琦善根据英方提出的条件缔约签字。

琦善11月29日抵达广州,义律12月7日来照:"本公使大臣,会同前统帅公使大臣懿,于本年七八月间,曾在天津白河口外,为本国宰相转递之公文内载各款,应请贵爵相大臣定议照会如何办理。……现在本公使大臣,惟俟贵大臣,将此等节款结议,写作汉字英字约文一张,盖封贵大臣关防及本公使大臣印书,以为盟约之始基。"[①]

---

① (日)佐佐木正哉编:《鸦片战争の研究》(资料篇),东京1964年11月版,第29页。以下引文未注明出处者,均出自此书。

琦善四天后复照义律,答应赔款白银500万两,对于英方提出的其他条款,也表示"善为调停"。但对割地一事,琦善则加以拒绝。他说:"只有请给地方一款,实因格于事理","若贵公使大臣,必将此一款,始终坚执,势必致诸事不能仰邀大皇帝允准",请求义律对此"详细思之"。12月12日,义律照会琦善,要求赔款白银700万两,关于割地一事,义律说:"请给地方一节,据来文称云,已奉大皇帝谕旨,不愿如此办理。即英国原亦不求取地方。倘能应允另行开港贸易,本公使大臣,当可不再求地。"照会要求开放广州、厦门、定海三个港口,并提出英国军队将"在外洋红坎山(即香港)暂屯,俟各事善定全完之后,撤回本国"。

12月15日,琦善照会义律,重申割地是"天朝从来未有之事,其势断不能行"。至于通商口岸,琦善表示可"代为奏恳圣恩",广州之外,"另给码头一处",且只准"乘舟载货前往,即在舟中与行户互市,仍遵定例,不得上岸居住,与居民私自交换"。

琦善随时将谈判的情况奏报道光。最初的奏折中透露过英国垂涎香港等地,道光曾有朱批:"愤恨之外,无可再谕。"①后来当琦善奏报他已答应对英赔偿烟价并增开通商口岸一处时,道光朱批:"恰与朕意吻合"、"好"②。由此可见,道光皇帝认为,其他方面均可让步,但不能割地。道光的这个原则性的态度,应该说也是琦善与义律谈判的基本准则。琦善之所以对义律提出的各项侵略要求一一允诺,但对割让香港一事却始终不敢公开答应,主要原因就在这里。也正因为这样,琦善与义律一直不能达成协议、签订条约。

义律掌握了琦善的求降心理及广州防务松弛的情况后,步步紧逼,并以武力相威胁。12月17日,义律照会琦善,同意中国赔款白银600万两,但对于通商口岸,坚持广州之外,浙江、福建再各开一处,并强调指出:"惟来文开载另给码头,即在舟中与行户互市等因。本公使大臣再三熟思,倘如此办理,则买卖之务,必不能行。应请异议筹办,而此请并无别故,只有求予方便馆所,俾得寄寓贸易。"12月26日,义律扬言,所请条款若不答应,"议照兵法办行"。12月29日,义律出尔反尔,蛮横地重提割地问题,要求"予给外洋寄居一所,俾得英人竖旗自治,如西洋人(按:葡萄牙人)在澳门竖旗自治无异"。1841年1月2日,琦善照会义律:"查天朝准令外国之人前来贸易,已属大皇帝格外恩施,断无再给地方之理,亦经本大臣爵阁部堂备文照会。并据贵公使大臣来文内,声明不再求地,今何以又有予给寄居一所之语?"义律见琦善持这种态度,便拟以武力迫琦善就范。1月5日,义律照会琦善,以"照兵法办行"相威胁。同日英国海军统帅伯麦也照会琦善,"自从本日以后,就拟动兵相战"。1月7日,英军攻占大角、沙角炮台。

以上这段时间内,英国殖民主义者千方百计胁迫琦善按英方提出的条件赔款、割地,签订所谓"盟约"。面对穷凶极恶的英国侵略者,琦善不能积极准备战守,一味

---

① 道光朝《筹办夷务始末》第2册,中华书局,1964年3月版,第630页。
② 道光朝《筹办夷务始末》第2册,中华书局,1964年3月版,第656页。

把希望寄托在讨价还价的谈判上,用他自己的话说,就是"磨难"。他在1840年12月14日给道光的奏折中说:"奴才惟有殚竭血诚,不惜颖脱唇焦,与之多方磨折,但求可已则已,断不敢稍存易于结事之心,或致轻为然诺。"①在12月27日的奏折中,琦善又说:"是以奴才故事磨难……借此延以时日。"②

琦善"磨难"政策的含义是,对英国殖民主义者的要求既不严加拒绝,也不轻易答应,而是怯懦地拖,尽量把投降的条件定低一些,尤其是割地问题,更不能贸然允诺。清政府对琦善所谓的"磨难"是很赞赏的,道光在琦善奏折中"故事磨难"四字后面朱批"好"。清政府投降主义的政策,助长了英国侵略者的嚣张气焰。他们岂肯"磨难",决定诉诸武力,给琦善和清政府点儿颜色看看,打过之后再谈。

(二)

1841年1月7日,英军攻陷大角、沙角炮台后,双方谈判进入第二阶段。

1月8日,义律、伯麦照会关天培,提出了五条要求。其中第一条是:"应将现归英国占据之沙角地方,仍留英国官员据守,给为贸易寄居之所。"并声言,所列各款,不能更改,限琦善三日内给予明确答复。10日,义律在照会中重申,"所有开载款节,稍毫未能更改",若琦善"仍执前见,不允所请,必仍行动兵交争"。

英方的军事行动的确吓坏了琦善。他1月11日照会义律,表示可考虑英方原来的要求,"代为奏恳",在外洋给予一"寄居地"。琦善此举,颇需要点儿"勇气",因为割地毕竟是史无前例的事,太伤"大清帝国"的"尊严",道光皇帝能批准吗?

义律接到琦善照会后,当即照复,表示愿以尖沙嘴和香港代换沙角。"若除此外别处,则断不能收领。"值得注意的是,义律照会中提到,寄居的"境界",可另行详定。这是什么意思呢?原来,当时香港一词,尚非全岛的总称,而是专指岛上西南一隅。岛的西北部称裙带路,东北部叫红香炉,中部是大潭,香港的东面是赤柱。下文所引赖恩爵称"该夷前求香港与之寄居,意不重在香港,实则欲占全岛",也说明了这一点。因此才有详定"境界"之说。

1月14日,义律又照会琦善,要求"将尖沙嘴、香港等处,让给英国主治,为寄居贸易之所"(按:寄居地、居留地,主权仍在中国;而英国主治,则纯属割让,义律的要求升级了)。

次日,琦善照会义律,表示尖沙嘴与香港两处,只能"择一地方寄寓泊船",望义律"筹思具复,以便即为代奏"。义律第二天复照,先说同意按琦善来文办理,但又说"一面以香港一岛接取,为英国寄居贸易之所",一面归还定海和沙角、大角等地。由香港一隅变为香港一岛,暴露了殖民主义强盗的贪婪。

1月20日,义律照会琦善,表示立即归还沙角、大角,"所有兵船军师,撤退九龙

---

① 道光朝《筹办夷务始末》第2册,中华书局,1964年3月版,第617~618页。
② 道光朝《筹办夷务始末》第2册,中华书局,1964年3月版,第654页。

所近之香港岛地驻扎"。这是一个信号,英国殖民者不等琦善"代为奏恳"的下文,就要强占香港了。

就在这一天,义律单方面发布了一个公告,声称:

"女王陛下的全权公使兹宣告他和中国钦差大臣已经签订了初步协定,其中包括以下各款:

(1)香港本岛及其港口割让与英王。……"①

值得提出的是,一些西文著作断言琦善与义律签订了《川鼻草约》,根据就是义律发表的这一公告。1978年版的《剑桥中国史》说:"1841年1月20日,琦善无能为力地同意了《川鼻草约》。"②美国1980年版的《大百科全书》中说:"1841年1月20日,中国战败之后,被迫签订了《川鼻草约》。"③这些说法,是根本站不住脚的。因为更权威的文献完全否定了这一说法。英国外交大臣巴麦斯顿看到本国报纸刊载的义律发布的"公告",曾致函义律说:"在你和琦善之间,对于割让香港一节,并不像是签订了任何正式条约,而且无论如何,我们可以断言在你发布通告的时候,这种条约即使经琦善签字,也绝不是已经由皇帝批准的;因此你的通告全然是为时太早。"④

试想,如果琦善与义律有正式签订的协定或条约文本,义律当呈送英国政府。而巴麦斯顿的信是1841年5月14日写的,若义律呈送了正式文本,巴麦斯顿肯定见到了。实际上,中英双方任何正式协定也未签订,巴麦斯顿也只是从报纸上见到一则消息而已。"不像是签订了任何正式条约",这就是英国政府当时的看法,而这一看法对我们判断1月20日《川鼻草约》是否签订,无疑是很权威的。进一步说,若是琦善与义律已经签约,此后他们之间的"签约"谈判岂非多余?事实上,正因为琦善没有和义律签署任何协议,谈判仍在继续进行着。

在义律发布公告后第六天,即1841年1月26日,英军强占了香港。这一天,伯麦照会大鹏协副将赖恩爵,内容如下:"照得本国公使大臣义,与钦差大臣爵阁部堂琦,说定诸事,议将香港等处全岛地方,让给英国主掌,已有文据在案。是该岛现系归属大英国王治下地方,应请贵官,速将该岛全处所有贵国官兵撤回。"

伯麦的照会,是地地道道的讹诈。

其一,所谓"已有文据在案",给人的印象似乎双方已签订条约。其实,"文据"

---

① 马士:《中华帝国对外关系史》第1卷(中译本),商务印书馆,1963年版,第305页。

② *The Cambridge History of China*, Vol. 10, Part 1, P. 199, Cambridge University Press, 1978.

③ *The Encyclopedia America*, Vol. 14, P. 348, International Edition, 1980.

④ 马士:《中华帝国对外关系史》第1卷(中译本),《附录》(八),商务印书馆,1963年版,第735页。

云云,只不过是义律与琦善往来磋商和照会。其中有的意见统一,有的并不一致,并非什么正式协定。直到2月1日义律给琦善的照会中还说:"倘贵大臣爵阁部堂,能将业将分别酌议说定诸事,曾有文据之各条款,列作盟约,俾两国制体,均无所伤之处。"足见"文据"并非什么条约,否则何必再"列作盟约"?

其二,琦善答应"代为奏恳"的是把香港作为英人寄居贸易之所,并非割让。伯麦所称"让给英国主掌",由"英国主治",这是有意的歪曲。

其三,琦善答应"代为奏恳"的是将香港一隅作为英人寄居之所,而并非全岛。前引义律照会中"境界"另行详定,已是证明。琦善在12月28日给道光帝的奏折中也说:"至于香港地方,奴才先已派员前往勘丈,俟奉旨准行,再与该夷酌定限制。"① 这里所说"香港地方",也是指香港一隅,因而才有"勘丈"、"限制"一说。

就这样,英国殖民主义者用强权和讹诈霸占了香港。他们下一步的目标,就是要制定条款,胁迫琦善加盖关防,以取得法律上的依据。

(三)

在谈判的第三阶段,琦善虽早已向英军屈服,但在得到道光批准以前,仍不敢擅自与义律签订条约。

这期间,琦善与义律有两次面对面的谈判。

第一次,1841年1月27日,地点在狮子洋莲花山。在秘密会谈中,义律出示他拟定的条款,其中第一条便是"香港之岛及港让与英国"。对此,琦善没有答应。英方的记载也非常明确:"27日,义律大佐和琦善在莲花山塔下会见。……但是他们毫未达成具体协议。"② 琦善在事后的奏折中也说:义律呈出章程草底,"奴才当加指驳,该夷即求为酌改,兹已另行更定,容俟拟就,录呈御览"③。琦善说,是日义律"情词极为恭顺",实际上是英军强占香港已成为事实,义律便软硬兼施,诱迫琦善加盖关防。

第二次,1841年2月10日,地点在川鼻洋蛇头湾。这次会谈,琦善拿出了自己拟定的条款,第一条是:"既经奏请大皇帝恩旨,准令英吉利国之人仍前来广通商,并准就新安县属之香港地方一处寄居。应即永远遵照,不得再有滋扰,并不得再赴他省贸易以归信实。"义律不同意琦善拟的条款,而要"坚求全岛",这次会谈仍无结果④。

2月13日,义律照会琦善,拿出了他拟定的"条约草案",让琦善加盖关防。草

---

① 道光朝《筹办夷务始末》第2册,中华书局,1964年3月版,第736页。
② 中国近代史资料丛刊:《鸦片战争》第5册,神州国光社,1954年10月版,第175~176页。
③ 道光朝《筹办夷务始末》第2册,中华书局,1964年3月版,第776页。
④ 道光朝《筹办夷务始末》第2册,中华书局,1964年3月版,第814~815页。

案计七条,其中一条是:"天朝大皇帝准将治属之广东新安县附近海滨者香港一岛,给予大英国王。"《川鼻草约》一说,概由此"条约草案"七条而来。前此,义律与琦善往来的照会或会谈中,均无"草约"一说。1月20日义律的公告,也用的是"初步协定"字样。那么,这个"草约"琦善签字了吗?回答是否定的。据宾汉《英军在华作战记》一书记载:15日琦善派鲍鹏向英人声明不能签字,"请再予十天进行考虑"①。宾汉系当时义律手下一个军官,是个当事者,他的记载应该说是实际情况。义律见琦善不肯签字,又获悉清政府正在调兵遣将,决定再次以武力相威胁。2月16日,他给琦善的照会说:"本月之内,倘终未能以善定事宜条款,盖印了结,诸事全妥,必使再开衅端,不免仍复相战。"

这时,琦善已因奏请香港给英人寄居被革职。他见事情不妙,便于2月18日照会义律:"本大臣爵阁部堂,本欲备文商酌,因日来抱恙甚重,心神恍惚,一俟痊可,即行办理。为此先行照会,既已承平,务望等待。倘再如上年之不候回文,即行滋扰,则前议一切,皆归乌有。本大臣爵阁部堂,万难再为周旋。"

当时琦善给道光的奏折中说:

"奴才前拟章程四条,未据该夷遵依,续又具其自行拟具条款,呈请用钦差关防,其词尚多矫强,奴才以事关印文,未敢轻许。……奴才一面备文告以患病,借延时日;一面将其条款,酌加删改发还,饬令另缮,呈请盖用关防。仍佯谕以此出自奴才之意,尚未具奏,系大皇帝所不知。以备将来奕山等到后,可以再酌。"②

2月19日,英军准备进攻虎门。琦善闻讯,急派鲍鹏带书信两封,面见义律。一封信重申以前的意见,另一封信则答应给予香港全岛。但琦善告诫鲍鹏,若义律态度蛮横,战事无可避免,后一封信便不递交。结果义律态度极端恶劣,鲍鹏并未向义律出示后一封信,而是将它带了回来。③

2月26日,道光帝得到广东巡抚怡良奏报英军占据香港的奏折后,即令将琦善锁拿解京。

以上就是琦善与义律谈判的经过。由此我们不难看出:

1. 琦善始终没有向义律答应割让香港,只许寄居;而且始终也未答应英方占香港全岛,只同意香港一隅。两广总督祁𡐨和广东巡抚怡良奉旨调查琦善罪行后的奏报中说:

"现据署大鹏协副将赖恩爵禀称:该夷前求香港与之寄居,意不重在香港,而重在裙带路与红香炉,名则借求香港,实则欲占全岛。……至前署督臣琦善是否给予

---

① 中国近代史资料丛刊:《鸦片战争》第5册,神州国光社,1954年10月版,第177页。
② 道光朝《筹办夷务始末》第2册,中华书局,1964年3月版,第833页。
③ 中国近代史资料丛刊:《鸦片战争》第3册,神州国光社,1954年10月版,第250~251页。

全岛抑只给一隅,并无明文。……又查琦善任内所出示文,有该夷既准贸易,复求寄居,既准寄居,复求全岛之语。……窃意琦善原只许以一隅,俾得寄居,而夷情无厌,遂借此要借求全岛,似系实在情形。"①

琦善之被革职锁拿,系由怡良揭发其罪行所致,想他在调查时绝不会再为琦善隐恶,上述材料当属可信。

2. 所谓《川鼻草约》,是英军强占香港以后单方面制定的条文,而琦善始终未在该约上签字或加盖关防。故《川鼻草约》不仅事后未经中、英两国政府批准,即便当时也并没有签订。"订立"、"签订"、"签字"等说法,是缺乏事实根据的。

关于这一点,一些西方论者也曾有过比较实事求是的论述。G. B. 安达科特《香港史》一书中说:

"在广州的谈判,琦善拒绝义律提出的大部分要求,之后一个时期曲折的谈判,在1841年1月初破裂了。义律向广州行动,占据了大角炮台。三天后休战,恢复了达成一个协定的谈判,协定即一般人所说的《川鼻草约》。义律和琦善两人安排在1841年1月20日于川鼻会谈,签订这个协定,但琦善提出了异议。安排在2月12日的最后一次会谈,也没有举行。事实上,条约从未签订。"②

3. 英国殖民主义者先是在没有任何条约根据的情况下,武力强行霸占了我国领土香港,以后又经过一年多的持续侵略战争,用武力胁迫清政府签订《南京条约》,将抢夺来的侵略权益用条文的形式固定下来,充分暴露了殖民主义者的强盗本性。

(胡思庸 郑永福 《光明日报》(史学版)1983年2月2日。中国人民大学报刊复印资料《中国近代史》1983年第2期全文复印。另该文分别收入宁靖编,人民出版社1984年出版《鸦片战争论文专集续编》;光明日报出版社1984年出版《〈史学〉论文选》;郭汉民主编,湖南人民出版社1989年出版《中国近代史实证误》。)

---

① 道光朝《筹办夷务始末》第2册,中华书局,1964年3月版,第1103页。
② G. B. Endacott, *A History of Hong Kong*, P. 17, Oxford University Press, Second edition.

历史上关于澳门问题的中葡条约

（一）葡萄牙盘踞澳门的历史回顾

澳门自古以来就是中国的领土。老牌殖民主义者葡萄牙于1553年,用贿赂手段取得在澳门停靠船舶的便利,之后又用不正当的手段于1557年正式盘踞澳门,使之成为葡萄牙的独占居留地。从这时起直至1848年,虽然葡萄牙占据澳门,但中国的明朝和清朝政府对澳门一直行使着主权,包括土地所有权、行政权、司法权、海关管理权等。而葡萄牙在澳门获得的是以下几种权利:第一,通过向中国政府缴纳一定数量的地租(鸦片战争前后地租银为每年500两),取得在澳门的居留权;第二,在向中国政府纳税的前提下,有在澳门的贸易权;第三,从1560年起,在清政府的默许及监督下,葡萄牙人在澳门建立起葡人的自治机构,取得了一定的自治权。所以说,鸦片战争前,澳门是在中国管辖之下由葡萄牙人经营的一块特殊的地方,也是中外通商的重要口岸。

由于葡萄牙国势的日趋衰弱,鸦片战争前一个相当长的时期内,葡萄牙对中国政府还算是比较"恭顺"的。1839年9月,钦差大臣林则徐与两广总督邓廷桢巡阅澳门时,澳葡当局官员曾率百人仪仗队在关闸迎接,各炮台鸣礼炮19响,以示隆重欢迎。但鸦片战争期间,当葡萄牙人看到英国殖民主义者胜利在握时,其态度发生了重要变化。葡萄牙当局听任英国军舰在澳门停泊,为英军提供补给,客观上使澳门成了英军侵华的"基地"。

1842年中英《南京条约》签订后,中国被迫割让香港,开放广州、福州、厦门、宁波、上海5个通商口岸。随着西方殖民主义侵华的加剧及澳门在中外贸易中特殊地位的丧失,葡萄牙在澳门开始扩大侵略活动。

1843年,葡萄牙派团到广州谈判,提出免交澳门租金500两白银以及由关闸至三巴门一带地方拨归葡人驻兵把守等无理要求,被清政府拒绝。

1844年,葡萄牙政府宣布澳门从果阿分离出来,与帝汶和苏禄组成葡萄牙的一个新殖民"省"。当年,葡澳当局未经中国政府允许,明目张胆地在氹仔岛修建炮台。1845年,葡萄牙国王发布敕令,公然宣布澳门为"自由港",并拒绝向清政府缴纳地租银。

1846年,阿玛勒出任澳门第79任总督,加紧推行侵略扩张政策,不断侵犯中国各方面的主权。1849年(道光二十九年)3月5日,阿玛勒发出布告,下令粤海关之澳门海关8天内撤出澳门、拱北和氹仔,中国政府提出抗议。3月13日,澳葡以武力驱逐中国官员,推倒海关关部行台门口悬挂中国旗帜的旗杆,拆毁望厦村之香山县县丞署,并在莲峰山顶修建望厦炮台。

1851年,葡萄牙强占氹仔岛。

1858年(咸丰八年),英法列强强迫清政府签订《天津条约》之后,葡萄牙便乘机派人到中国要求订立条约,被中国政府拒绝。

1862年(同治元年),葡萄牙派基马拉士(葡澳第84任总督)到北京要求同清廷议约,清廷拒见,由法国大使代表洽谈。清廷提出收回澳门,恢复在澳门设官衙收租税,葡方则要求解决阿玛勒被杀问题(阿玛勒于1849年被澳门志士斩首),最后达成协议,清政府可以在澳门设官府衙门,但不得再提收租。双方议订《和好贸易章程》,由法国大使代表葡萄牙与清政府代表签字。

《和好贸易章程》于1862年8月13日(同治元年七月十八日)在天津草签,又称《和好贸易条约》《西洋国议定通商章程条款》,条约共54款,除特别关系到澳门的内容外,其条款与清政府在第二次鸦片战争期间与其他列强签订的条约大致相同。但值得注意的是第九条款中有如下内容:"仍由大清国大皇帝任凭仍设立官员驻扎澳门,办理通商贸易事务,并稽查遵守章程。但此等官员应系或旗或汉四五品人员。其职任、事权得以自由之处,均与法、英、美诸国领事等官,驻扎澳门、香港等处各员,办理自己公务,悬挂本国旗号无异。"[①]

这里条文之意是明显的,中国仅仅在澳门派驻领事,等于承认澳门和香港一样,从中国分离出去了。而清政府总理衙门的官员当时却糊涂地认为,只要中国可以在澳门设官,就等于澳门仍在中国治理之下。

该条约应于1864年8月换文,1863年上任的第85任葡澳总督亚马廖,于1864

---

① 王铁崖:《中外旧约章汇编》第一册,生活·读书·新知三联书店,1982年版,第188~189页。

年5月到北京要求提前换约。总理衙门的官员们仔细研究章程后发现有原则问题,要求修改章程的第八、第九两款,坚持中国要在澳门设官治理,而不是什么派驻领事。由于中方的坚持,这个条约未经交换批准。①

1863年,葡萄牙进攻、强占澳门半岛中部的沙梨头、沙岗等村庄,并拆毁旧关闸围墙。

1864年,葡萄牙人进攻、强占路环岛。

1879年,葡萄牙人进占半岛中部的龙田村。

这样,除青州外的整个澳门半岛及氹仔、路环两岛,全被葡方占据。

葡萄牙人实际侵夺了中国澳门的主权,但并没有任何法律、条约根据,葡方急切要求与清政府谈判订约。

(二) 里斯本中葡《会议草约》

1885年(光绪十一年)7月18日,中英双方签订了《烟台条约续增专条》,即《洋药税厘并征专条》。1886年5月6日在伦敦交换批准。

该专条第二款规定:"洋药(即鸦片)运入中国者,应由海关验明……必俟按照每百斤箱向海关完纳正税三十两并纳厘金不过八十两之后,方许搬出。"其后鸦片运往中国内地,无须再缴纳任何厘金税课。专条第九款还载明中英双方从速派员查禁"香港至中国偷漏(鸦片税厘)之事"。②

当时,中国对进出澳门的中国民船和装载的货物按国内货物征税,而对往来香港的同类船货却按照洋货征税。因而,在贸易上,澳门实际上比香港占有一定的优势,这自然是英方不愿接受的。于是,港英总督乘邵友濂(时任台湾布政使)与赫德(Robert Hart,英国人,1863年起任中国海关总税务司40余年)在香港同英国谈判查禁香港向中国走私和协助中国海关征收鸦片税厘之机,提出一个交换条件,即香港不但在征税问题上要与澳门一致,对"洋药"问题也要与澳门同样办理。为了使香港与澳门在对华贸易上取得同等地位,并实现《洋药税厘并征专条》的规定,赫德亲自数次去澳门与葡萄牙驻澳第92任总督罗沙(Roza)会商。赫德的宗旨是,"维持已成局势,照顾中葡双方面子","借以取得实利",当然是为大英帝国谋取利益。他向葡方提出协助中国办理洋药税厘并征,向中方提出允准葡萄牙永驻和管理澳门。此时的葡萄牙国势衰微,本无力顾及澳门,但赫德的举动刺激了葡萄牙当局的贪欲。罗沙代表葡方拟定了一个条约草案,作为下一步里斯本谈判的依据。这个"拟议条约"草案的内容包括:清政府允准葡萄牙永远占据及管理澳门及其属地;清政府停闭澳门周围关卡,并不能在别处重新建立;葡萄牙占领中国的拱北;葡萄牙按照续订洋药

---

① 同治朝《筹办夷务始末》,卷二十七,第30页。
② 王铁崖:《中外旧约章汇编》第一册,生活·读书·新知三联书店,1982年版,第471~473页。

专条帮助中国征收洋药税项。① 其间,赫德曾将葡方要求告之清总理各国事务衙门。总理衙门为取得葡萄牙一方协助征缴鸦片烟税以缓解财政困难,同意对葡萄牙"居用"澳门给予考虑,但对葡方的其他无理要求断然拒绝。

随后,赫德派自己的亲信、清政府海关驻伦敦办事处税务司英国人金登干(J. D. Campbell),到里斯本与葡萄牙外交部长巴罗果美(Barros Gomes)进行谈判。1887年(光绪十三年)3月26日,金登干与巴罗果美分别代表中国政府与葡萄牙政府在草约上签字。该草约称《会议草约》,又称《会议节录》、《会议条款》,英文本称为《里斯本议定书》。中葡《会议草约》共四款,原文如下:

一、定准在中国北京即议互换修好通商条约,此约内亦有一体均沾之一条。

二、定准由中国坚准,葡国永驻、管理澳门以及属澳之地,与葡国治理他处无异。

三、定准由葡国坚允,若未经中国首肯,则葡国永不得将澳地让与他国。

四、定准由葡国坚允,洋药征税宜应如何会同各节,凡英国在香港施办之件,则葡国在澳类推办理。②

对于这样内容的《会议草约》,葡萄牙当局自然十分满意,三天后葡萄牙国王便发布敕令宣布草约签订。葡萄牙国王对促成草约签订的赫德表示谢意。金登干在给赫德的信函中说:"3月31日,葡萄牙国王很隆重接见了我,一握手之后,首先表示他感谢您(指赫德)所做的一切。"③

而在中国,中葡草约则受到一些有识之士的坚决反对。当总理衙门给皇帝呈递的关于《会议草约》的奏折咨行到广州后,两广总督张之洞奏请清政府妥议、从缓与葡萄牙国订约。张之洞在奏折中提出的主要观点如下:

1. 中国政府对澳门拥有财政权和行政司法权,土地、人民历来并未归葡萄牙人管辖。且"屡数绅民呈词,深以入洋籍、输洋赋为耻,情词愤激,不约而同"。"若明归葡属,各村各岛断不甘心。"如果订约,"应声明澳门仍系中国疆土,葡国不能转让与他国。如此,则我有让地之名,而无损权之实"。

2. 澳门关闸以南、围墙以北七村,并非皆予葡人。但鸦片战争后,葡萄牙人逐渐侵占,修路筑台直抵关闸。今若立约,葡萄牙人必将关闸内七个村庄及氹仔、路环两大岛攘为己有,甚至对隔海相对的湾仔、银坑一带皆生希冀。"于立约之时,坚持围场为界,不使尺寸有逾。"张之洞强调,"宜明立条款",澳门附近的水域,只准葡方船只通过,葡萄牙人"不得援引公法,兼管水界"。

---

① 中国近代经济史资料丛刊编辑委员会编:《帝国主义与中国海关》第六编,《中国海关与中葡里斯本条约》,科学出版社1959年版,第9~11页。

② 王铁崖:《中外旧约章汇编》第一册,生活·读书·新知三联书店,1982年版,第505~506页。

③ 中国近代经济史资料丛刊编辑委员会编:《帝国主义与中国海关》第六编,《中国海关与中葡里斯本条约》,科学出版社1959年版,第84页、第74页、第92页。

3. 英国图占澳门之意已久,早在嘉庆十三年时就曾派兵船占据澳门炮台,图谋取葡萄牙而代之,只是后来得到香港,这个念头才算打消。现在如果将澳门给予葡萄牙,其他国家难免觊觎。而且中葡订约一案倡自英国人,恐怕英国人还会从中作祟。因为现在葡萄牙已欠外国借款高达5300多万镑,将来葡萄牙很可能以澳门为筹码折债抵偿,或通融借用,对此不能不防。张之洞在奏折中特别指出,不能因图多征收些鸦片税而使中国主权受损。①

在当时来说,张之洞的头脑是清醒的,他对问题的分析也颇有道理。但他却无力阻止腐败的清政府在赫德等人设置的轨道上滑行。

(三)中葡《和好通商条约》

1887年7月,中国与葡萄牙在北京举行正式会谈。葡萄牙全权代表罗沙坚持里斯本草约内容之外,又提出"属澳之地"应包括关闸以南的澳门半岛以及青州、氹仔、路环、大小横琴岛等处。总理衙门急忙派人去澳门调查实情,并向张之洞、吴大澂查询。两广总督张之洞上了"澳界缪辖太多澳约宜缓定"的奏折。折中陈述了澳门形势后指出:"总之,除原租围墙以内之地仍旧听其居住,已侵占者明示限制,察其于我无大碍,分别租给、收回,未侵占者,力为划清,严加防范。"②吴大澂还亲自到澳门及附近地区进行勘察,他在给清廷的奏折中历数葡萄牙在澳门一带的旧占新占之地,建议朝廷谈判中决不让步:"臣愚昧之见,拟请暂缓订约,或竟作为罢论。葡使若有要求,请饬总理衙门商令葡使暂回澳门,与臣等清理地界,似亦急脉缓受之一法。"③

腐败的清政府为了增加税收,不顾张之洞等人反对,在赫德的怂恿之下,于1887年(光绪十三年)12月1日在北京与葡萄牙签订了中葡《和好通商条约》。中国方面的代表是总理各国事务衙门大臣庆郡王奕劻、总理各国事务衙门大臣工部左侍郎孙毓汶,葡方代表是全权大臣罗沙。

中葡《和好通商条约》因在北京签署,又名中葡《北京条约》。因该条约是中葡之间涉及澳门地位的唯一的正式条约,人们习惯上又将其简称为"中葡条约"。中葡条约共计54款,其主要内容可分为三大部分。一是以不平等条约的形式扩大并确定了葡萄牙的在华权益。该条约第五、第九款规定,葡萄牙国可派公使进驻北京,派领事官员驻扎中国各通商口岸;第十、第十一条规定了片面最惠国待遇,即"所有中国恩施、防损或关涉通商行船之利益,无论减少船钞、出口入口税项、内地税项与各种取益之处,业经准给别国人民或将来准给者,亦当立准大西洋国(即葡萄牙国)人民","所有大清国通商口岸均准大西洋国商民人等眷属居住、贸易、工作……其应得利益均与大清国相待最优之国无异";条约第十四、第十五、第十六款规定,葡萄牙人

---

① 王彦威、王亮:《清季外交史料》,文海出版社影印本,卷71,第10~16页。
② 王彦威、王亮:《清季外交史料》,文海出版社影印本,卷73,第10页。
③ 王彦威、王亮:《清季外交史料》,文海出版社影印本,卷73,第18页。

在中国通商口岸有居住、租买土地、建造房屋、设立教堂等权利,中国地方官吏必须时加保护;条约第四十七、第四十八、第五十一款,规定了葡萄牙人在中国享有领事裁判权;第五十二款规定允许葡萄牙人在华传教,"大清国官不得苛待禁止"。① 总之,葡萄牙通过这个条约,在中国获取了与其他西方列强相同的权益,有的方面如在领事裁判权等问题上,甚至超过了以往订立的各项不平等条约。

中葡条约的另一重要内容,是关于鸦片税厘并征、查禁鸦片走私问题。条约第四款规定:"大西洋国(即葡萄牙国)坚允,在澳门协助中国征收由澳门出口运往中国各海口洋药(即鸦片)之税厘。"协助章程办法,另订《会议专约》作为本条约之附约。(《会议专约》共计三款,后与《和好通商条约》于1888年4月28日在北京交换批准。)②

中葡条约中最重要的内容,是以条约形式确定了澳门的地位。条约的第二、第三款原文如下:

"第二款 一、前在大西洋国京都理斯波阿(即里斯本)所订预立节略内,大西洋国永居、管理澳门之第二款,大清国仍允无异。惟现经商定,俟两国派员妥为会定界址,再行特立专约。其定界以前,一切事宜俱照依现时情形勿动,彼此均不得有增减、改变之事。"

"第三款 一、前在大西洋国京都理斯波阿所订预立节略内,大西洋国允准,未经大清国首肯,则大西洋国永不得将澳门让与他国之第三款,大西洋国仍允无异。"

中葡《和好通商条约》签订后,葡萄牙人并未遵守定界前维持原状不得改变的允诺,进一步扩大侵略,于1890年占据青州岛。

中葡条约第二款中,有"惟现经商定,俟两国派员妥为会定界址"一说。1909年初,中葡双方达成协议,派代表谈判查勘澳门界地,在香港举行"勘界"会议。这次会议,引起中国人民的极大关注。广东自治会召开大会,坚持中国对澳门的主权,指出:"澳门本系中国之地,其租借时,葡人只能管辖所住之陆地,其余领海权,全为我国所有。"大会认准葡萄牙人在澳门的陆界只能以明代修筑的围墙旧址为限,而海路只许葡人船只往来,"不得援引公法,并管辖水界"。广东香山人组成香山县勘界维持会,要求清政府收回领海权,陆界除明代围墙以内,一律争回。此外葡萄牙人图占之地,中方万勿退让。广州、香港也成立类似组织,誓做政府谈判代表的后盾。2月27日,广东自治会再次集会,宣读了国外华侨坚持澳门主权的电函。大会致电清政府外务部,表示:"澳葡虽图占界,人心愤慨。恳电粤钦使,详查澳门陆界旧址,力拒勿让,海非葡有,无界可分,稍一拘情全粤受害,必抗死力争。"③葡萄牙为攫取更大

---

① 王铁崖:《中外旧约章汇编》第一册,生活·读书·新知三联书店,1982年版,第522~530页。
② 《会议专约》见《中外旧约章汇编》第一册,第530~531页。
③ 《东方杂志》六卷四期,记事,第59页。

权益,增兵澳门,香山县宣布由98乡乡民组成民团,保卫祖国的神圣领土与自己的家园。

1909年10月1日,中方勘界大臣高而谦与葡萄牙划界大臣马沙度举行第九次会议。葡方要挟扩张澳门附近一带领土,并提出以拱北关附近为港内水界,以大小横琴岛及澳门附近等处海岛为港外水界,统归葡方全权节制。在国内舆论的支持下,高而谦回拒了马沙度的无理要求,并严正指出:澳门确属中国领土,只可承认葡萄牙对澳门有租借权,"安能反客为主"?于是,勘界会议陷于停顿。10月16日,粤东勘界维持会召开大会,要求广东省咨议局提议总督致外务部,干脆将1887年关于澳门地位的中葡条约作废。① 由于中国人民坚决反对葡萄牙殖民者借勘界之机扩大侵略权益,加之1910年,葡萄牙国内发生政治变化,中葡澳门交涉中断。因此,澳门并没有一个条约依据的水陆界线。从这个意义上来说,中葡《和好通商条约》不是一个完整的条约。

几点结论

中葡《和好通商条约》,是葡萄牙人占据澳门三百多年后,中葡双方签订的第一个关于澳门地位的正式条约,也是这方面唯一的正式条约。认真研究该条约的条款,考察条约签订的前前后后,我们在这里特别强调以下几点:

1 澳门问题与香港问题有明显的不同之处,澳门不是割让。

关于香港,中英《南京条约》第三款载明,"今(中国)大皇帝准将香港一岛给予大英国君主暨嗣后世袭主位者常远据守主掌,任便立法治理。"②这就是说,中国答应将香港割让给英国了。而澳门,则不是割让。清政府只是允许葡萄牙"永居、管理"澳门,而坚持对澳门拥有主权。体现在条约文本上,至少有三点:第一,清政府是允准葡萄牙"永居、管理"澳门,而不是将澳门"给予"葡萄牙国。第二,条约明文规定,"未经大清国首肯,则大西洋国(即葡萄牙)永不得将澳门让与他国"。这也证明中国政府坚持拥有对澳门的领土主权。第三,清政府允准葡萄牙"永居、管理"澳门,是有前提条件的,那就是,葡萄牙人必须履行"在澳门协助中国征收由澳门出口运往中国各海口洋药(即鸦片)之税厘"的承诺。这都说明,清政府并不认为允准葡萄牙"永居、管理"澳门是割让。

在赫德本人与葡萄牙一方而言,鉴于清政府的原则态度,为了不使中葡条约签订之事搁浅,他们也尽量回避"割让"的说法。早在中葡谈判《会议草约》时,赫德给

---

① 《东方杂志》第六年12号,记事,第439页。
② 王铁崖:《中外旧约章汇编》第一册,生活·读书·新知三联书店,1982年版,第31页。

金登干的电报中即说:"中国态度友好,不肯使葡萄牙为难,但正式割让土地决办不到。"①草约签订后,英国路透社发出的一则电讯中称中国"割让"澳门给葡萄牙,这使赫德很着急,他立即给在里斯本的金登干去电,云:"适才收到路透社的一件电讯,恐将在此间(指在北京)引起恼人的议论。""我提议(葡国)外交大臣在议会内千万不要说中国割让了土地。""不谨慎或夸大的话都可以为谈判条约制造困难。"②当日金登干给赫德来电,称葡萄牙外交大臣曰:"我们从未指明,也不拟指明这是割让领土。但我们无法防止恶意的,或经人指使的新闻电讯。"③

实际上,中葡条约签订后,澳门原则上仍属居留地性质。葡方应向中方缴纳租金。在中葡双方会谈中,清政府也曾坚持要求葡萄牙当局像1843年前那样每年纳租金折银500两。中葡条约中清政府没有坚持葡方缴纳租金,是葡方承担协助征收鸦片烟税的金额远比500两租金大得多的缘故。

2. 葡萄牙一方,在赫德的协助策划之下,以欺诈蒙骗的卑劣手段,实际上攫取了对澳门近乎割占的权益。

为了达到卑鄙的目的,赫德与葡萄牙玩尽了花招。如,为了避免直接触怒清王朝,引诱清王朝签订条约,他们不用"割让"一语,用了"永居、管理"这一类比较含混的词语,而且在条约的外文文本上大做文章。例如,葡萄牙外交大臣提供的草约文稿第二款的"永驻",英文为 perpetual occupation,这就含有"永久占据"的意思了。④1887年中国与葡萄牙在北京正式会谈期间,赫德说:"地位条约的英文字句必须仔细斟酌,使它包含了每一意义。我预料用 perpetual occupation(永久占据)等字就可达到目的。中文文字不妨含蓄,只要提到就够,不必说得太多。"赫德否定了罗沙拟的带有强占、割让领土意味的中文稿,罗沙对此表示不满,赫德反问罗沙:"我只问你一件事,你对 occupy 这个字究竟怎样解释和翻译?⑤"意思是说,用 occupy 这个英文词(occupy 一词译成汉语可以有"占领、占据、占有、占用"等意思)你葡萄牙人要达到的目的不就全包含在其中了吗?何必用那些很直白、刺激的字眼引起中方的不满以导致会谈的破裂呢?根据世界各国通行的法律,诈骗的定义是,利用他方对某项知识和自身权力的无知而侵占其利益。诈骗,是西方殖民主义者侵华的惯用手段,这在中葡《和好通商条约》签订的过程中,也表现得相当充分。

---

① 1887年1月6日赫德去电新字第989号,《帝国主义与中国海关》第六编,《中国海关与中葡里斯本条约》,第35页。

② 1887年3月31日赫德去电新字第959号,《帝国主义与中国海关》第六编,《中国海关与中葡里斯本条约》,第79页。

③ 1887年3月31日金登干来电新字第908号,《帝国主义与中国海关》第六编,《中国海关与中葡里斯本条约》,第79页。

④ 《帝国主义与中国海关》第六编,《中国海关与中葡里斯本条约》,第74页。

⑤ 《帝国主义与中国海关》第六编,《中国海关与中葡里斯本条约》,第92页。

3. 中葡条约的签订,暴露了清政府的愚昧、落后与腐败。

清政府的愚昧、落后与腐败表现在几个方面。其一,从中葡《会议草约》的谈判到中葡《和好通商条约》的签订,代表中国与葡萄牙直接对话的主要是把持中国海关总税务司的英国人赫德及他的助手金登干。赫德与金登干在中英两国之间,代表英国的利益;在中葡之间,则主要考虑葡萄牙的利益。将如此重大的外交大权交付给一直干着殖民主义勾当的外国人手中,清政府的愚昧与腐败,暴露无遗。其二,由于长期实行闭关政策,清政府对世界大势知之甚少,更不谙有关的国际法律与外交语言,结果被赫德"连哄带骗"(此话系赫德本人所言),丧失了重大权益。其三,清政府的腐败还表现在不能权衡轻重,因小失大。尽管张之洞等人反对,清政府还是坚持与葡萄牙签订中葡条约,其原因之一,是看中了签约后葡方答应协助中方在澳门收缴鸦片烟税。事实上条约签订后,清政府也确实每年增加了几百万两白银的税收。但是,区区几百万两白银的税收岂能与国家主权受到重大破坏造成的损失相抵?况且,中葡条约签订后,鸦片走私虽受到控制,但堂而皇之公开通过海关进行的鸦片贸易则迅速增加,殖民主义者利用鸦片侵略和毒害中国人民,因受到条约的保护而变本加厉,如此严重的后果,清政府竟视而不见、麻木不仁,其腐败的程度可见一斑。

作者附记:十年前,作者曾发表《历史上的澳门问题》(《河南大学学报》1987年第1期)一文,对鸦片战争后的澳门地位提出了自己的看法。此次对确定澳门地位的中葡《和好通商条约》等做进一步的详细考证,并更正了前文个别误写、误排的地方,特此说明。

(郑永福 吕美颐 《郑州大学学报》,1998年第1期。中国人民大学报刊复印资料《中国近代史》1998年第4期全文复印。部分内容以《关于澳门问题的历史考察——从中葡〈和好通商条约〉看澳门权益的丧失》在《光明日报》(史学版)1999年10月25日发表。)

律劳卑来华与鸦片战争

　　1840年爆发的鸦片战争,曾对中国的历史进程产生了巨大、深远的影响。研究这场战争爆发的原因及其性质,不能不想到1834年律劳卑的来华,因为正是从这一事件起,中英间的国际关系发生了重大的变化。律劳卑来华,是英国资产阶级政府妄图对中国实行殖民政策的一次试探。由于清政府的坚决抵制,律劳卑来华的目的没有达到。但此后,从总的趋向来说,中英关系急转直下,最终爆发了1840年的鸦片战争。迄今为止,史学界对这一事件的研究是不够的,本文拟就律劳卑来华的历史背景及其影响,做一初步的考察和分析。

（一）律劳卑来华的历史背景

　　英国产业革命到19世纪30年代渐趋完成。资本主义工商业的发展,引起英国国家政治结构的重大变化。从1830年起,英国的议会改革活动日趋活跃。这一年的11月,威灵顿公爵的政权垮台。以格雷为首的新内阁依靠辉格党和托利党左派的支持,于1832年通过了一项改革法案,撤销了不少"衰败城镇"选区,在许多以前议会中没有议席的新兴工业城市设立了新的选区。这次议会改革,是英国工业资产阶级要求其政治地位与其经济地位相适应的一种努力,而一旦工业资产阶级的政治地位得到改善,又必然在经济上产生强烈的作用。英国资产阶级不但要求在本国实行自由贸易政策,而且也要求其他国家实行这个政策,以便于英国商品的畅通无阻。英国资产阶级以强大的海军做后盾,努力在经济上渗入他们的殖民地和远东国家。19世纪20年代起,英国在全球所有海洋和大陆上积极推行侵略政策,推行这种政策最卖力的一位人物便要算曾两度担任英国外交大臣的巴麦斯顿。

实际上,这一时期英国对各国的贸易大都采取自由主义的形式,只有在中国例外。中英间的商业往来,在中方来说是广州的"十三行",英方则由东印度公司所垄断。为此,英国自由商人和东印度公司的斗争在1831年和1832年持续不断。自由商人甚至考虑提议在那一年的大选中,要求候选人声明赞成开放对华贸易。[①]

1833年,东印度公司章程进行了修改,削减了公司的特权,其中包括取消公司对华贸易的专卖权,准许英国较广泛的工商界人士从事对华贸易。这一年的12月10日,英国枢密院公布了一道国王的委任令,任命律劳卑男爵为管理英国臣民对华贸易的总监督,英国新设置的驻华商务监督,直接隶属于巴麦斯顿的外交部。英国政府不仅想通过商务监督来执行原东印度公司大班的职务,而且企图借此通过广东的地方当局和清政府建立正式外交关系,达到增开通商口岸、扩大中英贸易的目的。律劳卑(1786~1834)贵族出身,英国上院议员,海军高级官员。他于1803年进入海军,1809年因战功晋升少校,1812年升任Goshawk号舰长,后曾任美国南美基地Diamond号巡洋舰舰长。[②] 英国政府选派他到中国,用格林堡先生的话来说,"这件事情本身就具有重大的意义,表明英国准备对华推行积极政策的意图"。

广州的英国商人本担心英国政府会任命东印度公司职员充当英国驻广州的代表,现在听到律劳卑任驻华商务监督,都感到极大的兴奋,认为此后的鸦片走私和贸易活动将得到强有力的支持。大鸦片贩子查顿马上写信告诉他在伦敦的代理人卫定说:'我希望你尽力使他(指律劳卑)认清,在他和中国方面的交往上,尊严、坚定和独立的举止是必要的。他所要做的这桩事情是异常艰难的。"[③]查顿企图事先来影响律劳卑,使他在将来的对华交涉时,采取强硬的手段。

律劳卑来华的目的,在他起程之前英国外交大臣巴麦斯顿给他的训令中有清楚的说明。训令指出,律劳卑到中国的任务是:一、设法推广英国的商业势力到广州以外的地方;二、在中国沿海觅取一些地方以便一旦发生敌对行动时,英国海军可以安全活动;三、不要干涉和阻挠鸦片走私。[④]

前此以往的中英关系,主要是商业性的。中国的十三行与英方的东印度公司均属商业独占组织,并非政府官方机构。那时,中英双方没有直接的政府间的对话,相互来往均由行商居间转达,外商买卖货物,也由行商代理。为了达到卑鄙的目的,英

---

① (英)格林堡著,康成译:《鸦片战争前中英通商史》(本文以下简称《通商史》),商务印书馆,1961年版,第169页。

② *Dictionary of National Biography*, Oxford University Press, vol. XIV, pp. 55~56, 87~88.

③ 《通商史》,商务印书馆,1961年版,第176页。

④ Maurice Collis, *Foreign Mud*. pp. 122~124.

国力图突破这一影响商品自由出入的障碍,以便从中国攫取更大的经济乃至政治上的权益。因而在英国女王和外交大臣巴麦斯顿对律劳卑的一切训令中,"都是为着中国方面反对把英国贸易的管理由一个商业性的公司转移到英王政府的一个机关"。1834年1月25日巴麦斯顿给律劳卑的特别训令中,强调:"非经严密考虑,不得径依枢密院命令设置法庭;除有特殊情况,英国兵船不得越入虎门炮台。"但训令中又说:"阁下到达广州后,应即以信函通知(两广)总督。阁下之职责,除保护并扶助英国臣民对广州商港的贸易外,查明在中国领土内有无他港扩展商业的可能性,也是主要任务之一。为达此目的,阁下不应放过任何可以促成与中国各地方政府产生商业关系之机会。于此,我们切望与北京朝廷建立直接往来关系,这一点是非常明显的。"①

总之,英国政府给律劳卑的指示是:一方面要尽一切努力,去遵守中国的各项规章和尊重中国的一切成见,不要求助于英王的武装力量;另一方面,又要律劳卑采取步骤把他自己由纯商务监督(中国所说的大班)身份变成一个代表英王的使节身份,而这又势必破坏中国的规章和传统做法。这种表面看来十分矛盾的训令,是否出于英国政府对中国的情况不熟悉或偶然发生的失误呢?不能这样认为。因为前此英国数次派遣使节来华,受到中国中央和地方政府的种种抵制,英国的外交部对此是记忆犹新的。唯一合理的解释是:律劳卑来华是英国政府推行侵华政策的一个重要步骤。以往的失败使他们不能不谨慎从事,而敲开中国大门的野心又驱使他们采取了要冒一定风险的政策。当然这样做的结果,必然引起强烈的中英冲突。

(二)律劳卑来华引起的中英冲突

从1834年7月15日到达澳门,至1834年10月11日在澳病死,律劳卑在华近三个月。其间,律劳卑坚持殖民主义者的立场,进行种种讹诈,导致中英双方发生种种纠纷,直至发生武装冲突。

律劳卑到达澳门后,于7月20日写了一封致两广总督卢坤的信。信中称奉命任英国驻中华总管本国贸易正监督,要求早日会见卢坤。②

此时,卢坤也接到香山协等的禀报:有英吉利兵船一只,载有夷目一名,自外洋驶自鸡颈洋停泊。据查询得知,是前来查理该国商船来广贸易。卢坤意识到:"夷目"非"夷商"可比。事发轫始,非奏奉谕旨,不能准其擅自进省。于是,他于7月21日通告行商:外夷在广贸易向来惟大班人等买卖货物,准其请牌进省,平时只准在澳门居住。据称此来华夷目,并非大班人等。如果欲来广州,必须先经上奏皇帝请旨批准,才能放行。卢坤令行商亲往澳门向英头目问明因何来澳,东印度公司散局后

---

① H. F. Macnair, *Selected Readings*, vol. I, p. 68.
② 以下材料未注明者,均出自故宫博物院编《史料旬刊》及日本人佐佐木正哉编《鸦片战争前中英交涉文书》(东京1967年版)。

应如何另立章程等事。但当行商前往澳门时,律劳卑已乘船向广州进发了。

清朝定制,外国人来粤,向来只准在澳门居住。遇有买卖货物等事,也必须请领粤海关监督的牌照,经查验后放行。律劳卑无视清政府规定,既不先行禀明,又不遵领牌照,率行乘三板船进省,于7月24日深夜入广州城外夷馆住下。次日律劳卑等将致卢坤的书信送至城门,要求清政府在场官员代转。在场官员碍于清朝定制不予接受,十三行的行商愿意代递,但律劳卑坚执自己是奉国主特命之官,不能俯由商人照会,不准商人代递。双方僵持达数小时。卢坤听到禀报后谕行商转告英方:天朝定制,人臣无外交,外夷不准私通书信。且律劳卑等来粤,并无该国咨文,其是商是官,不得而知。现律劳卑等人率自来省,已违反定例,姑念其初来,不加深究。惟未便在省城久住,查理完贸易后应即行回澳。此后非请有牌照,不准进省。并再次声明,若该夷目投递私信,概不接阅。律劳卑对此极为不满,声言吾系英官监督,非大班人等可比,此后一切事件,应与衙门文移来往,不能照旧例由行商传谕。此后卢坤多次命行商转告律劳卑中国政府的种种规定及习惯做法,令律劳卑不得在省城逗留,应速回澳门,听候卢坤具奏请旨,但律劳卑拒不听从。

应该看到,此时清政府对"外夷"的认识及处置措施同乾隆、嘉庆时期并无大的变化。唯国力日降,因而所持态度也不如先朝那么强硬,大体上是抱着息事宁人的方针,但求英人遵守清朝法度,早日离开广州返回澳门。

于是卢坤派广州府潘尚楫、广州协副将韩肇庆等三名官员到夷馆,欲问明律劳卑何事来省、几时回澳、职务如何等。律劳卑声称要事不能口述,坚持要潘等代转英方的所谓照会。更为蛮横无理的是,律劳卑等竟然拒绝通过清政府带去的通事(译员)传话,直接由英人中会点儿中文的人与潘尚楫等对话。

8月26日,律劳卑向行商发出告白,其中说:"道光十年十二月初三日,经各洋商(即十三行行商)会议,禀明前督宪李大人(即前两广总督李鸿宾),奉批饬令公司大班写书回国,如果公司散局,英国仍派命官员来粤省,总管贸易人等,免致事乱,意甚可誉,因此去年公司贸易完结之时,敬奉本大英国主特命本监督来此接斯要任,到时就与督宪照会。"据此,律劳卑再次坚持直接向卢坤递交照会并要求正式会见。这里,律劳卑歪曲了历史事实。道光十年十二月,李鸿宾鉴于东印度公司即将散局,为了继续中英贸易,饬令东印度公司的大班写信回国,请另派大班来经理商务。李鸿宾明明说的是另派大班,并非讲派来政府官员。把中方允许另派大班变成另派政府官员,这完全是律劳卑的有意歪曲。

鉴于律劳卑蛮横无理的态度,两广总督卢坤和广东巡抚祁𡛼出示晓谕:除未经停止以前买卖已定各货仍准发运外,照例封舱,停止中英贸易。并令英国三板船只只许出口,不许进口。夷馆的买办、通事及雇役人等,一概撤出。9月7日,粤海关监督中祥令行商传谕律劳卑:刻日请照退往澳门夷馆。如欲来省经理贸易事宜,须由行商禀请督抚及粤海关,以凭会同奏请皇帝谕旨遵行。并明确指出:律劳卑即日出省退往澳门,一切遵照清朝章程办理,即可开舱,照常贸易。

律劳卑一行的无理行动,也激起广州广大民众的义愤。当时一则民众告白中说:"不法番奴无比(即律劳卑)示:不知尔外国何等狗夷,胆敢自称监督。既为外蛮监督,身为官长,示颇颇知的礼法? 尔涉万里而来示为谋其生活,到我天朝,既为贸易管理司事,何得不遵国例? 善(擅)自胆敢闯关,任意出入,大干例禁,以国法恭请王命,斩枭示众,以儆刁风。"① 剔去其中以口角取胜的无谓之词外,捍卫祖国主权的正义呼声跃然纸上。

卢坤对律劳卑的非法行动坚决抵制,固然是基于维护清朝定制,但还有更深一层意思。卢坤在给道光皇帝的奏折中分析说:现在外洋私贩鸦片烟的夷船日多,商夷也渐形胆大。夷情贪得无厌,愈示含容,则愈形傲睨。此时即便宽容,亦必得步见步,另生妄想。② 卢坤把这些情况与律劳卑来华联系在一起,是很自然的事。

9月8日,律劳卑又传出一道文书,除强词夺理为自己行为辩解外,还向中方表示:英国现有师船两只,带有甚重大炮,泊在河内,保护英国贸易。如有关系不美,责在中方。并扬言,中方"现今业将弄起交战之故",公开进行战争讹诈。

实际上,这以前律劳卑已开始加紧军事行动。先是不顾清政府禁令,用三板船载运兵器,搬入夷馆;接着以保护英国货物为名,命令两艘兵舰闯入内河。律劳卑的军事行动,我们可以从英人办的《中国文库》披露的材料中窥其大概。

9月5日,英国的巡洋舰伊莫金号和安德罗马奇号做好战斗准备,开始向黄埔进发。9月7日,英舰进入虎门。12时25分,晏臣湾炮台及附近帆船上的清军放空炮对英舰予以警告。英舰对此不予理会,继续行动。12时56分,大角炮台向英舰发射炮弹1枚,晏臣湾炮台发射炮弹2枚。1时16分,横档炮台发射炮弹3枚。这时,两艘英舰同时开炮轰击中方炮台。此后因风力太小,两舰在大虎山下抛锚。

9月9日下午2时11分,两英舰起锚,中英双方展开激烈炮战,英方死3人,轻伤5人,船身、装帆没什么损失。中方损失很大,许多32磅重弹射中炮台炮眼,胸墙被击碎,炮台里面的一座小庙被轰成一堆瓦砾。

9月11日下午7时15分,两艘英舰抵达黄埔抛锚。

此时,由于律劳卑9月10日热病复发,英两艘兵舰毕竟实力有限,而清政府正在集结军队,本年度贸易季节即将过去,因此,律劳卑做出了"退出与通商"的决定。

9月14日,律劳卑致函英国商会秘书博伊德说:"我考虑到目前的纠纷已非商业本身,而只牵涉到我个人了。我安心退出广州,是因为我知道你们的利益不至于受到牵累。我曾幻想,有朝一日有一种不可动摇的权力,使我置于适当的地位,我虽然想竭尽全力来实现陛下意旨,但还没有成效,虽有两次,也是功败垂成。我不能设想自己再继续留下去,而要求你们宽恕了。"

---

① 《鸦片战争前中英交涉文书》,道光十四年第十六件。
② 中国近代史资料丛刊:《鸦片战争》第一册,神州国光社,1954年10月版,第119~122页。

9月19日，库力基代表律劳卑与中国行商代表在行商公所签订协议。21日傍晚律劳卑一行离开广州，26日抵达澳门。9月27日，中英贸易重新开放。10月11日律劳卑病死澳门。①

对律劳卑来华引起的这场中英冲突，一些西方论者一直认为是由于清政府的无礼酿成的，事实胜于雄辩，上述罗列的史实清楚表明，咎在英方。其一，东印度公司散局，中方要求英方另派的仍是大班，不是政府官员；其二，英国政府既未事先将律劳卑任命一事通知中国政府，也未发给律劳卑任何凭证，以便呈递中国当局；其三，律劳卑来华后未通过中国海关，径入广州，且百般要求与清政府地方官员直接往来，不仅违反清朝政府的有关规定和惯例（至于清政府的个别规定是否必要，另当别论），而且也违反国际法已明确规定的，一个国家根据主权和自卫原则，可决定是否允许外国人入境的条文；其四，英方首先发动军事行动，在受到清政府的警告后仍一意孤行，终于导致双方的军事冲突。若不怀偏见，不难得出这样的结论：正义和真理在中国一方。

（三）律劳卑来华与鸦片战争

律劳卑来华引起的中英冲突，可以说是鸦片战争的前奏，此后，随着英国殖民主义者的煽动和策划，中英关系不断恶化，终于在1840年爆发了第一次鸦片战争，英国殖民者用鸦片和大炮打开了中国的大门。

应该指出，在以往的一些中外论著中，认为律劳卑事件后，英国对中国采取了"沉默政策"，这种说法是不够确切的。事实上是，自英使马戛尔尼特别是阿美士德来华，其无理要求遭到拒绝后，英国即采取了所谓的"沉默政策"。而律劳卑来华失败后，英国工业资产阶级和商人，对英国政府这种政策愈加不满，强烈要求采取激进的对华侵略政策。这种态度在英国散商方面有突出的表现。

早在1830年12月，由包括船长在内的47名旅华散商签署的一件请愿书呈送到下议院，要求将对华贸易放在一个所谓"持久的、体面的基础上"，希望英国政府至少"能采取一项和国家地位相称决定，取得临近中国沿海的一处岛屿，使世界上这个僻远地区的英国商业不再受虐待和压迫"。

散商所要求的更坚强的政治支持是东印度公司所不愿给或不能给的。对东印度公司那种消极保守的政策的不满，是散商要求废止公司特许状的主要原因。而且散商也知道公司垄断权的取消，本身也并不会打开中国市场的门户。用大鸦片贩子查顿的话说就是"我们除非和这些天朝的野蛮人有一部商业法典，我们就无法有力地展开我们的商业活动"②。

---

① Chinese Repository，三卷七期第四篇、三卷八期第一篇，见中华书局版《鸦片战争史料选译》。

② 《通商史》，商务印书馆，1961年版，第164~165页。

1834年律劳卑来华带来了什么样的政治后果呢？英国人当时流行的看法是：最直接的后果是将英国国家的力量直接加诸对华贸易，因为1834年后，对华关系上外交部代替了东印度公司董事会，驻华商务监督代替了大班们的监理委员会。在外交史家看来，这种变化非常重要，可以成为中英国际关系的一个新的起点。人们预料到，中英之间的冲突是不可避免的。

律劳卑在广州和澳门的日子里，一直和英国商人保持经常的接触，与大鸦片贩子查顿等的关系尤其亲密。律劳卑就寄居在查顿的家里。英商听到律劳卑任监督时非常激动，因为他们生怕英国政府起用执行保守政策的斯当顿或公司商馆的其他旧人。8月14日律劳卑就说过：中国政府是外强中干的，假若对它施用一定武力的压迫，或可比外交收效更大。这种对华态度，自然会博得散商和鸦片贩子的赞赏。无怪乎后来鸦片贩子孖地臣（广州商会第一任理事长）说，虽然律劳卑没有为商人取到具体的利益，"但他的处置非常允当，中国方面已经得到了一个永不会忘记的教训"①。

1834年12月10日，查尔斯·格兰特号邮船从澳门起航向英国进发了。这条邮船是专门护送律劳卑的妻子和两个女儿回国的。这本身倒没有什么可注意的。重要的是这条邮船带走了英商签名给英王的请愿书。其主要内容如下：

1. 英国同中国政府所处的反常局势，使我们感到有必要呈请陛下采取必要措施来维持我们国家的荣誉和利益。

2. 我们相信陛下当初限制律劳卑等人的权力，目的是要尽可能避免和中国当局发生冲突。我们对没给律劳卑进行交涉的权力和没有提供他们应有的武力来保护他们免受侮辱，感到非常遗憾。我们深信，如果已故的律劳卑具有这个必要的权力和足够的武装力量，我们就不会悲叹我们的地位降到这样低落而毫无保障的地步。

3. 具呈人恭请陛下派遣一位有适当官阶、办事审慎和富有外交经验的人为全权公使，并建议命令他先乘军舰直驶中国东海岸，尽可能逼近首都北京。要有一支足够的海军力量做护卫。在全权公使登陆前，就用陛下名义提出要求充分赔偿损失。

4. 具呈人提出要求清政府重新开放厦门、宁波和舟山等各个通商口岸。②

如果将上述内容同此后鸦片战争的实际进程做一对比，我们就不难看出这封请愿书在中英关系中的分量了。

律劳卑死后，鸦片贩子孖地臣决定伴送律劳卑夫人返回英国，一方面去经办在英国树立律劳卑纪念碑事宜，另一方面去敦请英国政府对中国政府采取强硬政策。他扬言，打破行商制度，直接同中国中央政府往来，对于英国的贸易安全是非常重要的。"如果争取不到，英国政府就不能安枕无忧！"

如果说孖地臣的话还稍嫌隐晦一些，在广州的英人在《中国文库》上的文章则是

---

① 《通商史》，商务印书馆，1961年版，第176页。
② *Chinese Repository*，卷三十八期第一篇，见中华书局版《鸦片战争史料选译》，第32~36页。

公开进行战争叫嚣。他们说什么,伟大的宇宙创造者的原意没有把土地分给任何一部分人类独占。中华帝国像其他国家一样,有制定他们自己法令的权力,但任何国家也没有权力绝对排外和闭关自守,"如果我们要和中国订立一个条约,这个条约必须是在刺刀尖下,依照我们的命令写下来,并要在大炮的瞄准下",才会发生效力。①

在英商看来,中英贸易越增长,公行制度就愈加显得不适应;中国越像是英国制造品有希望的潜在市场,广州商业制度就越像是束缚太多,不能容忍。他们还意识到,仰赖于伶仃和沿海一带的非法贸易程度越大,中国政府封禁贸易的危险越大;鸦片贸易越大,金银随之外流越多,导致中国当局封禁行动的日子越接近。所以在1834年后,英国人在中国出版的小册子、报纸和函件上掀起一股浪潮,呼吁英国当局注意旅华英商所处的"危险的、毫无防范的地位",敦请英国政府"立即出面干涉并且认真监督我国对华通商制度的改革事宜",俾将中英贸易置于"一个安全、有利、体面而又持久的基础之上"。很快,在英国国内出版的一些书上也持上述观点加以宣传了。

1836年2月,英国曼彻斯特商会草拟了一件上外交大臣的题为"论我国对华贸易的无保障状况"的重要呈文。呈文中说明,对华贸易有大大扩充的可能,因为它的产品既适合英国的需要,英国的产品也适合它的需要。呈文说,"我们一想到这项最重要的贸易——特别是自从律劳卑勋爵的'使命'失败以后——所处的不稳定和无保障的状况,实不能不非常忧虑"。呈文恳请政府对于英国对华政治关系的状况予以郑重考虑。这就是说,到了1836年,英国国内工业界的力量已被投入到对华的"激进政策"里面去了。格林堡先生认为,"这也许是1834年律劳卑来华最重要的后果"。② 这一认识无疑是非常有见地的。

这里再以查顿的认识做一印证。1831年,当一支驻印度的英国海军分遣队到中国的时候,查顿曾给卫定写信说,"我不知道舰队司令从什么机关奉到命令可以开始一场对中国的战争,除非是他能挑逗中国兵船对他开火,可是这种情形不大会有"。1832年,查顿在给孖地臣的信中对英国政府的"慎重"态度表示不满,但仍认为不须流血就可以得到一项"公平的通商条约"。但到了1834年律劳卑来华失败后,查顿的认识变了,他声称:中国对于维护现行制度似乎下了前所未有的决心,正不惜重资修建沿海沿江炮台。这就连伦敦也认识到,不做一次可能导致战争的武力的炫示,改革那些制度是绝不可能的!

综上所述,我们完全有理由认为,正是1834年律劳卑来华以后,英国工商业资产阶级武装侵华的情绪急剧高涨,终于导致了1840年鸦片战争的爆发。

(郑永福 《史学月刊》1986年第5期。中国人民大学报刊复印资料《中国近代史》1986年第11期全文复印。)

---

① 《鸦片战争史料选译》,第30页、第43页。
② 《通商史》,商务印书馆,1961年版,第177~179页。

关于律劳卑事件的不同解读
——从律劳卑纪念碑谈起

  1834 年的律劳卑事件是鸦片战争前中英之间发生的最为严重的一次外交冲突事件,不仅在当时引起中英双方的强烈反应,而且对此后鸦片战争的爆发产生了直接的助推作用。可以说,多视角、多维度地探讨律劳卑事件对全面了解和深刻认识鸦片战争史乃至中英关系史有着重要意义。关于此事件,著名中国近代史学者郭廷以、梁嘉彬在他们的著述中先后做过考察与评价[前者见《中国近代化的延误——兼论早期中英关系的性质》(《大陆杂志》,第 1 卷第 2、第 3 期,1950 年),后者见《律劳卑事件研究》(《史学汇刊》1979 年第 9 期)]。最近二十多年来,大陆学界对此问题又有所关注。郑永福的《律劳卑来华与鸦片战争》(《史学月刊》1986 年第 5 期)一文考察事件发生的经过,认为事件发生的责任在英国殖民主义一方。刘圣宜的《华夷观念与律劳卑事件》(《华南师范大学学报》1989 年第 3 期)一文则从清王朝的传统观念对事件发生的影响进行了探讨。朱谐汉的《律劳卑事件》(《历史教学》1991 年第 10 期)、杨小川的《律劳卑使团评析》(《复旦大学学报》1996 年第 6 期)及李少军、刘春明的《试论律劳卑事件的根源与中方的应对》(《江汉论坛》2004 年第 10 期)等从不同侧面对事件做出了有价值的分析。本文拟在已有研究成果的基础上,根据一些学者尚未关注的外文文献,对律劳卑事件作进一步的解读,以期对该事件的认识有所裨益。

(一)律劳卑纪念碑的解读

1834年10月11日,律劳卑病死于澳门,与他的汉语翻译、著名的传教士马礼逊安葬在一起。时在澳门的外国政客、传教士、士兵、商人等为其举办了一场规格极高的葬礼。英国 Priscilla Napier 所著 *Barbarian Eye: Lord Napier in China, 1834, the Prelude to Hong Kong* 一书作了如下的描述:

"六名海军军官扛着威廉·约翰(律劳卑)的覆盖着国旗的灵柩……(澳门)总督晏德那、大多数葡萄牙驻澳门的文职和军职人员、当地所有的英国商人和许多居住于澳门的外国人将其送往坟墓。受人尊敬的裨治文牧师(美国基督教在华传教士)主持葬礼并以忧郁的主题布道:在有生之中我们处于死亡。"[①]

广州的英国散商为纪念律劳卑,集资为其选了一块"合适的和好看的观赏石"做纪念碑。郑永福2006年赴香港参加学术会议之隙,到香港历史博物馆见到该碑,并将其碑刻上的英文大体按原格式抄录如下:[②]

THE RIGHT HONOURABLE

WILLIAM JOHN LORD NAPIER

OF MERCHISTON

CAPTAIN IN THE ROYAL NAVY

HIS MAJESTY'S CHIEF SUPERINTENDENT

OF THE BRITISH TRADE IN CHINA

WHO DIED AT MACAO, OCTOBER 11th 1834

AGED 48 YEARS

AS A NAVAL OFFICER

HE WAS ABLE AND DISTINGUISHED

IN PARLIAMENT

HIS CONDUCT WAS LIBERAL AND DECIDED

ATTACHED TO THE PURSUIT OF SCIENCE

AND THE DUTIES OF RELIGION

HE WAS UPRIGHT, SINCERE, AFFECTIONATE, AND KIND

HE WAS THE

FIRST CHIEF SUPERINTENDENT

---

① (英) Priscilla Napier, *Barbarian Eye: Lord Napier in China, 1834, the Prelude to Hong Kong*. London. Washington: Brassey's, 1995, p. 200.

② 该文与后来笔者见到的英国学者 Priscilla Napier 在其著述 *Barbarian Eye: Lord Napier in China, 1834, the Prelude to Hong Kong* 第201~202页所引用的碑文略有出入,当以碑刻上的文字为准。

CHOSEN BY HIS MAJESTY, ON THE OPENING OF THE TRADE

IN CHINA TO BRITISH ENTERPRISE

AND HIS VALUABLE LIFE WAS SACRIFICED TO THE ZEAL

WITH WHICH HE ENDEAVOURED TO DISCHARGE

THE ARDUOUS DUTIES OF THE SITUATION

THIS MONUMENT IS

ERECTED BY THE BRITISH COMMUNNITY IN CHINA

现将以上英文试译如下：墨奇斯顿城堡的威廉·约翰·律劳卑勋爵，皇家海军指挥官，英国驻华商务监督，1834年10月11日死于澳门，时年48岁。作为一名海军指挥官，他能干且享有盛名。在议会中，他开明且果断的行为，与他对科学的追求和对宗教的职责密不可分。他为人正直、诚恳、亲切、友善。中英贸易之初，他是首位由女王陛下委任的驻华商务监督，他饱含热忱，努力地执行当时形势下的艰巨任务，将宝贵的一生献给了所钟爱的事业。这块纪念碑是由英国在华商人建立的。

该纪念碑设置在香港历史博物馆近代史开篇的显著位置，碑旁边的展墙上还配有署名的大幅律劳卑半身油画画像。该碑下方馆方的文字说明如下："1833年，英政府取消英国东印度公司对华贸易的专制权，旋即遣律劳卑（1786～1834年）为首任驻华商务监督，到广州洽谈贸易新安排。律劳卑功败垂成，在广州染病，1834年于澳门病逝。此碑乃广州英商为纪念他而集资雕刻的。1953年，此碑于香港一间云石工厂发现，其后长期置放于跑马地的香港坟场内。今承蒙律劳卑后人的许可，转移至博物馆公开陈列"。

世界各国多有为死者"树碑立传"的习俗，从传播学的角度讲，这是一种通过能够"永存"的可视化媒介——"石头"，把死者的生命意义符号化的做法。刻在石头上的文字既是对死者的彰显，也是树碑者对死者生前行为的评价与判断。正如荷兰史学家里斯·洛万所说："纪念碑适合于复原过去……但它绝不是某位天资聪颖的个人毫无价值取向的创造物……它以纪念某人或某事件的形式来表达某些思想内容。任何对过去纪念的同时也是对过去的解说，而且这种解说一定隐含着政治成分，因为毫无价值取向的对过去的解说是不存在的。"[①]因此，我们可简单地从"复原过去"、"政治成分"两个角度来解读律劳卑纪念碑。

律劳卑，1786年10月出生于苏格兰墨奇斯顿，其父弗朗西斯·律劳卑（第八代律劳卑勋爵）。1803年律劳卑进入皇家海军服役，1809年因战功晋升少校，1812年升任舰长。与其在一起服役的舰员称他"是一个十分强壮、勇敢、镇静、优秀的舰员"[②]。他曾参加特拉法尔加海战、拿破仑战争等著名战役。"1815年战争结束的时

[①] （荷兰）里斯·洛万著，孙虹、孙立新译：《纪念碑——作为历史研究的史料》，《史学理论研究》，1997年第3期。

[②] *Barbarian Eye: Lord Napier in China, 1834, the Prelude to Hong Kong*, p. 4.

候,他已经升为上校。退役之后,他到塞尔扣克郡饲养绵羊。"①并在此期间因创作《关于通常适用于伊特里克森林多山地区和苏格兰畜牧区的切实可行的农业贮藏方法》的论文而名闻一时。1823年其父去世后,他承袭"律劳卑勋爵"头衔。1824年7月,他当选为苏格兰贵族代表,进入上议院,成为一名坚定的辉格党议员。1832年12月,因托利党占多数的苏格兰贵族不再推选律劳卑进入下一届议会,律劳卑议员资格到此终止。不过,在任职议员期间,律劳卑还是较为称职的,"成为支持进步事业的知名人士,如《解放天主教徒法令》、废除奴隶制、1832年《议会改革法案》等,他还支持自由贸易,反对东印度公司等机构的垄断。律劳卑是一位虔诚的基督教长老会教徒,也是研究《圣经》的专家,颇有几分儒雅学者的风范。他对数学很有兴趣,祖先曾经发明过对数"②。1833年,英国国会通过了一项《特许状法案》,结束了东印度公司在对华贸易上所拥有的专营权,时任外务大臣的巴麦尊勋爵便于同年12月31日委任律劳卑为首任驻华商务监督,以总理对华贸易事宜。1834年4月,律劳卑乘安德罗马奇号巡洋舰起程前往中国,并于同年7月15日到达澳门,7月25日到达广州。之后,他在"公函递交方式"问题上与广东总督卢坤发生冲突,并不断升级以致相互开炮,后被迫退回澳门。1834年10月11日病死于澳门。

英国在华散商之所以为律劳卑树碑立传,表面上看是为纪念他们的利益代言人,实质上是与他们的政治诉求分不开的,换言之,他们是想通过这种寄托感情的方式来表达内心深处的那种对当时广州贸易体制的严重不满与抗议。众所周知,清廷中央政府在对外交往中崇尚天朝体制的思想,"事涉外夷,关系国体"成为一个具有突出地位的基本原则。在此思想的影响下,就会自然强调"怀柔"徕远、华夷之别、讲究防范驾驭、轻视外贸之利等与近代政治文明格格不入的信条。在中外贸易交往中,除只开放广州一处港口外,清廷还独创性地建立了具体办理对外贸易的管理机构——十三行及公行,这是广州贸易制度的重要组成部分。"一方面,清政府给予参加公行的行商以承销外洋进口货物和代办内地出口货物的独占权;另一方面,公行对清政府承担一定的义务,其中特别重要的几项是:它担保外商缴纳税饷,负责约束外人在广州的居住和行动,以及充当清政府与外商之间一切交涉的中间人。"③因此,公行成为中国大宗商品(主要是茶叶)对外贸易的实际垄断者,它可以通过多种渠道限制公司商业贸易的进行;而且英国如有禀求事件,只可将禀帖交由行商代递官府,这在一定程度上成为了东印度公司和英国在华散商对华贸易扩大的阻碍。本来,这些英国在华商人是强烈反对东印度公司垄断对华贸易的,但自该公司特权取

---

① (美)特拉维斯·黑尼斯三世、弗兰克·萨奈罗著,周辉荣译:《鸦片战争:一个帝国的沉迷和另一个帝国的堕落》,生活·读书·新知三联书店,2005年版,第27页。

② (美)特拉维斯·黑尼斯三世、弗兰克·萨奈罗著,周辉荣译:《鸦片战争:一个帝国的沉迷和另一个帝国的堕落》,生活·读书·新知三联书店,2005年版,第28页。

③ 丁名楠等著:《帝国主义侵华史》第一卷,人民出版社,1973年版,第15页。

消后,他们与广州贸易体制之间的矛盾就立刻凸显出来,所以当得知英国政府委任律劳卑为驻华商务监督后,他们"感到极大的兴奋,认为此后的鸦片走私和贸易活动将得到强有力的支持",并迫切期望自由贸易时代的到来。然而,律劳卑在广州的遭遇及暴病而亡无疑于给这些狂躁商人以当头棒喝,他们迅速意识到只有对华采取更为激进、强硬的政策,利用英国政府的力量向中国政府施压,才能改变现行的贸易体制。很明显,英国在华散商的这种意识与律劳卑来华的目的产生了强烈的"共振",因而,他们为律劳卑的死立碑以资纪念,也是彰显其经济甚至是隐含的政治层面的诉求。

将律劳卑纪念碑置于香港近代开篇的显要位置,并配有大幅律劳卑肖像油画,估且看做流行的所谓"场景设置"展出方式的一种体现,是一种"客观话语",此处不作评论。但文字说明中的"律劳卑功败垂成"一句倒值得琢磨。功败垂成一词在现代汉语中有确定的内涵,表达的是一种惋惜之意。谁对律劳卑的失败表示惋惜呢?首先自然是律劳卑自己。其实这句话本身就是套用律劳卑的原话。他在1834年9月15日致英国商人的信中说:"我曾幻想,有朝一日有一种不可动摇的权力,使我置身于适当的地位,我虽然想竭尽全力来实现陛下意旨,但还没有成效,虽有两次,也是功败垂成。"①

(二)律劳卑超越贸易规则之外的诉求

对于律劳卑来华的目的与任务,国内外学界因研究侧重点的不同而观点不一。② 表面上看,律劳卑来华是要管理在华的英国商人、同清廷当局建立对等的外

---

① 广东省文化研究馆:《鸦片战争史料选译》,中华书局,1983年版,第17页。
② 主要有四种代表性观点:①殖民侵略说。郑永福指出:"律劳卑来华,是英国资产阶级政府妄图对中国实行殖民政策的一次试探","是英国政府推行侵华政策的一个重要步骤"(《律劳卑来华与鸦片战争》,《史学月刊》,1986年,第5期)。②扩大自由贸易说。(美)张馨保认为:"他(律劳卑)的职责是通过仲裁、调解来节制、治理和保护广州的英国臣民。他也奉命在执行任务时同中国协商、和解。他的主要目标之一是调查一下看能否向中国其他口岸扩充贸易"(《林钦差与鸦片战争》(中译本),福建人民出版社,1989年版)。③建立外交关系说。李少军、刘春明指出:"律劳卑来华实际上是英国政府在通过正常外交途径不能如其所愿改变中英关系现状的情况下,利用派遣政府官员取代以往东印度公司'大班'之机,在当时中国唯一通商口岸所在地广东这个局部范围内,直接建立两国政府对等关系的尝试"(《试论律劳卑事件的根源与中方的应对》,《江汉论坛》,2004年,第10期)。④管理在华英商说。弗兰克·韦尔什认为:律劳卑使团到广州后,必须"小心翼翼地避免使用所有不必要的恐吓性语言……以各种切实可行的方法,研究如何维持善意和友好的谅解,确保所有英国臣民认识到服从中华帝国法律和习俗的义务"(英国官方文件1840年蓝皮书,《关于中国的通讯》,转引自《香港史》,中央编译出版社,2007年版)。

交关系、扩大中英贸易,然这些看法都尚不足以从根本上触及这一事件的本源。如果认真地分析律劳卑来华的背景、英国政府给律劳卑的训令以及律劳卑来华后的所作所为就可清晰地看清此事件背后的某种政治诉求。

在中英贸易史上,英属东印度公司曾一度扮演了重要角色,它是英国政府对华各项政策的忠实执行者。但随着英国国内自由贸易势力的崛起,自由商人和东印度公司之间在对华贸易方面的矛盾日益尖锐,并最终迫使英国议会于1833年通过《东印度公司改革法案》,取消了它对中国的贸易垄断权。从此,传统的中英贸易关系出现了新的转变,"对华贸易就变成了英国私人企业所完全能够执行的事务"①。然而,正是这种转变使得自由商人利益集团猛烈地冲击中国旧有的通商制度,并不断地向本国议会提出对华采取强硬措施的建议,进而极大地影响了英国政府的对华政策。实质上,在此之前,英国商人就多次开始向政府酝酿对华侵略的方案。1832年,大鸦片贩子马奇班克斯就强烈主张政府派遣海军力量伴以使节到中国,他指出:"英国的海军司令是最好的大使。……因为海军司令在几小时内就可以收到外交用几周、几个月才能达到的效果。"②与此同时,在华的英国散商也在《中国文库》上大肆抛出侵华言论:"到现在为止,产生过效果的唯一手段是我们军舰的行动。被任命的官吏,为战争之备,应该伴以必要的武力。……就作战而言,封锁沿海口岸是最见效的。……通商条约已经不是一个广东的问题。应对我们开放沿海的所有口岸。为此,应在宁波或舟山附近岛屿上获得海军基地。……依靠武力的威吓政策是有效的。"③可见,为了追求利益的最大化,英国商人迫切要求政府以武力侵华来打开中国的大门。成为资产阶级代言人的英国政府,必定会对这种要求做出相应的反应,并积极谋求对华采取武力侵略的尝试。对英国政府的这种侵略企图,美国学者就一针见血地指出:"巴麦(斯)顿当政的英国,在工业和政治上显然都在厉兵秣马,以期夺取和把握住亚洲的市场。"④然而,闭塞愚昧的清廷中央和地方当局对英国的侵略企图并没有多少察觉,当东印度公司解体后,两广总督李鸿宾及其继任者卢坤都做出了让英国政府派遣"大班"(东印度公司在华管理贸易的人)来华约束广州的英国散商的决定。英国政府利用总督的这个要求,趁机做出了派遣商务监督代理前东印度公司"大班"的职权的决定。

律劳卑来华的目的,在他起程之前英国外交大臣巴麦斯顿给他的训令中有清楚的说明。训令指出,律劳卑到中国的任务是:一、设法推广英国的商业势力到广州以外的地方;二、在中国沿海觅取一些地方以便一旦发生敌对行动时,英国海军可以安

---

① 丛刊本《鸦片战争》(一),第6页。
② 《外国学者论鸦片战争与林则徐》(上),福建人民出版社,1989年版,第27页。
③ 《外国学者论鸦片战争与林则徐》(上),福建人民出版社,1989年版,第129页。
④ (美)丹涅特、泰勒著,姚会广译:《美国人在东亚》,商务印书馆,1962年版,第155页。

全活动;三、不要干涉和阻挠鸦片走私。1834年1月25日,巴麦斯顿在给律劳卑的特别训令中又强调:"您应注意通知英国军舰的指挥官们说,英王陛下政府希望他们严格遵守这些规章,英国军舰不得驶过虎门,除非特别的理由需要它这样做。"①但训令中又说:"阁下应写信给(两广)总督,声明您已抵达广州。除了保护和促进英王陛下臣民对广州港贸易的职责外,您的主要目的之一是要查明,把该贸易扩大到中国的其他部分领土是否切实可行。"②

不难看出,巴麦斯顿给律劳卑的训令及指示自身是十分矛盾的。"(律劳卑)一方面要尽一切努力,去遵守中国的各项规章和尊重中国的一切成见,不要求助于英王的武装力量;另一方面,又要律劳卑采取步骤把他自己由纯商务监督(中国所说的大班)身份变成一个代表英王的使节身份,而这又势必破坏中国的规章和传统做法",然而,"这种表面看来十分矛盾的训令,是否出于英国政府对中国的情况不熟悉或偶然发生的失误呢?不能这样认为。因为前此英国数次派遣使节来华,受到中国中央和地方政府的种种抵制,英国的外交部对此是记忆犹新的。唯一合理的解释是:律劳卑来华是英国政府推行侵华政策的一个重要步骤。以往的失败使他们不能不谨慎从事,而敲开中国大门的野心又驱使他们采取了要冒一定风险的政策。当然这样做的结果,必然引起强烈的中英冲突"③。"显然,英国政府已打算要发动一场侵华战争,只不过是时间的迟早问题。"④因此,可以得出这样的结论,"律劳卑来华是英国政府推行侵华政策的一个重要步骤"⑤。

本来,英国政府在派遣律劳卑来华之前没有向中国政府提出任何形式上的通知,就已存在失当的地方,造成的后果是"律劳卑在中国的职位是模棱两可的,而且在法律上讲也是非法的"⑥。然而,律劳卑来华后却并不满足于英国政府既定的对华政策,企图做比政府要求他做的更多的事,所以处处藐视中国的规章律令,甚至恣意炫耀武力,显示出了殖民者的侵略本性。

1834年7月15日,即律劳卑到达澳门的当天,他乘坐安德罗马奇号快速舰到达广州,并向两广总督卢坤递交了英国贸易总监的证明文件。作为执行英国政府侵华政策急先锋的律劳卑,其目的是为了"做一个名垂史册的人,打开中华帝国的广阔土

---

① 胡滨译:《英国档案有关鸦片战争资料选译》,中华书局,1993年版,第3页。
② 胡滨译:《英国档案有关鸦片战争资料选译》,中华书局,1993年版,第2页。
③ 郑永福:《律劳卑来华与鸦片战争》,《史学月刊》,1986年,第5期。
④ 朱谐汉:《律劳卑事件》,《历史教学》,1991年,第10期。
⑤ 郑永福:《律劳卑来华与鸦片战争》,《史学月刊》,1986年,第5期。
⑥ (美)特拉维斯·黑尼斯三世、弗兰克·萨奈罗著,周辉荣译:《鸦片战争:一个帝国的沉迷和另一个帝国的堕落》,生活·读书·新知三联书店,2005年版,第28页。

地,让英国人的毅力和勤奋有用武之地"①。律劳卑野心勃勃、好大喜功的心态由此可窥见一斑,也正是这种野心驱使他一到中国便采取强硬的殖民侵略措施。7月20日,他又固执地草拟了给两广总督的信件,准备以"平行"的方式和清廷官员打交道。21日,卢坤令行商通知律劳卑,要他一办完事就离开广州。然而律劳卑却对此不理,反而于24日深夜,乘船沿河而上,于次日凌晨2时左右进入广州城内,宿于英国商馆。按照清廷惯例,夷人必须通过行商和清廷官员发生间接联系,同时,未经允许是不能擅入广州城的,而律劳卑非但不予遵守反而在深夜潜入,更不是明智之举。正如有的学者指出的那样:这些早期的、迅即的行动是一个错误……对中国人而言,这种在夜幕下的偷偷摸摸的行为只能被看做有不可告人的企图②。当然,两广总督卢坤是不可能应允他的这种做法的。在清廷方面来看,拒绝律劳卑的信件是理所当然的,责任完全在英方。"第一,律劳卑不经允许,擅自闯进省城,违反天朝定制;第二,律劳卑越过行商进行对话是破坏原有规定的;第三,清政府在原则上不允许外国人使用汉文……而他们却(向两广总督递交信件时)使用汉文,这也违反了规定;第四,清政府曾明文规定,只有外国人急需和总督商讨重大事情而中国行商又坚持拒绝转达时,外国人才能亲自携带奏文到城门交给守卫人员,律劳卑的行动显然是与这些规定不符的;第五,这也是最重要的原因,他企图以平行的方式和天朝大吏打交道,在清政府看来,这是绝对不能容许的。"③

客观地讲,在"事关外夷,关系国体"(恰当与否姑且不论)已成为清廷上下"共识"之时,卢坤恪守章程,拒绝接收律劳卑信件的做法是按惯例办事。况且,当卢坤认为律劳卑"有心抗衡,不遵法度"之时,并没有采取过激行为,依然准备修好,"继思化外愚蠢初入中华,未谙例禁,自宜先行开导,俾得知所遵循"④。于是,他在7月底又连发三项谕示,并在最后一项谕示中,命令律劳卑须即刻离开广州。可律劳卑"却坚定不移,态度强硬,既拒不离开广州,又拒不由洋商转呈书函"⑤。"律劳卑勋爵辜负了卢坤的善意。他先是恣意违犯中国的法令,又错上加错地表现出侮慢的态度。"⑥

---

① (美)张馨保:《林钦差与鸦片战争》(中译本),福建人民出版社,1989年版,第59页。

② *Barbarian Eye:Lord Napier in China,1834,the Prelude to Hong Kong*,p.119.

③ 萧致治、杨卫东:《鸦片战争前中西关系纪事:1517~1840》,湖北人民出版社,1986年版,第374页。

④ 中国第一历史档案馆:《鸦片战争档案史料》(第一册),上海人民出版社,1987年版,第147页。

⑤ (美)张馨保:《林钦差与鸦片战争》(中译本),福建人民出版社,1989年版,第55页。

⑥ (英)弗兰克·韦尔什:《香港史》,中央编译出版社,2007年版,第70页。

为惩戒律劳卑的嚣张气焰,维护天朝制度的无上权威,卢坤按照"夷人不法,即应封仓"的旧例,下令暂时停止与英国贸易,直到律劳卑遵守命令时为止。不甘示弱的律劳卑于 8 月 17 日上书巴麦斯顿,再次呼吁对华军事干涉,他并且狂妄地预料:"有三四艘巡洋舰和双桅船以及少数可靠的英国军队(不是印度兵),将在难以想象的短暂时间内解决这件事情。"①他甚至还说:"我将打赌我的存在,再加上夷馆的 20 个武装人员,将能对抗整个广州的军事力量。据说广州有 10000 军队,但整个政权是不牢固的;总督和满清官员看起来好像内心充满恐惧和忧郁的老妇人……"②可以说,卢坤"封仓"谕示并没有对律劳卑起到多少的警示作用。此后,在英国散商的支持下,律劳卑更是恣意妄为。8 月 26 日,律劳卑用汉语发表了一份题为《中英关系现状》的文告,在广州让民众张贴,广为散发。文告中满是对卢坤及广州当局的污蔑之词,并傲慢地认为,总督是阻挠不了他这种努力的,正如他(总督)"不能切断珠江水流一样"。对此挑衅,卢坤仍只是再次下令要律劳卑即刻离开广州,并于 9 月 2 日下令停止了中英贸易。9 月 4 日,卢坤在英国商馆门口张贴告示,指出律劳卑等人应对中英贸易的终止负责。蛮横的律劳卑"即刻赶到大门口,二话不说就扯掉告示",还"当即向布莱克伍德船长提出:要求派一中队海军陆战队来商馆,并要船长率两艘英国快速战舰来黄埔"③。

可以说,律劳卑不仅一而再、再而三地无视中方律令,而且还发表公告攻击清政府,这种做法实质上已经非常不妥。卢坤张贴公告列举律劳卑等人的罪状,既与事实相符,也完全是行使主权范围内的事情,于情于理,都不为过。蛮横的律劳卑非但对此不予理解,反而撕毁被中国人敬畏而不可亵渎的告示,于是,中英之间的冲突注定要急速升级并再也没有和解的希望了。

9 月 5 日,英国的巡洋舰伊莫金号和安德罗马奇号做好战斗准备,开始向黄埔进发。9 月 7 日,英舰进入虎门。12 时 25 分,晏臣湾炮台及附近帆船上的清军放空炮对英舰予以警告。英舰对此不予理会,继续行动。12 时 56 分,大角炮台向英舰发射炮弹 1 枚,晏臣湾炮台发射炮弹 2 枚。1 时 16 分,横档炮台发射炮弹 3 枚。这时,两艘英舰同时开炮轰击中方炮台。此后因风力太小,两舰在大虎山下抛锚。到 9 月 9 日下午,英舰再次在虎门发动攻势,并和中方展开了激烈的炮战。双方交战约 35 分钟,结果英方 3 人战死,5 人轻伤,船身轻微损毁;相反,中方损失很大,许多 32 磅重弹射中炮台炮眼,胸墙被毁,炮台里面的一座小庙被轰成一堆瓦砾,清廷的 60 余个炮台则在战事中被命中摧毁。9 月 11 日,又有 3 艘英舰抵达黄埔,卢坤随即命令将 12 艘大船沉于珠江河底,又从各地调动舰只 28 艘、士兵 1600 人包围内河,形势立即

---

① 《英国档案有关鸦片战争资料选译》,第 16 页。
② *Barbarian Eye: Lord Napier in China, 1834, the Prelude to Hong Kong*, p. 134.
③ (美)张馨保:《林钦差与鸦片战争》(中译本),福建人民出版社,1989 年版,第 57 页。

逆转,英舰进退失据。恰在此时,律劳卑热病(疟疾)复发,体力不支,再加上英国散商因利益严重受损,大多已不再支持律劳卑的军事政策,迫于无奈,他决定退回澳门。9月14日,他向英国散商说:"我考虑到目前的纠纷已非商业本身,而只牵涉到我个人了。我安心退出广州,是因为我知道你们的利益不至于受到牵累。……我虽然想竭尽全力来实现陛下意旨,但还没有成效,虽有两次,也是功败垂成。我不能设想自己再继续留下去,而要求你们宽恕了。"①9月21日傍晚,律劳卑等人离开广州,26日,抵达澳门。27日,中英贸易重新开放。10月11日,律劳卑因热病不治而死于澳门。

虎门海战是鸦片战争前中英双方首次发生正面的军事冲突,也是两种异质文明之间的首次碰撞与较量。其实,在冲突公开出现之前,律劳卑就已经在做战争准备了。他先是不顾清廷当局的禁令,用三板船运载兵器,搬入夷馆。接着又以保护英国货物为名,命令两艘军舰闯入广州内河。可以看出,这场冲突是不可避免的。换个角度说,虎门海战是律劳卑执行英国政府侵华政策的必然产物。

总之,通过上述所列事实及分析,我们不难认识到,律劳卑从被英国政府决定派往中国出任商务监督之时起,到其病死澳门之时止,以英国政府为后盾,他无时无刻不在仰仗武力、炫耀武力甚至滥用武力,他也一直幻想通过武力来为英国政府攫取殖民权益。用律劳卑的话说,他虽"功败垂成",没有直接为英国商人及政府谋求到直接的利益,"但他的处置非常允当,中国方面已经得到了一个永不会忘记的教训"②。事实上,律劳卑来华加速了鸦片战争的爆发。1834年8月14日,律劳卑在致巴麦斯顿的信中说道:"我能够毫不犹豫地立即建议英王陛下政府,马上考虑采取最好的方案获得一项通商条约,或按照国际法的原则订立一项条约保证正当的权利,……它将很容易开放整个沿海,如同开放任何个别口岸一样。……为所有商人要求获得每个商人在英国享有的那些同样的个人特权。在每个口岸一旦获得居留权之后,便让贸易按照该帝国的既定法规进行,而不论那些法规的好坏——始终保留在发生冤屈时通常进行申诉和谈判的权利。"③可以看出,这项建议正是中英《南京条约》中的重要组成部分。对于这样的内容,恐怕今天没有人认为这是纯属经济贸易之事。作为驻华商务监督,律劳卑本应将自己的"言行"控制在单纯的"经济"领域内,而他却处处行使超越自身身份的举动,妄图采用武力将中国纳入完全符合英国经济、政治利益的殖民范围中。他所扮演的角色,是一个地道的殖民者。值得一提的是,另一个英国人在著作中说,律劳卑是第一个提议占领香港的人,Priscilla Napier 所著 *Barbarian Eye: Lord Napier in China, 1834, the Prelude to Hong Kong* 一书

---

① 《鸦片战争史料选译》,第17页。

② (英)格林堡著,康成译:《鸦片战争前中英通商史》,商务印书馆,1961年版,第176页。

③ 《英国档案有关鸦片战争资料选译》,第15页。

将律劳卑来华与香港问题紧密地联系在一起,称其为"香港的序幕"。笔者认为这些提法倒是很坦率,很到位。

(三)律劳卑事件中双方应对措施的检讨

应该指出,清廷中央及地方当局在应对律劳卑事件当中表现出了相当的无知、愚昧、闭塞与落后,因而不知道如何在国际法范围内去处理此种侵略行为,在这场冲突中也有举措失当的地方。在论及此问题时,有学者认为清朝统治者的华夷观念及处理中外关系时缺乏平等的精神是引起律劳卑事件的主要原因。诚然,卢坤在交涉过程中恪守"一切率由旧章"的立场,的确有僵化与自大之讥,但如果洞悉这一事件的来龙去脉也不难发现,律劳卑的政治诉求并非仅用"平等交往"的主张就可概括,与此相反,卢坤"顽固"立场的背后也有诸般理由。从这个意义上而言,双方展开的又是一场争夺交往规则制定权的较量。

对于如何处理律劳卑进入广州城一事,卢坤因其牵涉到天朝规制而请旨定夺,反映出他在应对外交问题上应有的慎重,但律劳卑却不履行卢坤所要求的入城手续并一再违犯禁令。对律劳卑表现出的嚣张与傲慢,卢坤未加深究,反而向英商做出解释:"天朝设官,文以治民,武以御暴。贸易细事,向由商人自行经理,官不与闻其事。该夷贸易,如有更定章程等事,均应该商等会同查议,通禀粤海关监督暨本部堂,应准应驳,听候批示。若事关创始,应候恭折奏明大皇帝,奉有谕旨,再行饬遵。天朝大臣,例不准与外夷私通书信。若该夷目投递私书,本部堂概不接阅……凡此皆有一定制度,不容紊越。总之,国有法度,各处皆然。即英吉利本国,亦有法度。何况天朝煌煌令典,严于雷霆,尤天之下,莫敢不遵。"[①]可以看出,卢坤在此强调了清廷行政架构中没有管理贸易之专门机构或职官之事实,更没有与律劳卑这种"总管本国贸易"的"夷目"地位相适应的官员;出任驻华商务监督的律劳卑应向"自行经理"贸易的行商去协商贸易问题。如果因此就将事件的责任推脱到中方一边,说卢坤"薄待夷人"似有可商榷之余地。

按照卢坤的逻辑,不难得出这样的认识:律劳卑要与中国官方直接交往,则必须在广东地方政府内有与他职责相应的官员;中方从无专司商务或贸易的职官,对外贸易只能由具有官商身份的行商具体负责;英方派遣驻华商务监督取代东印度公司的大班,但绝不能借机要求中方改变原有的贸易管理体制;卢坤虽不答应律劳卑直接交往的要求,但他仍可以行商为交往对象,通过他们与广东当局交涉。诚然,这种逻辑在今天看来或许不可思议,有悖于现代政治文明,但在当时特定的历史环境中,卢坤采取如此做法似可以理解。再反过来看,律劳卑要求广东当局与其就贸易问题直接交往,无异于要求中方变更政治体制,此种做法既傲慢无礼,又与自身身份不

---

① (日)佐佐木正哉:《鸦片战争前中英交涉文书》,文海出版社,1967年版,第5页。

符,即使从国际法范围内也难以寻求到合法依据,并有干涉中方主权的嫌疑。

客观地说,卢坤虽认为天朝规制不容逾越,但他并非冥顽不化,只不过是不敢私自僭越职权而已。当他得知律劳卑即将到广州交涉贸易问题时,他曾说:"贸易事宜,如有应须另立章程之处,亦应由该商等询议,禀请具奏遵行",并及时派遣行商到澳门"向夷目询明因何事来粤,并将本年该国公司散局,应如何另立章程,一并询明禀复,以凭奏明遵办"。① 很明显,卢坤也多少有一些变通旧有贸易体制的想法,只不过,在他看来,一切要经过皇帝定夺而已。应该说,这是一种相当灵活的处理态度。然而,律劳卑没有理会卢坤的这种表示,却多次要求广东当局立即接受他的所作所为,这不能不说是一种强盗思维。在多次谕示律劳卑遵守天朝制度无果的情况下,卢坤下令"封仓",停止了中英贸易,当属无奈之举。

至于律劳卑在事件中所应担负的责任,前文已提及,这里不妨再稍作分析。律劳卑来华后,处处以其是英王陛下所派的商务监督而趾高气扬,一方面对广东当局表示出了不可一世的蔑视与狂妄,另一方面又总是打算通过与两广总督直接交往的方式来体现自身的体面。例如,对于卢坤赞扬以往英国君主"恭顺"的言辞,他竟不能接受:"卢督宪节次谕内擅称,吾君主向来恭顺等因。缘着即诉知:以英国大主权能鬼鬼,版图洋洋,四方皆有所服;地出广汪,土产丰盛,即大清亦非能比权。有勇猛兵卒,集成火单,所攻皆胜;亦有水师大船,内有带至百二十大炮者,巡弋各洋。并中华之人所未敢驶到各海,亦无不到。故请督宪自问此:吾大君焉有恭顺何人之意耶?"② 此外,在递交函件问题上,他不但拒绝行商转呈,也不允许英商代劳。他说:"本监督既系奉国主特命之官,未能俯由商人照会,不能准其代递。"③ 就是说,律劳卑既不采用"两广总督→行商→英国驻华商务监督"这种公文往来方式,也坚决拒绝"两广总督→行商→英商→英国驻华商务监督"这一方式。按照常理,如果说第一种方式稍显不公允,那第二种方式则是较为平等,应当是可以接受的。然而,律劳卑却无礼地将"两广总督↔英国驻华商务监督"看作唯一可以接受的中英交往模式,这又何尝不是强权政治的体现呢?

总的来看,1834 年的律劳卑事件是中英双方两种异质文明之间展开的一次正面冲突与较量。在这场斗争中,律劳卑的政治诉求虽没有得逞,但却在一定程度上助长了英国政府的侵华气焰;中方虽取得了暂时的胜利,但却在一定程度上使得自身在日后处理中英争端之时采用了更僵化的策略,失去了一次改革开放的机会。诚如郭廷以先生所分析的:"北京对于此次事件的表示,始终相当正大而开明。争议初起,即谓英人'未谙禁例',如果律劳卑改悔,即可不必苛求,希望以性理之真诚,来化

---

① (日)佐佐木正哉:《鸦片战争前中英交涉文书》,文海出版社,1967 年版,第 4 页。
② 《鸦片战争前中英交涉文书》,第 17 页。
③ 《鸦片战争前中英交涉文书》,第 8 页。

其桀骜之性。及兵船闯进虎门,尚以'不可过事张皇,肇起边衅'相嘱,律劳卑离开广州,即认为卢坤办理妥善,不值深较。如若英国因应有方,中国是可望不致固拒的。然而计不出此,终于使大家干戈相见。此岂是中国的责任？但确系中国的不幸。"①

结　论

1834年律劳卑来华引发中英冲突,是鸦片战争的前奏,并直接影响了此后鸦片战争的走向。研究中重点揭露律劳卑来华的殖民侵略性质,或重点检讨清王朝在此事件过程中的应对失措,均系研究该事件应有之意,对于研究鸦片战争史亦有所裨益。如同分析事件中英国殖民主义的侵略扩张本质并不能掩盖清王朝的愚昧落后一样,分析清王朝的应对失措也不能使人得出这样的印象：清王朝按照西方的通商规则行事冲突即可避免。从现象上看,律劳卑沙文主义的傲慢和清王朝妄自尊大的虚骄,这种文化冲撞是导致冲突的原因,实质上英国殖民主义经济利益和政治诉求,才是冲突发生的深层次的原因。而冲突之结果,对中国来说,预示着此后诸多的不幸与磨难。

（郑永福　李道永　该文收入张建雄主编：《纪念虎门销烟一百七十周年学术研讨会论文集》,广东人民出版社,2009年出版。）

---

① 郭廷以：《近代中国的变局》,台北,联经出版事业公司,1987年版,第24页。

维新与自救

晚清地主阶级自救运动论纲

（一）

历史上任何一个统治阶级,为了维护本阶级的利益和地位,都必然要不断地调整其实施的各项政策,协调整个阶级的步伐,改善国家的统治机能,这可以说是出自阶级的本能。

从这个意义上来说,任何一个统治阶级,不可能死守成法,一味反对任何变革。因为变革本身仅仅是手段,更好地实行其阶级或统治集团的统治,才是目的。当一个阶级不能照旧统治下去的时候,自然而然地要想到实行某种变革,这已为中外历史事实所证明。当然,对封建地主阶级来说,这种调整与变革不可能是自觉的,往往表现为由时势推动所致,是被动的、消极的。越是到一个王朝的末期或整个封建社会的末期,这种保守性则愈加突出。

在国内外急剧发展的形势危及到一个阶级的统治的时候,这种要求进行某种变革的思想,必然会在统治集团内部形成一个冲击波。能不能变,能不能变得快些、好些,又要受到社会上多种力量的制约。如当时社会上各个阶级、阶层力量的对比,统治集团内部各个派别力量的消长及因种种利害关系而引起的明争暗斗,统治集团代表人物个人的天赋与能力,以及国际上各种力量的影响,等等。

1840年鸦片战争前后,中国面临着严重的社会危机。主要表现在,长期的封建君主专制统治和腐败的官僚政治,极大地阻碍和破坏了生产力的向前发展。国家积贫积弱,阶级矛盾、社会矛盾空前加剧。而此时西方资本主义的发展,必然要强迫农村屈服于城市、东方屈服于西方,这一点马克思、恩格斯在《共产党宣言》中已做出了精辟的分析。西方殖民主义者已经把侵略的矛头指向中国,企图用鸦片和大炮打开中国的大门,寻找原料市场、商品市场和劳动力市场。国内、国外两个方面的力量的作用与影响,直接威胁着封建地主阶级的统治,要求或者说迫使地主阶级的政策做出相应的调整,以巩固其统治地位。我们姑且把封建地主阶级出自本能的这一努力称为地主阶级的"自救运动"。这一运动从1840年前后开始,直到1911年清王朝被辛亥革命的风暴打翻,一直在进行着。对中国近代社会这一侧面进行深入的考察和分析,于我们全面深刻认识这一时期的历史发展,探索其内部运动的规律,无疑有着重要意义。本文提出一些不成熟的意见,以期引起讨论和研究。

(二)

近代中国历史上封建地主阶级的自救运动,历时70年,经历了四个历史阶段:一是鸦片战争时期;二是洋务运动时期;三是戊戌维新时期;四是新政时期。从其阶级实质来说,四个阶段有其共同性,但就表现形式来说,又各有其特殊性。

鸦片战争前夕,出现了一位预示新的历史时期即将到来的著名历史人物龚自珍。作为地主阶级知识分子的龚自珍,从理学的空谈义理和汉学的埋头考据中解脱出来,以他特有的胆识和风格,伤时骂座,无情地揭露和鞭挞了清王朝官僚政治的种种弊病和阴暗面,敲起了清王朝大厦将倾的警钟。龚自珍把董仲舒"世有三等"的说法具体解释为社会发展有治世、乱世、衰世三个阶段,认为当时的社会即处于衰世。如果不急图变法更强,就会由"山中之民"起来吊民伐罪,取代当今的统治者。龚自珍大声疾呼:"一祖之法无不敝,千夫之议无不靡,与其赠来者以劲改革,孰若自改革?"龚自珍预感到了封建社会的危机,这是不错的。他发出的更法、改革的自救呼声,也是现实要求在一部分封建士大夫头脑中的真实反映。但怎样才能挽救社会危机呢? 由于时代提供的历史条件还很有限,更由于龚自珍本人思想的守旧,他还跼蹐于陈腐的思想资料之中,提不出向前看的适应社会潮流发展的自救方案。"药方只贩古时丹",这是龚自珍思想贫乏的真实自白。

自林则徐、魏源起,是中国近代封建地主阶级自救运动的开端。一个古老的、形成一套坚韧体系的封建帝国的崩溃,从根本上来讲,固然是有赖于其社会内部反对力量的崛起,但外力的冲击,具体来说,资本主义列强大炮和商品的冲击,则起了关键性的作用。长时期的闭关政策,使林则徐也不可避免地染上了那种以天朝大国自居的愚昧与偏见。他曾认为,西方离开中国的茶叶、大黄就无以为命。英国侵略军"浑身裹缠,腰腿僵硬",一仆而不能再起,根本不能在陆地上打仗。但林则徐历来注重经世致用,这使他一旦和西方接触,偏见与虚骄之气便被冲散了。他很快从迷幻中走向现实,睁开眼睛看世界了。林则徐发现,世界已经大大地向前发展了,西方侵略者绝不同于古代的落后"蛮夷",有许多长处值得中国学习。林则徐是反侵略战争的直接领导者,同英国军队打仗最直观的印象是西方船坚炮利。为了抵抗侵略,林则徐不仅买洋炮,而且尝试按西洋造炮方法制造精良武器。他甚至还建议清政府用海关税收举办军工厂,造炮必求其利,造船必求其坚。魏源比林则徐前进了一步。他明确提出"师夷长技以制夷"的口号,主张学习西方的制造技术。他建议在广东设立造船厂与火器局,除修造军用产品外,也可制造民用商船、蒸汽磨、弹簧秤等。魏源提议在福建、上海、宁波、天津等地,听任商民自由集资开设厂局,制造轮船或机械。到了19世纪40年代末,魏源的思想又有所发展,蒙眬地看到西方不仅科技好,政治制度方面也有可取的地方。他赞扬美国的联邦制度"其章程可垂奕世而无弊",把"不设君位"、"不立王侯"的瑞士联邦称为"西土桃花源"。当然,魏源对西方的认识还极为肤浅且不说,其出发点也在于"不悉夷情不可以筹远",只是为了反侵略而了解外国,并没有学习西方政治制度的意思。

　　林则徐、魏源所处的时代,中华民族同资本主义列强的矛盾已上升为社会主要矛盾。人们给他们俩以较高的历史地位,主要原因之一是从中华民族反对外来侵略这个角度出发的。而实际上,在林、魏来说,反抗外来侵略,维护中华民族利益,是和地主阶级自救运动融合在一起的。在林则徐和魏源身上,爱国和忠君紧密地联系在一起,他们都是封建地主阶级的"补天派"。魏源曾提出了历史进化的观点,认为"变古愈尽,便民愈甚"。但他说,"道"不能变,"气化无一息不变者也,其不变者道而已"。而他所谓的"道",表现在人类社会就是"君令臣必共,父命子必宗,夫唱妇必从。……四夷非中国莫统,小人非君子莫为帡幪"。魏源所要维护的,正是封建地主阶级的道。

（三）

　　从地主阶级自救运动这一线索来说,洋务派无疑是林则徐、魏源的继承者。洋务派是在《南京条约》《天津条约》《北京条约》等一系列不平等条约签订后,中国紧闭的大门已被打开的背景下出现的。洋务派在师夷长技方面又向前发展了一步,即创办了一批军事工业和民用工业,要求地主阶级之强,求地主阶级之富。洋务运动的推行,对中国资本主义的产生和发展起了一定的促进作用。而其求强求富主张的后面,也反映出封建地主阶级同西方殖民主义者矛盾的一面。这是因为:第一,经过第一次和第二次鸦片战争,清政府被西方资本主义列强打得一败涂地,又割地又赔款,部分主权开始丧失。从思想上来讲,奕䜣、曾国藩、李鸿章等洋务派,被西方殖民主义者吓怕了。因而和林则徐、魏源比较起来,洋务派对西方殖民者妥协的一面要大于抗争的一面。第二,洋务派中不少人是在镇压太平天国革命过程中起家的,他们亲自领教过农民革命斗争的力量,因而对于"内忧"的惧怕远远大于对"外患"的担忧。用洋务派自己的认识来说就是,外国侵略者只是"肢体之患",而农民的反抗斗争才是"心腹之患"。这一点又决定了洋务派在政治上把安内放在第一位,攘外放在第二位,表现出反对外来侵略的不坚定性。第三,在镇压太平天国革命的过程中,洋务派中的一些人不同程度上曾得到资本主义列强政治、经济上的支持和援助,从而使洋务派产生了对西方列强的依赖和幻想,即产生了买办性。因为洋务派代表人物各有自己经营的山头,派别集团之间的利害冲突也决定他们对内对外不可能采取步调限一致的行动。但"外须和戎,内须变法",大体可代表他们的宗旨。

对此时清王朝最高统治集团来说,他们看到是洋务派这些人镇压了席卷大半个中国的太平天国起义,使清朝统治化险为夷,加深了对洋务派的依赖。而且在内外矛盾相加的情况下,办洋务和维护满清贵族的统治是合拍的,因而从总体来说,他们对洋务派采取支持的态度。但以那拉氏为首的统治集团害怕洋务派力量膨胀,形成尾大不掉的局面,于是不断地在洋务各派之间进行平衡、牵制,以图左右。洋务运动本身的局限性及当时国内外的客观条件(主要指国际资本主义、清王朝最高统治者的态度),决定其只能畸形发展,无法解脱地主阶级面临的严重危机。甲午中日战争爆发,清政府海陆军惨败,宣告了洋务自救运动的破产。

从总体来看,早期维新派和洋务派很难完全区分开。早期维新派的阶级属性,仍然是封建地主阶级。早期维新派的活动,尚未脱出封建地主阶级自救运动的范畴,其中一些人还是洋务运动的积极参与者。他们提出的"采西学"、"制洋器"、"师其所长夺其所恃",和魏源等提出的"师夷长技以制夷",可以说一脉相承。不错,早期维新派中的一些人提出了更进一步的主张,如设议院等。但他们对西方政治制度的理解还相当幼稚,提出设议院主张的出发点在于挽救危亡,求强求富。对于议会制的资本主义性质,他们并没有认识到。因而,尽管他们的一些言论和主张客观上有利于中国资本主义的发展,但尚不能以此断定他们的阶级属性是资产阶级。早期维新派的政治主张,没有超出"中体西用"的圈子。

但早期维新派毕竟和洋务派的代表人物有明显的不同之处。其一,早期维新派属于知识分子阶层;其二,这些人处于不掌权的地位。后者决定这些人对国内外的形势观察起来比较超脱和客观。而知识分子特有的敏感,又使他们逐渐在实践中看清了洋务派自我标榜的求强求富无法解决中国社会面临的危机,并逐渐感觉到西方资本主义国家的强盛首先在于政治好,制度优越。洋务运动开始后,早期维新派便对其中的腐朽阴暗面时有揭露和抨击。而以中法战争为契机,他们便和洋务派分化;到甲午中日战争后,早期维新派终于和洋务派分道扬镳,沿着另一个方向发展。他们的活动也脱离了封建地主阶级自救运动的轨道,发展成为资产阶级独立的政治运动。这一重要变化,正是中国社会内部民族资本主义产生和初步发展,在政治领域中的一个重要反映。

(四)

甲午中日战争后,中国出现了新的形势。随着民族危机的加深,资产阶级启蒙运动迅速发展,变法救亡的呼声响遍全国。如果说鸦片战争的爆发开始打破清王朝闭关锁国的状态,那么甲午中日战争的结果,则使中国在半殖民地半封建的道路上大大地迈进了一步,中国更紧密地被绑在世界资本主义链条上。这种新的局势,迫使地主阶级做出相应的变革。清政府最高统治集团为了自救,巩固自己的统治地位,也意识到要进行某种变革。以光绪皇帝载湉来说,主观上,他不愿做"亡国之君",不愿意"弃祖宗之民,失祖宗之地",因而极想振作,并为此积极寻找出路;客观上,帝国主义瓜分中国的态势、宫廷内部的激烈斗争,都构成促使光绪皇帝支持变法维新的杠杆。为维护清王朝的统治而寻找出路,以此为出发点,光绪为首的帝党看到了资产阶级维新派。诚如当时一家外文报纸所说,"光绪是锐意改革的,对于中国在目前危机中的危险及其需要,也多少有些明白的概念","他发现维新党的这些青年,恰恰是他们需要的援助"。以康有为为首的资产阶级维新派本身的软弱,决定他们企图通过光绪皇帝"重新天地,再造日月",实行自上而下的改革,达到振兴国家,挽救危亡,在中国发展资本主义的目的。而光绪帝则想通过变法扭转甲午战后的危急局面,使中国转危为安,化弱为强,巩固大清王朝的统治。不难看出,两者有合拍的地方。这样,从1897年起,封建地主阶级的自救运动和资产阶级变法维新运动发生了较强烈的"共振"。如果不承认这种"共振"现象,则很难解释1898年中国社会上为什么能掀起那样一场轩然大波。戊戌变法时期,就资产阶级维新派来说,实际上并未形成很有组织的力量。强学会、保国会等组织,固然有明显的政治色彩,但都是列名即可参加,来去自由,基本上还是学习西方新知识、讲究富强之术的学会,远未达到近代资产阶级政党雏形的水平。而且戊戌变法时期,真正够得上资产阶级维新派资格者屈指可数,充其量在全国也不过三十几人。而从另一方面看,清朝中央和地方上的达官贵人吁请变法者则不乏其人,其中一些头面人物还列名或赞助强学会、保国会等组织。这不清楚地说明戊戌变法运动的发生,是资产阶级变法维新与地主阶级的自救运动发生"共振"的结果吗?

当然,清政府的变法与资产阶级的维新在性质上截然不同,一个是地主阶级要自救,一个是资产阶级要维新,其旨趣、目的根本不同。因此,关于改革哪些方面,改到何种程度,两者不可能不存在原则性的分歧。事实上,这种"共振"现象的发生,重要的条件之一是通过康有为为代表的资产阶级维新派的原则退让。因此,资产阶级变法维新与地主阶级自救运动的"共振"中,又潜伏着分裂的严重危机。这一潜在的危机,是通过清王朝最高统治集团内部面临权力再分配而引起的争斗而诱发的。那拉氏与光绪帝的权力之争,使地主阶级为了自救而要进行的某种变革必然成为泡影(当然,戊戌政变的发生还有国内国外其他方面的因素,在此暂且不论)。

戊戌政变的发生,固然是对资产阶级维新运动的一个反动,也未尝不和当时地主阶级的利益相悖。仔细考察百日维新时期光绪帝下诏变法的具体内容,不难发现,仅仅限于那些枝节方面的改革,并不构成对当时统治阶级的威胁。相反,改革成功,会使地主阶级国家的统治机能获得某种程度的调节和改善。

当然,戊戌变法者取得成功,将在一定程度上为中国资本主义的发展开拓道路,客观上将加速清王朝君主专制制度的覆灭。但这毕竟是我们今天的认识,无论以光绪为首的帝党,还是以那拉氏为首的后党,在当时无论如何也不能看得这么长远、深刻。那拉氏为什么发动戊戌政变?因为她是封建顽固派,顽固派必然反对一切变革,这种看法有相当大的片面性。即以对农民斗争来说,那拉氏对其何尝不极端仇视?但当那拉氏为维护其小集团的私利时,她也可来个大转变,称义和拳民为"中国赤子"了。可见变与不变,毕竟还是个手段,维护本阶级、本集团的利益,才是目的。从戊戌变法的史实来看,那拉氏与光绪帝在要不要变法上固然存在保守与进步的矛盾,但双方矛盾的焦点则主要在于那拉氏看到光绪要罢黜老谬昏庸的顽固派,拔擢通达英勇的新人,而这样做就意味着那拉氏手中的大权旁落,她当然不甘心这种结果。帝、后两党始终围绕用谁的人而矛盾渐趋激化。这是戊戌政变发生的直接原因。如果不看到这一点,也就难以全面理解为什么1898年那拉氏镇压了戊戌变法,而事过两年多,她却扯起了"新政变法"的旗号。

(五)

《辛丑条约》签订后,帝国主义进一步加强了对中国的控制,清政府已经成为帝国主义统治中国的工具。但殖民地与宗主国之间的矛盾、走狗与主子之间的矛盾,无可怀疑地构成地主阶级自救运动继续进行的动因之一。而资产阶级民主浪潮的高涨,资产阶级革命势力的发展壮大,则是促使清王朝不得不实行某些变革的更主要的原因。清政府推行所谓"新政",是这一阶段地主阶级自救运动的主要形式。

1901年1月29日,流亡西安的那拉氏在内外情势所迫之下,抛出了"新政"上谕,内称:"世有万古不易之常经,无一成不变之治法","不易者三纲五常,昭然如日月之照世。而可变者令甲令乙,不妨如琴瑟之改弦"。她说什么"法积则弊,法弊则更","法令不更,锢习不破;欲求振作,当议更法";表示要"取外国之长","补中国之短"。那拉氏这一举动,是为了表示响应帝国主义"和议应速定,变法应速行"的要求(帝国主义要求清廷变法是为了提高走狗的办事效率,以便他们在中国攫取更大权益),求得帝国主义列强的开恩和支持。从这个角度来看,它决定了清政府新政变法只能是沿着进一步半殖民地化的道路前进。但另一方面,清政府的统治已处于"敝絮塞漏舟,腐木支广厦"的衰败境地,政治上腐败不堪,经济上民穷财尽,都迫使清朝统治者不得不采取一定措施,摆脱覆灭的厄运。但此时的地主阶级更加腐朽,更加保守,他们用以"自救"的"再生"能力已极为有限了。这样,到1905年,除办学堂、派留学生等稍有成绩外,"新政"并无进展。在资产阶级革命派和立宪派活动加强,民主、革命潮流高涨的情况下,清廷从1906年起,又打出了"筹备立宪"的旗号。载泽等在奏请宣布立宪密折中指出,"立宪"有三大好处:一是皇位永固;二是内乱可弥;三是外患渐轻。奕劻在大臣会议上也说:"今读泽公及戴、端两大臣折,历陈各国宪法之善……且言立宪之君主,虽权利略有限制,而威荣则有增无减等语。是立宪一事,固有利而无弊也。比者全国新党议论及中外各报海外留学各生所指陈所盼望者,胥在于是……今举国趋向在此,足见现在应措施之策,即莫要于此。若必舍此他图,即拂民意,是舍安而趋危,避福而就祸也。以吾之意似应决定立宪,从速宣布,以顺民心而副圣意。"这里,他们把清末筹备立宪的背景及目的,说得十分清楚。

当然,清末"新政"的推行,既有取悦帝国主义、拉拢资产阶级立宪派、孤立打击革命派的一面,也有地主阶级要自救自强的一面。新政中各项改革措施,既有欺骗、愚弄人民群众的一面,又确实有一些符合历史发展潮流的具体内容。从某种意义上可以认为,清末的官制改革,是中国国家体制近代化的开端;各项法律的制定与颁布,是中国法制近代化的开端;教育体制的改革,又可看作中国教育近代化的开端。当然,由于帝国主义列强的控制及统治阶级内部的更加腐朽,这些开端无不深深地打上了半殖民地半封建的烙印,无法做出更高的评价。但那种对清末"新政"客观上的进步作用一笔抹杀的做法也是不妥当的。因为,第一,"新政"实行的某些进步作用是客观存在,无法否认的;第二,清末新政时期中国社会出现的一些进步,正是资产阶级和人民群众长期斗争推动的结果。如果否认这一进步,那么资产阶级和人民群众推动历史前进的作用又体现在何处呢?难道仅仅表现在最后推翻了清王朝吗?

"皇族内阁"的出现,是清王朝走上穷途末路的标志,也预示进行70年的近代地主阶级自救运动即将终结。可以设想,在筹备立宪中,如果清王朝能够接受资产阶级立宪派的请求,及早建立一个有立宪派代表人物参加的责任内阁,就可以稳住立宪派,孤立、打击资产阶级革命派。这样形成地主阶级自救运动和资产阶级君主立宪运动的"共振",清王朝继续苟延残喘一个时期是完全可能的。实际上,当时革命派中一些人十分担忧清王朝真的像立宪派希望的那样搞立宪。他们认为,如果清政府真这样搞起来,革命在短期内便很难搞起来了。资产阶级革命派的这一担心,正是中国社会现实在他们头脑中的真实反映。因此,革命派一方面批判立宪派鼓吹君主立宪的谬论,揭露清廷立宪的虚伪和丑恶用心;另一方面唯恐清廷立宪的骗术得以奏效,于是愈益加紧发动反清的武装起义,以遏止这场丑剧的上演。列宁谈到俄国沙皇"立宪"诏书的结果时曾指出:"沙皇帮了革命者一个大忙,他证实了革命者认为'自由主义的'诏书是假让步、是丑恶的滑稽剧的评价"。(列宁《最新的消息》)清朝统治者想用"立宪"抵制革命,同样帮了革命者大忙,从反面加速了革命形势的发展。腐朽的清王朝对"新政"的实行一再延宕,对资产阶级立宪派一次次上书请愿实行高压政策,使立宪派同清王朝的离心力急剧加大。到"皇族内阁"出现,资产阶级立宪派对清王朝彻底绝望了。而且,由于"皇族内阁"的成立,一部分有实力的汉族地主官僚与清王朝的裂痕也大大地加深。加之清政府在推行"新政"的过程中,各级官吏乘机加捐加税,巧取豪夺,激起早已苦不堪命的农民风起云涌的抗捐抗税斗争。这样,资产阶级革命派、立宪派的斗争,农民阶级的反抗,部分地主官僚与清王朝的离心离德,在客观上汇合成一股强大的历史合力,以武昌起义为爆发点,迅速地使清王朝陷于土崩瓦解,并从此结束了绵亘两千余年的君主专制制度。在这股历史洪流中,清政府"新政"中的一些措施,如派遣留学生,办学堂,建新军,成立资政院、咨议局,推行地方自治及制定、公布一批带有资本主义色彩的法律、条令等,无疑起了推波助澜的作用。这当然是封建地主阶级所始料不及的。搬起石头砸自己的脚,这是历史上一切剥削阶级无法摆脱的命运。

（郑永福　《河南大学学报》1985年第4期。中国人民大学报刊复印资料《中国近代史》1985年第8期全文复印。笔者沿着本文思路撰写的《资产阶级维新与地主阶级自救——关于戊戌维新运动的一点思考》发表于《郑州大学学报》1999年第1期,中国人民大学报刊复印资料《中国近代史》1999年第4期全文复印。）

戊戌变法与官制改革

戊戌变法,曾像一场飓风,激荡着晚清的政治生活。在这场变法维新运动中,官制改革问题,令人瞩目。以康有为为首的资产阶级维新派,对旧官制进行了激烈的批判,提出许多有积极意义的改革主张,并在光绪皇帝的支持下进行了某些尝试。这一切,引起了封建守旧势力的拼死抵抗,改革以失败告终。对这段历史做一回顾,会给人以有益的启示。

(一)"**宜变法律,官制为先**"

清朝末期,官僚机构臃肿庞大,数以万计的官吏队伍,"浸透了反民主的意识"。封建守旧势力是他们赖以寄生的社会基础。戊戌变法时期,以康有为为代表的资产阶级维新派本能地感觉到:改革腐朽的官制,是变法维新的关键。

1898年年初,翁同龢等五大臣代光绪帝问康有为"宜如何变法",康答曰:"宜变法律,官制为先。"他指出,当今是列国并雄之时,非复一统之世,而现行的法律、官制都还是一统之法,"弱亡中国,皆此物也"[①]。康有为认为,要维新中国,必以立宪法、改官制、定权限"为第一要义"。如果以今日之法、今日之官,虽然皇帝"日下一上谕

---

① 中国近代史资料丛刊《戊戌变法》(四),神州国光社,1952年9月版,第140页。

言维新"①,也是徒劳无益。梁启超也曾明确提出,"变法必先变官制"②,他在《时务报》上发表了《论变法不知本源之害》一文,指出:"变法之本在育人才,人才之兴在开学校,学校之立在变科举,而一切要其大成在变官制。"③

资产阶级维新派之所以把变官制提到变法维新的首位,是因为他们认识到,手握重权的守旧官吏是推行新法的最大障碍。对此,杨深秀曾有过较为深刻的剖析。他说,那些封建大吏"或年老不能读书,或气衰不能任事。不能读书,则难考新政;不能任事,则畏闻兴作"。这些人虑及新法的推行,"于旧官必多更革,于旧人必多褫斥,于其富贵之图,大有不便"。总之一句话,变法维新将直接关系到他们的荣辱存亡,因而"惟有出全力以阻挠之,造谣言以摇惑之"④。

为了推动官制改革,资产阶级维新派从以下几个方面对清朝的官制吏治进行了激烈地批判和深刻地揭露。

1. 冗员充斥,一事不举

维新派指出,举国上下冗员充斥,是清朝官制的一大弊端。陶模在《培养人才疏》中说,"天下大弊在于官多"。官有限而候补之官无限,"于是有筮仕一二十年而不得一事者"。待混得一官半职,已是久困之余,"难言志节"。于是"文官则剥民蚀帑,武官则侵饷缺额"⑤,几乎相习成风。

康广仁等办的《知新报》也分析了清朝官制的两大弊端。一是无专责。一部之中,堂官已六,欲举一事,尚侍互让。一省之中,督抚同城,欲创一利,则彼此相轧。官于内者,"摄六部而兼数差",拱立画诺,事皆不谙;官于外者,"以一人而总百事",互相牵制,互相推诿,互相倾陷,一事不成。二是养冗员。"官无专事,事无专责",不仅俸廪虚糜,而且芜敝丛生。"会议而不成一事,绊制而徒以自扰"⑥,政令如何能够推行? 还有人指出:冗员充斥的结果,造成行政效率十分低下。六部之中,堂官委之司员,司员委之书吏,"以至要之咨,移为具文","六堂花押,累月始毕"。外省督抚大臣,欲办一事,"由县申府申道,折层而上,至速亦需数月"⑦。又由于清政府处处"防弊",设官分职,互相钤束,致使"一职而有数人,一人而兼数职",互牵互诿,其结

---

① 中国近代史资料丛刊《戊戌变法》(四),神州国光社,1952年9月版,第34页。
② 中国近代史资料丛刊《戊戌变法》(二),神州国光社,1952年9月版,第34页。
③ 中国近代史资料丛刊《戊戌变法》(三),神州国光社,1952年9月版,第21页。
④ 国家档案局明清档案馆编:《戊戌变法档案史料》,中华书局,1958年8月版,第2页。
⑤ 中国近代史资料丛刊《戊戌变法》(二),神州国光社,1952年9月版,第270页。
⑥ 中国近代史资料丛刊《戊戌变法》(三),神州国光社,1952年9月版,第291~292页。
⑦ 国家档案局明清档案馆编:《戊戌变法档案史料》,中华书局,1958年8月版,第201页。

果是"一事不举"①。

2. 卖官鬻爵,贿赂公行

有人借清政府放宽言路之机,上书揭露当时考试军机处及总理衙门章京,专以递"条子"多寡为取。"条子"有大小,军机大臣递者为"大条子",各部院尚书递者次之,九卿所递为"小条子"。"条子"又从何而来呢?全凭"贿赂而得"。三节两寿,每次送银数百两数十两者为上等门生;送二两四两者为下等门生。上等门生即可得"大条子",而"凡得大条子,考试必列前三名,京察必得一等,派差必得极优之差"②。清贫不能送礼者则毫无希望。加之裙带之风盛行,"大臣亲友姻娅,遍满中外",官场极为腐败。

3. 守旧昏愦,愚昧无知

守旧大员们多不知"万国情况",他们蔽于耳目,狃于旧说,以同自证,以习自安。其中,"贤者心思智虑,无非一统之旧说;愚者骄倨自喜,实便尸位之私图","有以分裂之说来告者",他们"傲然不信";"有以侵权之谋密闻者",他们"懵然不察";和他们讲新法可以兴利,他们则"瞋目诘难";和他们谈变法可以自强,他们就"掩耳而走避"③。这些肉食官吏,"不会军旅而敢于掌兵,不谙会计而敢于理财,不习法律而敢于司李"。这些人或是见外国人则极畏葸,"接见西官,栗栗变色,听言若闻雷,睹颜若谈虎";或仍自欺欺人地陶醉于"天朝大国"的迷梦之中,以为洋人枪炮不足畏,因我有"藤牌地营";洋人非能敌我,因"洋人股直硬,申屈弗灵"④。和西方侵略者打了四五十年仗,又割地又赔款,到头来还说着这一类昏话,多么可笑、可气!

资产阶级维新派指出,"外患内忧相通而至"的危险形势,一些昏愦大员不是没看到,但他们自认年已老耄,转瞬凋零,"但求敷衍数年,生不复见"而已⑤,甚至说什么"尚或危亡,天下共之"⑥。更可气的是这些人"好事不举","蠢民实甚","恣睢暴戾如蛇蝎","朘膏削脂如虎狼"。用这样的人当国任政,又怎能不"速召敌侮"呢?⑦

维新派大多是"草茅之士",所以他们极力提倡起用新人,着力批判用人唯资格的制度。

---

① 中国近代史资料丛刊《戊戌变法》(二),神州国光社,1952年9月版,第26页。
② 国家档案局明清档案馆编:《戊戌变法档案史料》,中华书局,1958年8月版,第2页、第199~200页。
③ 中国近代史资料丛刊《戊戌变法》(二),神州国光社,1952年9月版,第191页。
④ 中国近代史资料丛刊《戊戌变法》(一),神州国光社,1952年9月版,第468页。
⑤ 国家档案局明清档案馆编:《戊戌变法档案史料》,中华书局,1958年8月版,第42页。
⑥ 中国近代史资料丛刊《戊戌变法》(三),神州国光社,1952年9月版,第75页。
⑦ 国家档案局明清档案馆编:《戊戌变法档案史料》,中华书局,1958年8月版,第2页。

所谓唯资格,就是"限年绳格",即选官限年头,限出身,限经历,级级转升,不得超越。侍郎须迁都御史,乃升工、刑等部尚书,礼尚必由工、刑、兵部尚书转升,吏尚必由礼、户尚书转升。督抚卿贰,皆经累数十年而后至。御史官卑,也要十多年。一个士子踏入仕途,要做到尚书、大学士,非几十年不可。文廷式曾统计了1896年部分在位的中央和地方大员的年龄:大学士张之万八十六,李鸿章七十四,徐桐七十八,额勒和布七十一;尚书李鸿藻、薛允升均七十七,孙家鼐七十;侍郎钱应溥七十三,徐树铭七十四,徐用仪七十一;内阁学士陈彝七十;副都御史杨颐七十六。另有总督、巡抚七人,将军、提督十三人,年龄亦均在七十以上①。在那般昏聩大员中,两广总督谭钟麟要算典型一例。谭年逾76岁,两目皆盲,不能辨字,连向皇帝跪拜皆须有人扶持。"粤东环海千里,武备尤重",谭到任后,却"首以裁水师学堂、鱼雷学堂为事",并"裁轮舟二十八艘"②。让这种人主持军政,其后果可想而知。维新派还指出,朝廷用人唯资格,士大夫便无所作为熬资格。循资按格,可以致大位、做公聊,老寿者即可为宰相,小的也秉文衡充山长为长吏。因之,此辈不求进取,内政外交"矇然罔知"。及至高位,能给皇帝出的主意"皆不出闭关之旧法",于时政毫无裨益。把国事、民事托于此辈,岂有不亡国之理。

维新派认为,用人唯资格的最大恶果在于扼杀人才。"循资格者,可以得庸谨,不可以得异材,用耄老者,可以为守常,不可以为济变"③,"限年绳格,虽有奇才,不能特达"④。即便是贤达之士,几十年宦海挣扎,"困顿于簿书、期会之间,抑郁于米盐凌杂之事",致暮年名位稍达,虽欲振作,"精力已销亡,才气已散尽"⑤。这样的制度,真是一种害人的制度。

鸦片战争前夕,龚自珍曾大声疾呼用人不论资格,抨击了当时清政府的选官制度。然龚自珍呼吁而起用的,不过是像他那样的封建士大夫。而康、梁等维新派则与此不同。他们所说的人才,是指那些了解西方政治、文化而又勇于革故鼎新的人,即资产阶级的维新志士。维新派对旧官制的批判,带有鲜明的时代特色,表明新兴资产阶级要登上政治舞台了。

(二) 设想与改革

早期维新派,曾对官制改革作过种种设想。由于欧风美雨的影响,他们的设想

---

① 《闻尘偶记》,《近代史资料》,1981年,第1期。
② 中国近代史资料丛刊《戊戌变法》(二),神州国光社,1952年9月版,第89页。
③ 汤志钧编:《康有为政论集》(上册),中华书局,1981年2月版,第117页。
④ 中国近代史资料丛刊《戊戌变法》(三),神州国光社,1952年9月版,第13~14页。
⑤ 国家档案局明清档案馆编:《戊戌变法档案史料》,中华书局,1958年8月版,第34页。

和旧的封建士大夫提出的改革方案,有显著的不同,最突出的一点,是提出了设议院的主张。

郑观应在他的《盛世危言》一书中,明确指出:若使旧官制的积弊一扫而空,"诚非开设议院不可"①。陈虬也提出在京师设一"都察院衙门",立以三公,"中设议员三十六人,每部各六","不拘品级,任官公举练达公正者,国有大事,议定始行"②。关于地方行政,何启和胡礼垣认为"亦应仿外洋设议院之治"。他们设想县、府、省设知县、知府、总督的同时,分别设县议员、府议员、省议员各60名。各级议员均由"公举法"产生。具体做法是,由有公举权的人(20岁以上,非残疾而能读书明理者),"取其平日最心悦诚服者,书其名以献有司","有司将多人书名者取之",作为议员。秀才举举人为府议员,举人举进士为省议员。"官欲有所为",须"谋之于议员",与议员"会议",定其从违。若意见分歧,则视"可之者否之者人数多寡,以多者为是"。议员通过会议法,行使权力③。早期维新派这些带有资产阶级特点的设想,不能不给戊戌变法时期的维新志士以深刻的影响。

康有为对于官制改革的设想,最主要的也是设议院。他在著名的《公车上书》中提出:由每十万户举一名"博古今、通中外、明事体方正直言"的人为"议郎"。凡内外兴革大政,由"议郎"会议,"三占从二,下部施行"。平时这些"议郎""轮班入值,以备顾问"④。这里的"议郎",在以后康有为的上书中,便明确称为"议员",并指出国家大事交付"国会",由议员"议行"⑤。当时,有的维新人士还具体地提出了设立"上下议院",无事讲求时务,有事集群会议。⑥

"不成熟的理论,是和不成熟的资本主义生产状况、不成熟的阶级状况相适应的。"⑦戊戌变法时期,资产阶级维新派从西方学来的资产阶级政治学说,是零散的、片断的,理论上显得那样浅薄。这就使他们对新官制的设想还很粗略,并且掺杂着大量封建性的东西。有的显得幼稚可笑,有的则不伦不类。但是,"设议院"、"公举法",这些体现了资产阶级民主政治的新概念,毕竟给他们对新官制的设想增添了一些绚丽色彩,使当时的人们耳目一新。

为了使官制改革顺利进行,减轻阻力,梁启超还专门提出了三条变法后"安置守

---

① 郑观应著:《盛世危言》第一卷,吏治(上)。
② 陈虬著:《经世博议》,《治平通议》第一卷,第4页。
③ 何启、胡礼垣:《新政论议》,《新政真诠》,中国近代史资料丛刊《戊戌变法》(一),神州国光社,1952年9月版,第197页。
④ 汤志钧编:《康有为政论集》(上册),中华书局,第135页。
⑤ 汤志钧编:《康有为政论集》(上册),中华书局,第207页。
⑥ 国家档案局明清档案馆编:《戊戌变法档案史料》,中华书局,1958年8月版,第172页。
⑦ 《马克思恩格斯全集》第20卷,人民出版社,1965年10月版,第283页。

旧大臣之法"。一曰"如其爵位",对满人亲王、郡王及枢臣、督抚等内外诸官,按品级分别授予公、侯、伯、子、男等爵位,他日"得充上议员",使其"富贵不失,恩荣依然"。有才者,仍可予国事;不肖者,"亦可支门楣"。二曰"免其办事"。具体做法是,使官差相分离,设新班而不去旧班,委新班以"差事",使其"虽无其名,而有其权",旧班则"虽无其权,仍有其名"。三曰"增其廉俸",使那般昔日的达官贵人,虽"不能藉官以取暴富","犹可藉官以免饥寒"。梁启超认为,这样做即可"新旧相安","谣诼必消,阻碍自少"①。这固然反映了中国民族资产阶级政治上的软弱,但从策略上讲,似也不无可取之处。

值得注意的是,随着维新运动的高涨,在要不要设议院问题上,维新派内部出现了分歧。谭嗣同、林旭等始终坚持"先设议院,以固民心"。但维新派的首领康有为却有所变化。近年来内务府档案中发现的康有为戊戌奏折原稿抄本《杰士上书汇录》及他进呈的《波兰分灭记》《日本变政考》等书中,都确凿地证明,康有为在1898年春天以后,不再提议议院了,而是打出了"开制度局"的旗号。

1898年1月,康有为提出"制度局之设,犹为变法之原"。3月,在《请大誓臣工开制度新政局折》中,又提出了开制度局的具体办法,即在内廷设一制度局,妙选天下通才十数人为修撰,派王大臣为总裁,"每日值内,共同讨论,皇上亲临,折中一是,将旧制新政,斟酌其宜"②。概括来说,制度局的任务是"审定全规,重立典法"。制度局下,分设法律、教育、度支等十二专局,"凡制度局所议定之新政,皆交十二局施行"。在地方上则每道设一"新政局",每县设一"民政局",推行新政。③

由主张开议院改为开制度局,主要是康有为慑于封建守旧势力的反抗。他在自编年谱中追述百日维新中的情况时说:"复生(谭嗣同)、暾谷(林旭)又欲开议院,吾以旧党盈塞,力止之","内阁学士阔普通武上书请开议院,上本欲之,吾于《日本变政考》中,力发议院为泰西第一政,而今守旧盈朝,万不可行,上然之"④。康有为主张设的议院,带有权力机构的性质;而后提出的制度局,虽然仍带有西方议会的味道,但咨询性的色彩浓了。从这点来看,康有为确实后退了一步。但是,通过官制改革使资产阶级挤进国家的各级权力机构,这个根本目的并未改变。

资产阶级维新派提出的官制改革主张,在百日维新中,大大打了折扣。有的条目干脆不被批准,有的则被偷梁换柱,失去了本意。如关于开制度局一事,经王大臣所议,变为"选翰詹科道十二人,轮日召见,备顾问"。这样一来"天下通才"被排斥在外,于是"制度局一条了矣"。又如开法律局,定为每部派司员改定律例,而司员

---

① 中国近代史资料丛刊《戊戌变法》(三),神州国光社,1952年9月版,第34页。
② 故宫藏清光绪二十四年内府抄本:《杰士上书汇录》,卷一。
③ 故宫藏清光绪二十四年内府抄本:《杰士上书汇录》,卷二。
④ 《康南海自编年谱》,中国近代史资料丛刊《戊戌变法》(四),神州国光社,1952年9月版,第158~159页。

"无权、无才",又非"采集万国宪法",与康等维新派的本意"大相反矣"。再如请开民政局,则以拟旨令督抚责成州县所谓"妙选人才"了之①。总之,开制度局及十二专局一事,几乎成了一纸空文。在百日维新中,官制改革真正见诸行动的,主要有以下几项:

1. 起用新人。诏定国是后,光绪帝下令起用了一批新人。其中,康有为被任命为总理衙门章京,杨锐、林旭、谭嗣同、刘光第以四品卿衔入值军机,专赞新政。给梁启超加六品卿衔,令其译书编报。

2. 设立农工商总局。这是在中央增置的主要的新官署。七月初五日,光绪谕内阁,根据康有为《请兴农殖民以富国本》一折,设立该局。据《国闻报》报道,"农工商总局设在椿树胡同,已于月之十二日开局,督理端午桥、徐仲虎、吴调卿三观察,每日到局议办各事"②。

3. 裁撤闲散衙门。七月十四日,光绪谕内阁,裁撤詹事府、通政司、光禄寺、鸿胪寺、太仆寺、大理寺六衙门,归并到内阁及礼、兵、刑各部办公。外省裁撤湖北、广东、云南三省督抚同城之巡抚,以总督兼巡抚事。裁东河总督,所办事宜归河南巡抚兼。各省不办运务之粮道,向无盐场仅管疏销之盐道及佐贰之无地方责者,均着裁汰。③

百日维新期间,光绪帝还屡次下诏,要求设立农工商分局并裁汰府、州、县的冗员。但各省认真办理者极少。据胡思敬《戊戌履霜录》所载,二十一省改革情况如下:直隶于天津设立了农工商分局、水利局及屯田局;江苏省开办了法律院,裁并十三局所;湖南设立了保卫局;广东于广州设立洋务课吏局。有的省裁减一批武官,有的省裁撤了为数有限的同知、通判、州同、州判、经历、照磨、主簿、县丞、巡检、训导等。有的省份,则基本没有变动。④

从以上所述可以看出,百日维新中,官制方面的改革极其有限。但就这么一点改革,也大大触动了封建守旧势力的神经,激起了一场轩然大波。

(三)一场新旧势力的斗争

戊戌维新时期的官制改革,必然遭到封建顽固势力的拼命反抗。梁启超对此曾做过精辟的分析。梁启超说,变法之事,布新固急,而除旧尤急;布新固难,而除旧尤难。守旧党人所挟以得科举者曰八股,现一变而务实学,其进身之阶将绝;他们恃以致高位者曰资格,如今一变而任才能,则他们骄人之具将穷;他们借以充私囊者曰舞

---

① 中国近代史资料丛刊《戊戌变法》(四),神州国光社,1952年9月版,第153~154页。
② 《国闻报》光绪二十四年七月二十一日。
③ 朱寿朋编:《光绪朝东华录》,中华书局,1958年8月版,总第4170页。
④ 中国近代史资料丛刊《戊戌变法》(一),神州国光社,1952年9月版,第400~406页。

弊,现一变而核名实,则他们的子孙之谋将断。今日得内位卿贰,外拥封疆,不知经若干年之资俸,经若干辈之奔兢而始能获。循常习故,不办一事,从容富贵,穷乐极欲,可生得大拜,死谥文端,家财溢百万之金,儿孙皆一品之荫。一旦变法,改官制,凡当官的都必须认真办事,而他们"既无学问,又无才干,并无精力",何以能办?不能办事,又不肯舍掉数十年来资俸奔兢,千辛万苦得来的官位,而为贤者让路,"故反复计较,莫如出死力以阻挠之"①。

百日维新开始后,光绪帝曾屡次下诏申斥守旧官僚,"狃于积习,不知振作","经再三训诫,而犹阳奉阴违"。光绪还当面质问总理衙门大臣:"汝等欲一事不办乎?"一再要求"凡在廷大小臣工,务当洗心革面,力任其艰",于应办各事,明定期限,不准稍涉迟玩,倘仍因循苟且,"定必严加惩处"②。为了表示令出即行,对敢于阻塞言路的礼部六堂官怀塔布、许应骙、堃岫等一并革职。同时嘉奖敢于斗争的礼部主事王照,赏三品顶戴,以四品京堂候补。对在湖南力行新政的陈宝箴大加表彰。这些措施对推动官制改革和变法运动,起了一定作用。但是,封建顽固势力实在太大了。为了减轻压力,康有为建议光绪帝"勿去旧衙门,而惟增置新衙门;勿黜革旧大臣,而惟渐擢小臣;多召见才俊志士不必加其官,而惟委以差事,赏以卿衔,许其专折奏事足矣"③。他一面要求对"坏滥极矣"的官制加以改革,一面又要"存冗官以容旧人"④。

百日维新开始后,从京中的内阁大学士、军机大臣、六部尚书到地方上的督抚、将军,从守旧的科举士子到顽固派的总后台那拉氏,"不谋而同心,异喙而同辞"⑤,对官制改革极尽攻击破坏之能事。

反对官制改革最有力的是中央的枢臣大吏。大学士刚毅"痛心疾首于新政",尝于西后前"伏地痛哭",指责新政⑥。大学士徐桐在朝廷议及官制时,有恃无恐地说:"先革去老夫,徐议未迟。"⑦凡遇诏下,"枢臣俱模棱不奉,或言不懂,或言未办过"⑧。廷臣以为不便者,"多依违其间,口不言而腹诽"⑨。二品以上大员,言新政者,唯一人(李端棻)而已。

康有为正月上折请开制度局,军机大臣皆曰:"开制度局是废我军机也,我宁忤旨

---

① 中国近代史资料丛刊《戊戌变法》(三),神州国光社,1952 年 9 月版,第 34 页。
② 中国近代史资料丛刊《戊戌变法》(二),神州国光社,1952 年 9 月版,第 63 页。
③ 梁启超著:《戊戌政变记》,中华书局,1954 年 2 月版,第 16 页。
④ 中国近代史资料丛刊《戊戌变法》(四),神州国光社,1952 年 9 月版,第 157 页。
⑤ 中国近代史资料丛刊《戊戌变法》(三),神州国光社,1952 年 9 月版,第 34 页。
⑥ 中国近代史资料丛刊《戊戌变法》(一),神州国光社,1952 年 9 月版,第 486 页。
⑦ 中国近代史资料丛刊《戊戌变法》(一),神州国光社,1952 年 9 月版,第 368 页。
⑧ 中国近代史资料丛刊《戊戌变法》(一),神州国光社,1952 年 9 月版,第 336 页。
⑨ 中国近代史资料丛刊《戊戌变法》(一),神州国光社,1952 年 9 月版,第 359 页。

而已,必不可开。"拖到五月,在光绪帝严责催促下,经总署大臣、军机大臣两上两下的复议,仍不能通过,"皇上震怒",亲书诛谕责之,发令再议。到了六月,他们才"择其细端末节准行","余乃驳斥"。七月,康有为重申前议,再次请开制度局,"朝论大哗,谓此局一开,百官皆坐废矣"①。京师谣传康有为欲"尽废六部九卿衙门",盈廷醉生梦死之人,"几欲得康之肉而食之"②。由于守旧大臣的阻挠,制度局始终未能设置。

七月十六日,光绪帝下诏裁撤六衙、三巡抚。"京师冗散卿侍被裁者,不下十余处,连带关系因之失职者将及万人"。令下,朝野震骇,以为此举"大背祖宗制度",皆赴宁寿宫,请太后保全,收回成命③。所裁衙门奉旨后"群焉如鸟兽散",印信、文卷无人过问,厅事、户牖拆毁无存,犹如经历了一场浩劫。城里裁官的"讹言","一夕数惊",守旧诸臣"皆惴惴不自保","喧噪不已",大有民不聊生之戚④。那拉氏也亲自出马,斥责光绪说:"九列重臣,非有大故,不可弃;今以远间亲,新间旧,徇一人而乱家法,祖宗其谓我何?"⑤地方上督、抚、布按等封疆大吏,支持新政,认真执行改革官制各项谕旨的,也为数极少,多数是"敷衍塞责,任意迁延"。变法期间,光绪帝几次下诏命令督抚严核属员,以澄清吏治;命大学士、军机大臣和督抚将军详议京外应裁文武缺及归并事宜,后又要求督抚将现有各局中冗员,一律裁撤净尽,"限一月办竣覆奏"。但各省督抚或历陈办事艰难,"吁恳稍宽时日",或竟称"裁无可裁,减无可减"⑥。还有些人置若罔闻,不予理采,没有一字复电。据统计,21省中,仅有3省裁去武官383人。3省拟裁通同佐贰几十人,而实际并未实行。各省新增设的衙门也寥寥无几。多数督抚大员,于改革官制毫无动作。⑦

在封建顽固派的联合进攻下,变法失败了。八月初六日,那拉氏发动政变再次训政,进行了疯狂的反攻倒算。八月十一日,"复置皇上所裁詹事府等衙门及各省冗员"。八月二十四日,"废农工商总局",随后又恢复了被裁的广东、湖北、云南三省巡抚⑧。官复原职的守旧官僚,对那拉氏感激涕零。他们掩饰不住内心的喜悦而又有点后怕地说:"数月来寝不安、食不饱,今始有命焉,非我皇太后,如何得了也!"⑨

由于在阶级力量对比上,封建守旧势力占有明显优势,戊戌变法以失败告终。

---

① 《康南海自编年谱》,中国近代史资料丛刊《戊戌变法》(四),神州国光社,1952年9月版,第153页。
② 梁启超著:《戊戌政变记》,中华书局,1954年2月版,第71页。
③ 中国近代史资料丛刊《戊戌变法》(四),神州国光社,1952年9月版,第260页。
④ 梁启超著:《戊戌政变记》,中华书局,1954年2月版,第16页。
⑤ 中国近代史资料丛刊《戊戌变法》(一),神州国光社,1952年9月版,第376页。
⑥ 中国近代史资料丛刊《戊戌变法》(二),神州国光社,1952年9月版,第12页。
⑦ 中国近代史资料丛刊《戊戌变法》(一),神州国光社,1952年9月版,第279~281页。
⑧ 中国近代史资料丛刊《戊戌变法》(一),神州国光社,1952年9月版,第351页。
⑨ 中国近代史资料丛刊《戊戌变法》(一),神州国光社,1952年9月版,第351页。

维新志士或血溅京门,或逃亡四方,这是历史的悲剧。作为悲剧一幕的官制改革,也化为乌有。但是,"青山遮不住,毕竟东流去"。顽固派可以扼杀戊戌变法,却无法扼杀由维新运动产生的思想解放潮流。耐人寻味的是,戊戌变法时期维新派提出的改革措施,在20世纪初清政府"新政"和"筹备立宪"中都一一实行了,尽管清政府的目的仍是为了抵制民主和革命的潮流,维持风雨飘摇的封建统治。这说明历史的辩证法是多么地无情。

(吕美颐 《河南师范大学学报》1984年第1期,人大复印资料《中国近代史》1984年第2期全文复印,《新华文摘》1984年第4期摘录5000余字。)

美国公使夫人眼中的那拉氏
——萨拉·康格九次觐见慈禧太后记

1898年,萨拉·康格女士(Sarah Pike Conger)跟随丈夫爱德温·赫德·康格(Edwin Hurd Conger,1843~1907)来到中国,在北京住了七年。在华期间,她曾经多次觐见慈禧太后。萨拉·康格在其《北京信札——特别是关于慈禧太后和中国妇女》一书中,以女人特有的细腻,披露了许多鲜为人知的情节,展现了那拉氏的另一个侧面。现依据该书,参之以其他文献,对萨拉·康格与那拉氏九次会见的经过做一介绍。

第一次:1898年12月13日,公使夫人们从北海进皇宫,在进第二道门时曾坐上一节小型火车车厢,由太监连推带拉地走了一段路。公使夫人们先向皇帝行礼,皇帝把手伸向每位夫人还礼。然后向慈禧太后鞠躬,太后给每位夫人手指上戴上镶有珍珠的镂金戒指。后慈禧太后先后两次对公使夫人们说:"一家人,我们都是一家人。"

萨拉·康格给她妹妹的一封信中说,"据说慈禧太后从未见过外国女人,也没有外国女人见过她。外交使团的夫人们想在慈禧太后64岁生日时向她表示祝贺,于是有人想出一个主意,让太后召见我们"。[①]经人斡旋,这一要求终于得到批准。萨拉·康格及来自德国、

[①]《致妹妹》,萨拉·康格著,沈春蕾等译:《北京信札——特别是关于慈禧太后和中国妇女》(以下简称《北京信札》),南京出版社2006年出版,第36页。

荷兰、英国、日本、法国、俄国等国的驻华公使夫人,进紫禁城见皇帝和太后。

1899年12月13日,七位公使夫人到英国公使馆集中——因为英国公使窦纳乐夫人是这次活动的组织者。11点从使馆出发,每位夫人乘坐一台轿子,由五位轿夫和两名马夫陪同。"到达北海第一道门时,我们必须把轿子、轿夫、马夫、随从以及所有的东西留在门外,独自进门。门内预备了七顶红色的宫廷专用轿子,每顶配有六名太监、轿夫和许多随从。进入第二道门时可以看见一节由法国赠送给中国的小型火车车厢。我们坐上去,太监们连推带拉地来到下一个地点,很多官员在那里接待了我们,还备了茶。接着这条小铁路穿过整洁但颇具皇家气派的皇城。稍事休息后,我们由一些高级官员陪同来到金銮殿。在门口,我们脱掉厚重的外衣,接着被领到皇帝和慈禧太后的面前。我们按照等级(来北京时间的长短)列队站立,并向他们鞠躬。我们的翻译将每位夫人介绍给庆亲王,再由他将我们介绍给皇帝和太后。然后,窦纳乐夫人代表女士们用英语宣读了简短的致辞,慈禧太后通过庆亲王致了答辞,我们也微微鞠了一躬。""接着,夫人们被带到了皇帝的御座前,向他行礼,他把手伸给每位夫人还礼。然后我们又回到太后面前向她鞠躬,她伸出双手,我们也趋步向前。说了几句客套话后,太后拉着我们每个人的手,给我们每人的手指上戴上一枚镶有珍珠的镂金戒指。致谢后,我们后退,回到原来的位置上。再次鞠躬后,我们就退出了大殿。"①

在宴会厅由庆亲王及其夫人和五位格格陪同进午餐后,公使夫人们应邀到另一间屋子用茶。等宴会厅的桌子收拾完毕,公使夫人们再次来到宴会厅。"我们惊讶的是慈禧太后已经端坐在黄色的宝座上了,我们像先前一样聚集在她的身旁。此刻,她很愉快,脸上容光焕发,充满善意,看不出一丝残忍的痕迹。太后用简单的语汇表示了对我们的欢迎,她行动自如,热情洋溢。接着,她站起来向我们大家问好,向每位夫人伸出双手,然后又指了指自己,热情而又严肃地说道:'一家人,我们都是一家人。'"②

接着,公使夫人们在宫廷戏院和慈禧太后一起看戏。一个多小时后,公使夫人们又一次获准在宴会厅晋见慈禧太后。慈禧"坐在宝座上,非常和善。当有人奉茶上来的时候,她走上前去,将每一杯茶都端至自己的唇边,轻啜一口,接着将杯子的另一边送到我们的唇边,又说了一遍:'一家人,我们都是一家人。'最后,她拿出精美的礼物送给每位公使夫人"。

萨拉·康格写道:"令人愉快的一天就这样过去了,这一天我们仿佛置身于梦幻之中,回到家以后,仍然沉浸在新奇和美妙的感觉之中。想想吧,中国闭关锁国几个世纪,现在终于打开了大门。在此之前从来没有外国女人见过中国皇帝,当然中国

---

① 《致妹妹》,《北京信札》,第38页。
② 《致妹妹》,《北京信札》,第40页。

皇帝也没有见过外国女人。"①

第二次:1902年2月1日。皇上和太后在金銮殿接见了西方外交使团的女士、公使夫人。那拉氏坐在一张长桌的后面,公使夫人们走近时,太后微笑着向康格示意认出了她。康格代表外交使团女士致辞。在非正式招待会上,那拉氏将"康太太"喊到跟前说:"我非常抱歉,为发生了这些不该发生的事感到痛心,这是一个沉痛的教训。大清国从今以后会成为外国人的朋友。"在宴会上对康格说:"我希望我们能经常见面,更加了解对方,从而成为朋友。"

1902年元月初,八国联军进军北京时出逃的光绪皇帝与那拉氏回到北京。很快,外国公使第一次从正门踏进紫禁城,与光绪皇帝外交会晤,并受到慈禧太后的接见。

2月1日,皇上和太后接见了外交使团的女士及公使的夫人和孩子们。当日清晨,女士们到美国公使馆会合后前往皇宫。萨拉·康格写道:"29顶六人或八人的绿色轿子、清政府派出的护卫队和公使馆的警卫队,以及众多的马夫使得我们前往紫禁城的队伍格外引人注目。我们沿着高高的宫墙前进,进入并穿过皇城,继续朝着紫禁城的第二道东门进发。在那儿,我们下了轿子,换成由青衣太监抬着的红色轿子,直到皇宫的门口。"会客厅用茶后,"王公大臣宣告觐见的时辰已到,并给我们引路。外交使团团长和其他客人有秩序地跟随着。当我们走出客厅时,宫女们搀扶着我们的胳膊,陪我们一起来到朝会大殿门口。经过各个庭院时,我们沿着大理石台阶往上走,穿过气派的长廊……"

"我们站在金銮殿门口停住了,站成恰当的序列,然后再走进去,在靠近太后的御座时,恭恭敬敬地向她鞠了三躬。她坐在一张长桌的后面,桌上放着一根精美的珊瑚权杖。我们走近时,她微笑着向我示意认出了我,因为在这群女士中她先前只见过我。作为外交使团的女士们的代表,我向她致辞,美国的秘书威廉先生为我的发言作了翻译"。致辞中说道:"尊敬的陛下,外交使团的女士们非常荣幸能够受到您的邀请,我们衷心地祝贺您和皇室其他成员。不幸的局势曾使您抛弃美丽的北京,但现在一切……"

萨拉·康格致辞后,庆亲王走近御座,跪在太后跟前,从她手里拿过回复。然后,女士和孩子们按照等级依次觐见太后。"觐见以后,我们被领到另一间大屋子里。在那儿举行了一个非正式的招待会。太后已经先到了,当我们进屋时,她喊道'康太太'——我的中文名字——我向她走去。她双手握着我的手,百感交集。当她能够控制着自己的声音时,她说:'我非常抱歉,为发生了这些不该发生的事感到痛心,这是一个沉痛的教训。大清国从今以后会成为外国人的朋友。同样的事将来不会再发生。大清国会保护外国人,我希望将来我们能成为朋友的。''我们相信您是

---

① 《致妹妹》,《北京信札》,第40页。

真诚的,'我说,'通过进一步的相互了解,我们相信我们会成为朋友的。'"

那拉氏向康氏询问在座的女士义和团运动时哪几位经历过被围困(康格夫妇曾被围困使馆)。说了几句话后,那拉氏"从手指上取下一只很重的、雕有花纹还镶有珍珠的金戒指,戴在我的手指上,又从她的手腕上取下了几只精美的手镯,戴在我的手腕上。太后赠与每位女士一份贵重的礼物,同时也没有忘了孩子们和翻译人员"。

宴会上,那拉氏"把她的酒杯放在我的手上,优雅地握着我的双手,这样酒杯和酒杯就碰在了一起,她说'联合'。接着,她拿起我的酒杯,把她的给了我,又向众人举酒杯,大家都纷纷响应。然后开始上茶。太后双手端起一只茶杯,放在我的手里,把它举到我的唇边。用完茶之后,我们仍被邀请就座。太后拿起一块糕饼,撕下一小块塞进我的嘴里。她对其他公使夫人也同样表示了敬意,在同桌其他客人的盘子里都放了一小块饼……中国驻英公使跪在那里当翻译。我们谈论了皇室的回归、李鸿章总督的去世、我所参观过的中国学校、与大臣们的会面、诏书以及相关的事情。我们的交谈毫不矫揉造作"。"太后一遍又一遍地向我们保证过去两年里发生的那些事将不会再发生。她看起来体贴而严肃,念念不忘客人们的安逸和愉快。她的眼睛明亮、犀利,充满警惕,因此任何事也逃不过她的观察。她的容貌看不出残酷或严厉的痕迹;她的声音低沉、柔和,充满磁性;她的触摸温柔而亲切。""皇帝有时会在宴会厅待着,或坐或站。他个头较小,有着一张年轻俊朗的面庞;他的眼睛带着笑。在我的印象中,他不是个虚弱的人。"

"当我们从桌边站起来时,太后说:'我希望我们能经常见面,更加了解对方,从而成为朋友。'她走向其他餐桌,与女士们、孩子们交谈,然后就离开了宴会厅。"康氏回忆说,这次觐见之后,外交使团要求大清皇室在将来的接见中不要再赠送礼物了。她还说,"对于女士们接受皇家邀请的事,有很多尖锐而刻薄的批判"。①

第三次:1902年2月27日。感受到了女性特色。参观慈禧寝宫。慈禧坐在炕上。赠康氏男童玉雕。慈禧正在学英语。遭世人谴责的那拉氏精神状态不错。在美国驻华公使馆内回请宫里女眷午餐。进宫做客。回答美国某媒体女士的几个问题。

萨拉·康格在1902年3月16日发出的《致女儿劳拉》的信中,对再次以公使团第一夫人名义觐见那拉氏一事做了介绍。她说,这次与前次差不多,"但气氛要随意一些,让大家觉得很愉快,也感受到了女性的特色"。康氏在信中说:"公使们要求朝廷不要送礼给女士们。太后在和我们吃了一顿丰盛的佳肴之后带我们去了她的寝宫。她看起来很高兴,让我们观赏她卧室里那装饰华美的玉器和其他饰品,还有七个运转着的小钟。炕的另一头立着另一个架子,上面摆放着果盘。太后坐到炕上,

---

① 《致我们的女儿》,《北京信札》,第180~186页。从上下文来看,这里所说的批判,当指来自西方媒体的评论。

然后示意我们也坐下。她从架子上拿起一个男童玉雕,塞到我手里,并暗示我不要作声。我把这件珍贵的小礼物带回了家,珍藏起来。这是别人的好意,我可不想辜负了它。我们边喝茶边聊天。我还得告诉你,太后正在学英语呢。等见面时我再详细告诉你。去皇宫之前我就听说过此事,见面时我一直在验证她努力的结果。觐见之后,我们安静地回到舒适的家中。看到这位遭世人谴责的妇人有如此好的精神状态,我感到十分欣慰。"

信中说,"你爸爸和我谈到了目前的形势,我说我应该以一种适当的方式回请太后及她的大臣们。我想请宫里的女眷们吃午饭。你爸爸说这个想法不错"。应邀前来的有"太后的养女、大公主、太后的侄女(她是皇后的妹妹),庆亲王的两位夫人和三个女儿、恭亲王的孙女、庆亲王的儿媳(她曾奉命成婚,但现在是个寡妇)以及一位中方译员","我们把太后送的御笔字幅挂在墙上,还挂上了漂亮的中国刺绣"。

双方各有11人到场。就座后,萨拉·康格说:"让我们举杯,祝中国皇帝、太后、皇后健康幸福,祝中国老百姓生活富足!愿中美友谊长存!"话被翻译成中文后,"大公主毫不迟疑地答道:'我替太后向大家问好,皇太后祝愿中美世代友好。'"

这封信中还说,"皇室宫眷平安回宫之后,太后邀请我们进宫做客,我们接受了邀请"①。康格夫人等11个美国人和日本大使内田康哉的夫人应邀进宫参加了宫中女眷们的午餐宴会。太后赠送康氏和日本大使夫人小狗各一只,赠送来宫者每人佳肴一份。道别时,"每位中国女士都已学会'Good-bye'"②。

1902年5月9日,康格夫人的一个朋友慕懋德来信,云:"某某夫人来信要求我回答您对慈禧太后持怎样的态度的问题。"慕氏信中附录了那位女士(据上下文推断可能是个新闻记者)的六个问题,并说请慕氏5月底前回信,寄至朝鲜汉城(今首尔),可能会在报纸上引用。问题如下:"康格夫人的宴会:1.是午餐宴会吗?2.报上报道说慈禧太后在康格夫人的肩部垂泣,根据是什么?3.能否为我们提供一份当时康格夫人发言的副本?4.皇太后发言的内容是什么?5.自从第三次宴请皇室女眷后,她们之间还有没有社交往来?6.她的宴会是午餐会,还是接待会,还是其他什么?"那位女士还说:"很抱歉,与在北京时一样,我对此事还是不太清楚,所以要发一篇短讯回国的话,我想最好能得到令人满意的资料。尽管第一次听说这件事时,我持完全不同的观点,但我还是不想为康格夫人辩护。"

5月10日康格夫人给慕氏回信,开头便说:"作为对您9号来信的答复,我想说,由于已经过去的事情与这件事的起因之间有着非常紧密的联系,因此只对其中一些事实做出声明,没有太大的意义。从读者大众的立场来看,我常常对新闻界的评论感到遗憾,因为它们经常误导他人。如果给我个机会,我会很乐意和您的朋友谈谈我所接触过的中国人性格中的不同侧面。"回信接着说,"我愿意回答您朋友的问题,

---

① 《致女儿劳拉》,《北京信札》,第186~189页。
② 《致女儿劳拉》,《北京信札》,第192~193页。

因为我没发现这有什么害处。但从另一方面来看,这也没有什么好处,因为这些问题的意义太微不足道。"康格夫人对六个问题的回答约略如下:1. 我提供的是"午餐"(中午饭)。2. 太后没有在我肩头哭泣。她声称从此以后外国人在北京会得到保护。我们双方谁也没有提到原谅和遗忘。"在宴会厅里,太后陛下举止端庄,态度诚恳。我们的谈话充满乐趣,也给我很多启示。我和太后陛下一起坐了一个多小时,我对她各种各样的话题和礼节感到震惊,同时也感到高兴。"3. 附上我的发言稿。4. 太后陛下的回答。5. 自招待大公主后,我们之间仍有社交往来。6. 那是一个精心设计的午餐会。①

第四次:1902 年 9 月。前往颐和园。应邀登上那拉氏私人画舫。游览中,那拉氏拉着康格夫人的双手说:"美极了,不是吗?"那拉氏目送客人离去。

此次萨拉·康格会见那拉氏的具体情况不详。1902 年 10 月 3 日康格夫人给女儿的信中说"我们最近一次受到接见是在颐和园"。据此估计,这次接见可能在 9 月。当天早晨,康格夫人一行从市内乘轿出发,两个小时后抵达颐和园。她们到慈禧的寝宫喝茶、吃点心。20 分钟后来到运河边,那里停着一艘汽船和七艘皇家画舫。船上的桌上摆满了各种中国食品、水果、酒与糖果,还有茶和点心。外交使团团长和其他的先生们被中国官员领上了另一艘船,公使夫人们和其他的女士则应邀上了太后的私人画舫。这艘船行进在前面。穿过拱桥水门,便驶入昆明湖。穿过十七孔桥,来到湖东岸。宴会后,太后、皇上、皇后、嫔妃和格格们以及各国的公使夫人们又上了船,向湖中小岛驶去。"太后陛下及其他所有人都对我们十分友好。上岸之后,我们沿着高高的台阶走上去,来到一处开阔的游廊中。太后走到大理石栏杆旁,望着眼前一览无余的美景,呼唤我过去。我走到她身旁,她拉着我的双手,望着我们置身其中的景色,温柔而体贴地问道:'美极了,不是吗?'我从未见过如此美的景致,太美了。"

"品尝了茶点后,我们就起身道别了。太后、皇上、皇后、嫔妃和格格们及随从登上高高的平台,目送我们离去。"②

第五次:1902 年 12 月 28 日。私人入宫觐见。一行 10 人。朝廷官员奉命护行开路。会客室那拉氏与客人自由交谈。对康格公使、美国政府等高度评价。慈禧了解周围发生的一切事情。慈禧挥笔题写"福"、"寿"18 幅送客人。光绪在场,并未说话。

此次入宫觐见的月份书中不明,据康氏写信时间推断可能是 1902 年的 12 月。康格公使为美国迈尔斯将军夫妇一行 9 人来华求得了两次私人入宫的机会,一次是

---

① 《北京信札》,第 193~196 页。
② 《致我们的女儿劳拉》,《北京信札》,第 196~199 页。

召见迈尔斯等人,时间是27号;另一次是召见夫人们,时间是28号。这次萨拉·康格一行共10人,其中包括她的私人翻译。"骑马的中方官员奉命为我们护行。10点半时,他们在前面开路,在我们骑马的侍卫的陪伴下,十顶轿子从公使馆出发了。虽说是私人觐见,但我们却受到了像公开召见一样的礼遇。"康格公使"将众人介绍给皇室成员之后,我们跟着他们走进一间会客厅,在那儿喝了茶,然后不拘礼节地见了太后、皇后和嫔妃们。太后和我们自由地进行交谈,皇上并未说话"。后来到了宴会厅,进行了近一个小时的交谈。太后对康格公使、美国政府、查飞将军及美国士兵进行了高度评价。"她对周围所发生的一切事情的了解让我吃惊。她对大太监耳语几句之后,说道:'我给今天在场的每位女士准备了一幅字画,我要在上面写上寿和福的字样。'于是我们又回到她的私人会客厅,她站在桌旁,挥笔题字,共写了18幅。"①

第六次:1903年6月15日。那拉氏祝贺康格夫人喜添外孙女。康格夫人对各类报刊丑化慈禧不满,决心邀请卡尔给慈禧画像以正视听。慈禧饶有兴趣,同意美国女画家给她画像,并拿到圣路易斯博览会上展出。此前接见谈话内容的补充回顾:慈禧同意派遣留学生;慈禧说中国人一向保守固执,传统根深蒂固;谈庚子西逃。

美国海军军官伊文斯一行来到北京,康格公使也为他们争取到两次进宫觐见的机会,一次是所有男士,一次为所有女士,前者在6月14日,后者在6月15日。萨拉·康格在1903年6月20日致爱女劳拉的信中说:"除了王室的优雅气度外,太后女性的温柔深深地吸引了我们。太后在召见过程中还热忱地祝贺我喜添外孙女。我想,一定是通过裕太太(指德龄郡主的母亲)之口,慈禧太后才听说了我们家的大喜事。"

康氏信中说:"数月来,我一直对各类报刊对太后恐怖的、不公正的丑化愤慨不已,并且越来越强烈地希望世人能多了解真实面貌。"为此,康氏与美国画家卡尔联系,征得了她的同意。这次觐见中,康氏乘机将想法告诉了慈禧太后。"这次谈话之后,太后同意让一名女画家给她画一幅肖像,并拿到圣路易斯博览会上展出。"

信中,康氏还回顾在一次觐见中,她与那拉氏谈到应该将中国一些有才华的少年送到国外留学,使他们理解并接受新的思想观念,那拉氏赞同道:"是应该送他们到国外去。"还有一次,康氏和太后谈起她禁缠足的懿旨,问她这是否会对其子民产生影响。"太后回答道:'没什么影响。中国人一向保守固执,我们的传统根深蒂固,想改变不是一朝一夕的事情。'"

在这封信中,康氏还写道:"在一次单独召见中,太后问我:'你愿意听我说说八国联军攻入北京时我们逃离京城的事吗?'我告诉她我很乐意,并补充说我其实一直很小心地回避这个话题,以免触到她的伤心之处。她绘声绘色地给我讲了她和整个

---

① 《致我们的女儿》,《北京信札》,第200~202页。

朝廷如何离京出逃,讲起了他们所遭受的磨难和困苦,以及马车上漫长的颠沛流离的逃亡之旅。这个非同寻常的统治者知道,而且也记得已发生的每一件事。太后提及了许多我以为她不会知道的事情。"①

这次会见后,康氏收到了太后赏赐的"一个黄色锦缎盒子,内装两块黄色玉佩,这是送给我们小外孙女的礼物"②。1903年7月康氏60岁生日时,收到了慈禧的贺礼,两个黄色的大食盒,内装鲜花和蜜桃。③

第七次:1903年8月初。康氏陪卡尔进宫为那拉氏画像。那拉氏阅读公文。卡尔画素描。一起听戏。

1903年7月5日康格公使接庆亲王函,称"奉皇太后懿旨,定于六月十五日令康夫人带领所言画像人赴颐和园觐见"。画像人系美国年轻画家凯瑟琳·卡尔(Miss Katherine A. Carl,1858~1938,时译柯尔乐,所以又称柯姑娘)。该女系江海关(原任东海关)税务司卡尔之妹,时随其兄居住上海。④ 康格夫人即写信给卡尔小姐,让她8月1日左右到京,以随时听候太后召见,进宫画像。

1903年8月初,太后召康氏与卡尔小姐进宫。此次进宫时间,前面说定于六月十五,公历系8月7日,康氏信中只说8月初的一个吉日,凯瑟琳·卡尔著《一个美国女画师眼中的慈禧》⑤一书中记载为8月5日。何者为是,待考。卡尔书中说,"8月5日,我首次到中国宫廷觐见那天,我们在美国公使馆准时起床",早晨7点,卡尔和康格夫人及她的翻译一行乘着卫队的两轮轻便马车离开美国公使馆前往颐和园。⑥

康氏在一封信中写道:"那天天气晴朗,太后似乎兴致很好,随和而又热情地接见了我们。"德龄姐妹做翻译。"太后坐下来画像时,两个太监上前跪着呈报公文。太后接过一份仔细阅读起来,一份接一份地看着。周围寂静无声。阅读时,她脸上的表情相当凝重。我非常高兴能有这么个机会看到这个心思缜密、洞察力敏锐的中国皇太后严肃的一面。太后的皇袍及皇袍上的装饰远胜于之前接见外国使节时穿着的衣服。素描完成后,它的神似让在场的人都惊叹不已。"接着,太后邀请康氏等

---

① 《致爱女劳拉》,《北京信札》,第203~210页。
② 《致爱女》,《北京信札》,第211页。
③ 《致爱女》,《北京信札》,第217页。
④ 王玲:《光绪年间美国女画家卡尔为慈禧画像史料》,《历史档案》,2003年,第3期。
⑤ 凯瑟琳·卡尔著,晏方译:《一个美国女画师眼中的慈禧》,中国工人出版社,2008年版。
⑥ 凯瑟琳·卡尔著,晏方译:《一个美国女画师眼中的慈禧》,中国工人出版社,2008年版,第1页。

人一起看戏。①

谈到这次觐见,卡尔在她的书中有如下的记述。会见开始,太后"十分友好地招呼康格夫人"。午时,由大公主等安排康氏等进餐。午餐后,慈禧来到餐厅,招呼康格夫人等去看戏。卡尔写道:"我刚到宫里那天没有邀请别的客人,演员是专为我们召来的。太后坐在御包厢的红柱廊子上一把蒙着黄缎子的椅子里。皇上坐在她左边一张黄凳子上,这在中国是尊位。康格夫人和我在太后的右边,皇后、众公主和女官们都站在周围。这戏我们一点都听不懂,只能看看动作,不过因为新奇,也就觉得有趣。两三幕之后,康格夫人站起来向皇上、太后和公主们道别。这之后我陪着她(指康格夫人)走到外面的一个院落,同她分了手。"卡尔留在宫中继续画像。②

事后,康格公使于8月22日致函内务府,说明康格夫人收到由内务府送来皇太后赏赐兰花四盆,卡尔收到太后赏赐苹果四盒、菜二盒,转达二人的谢意。③

第八次:1904年4月9日。应邀前往皇宫看那拉氏画像。那拉氏说要将画像转赠美国政府。画像上那拉氏坐在宝座上,"洋溢着东方之美"。画上符合中国绘画特征的有汉字、符号、印章和装饰。

此次进宫是哪一天,有两种说法。一说是4月9日,一说是4月19日。

康氏说,卡尔画像完成后,1904年4月9日,慈禧邀请外国公使团的公使夫人和参赞夫人一起前往观看。"太后相当随意地接待了女士们。她端坐在接待室的宝座上,跟大家打过招呼、客套一番后,请我们去看画像。离开接待室前,太后回头对我说,我这段时间对她这幅肖像一直很有兴趣,希望我会感到满意。太后甚至说,她打算把这幅肖像送到美国圣路易斯博览会,然后把她转赠给美利坚合众国政府。"④

卡尔书中说,"离4月19日还剩几天的时候,我请求太后允许康格夫人届时前来看画。她立即同意了。请柬通过外务部发出去,不仅发给了康格夫人,还发给了各国公使馆的公使夫人和一等秘书夫人,请她们4月19日前来宫里"。据卡尔记述,这幅画像于1904年6月15日在圣路易斯博览会美术馆开箱并举行"揭幕礼"。博览会结束后,运往华盛顿,"中国公使梁诚阁下在他秘书陪同下将它正式赠送给美国总统,罗斯福先生代表美国政府接受了下来"⑤。康氏因推荐卡尔有功,获得奖

---

① 《致爱女》,《北京信札》,第223~225页。
② 凯瑟琳·卡尔著,晏方译:《一个美国女画师眼中的慈禧》,中国工人出版社2008年版,第8~9页。
③ 王玲:《光绪年间美国女画家卡尔为慈禧画像史料》,《历史档案》,2003年,第3期。
④ 《致妹妹》,《北京信札》,第241~242页。
⑤ 凯瑟琳·卡尔著,晏方译:《一个美国女画师眼中的慈禧》,中国工人出版社,2008年版,第216~217页。

赏。据美国驻华公使康格为谢夫人因引荐卡尔受赏事致庆亲王奕劻函中云："本月（指六月）初十日有贵部中大臣来馆向敝内眷云：前荐往大内之丹青柯女士所绘之件已告竣。其所绘就者均称圣意，故蒙皇太后特赏宝星一座，并迭赏银两及贵重品物等音。敝内眷敬悉。皇太后素擅丹青，既经于所荐之女友，谓其颇有才能，善于绘事，自非虚誉。并于内廷留宿之日，款待格外从优。是以请本大臣转请贵亲王，将此感激之忱代为奏谢是荷。"①

第九次：1905年4月1日。回美国前觐见太后。康氏和慈禧以两个普通女人的身份坐在一起谈心。太后授予康格"女官"名号。送食盒。赠鸡血石玉佩。一个女人无法对另一个女人吐露心声。康氏心目中慈禧是中国历史上少有的几个性格鲜明的女性之一。回国后收到太后寄来的信息和礼物。国丧感言。

1905年4月1日，美国驻华公使康格离任回国前，带四名使馆工作人员觐见了光绪皇帝。康格夫人随后带着坎贝尔小姐和私人翻译觐见太后。正式行过皇家礼仪后，康氏和太后以两个普通女人的身份谈心。太后授予康格夫人"女官"名号。

"我与太后道别，正要告退时，她又把我叫回去。太后的翻译把一块用鸡血石制成的护身玉佩放在我手中，说道：'这是太后随身佩戴的，现在太后想送给你，希望你能一直戴着它渡过重洋，它会保佑你平安到达祖国的。'"②

这是康格夫人第九次觐见那拉氏，也是最后一次。以后的日子里，她常回味这些难忘的会见。她的遗憾是："繁文缛节使一个女人无法对另一个女人吐露心声。"③她认为，"太后陛下是中国历史上少有的几个性格鲜明的女性之一"。④

萨拉·康格《北京信札》一书的结语，写于1908年11月16日，题为"国丧"。其中写道："今天，全世界都在为中国默哀。官方公文正式宣布大清国光绪皇帝驾崩，西太后慈禧薨逝。每个国家都笼罩在伤感之中，带着同情，请中国节哀顺变。我更是深感哀伤。我曾多次在正式场合拜见过中国皇帝，太后也在各种场合接见过我，既有官方的，也有私下的接见，我们之间培养了一段深厚的友谊。"

"太后对她的国家的认识深刻，她时常给我谈起美国对中国的态度，并对此十分感激。尽管经过各种激进的主张，面临过各种危波激流，她仍岿然不动。历史会记录下这一切，这也会得到全世界的公认。在我与这个不平凡的女性的谈话中，我注意到她热爱她的国家、她的子民，她想要提高民众的意识，提升妇女地位。""47年来，这个精明强干的女人一直位于大清帝国权力的顶端，受到众多男性强有力的支

---

① 王玲：《光绪年间美国女画家卡尔为慈禧画像史料》，《历史档案》，2003年，第3期。
② 《致爱女》，《北京信札》，第291~292页。
③ 《致顺王福晋》，《北京信札》，第301页。
④ 《致姨母》，《北京信札》，第302页。

持。在这块女性没有多少社会地位的土地上,她的成就让她的能力和才干更加耀眼。""她的一生记载了一个女强人一步一步攀上权力巅峰的过程。"①

作为一位有女权主义倾向的女性,萨拉·康格对慈禧太后的总体评价与当时中外人士颇不同,也与今天研究者及一般民众的观点大相径庭。但她在《北京信札》中透露的大量第一手资料,对全面了解那拉氏,不无参考价值。

(郑永福 《寻根》2009年第3期。)

---

① 《结语》,《北京信札》,第310~311页。

义和团运动时期河南省河北道筹防局个案研究

义和团运动时期,河南省河北道曾有筹防局之设,组成筹防乡勇六营,意在阻止八国联军南下及其经豫西上,维持该地区社会稳定。本文拟对河北道筹防局成立背景、运作情况做一历史考察,旨在揭示当地官绅对义和团之态度,并透视义和团运动时期这一区域内的社会风貌。

(一)河北道筹防局设立之背景

义和团运动时期,河北道筹防局的设立,与该道所处地理位置及当时的形势有直接关系。晚清时期,河南省的河北道包括黄河以北的三府(即卫辉府、怀庆府、彰德府),领属24个州县[①]。光绪二十六年(1900年)五月,清廷发布与各国宣战诏谕,并命各省督抚召集义民结团御侮。接到清廷令选拨马步五营迅速赴京听候调用的谕旨后,河南巡抚裕长的奏折附片中向清廷强调:

"豫省为中原枢纽,滨临七省,地势绵阔,边远险峻之区,向多匪踪窜伏。原有豫正十四营,不敷分布,恒有捉襟肘见、纳履踵决之形。河北三府,拱卫畿南;彰德、卫辉府城,又皆设有教堂;其安阳、内黄、

---

① 汲县、延津、滑县、浚县、淇县、辉县、获嘉、封丘、新乡属卫辉府;河内、济源、孟县、温县、武陟、修武、原武、阳武属怀庆府;安阳、内黄、汤阴、临彰、涉县、武安属彰德府,其中后三个县现属河北省。

浚、滑等县,近接直省边界,杆匪刀匪,飘忽出没。是以沿边各隘,向须重兵弹压。去年荒歉以后,民困未苏,本年入夏以来,天气仍形亢旱,民情浮动,更甚于前。近自义和拳反侧不定,风声转播,时有形迹可疑之党,纠集多人,百十成群,以均粮为名,希图劫掠。叠经各属禀报,请添营队驻防,等语。豫省原有之营,先以不能兼顾,今又抽拨五营,境内尤觉空虚,无可再添之兵。第以河北重镇,屏蔽南北,关系更重。设有不逞之徒,乘机响应,内裹饥民,外联匪党,蔓延啸聚,震动畿辅,牵制全局,临事张皇,无兵可增,无将可调,其情形何堪设想!"①

裕长表示,拟将原驻省城勇队抽拨一二营派往河北,沿边屯驻;并拟亲自统带营队,渡河而北,在紧接直隶之彰德府城驻扎,会同河北镇臣相机堵御。这里裕长固然是在为朝廷调河南马步五营赴京叫苦,但所云河北道动荡复杂局势,并非虚言。

鸦片战争后,西方教会势力在河南蔓延。天主教于道光二十四年(1844年)成立河南教区,总教堂设在南阳。光绪八年(1882年),随着天主教势力的发展,又以黄河为界,划出卫辉教区,专管河北道诸县教务。该教区总堂初设于林县,光绪二十五年(1899年)正式迁至卫辉。可以说,河北道是河南省教会势力最大的两个地区之一。教会势力的渗入,必然在文化观念、经济利益等方面与当地地主、士绅发生冲突。早在光绪二十年(1894年)正月,彰德府内黄县便出现一些反洋教的告白,号召人们对传教士加以警惕,对传教士恶行的揭露,多来自道听途说,如拐骗小孩、挖眼吃心之类。光绪二十二年(1896年)四月,卫辉府贴出《卫辉府绅民告白》,全文如下:

"合邑绅民知悉:情由洋人入境,名为设教,实则坏教;名为通商,实则坏商。始以小利渔人,终恃妖术害众,种种恶端,难以悉数。不料年前有卫辉县蠢民张升堂、李连等不行正道,私通洋人,诓买南门里西小街朱姓、原姓、冯姓庄房三处。其初卖主不知实情,冒与出一草契,并未同经纪丈量。今卖主确切查明,俱各反悔,使过伊钱者情愿如数退还。现将不卖情由禀明县案,并有各绅等公禀在案。

窃思洋人来卫置买房产,原为修盖洋楼设立教堂之计,虽地方官不能预阻,而吾辈可以协力公拒。若不公拒之,恐洋人杂处此土,久而毒害(横)流,谁家保不受其害耶!况洋人已到之地,无识幼童幼女传闻有割心摘目者。似此毒害万不敢袖手旁观,听其盘据此地,致人人切身家性命之忧也。所以绅民俱不甘心,因公同商议,仰各街绅耆通知各街生意俱不准与洋人交易,即店家饭馆沿河村庄无论(如何)不准留洋人居住,卖与洋人吃食。即留张升堂等居住,卖与张升堂等吃食,亦系犯公议条规,本街公同责斥。如有不服,合邑攻伐。由是一体严禁,庶使洋人不得入境,祸患不至贻于将来也。谨此,预白。"②

---

① 《河南巡抚裕长折》,故宫博物院明清档案部编:《义和团档案史料》(上册),中华书局,1959年版,第171~172页。

② 《卫辉府绅民告白》,原载《教务档》第六辑,第751页,引自王明伦选编:《反洋教书文揭帖选》,齐鲁书社,1984年版,第146~147页。

该告白表明了卫辉绅商等对西方传教士存有戒备,说不上有什么大的冲突。实际上,除豫北教区总堂设于林县小庄时,曾霸占土地,修筑城墙炮楼,引起当地地主、士绅与教会关系紧张外,总体而言,河北道官绅与教会势力并未发生大的冲突。

义和团在山东、直隶兴起后,陆续传到相毗邻的河南省。时卫河系一重要水上通道,连接豫、直、鲁、津、京。光绪二十六年(1900年)初,黄河以北便有义和团活动的记载。据载:当年"三四月间,义和拳(在卫辉)渐有传习者。盖卫河水通天津,舶载以来。一班愚民翕然向之,小儿跳跃者尤多。所降之神名大抵见于《封神演义》《西游记》《三国演义》《施公案》者,否则戏剧上所有者,而以世俗所敬祀之关爷为多,恍惚迷离,不值明眼人一瞬"。到了六月至七月,随着那拉氏对义和团态度的变化,河北道的义和团开始活跃。"下等愚民,今日铺坛,明日练拳,祸水滔滔,莫如所届。胆小者多山中觅地为避难计。(卫辉)城内有教堂一所,教士早遁去,留下人司门户。一日,数十小儿噪于门,门者以为打教堂也,哄然奔。附近妇女群往检其弃余。比府县官闻讯往弹压,妇儿辈早逃散,真风声鹤唳皆兵矣。"① 面对此情此景,当地士绅自然十分焦虑。

河南省非义和团中心地区,与其他省区有明显不同的地方。胡思庸先生曾指出,河南义和团斗争有如下两个值得注意的特点:其一,在组织成分上,河南义和团的成员比较单纯,不像直、鲁等省那么复杂。各地加入义和团的人几乎是贫苦劳动人民,地主、士绅一般拒绝参加,地方官府一般说始终坚持镇压义和团,而拒绝与之联合。其二,河南义和团在组织形式上与直、鲁中心地区不同,组织比较松散,自发性强,虽传播迅速,但没有一个能够统带较多的首领。每次行动的时候,往往是义和团和一般群众彼此不分,一哄而上。② 这些特点,在河北道表现尤为突出。如,在义和团高潮时期,河北道所属各县发生了如下一些事件:汤阴县,教民自相揭发,自选脱教;内黄县,乡民分占媚外教民财产;安阳县,水冶村群众没收已逃教士居室家具;汲县,群众砸毁教堂门窗;滑县,群众砸损小寨村、齐维村教堂;辉县,范家岭教堂及器具被群众毁损或拿走;新乡县、获嘉县,部分教民财产被取走。③ 这些情况,是河北道义和团特点的具体反映。

由于河北道的特殊地理位置与社会状况,在兵力严重不足的情况下,河南当局决定成立筹防局,组织乡勇,以应付局面。由于当地官僚士绅仇恨义和团,筹防局的成员自然将义和团排除在外(这与山西省的情况显然不同)。筹防局的任务是协助

---

① 《抑斋自述》之二《河朔前尘》,1933年铅印本,第37~38页、第40~41页。按:《抑斋自述》共七种,系据卫辉人王锡彤(1866~1938)日记排比而成,其中记载了作者亲历、亲见的河南近代史上许多重大事件,史料价值极高。该书有极少私家铅印本,分册零散各地,经笔者搜集点注,将于近期出版。

② 《义和团时期河南人民的反帝斗争》,《胡思庸学术文集》,河南大学出版社,1995年版,第322页。

③ 王天奖等编:《河南近代大事记》,河南人民出版社,1990年版,第101页。

清军抵御八国联军南下,收拾从直隶南下的溃兵游勇,镇压当地的义和团及其他民变,使当地地主士绅的利益不至于受到侵害。

（二）河北道筹防局之设立

光绪二十六年(1900年)七月,河北道筹防局成立。该局系河北道道员岑春荣奉巡抚命运作而成。

岑春荣,字泰阶,前云贵总督岑毓英长子。筹防局设在武陟县城致用精舍旧地。参与其事者,除官府外,主要是当地士绅。岑春荣先聘进士浚县人王安澜(字静波)到武陟筹划,并通过王安澜联络一批当地著名士绅如李敏修、王锡彤、史小周、王士志等参与其间。

筹防局由武陟知县孙亦郊为提调,局中庭设圆案,道员岑春荣主持会议。每日官绅列坐其中,讨论办法。其执笔拟稿者、抄写者,皆于圆案旁设长案,议定即拟稿,核定即发行,据说是仿岑毓英当年同堂办公之法。经过数日商议后,遂决定每府先募勇二营,三府共六营。官制饷章皆防豫正营。岑春荣为统领,绅士主饷,官绅会同劝捐,不准按亩科派。既定稿,乃牍陈巡抚批准。刻日照行。

筹防局创设之初的重要任务是募勇、筹饷。王锡彤等士绅积极参与其中,尤其是劝捐,主要由士绅运作,而一些营官,也由地方士绅充任。筹防局在怀庆府武陟县成立时,已有一营,后续募一营,名为怀左营、怀右营。该两营军饷由怀庆府劝募。由彰德士绅马吉森(曾任巡抚的马丕瑶之子)到彰德设立彰德筹防分局,招募两营,名为彰左营、彰右营。马丕瑶另一个儿子马吉梅为彰右营营官。卫辉筹防分局由河南巨绅、卫辉人李敏修主持,招募两营,曰卫左营、卫右营。这样,河北道筹防局共计六营先后组成。

筹防局的组建,以富出财、贫出丁为原则。六营粮饷规定由三府承担,具体操作办法是由道员岑春荣委员向大户劝捐。其原因是当时河北道连年灾害严重,一般百姓生存已成问题,官府已无法按亩科派了。仅经过10天左右的时间,就得捐款白银10余万两,当地地主、富绅之踊跃显而易见。[①] 筹防局实行有奖募捐,捐至3000两者,由岑春荣以道员名义赠一匾额。如新乡卫鼎臣首捐3000两,所赠匾额上书"急公好义"四个大字。捐至3000两者,自然是当地地主富豪,其认捐之目的是希望保一方之平安,自己身家性命不受侵害。也有特殊情况的,如王玉堂以巨款认捐,条件是请求官府免去其寨主职位。史料上虽未说明王氏为何有此举,但当时社会动荡,在官府、教会、义和团及一般民众之间如何摆平,作为一个寨主殊非易事,于此我们也可看到当时社会的一个侧面。劝捐活动之中,阴暗面也不少。如寨主王玉堂捐了3000两,只因为要求免去寨主身份,又被委员勒索去了200两白银。当委员索贿丑闻被一些绅士告发,并请道员岑春荣予以处罚时,岑春荣竟然冷语相报:"委员索贿,

---

① 王锡彤:《抑斋文集》卷三,1939年铅印本,第5页、第20页。

绅士不索贿耶?"岑氏此言虽有不讲理之处,但绅士中确有借筹防而索贿者,辅岑春荣办理筹防局的绅士王锡彤之弟子薛某,曾打着王的旗号公然索贿。后查明,仅薛某一人即从王玉堂身上诈取1740两银子。官绅之腐败,于此可见一斑。①

(三) 河北道筹防局所作所为

光绪二十六年(1900年)八月底,清廷询问河南巡抚裕长防务部署情况,裕长在奏折中提到了筹防六营,其中云:

"维时统筹全省大势,仍宜坚守河北,拊背扼吭,以断敌兵来路。……查河北境内,彰德一府为直隶入境第一要冲,是以先派马步炮队四营全力扼守彰河南北……其次卫辉府属北路第二要冲,即以原驻一营及天津调回二营分驻其间,以为重关叠锁之计;又次,怀庆府属滨临黄、沁两河,为由北而西第三要冲,则有河北镇标练军与各防营互相联络,以为后路犄角之助。此外,尚有河北道岑春荣就地筹款于所属三府各募乡勇二营,共计六营,参伍错综,择要填扎,与防练诸营一气贯注,俾成棋布星罗之势。"②

裕长这里将筹防营说得天花乱坠,好像可以和正规部队配合,足以抵御联军南下,实则应付朝廷而已。河北道筹防局六营,实属仓促召募,枪械不全,杂以刀矛,战斗力极为有限,用王锡彤的话说,"聊以镇压人心而已"。实际上,河北道筹防局成立后,其主要"业绩",便是镇压零散的义和团。

河北道筹防局成立伊始,王锡彤便建议说:"民各有保卫室家之心,官能为之作主,又得正绅主饷,事不难为。惟今日有一致命伤,决须先办,稍一迟回,即万事瓦裂者,义和拳是也。左道邪术,祇能引乱,萌蘖方生,斩除当易,一纸文告,即可消弭。倘不破面严治,万一有怪杰之士乘之以起,恐非北六营所能了也。"岑春荣愕然动容,说:"义和拳是拳民,奉朝旨嘉许,倘加查禁,不违旨乎?"余曰:"此何时耶,旨之真伪不可知,纵使有之,文字上固可躲闪也。"观察曰:"请公拟一稿来。"于是,王锡彤在圆案上挥毫写下了一纸通告:

"为严拿假充义和团民以靖地方事。照得前因,中外失和,民教仇杀,近畿一带,有义和团民练习拳勇,不取民间一草一木,曾经奉旨嘉奖。此等义民,至为难得。乃近来风闻河北三府,竟有无知愚民,烧香聚众,名曰学习义和拳,而良莠不齐,地方痞棍,夹杂其中,派费派捐,种种不法,殊堪痛恨。本道职司巡防,义不容视此等乱民扰害闾阎。现已禀请抚宪批准,督饬印委各员,严密梭巡,如有匪徒煽诱情事,拿获到案,讯有确供,即行照章就地正法,以遏乱萌等语。除已将河内县假义和团严提到案,即日办理外,合行示谕各该县民知悉,自示之后,如有匪徒藉义和拳之名,烧香聚

---

① 《河朔前尘》,第45~47页。
② 《河南巡抚裕长折》,故宫博物院明清档案部编:《义和团档案史料》(下册),中华书局,1959年版,第733~734页。

众,设立坛场,希图敛费肥己者,即系假义和拳,即当照章就地正法,以安良善。本道念切痌瘝,不忍不教而诛,用特剀切劝谕,除现已筹办练军保卫地方,并饬该地方官会同营汛督同各地保兵役严拿惩办外,合行晓谕云云。"①

此稿既成,岑观察阅之,顿现满意之色,曰:"此如我心"。斟酌改数字之后,立饬印行500张,发3府24县,到处张贴。

据说,此告示贴出后,地方文武官有所遵循,镇压义和团更加有恃无恐,河北道属内义和团大敛戢。我们知道,光绪二十六年(1900年)七月二日,由清政府"钦命统率义和团王大臣"载勋颁发了所谓的义和团《团规》,一方面想将义和团的活动约束在清当局所允许的范围之内;另一方面则在取缔"假团"的名义下,镇压某些义和团的反抗压迫的自发斗争。岑春荣、王锡彤等河北道的官绅们,以"假团"名义毫不留情地镇压义和团,同清王朝当局的想法、做法真是不谋而合,这自然是由其阶级本性和共同利益所决定的。

一天,有滑县某人到筹防局求见,自云能避枪炮子弹。王锡彤对岑春荣说:"此义和拳来试探也,试以快枪击之。"岑春荣说:"甚善。"第二天,官绅集中于筹防局,传亲兵携快枪呼作法者来,曰:"汝能避枪炮乎?"应曰:"能。"曰:"将试尔何如?"于是作法人袒其胸口,念念有词。亲军二人瞄准击之,砰的一声,作法人倒地死去。

过了几天筹防局又在武陟县捕获一人,从其身上搜出纸人及红白药粉。初审时该人曰:"穷人骗食耳,安有法术。"加以刑,则喃喃诵咒语,都不可解,颇类疯魔。岑春荣曰:"杀也。此等人罪不必应死,第当此时也,杀一妖人足以警众。"并指示武陟知县:"提出处斩,后补公牍。"在场的当地绅士史小周,曾在刑部直隶司掌稿有年,据法力争,认为不应当如此草草结束一个人的生命。岑问王锡彤如何处理,王毫不犹豫地说:"杀也。昔天津教案即此辈人酿成,当其假借神怪烧香治病,实迷拐幼孩,展转贩卖,而嫁其罪于教堂,致民间与教堂结成不可解之仇。近来谣言藉藉,遍地生风,多出此辈鼓煽,正而诛之,耆愚民习拳之气,杜奸人勾串之源,诚一举而数善备。"于是,筹防局先斩后奏,一面杀人,一面饬文案造供牍达抚院批准正法。②

以上可以看出,筹防局的官绅们对付义和团或举事民众,决不手软。

光绪二十六年(1900年)闰八月后,溃兵游勇持械南行。为防止其危害地方,岑春荣等于九月十五日移驻彰德守豫北门户,设卡查溃兵。凡持枪来者,给予一定银钱收缴其枪支,并令其回原籍,如有不服从者,即行逮捕。

光绪二十七年(1901年),"和议"之后,清廷以岑春荣因有庇护义和团、保护教堂不利之嫌,调其署理河陕汝道。原卫辉府知府于海帆护理河北道,先遣撤卫辉筹防二营,彰德、怀庆四营也陆续裁撤。至此河北道筹防局寿终正寝。

(郑永福　吕美颐　《史学月刊》2001年第2期。)

---

① 《河朔前尘》,第42~43页。
② 《河朔前尘》,第43~45页。

清末宪政编查馆考察

宪政编查馆,是清末"筹备立宪"中设置的一个新机构,负责办理宪政、编制法规、统计政要等事宜。宪政编查馆是清王朝推行伪立宪的一个御用工具,但从客观上看,这个机构的成立无疑对中国近代法制建设起了促进作用。本文拟就宪政编查馆的缘起、职掌及历史作用,做一简略的考察,以期引起人们的重视和研究。

(一)从考察政治馆到宪政编查馆

清末"筹备立宪",是在近代民主潮流高涨的形势下出现的,但它绝非建立在民主思想基础之上,而是一场对抗革命潮流、取悦帝国主义的政治骗局。

1905年,清政府派载泽等五大臣分赴东西洋考察。是年11月,清廷发布上谕:前经特简载泽等出洋考察各国政治,着即派政务处王大臣设立考察政治馆。延揽通才,悉心研究。择各国政治之与中国体制相宜者,斟酌损益,纂订成书,随时进呈,候旨裁定。[①]

1906年9月2日,考察政治馆奏准启用关防。

考察政治馆的职掌是:对"中外政治,悉心考核"[②],将各国政治

---

① 故宫博物院明清档案部编:《清末筹备立宪档案史料》(上册),中华书局,1979年7月版,第43页。

② 朱寿朋编:《光绪朝东华录》(五),中华书局,1958年12月版,总第5528页。

可为清廷效法者纂订成书,并负有考察奏报国内各地实行"新政"情况之责。考察政治馆由政务处王大臣管理,设提调二人,"以宝熙、刘若曾充之"①。

1906年9月,清政府正式下诏实行所谓的"筹备立宪"。载泽在奏请宣布立宪密折中指出,立宪有三大好处:一曰皇位永固,一曰外患渐轻,一曰内乱可弭。他说:"如今海滨洋界,会党纵横,甚者倡为革命之说,顾其所以煽惑人心者,则曰政体专务压制,官皆民贼,吏尽贪人,民为鱼肉,无以聊生,故从之者众。今改行宪政,则世界所称公平之正理,文明之极轨,彼虽欲造言,而无词可借,欲倡乱,而人不肯从,无事缉捕搜拿,自然冰消瓦解。"②那拉氏也说:"立宪一事,可使我满洲朝基础永久确固,而在外革命党,亦可因此消灭,候调查结局后,若果无妨害,则必决意实行。"③

十分清楚,"筹备立宪"是清朝统治者避开革命锋芒维护专制制度的一场骗局,也是基于"社会激愤情绪和革命浪潮的冲击"而被迫做出的让步,尽管这种让步极为有限。要欺骗,就必须做出一定的让步;而某种程度的让步,又正是为了更好地欺骗。这就是清政府推行"筹备立宪"这一问题的两个方面。当然,历史朝着何处发展,总是不以人们的主观意志为转移的。清政府推行"筹备立宪",搬起石头砸了自己的脚,这是众所周知的历史事实。

为了适应推行"筹备立宪"的需要,1907年7月,考察政治馆改为宪政编查馆。庆亲王奕劻在奏请"改馆"的奏折中指出:

"预备立宪以来,天下臣民,喁喁望治。现在入手办法,总以研究为主。研究之要,不外编辑东西洋各国宪法,以为借镜之资;调查中国各省政俗,以为更新之渐。凡此两端,皆为至当不易,刻不容缓之事。拟请旨将考察政治馆改为宪政编查馆,以便切实开办。""如蒙俞允,宪政编查馆应请旨由军机处王大臣总理其事,仍设提调二员,即以原派之提调改充,专办编制法规、统计政要各事项。嗣后遇有关系宪政及各种法规条陈,并请饬交给该馆议复,以归一律。"④

宪政编查馆之设,概仿资本主义国家的法制局。军机处的奏折指出:"各国政府大都附设法制局,以备考核各处法案而统一之。法案已核定后始付议院议决。臣馆

---

① 刘锦藻撰:《清朝续文献通考》卷393,宪政,商务印书馆,1935年版,第11422页。改为宪政编查馆后仍设提调二人。奕劻的奏折中说:"宪政编查馆应请旨由军机处王大臣总理其事,仍设提调二员"。又宪政编查馆办事章程第一条也说"本馆由军机王大臣管理,设提调二员,综理馆中一切事宜",《清末筹备立宪档案史料》(上册),中华书局,1979年7月版,第49页。唯《清史稿·职官一》谓"置提调四",似误。

② 中国近代史资料丛刊:《辛亥革命》(四),上海人民出版社,1957年版,第28~29页。

③ 《清太后之宪政谈》,《醒狮》第一期,见《辛亥革命前十年时论选集》第二卷(上),生活·读书·新知三联书店,1977年版,第70页。

④ 故宫博物院明清档案部编:《清末筹备立宪档案史料》(上册),中华书局,1979年7月版,第45页。

职司编制,应一面调查各国宪法成例拟定草案,一面于各部院各省所订各项法制悉心参考,渐谋统一方法。俟资政院设立后,随时将臣馆核定之稿送郵院中,陆续解决。"①

宪政编查馆直接统属于军机处,由军机大臣督饬。到了1911年4月,清廷又命内阁总理大臣、协理大臣兼充宪政编查馆大臣②。先后任编查馆管理事务大臣的有奕劻、载沣、张之洞、世续、鹿传霖、袁世凯、那桐、徐世昌等。可见,宪政编查馆在清政府中的地位是很高的。

宪政编查馆设提调两员,总理馆中一切事务。下设编制、统计两局。编制局设局长、副局长各一人,下属分三科:第一科掌属于宪法之事,第二科掌属于法典之事,第三科掌属于各项单行法及行政法规之事。统计局亦设正、副局长各一人,下属三科:第一科掌属于外交、民政、财政之事,第二科掌属于教育、军政、司法之事,第三科掌属于实业、交通、藩务之事。各科"视事务繁简,酌设科员三人或四人分司科务"。编制局、统计局办事细则,"由局长商承提调妥拟,呈五大臣核实施行"。

宪政编查馆还设庶务、译书、图书三个处。庶务处"专司收发文书、款项出入及各项杂务"。设总办一员,"商承提调督率本处委员,办理一切庶务"。译书处"凡各国书籍为调查所必需者,应精选译,才陆续翻译。其员数多寡,取足备用,不必豫定"。图书处负责"收储中外图籍,设收掌二员专司其事"③。

1908年3月,宪政编查馆又奏设官报局,负责《政治官报》的编辑、校对、印刷、发行事宜。

1909年,经奏准宪政编查馆增设一、二两等咨议官,"遴选各部院衙门中谙熟典章,通达治体之员与各省官员中学识精博,物望允孚者",俱派为该馆的咨议官。被派人员"不必到馆,遇有疑难随时咨询评复,庶得广集众思共襄盛典"④,吏部左侍郎唐景崇、内阁学士陈宝琛等十五名京官,一些省的布政使、提学使等二十二名,列名一等咨议官。外务部左参议周自齐、直隶候补道严复等二十七人,派充二等咨议官。⑤

宪政编查馆办事章程排列该馆职掌是:议复奉旨交议有关宪政折件,承拟军机大臣交付调查各件;调查各国宪法,编订宪法草案;考核法律馆所订法典草案,各部

---

① 《东方杂志》,1908年第1期,内务,第17页。
② 故宫博物院明清档案部编:《清末筹备立宪档案史料》(上册),中华书局,1979年7月版,第566页。
③ 故宫博物院明清档案部编:《清末筹备立宪档案史料》(上册),中华书局,1979年7月版,第50页。
④ 刘锦藻撰:《清朝续文献通考》,商务印书馆,1935年版,卷117,职官三,第8765页。
⑤ 《东方杂志》1909年第6期,大事记,第283~284页。

院、各省所订各项单行法及行政法规；调查各国统计，颁成格式，汇成全国统计表及各国统计比较表。

章程进一步规定，宪政编查馆有统一全国法制之责，除法典草案应由法律馆奏交本馆考核外，各部院、各省法制有应修改及增订者，得随时咨明该馆衙门办理，或会同起草，或由该馆衙门起草，咨送本馆考核，临时酌定。所有统计事项，应由各部院、各省就其主管事务，派定专员按照该馆颁定格式列表，由宪政编查馆汇齐详核，编列总表。章程还规定：宪政编查馆调查各件，关系重要者，得随时派员分赴各国各省实地考察，并得随时咨商各国出使大臣及各省督抚代为调查一切。

宪政编查馆职责甚广，权力很大，曾被奕劻称为清政府"宪政"的"枢纽"。因此，当我们研究清末历史的时候，不能不对宪政编查馆给予足够的注意。

（二）宪政编查馆的实际活动

清末宪政编查馆于1907年设置，直到1911年5月27日清廷颁布内阁官制暨内阁法制院官制后才撤销。近四年间，这一机构主要办理了下列事项：

1. 起草宪法及起草或核议各项法律、章程、制度，约略统计有三十项。其中，除《宪法大纲》外，由宪政编查馆草拟的还有《各省咨议局章程》《咨议局议员选举章程》《城镇乡地方自治选举章程》《各省会议厅规则》等；与民政部一起编订的有《户籍法》《结社集会律》；与会议政务处一同拟定的有《内阁官制》《内阁办事暂行章程》等；由宪政编查馆核议、增改的有《报律》《违警律》《国籍条例》等。清政府《九年预备立宪逐年推行筹备事宜》《修正逐年筹备事宜》，也由宪政编查馆所拟定①。

2. 负责解释有关宪政法律章程，答复关于实施办法的询问。

例如，1909年江西巡抚冯汝骙电询选举资格中"身家不清白"系何所指，宪政编查馆电复云："身家不清白，系指娼优隶卒"，其本身若改业，子孙即不在此条范围之列。

又江苏巡抚电询初选第一次投票后，当选人数不足额，再选时票数如何计算。宪政编查馆复电："票数应每次另算，如仍不足额，只能再选三选。"重新选举当选票的比例，"毋庸照初次投票之人数，可照每次投票人数核算办理"。

1909年2月，东三省总督兼奉天巡抚徐世昌电询咨议局选举中宗室资格问题，宪政编查馆电复："宗室及岁时均系武四品，本可照（咨议局章程）第三条第四项资格，一律有选举权，至被选举权及各项限制，应仍照第五、六、七、八条办理。"

此外，一些省就选举分区、税捐办法及选民资格等问题电询宪政编查馆，该馆一一予以答复②。

---

① 以上资料来源于《光绪朝东华录》《清朝续文献通考》《清末筹备立宪档案史料》及《东方杂志》。

② 《东方杂志》1909年第3、4、6期，1910年第5期。

3. 议复奉旨交议的有关宪政折件,督促检查各地"新政"的实行。

"筹备立宪"期间,宪政编查馆的重要任务之一是议复各部院、各省给清廷的有关奏折,并对各地实行"新政"负督促检查之责。为此,宪政编查馆于1908年设立"考核专科",考核议院设立前每年应办事宜。

1910年4月,宪政编查馆奏准,分两期派员分赴各省考察筹备宪政情形。第一期考察了直隶和东北、山东、江苏等十三个省,考察人员返京后将情况逐一呈报,其主要内容有:各省咨议局成立情况;筹办地方自治情况;调查户口情况;各级审判厅的筹办情况;岁出入总数及试办预算情况;等等。根据这些汇报,清廷发出谕旨:各地"新政""其主管各员实心任事者,固不乏人;而奉行具文者,亦在所不免。自应分别优劣加以劝惩",提出嘉奖的有奉天民政使张元奇等十六人。福建兴泉永道郭道直,"办事竭蹶,精神不及",于各要政"率多有名无实,著即行开缺"。受到处罚的还有河南巡警道蒋茂熙,直隶天津县知县胡商彝等。①

4. 编制统计表式,对全国民政、财政进行统计。统计总例有十四条,民政统计部表七十六,省表七十二;财政统计部表九十、省表八十八。各表后面对立表之意、填表之法均加以解说或举例②。

5. 出版发行《政治官报》。《政治官报》自1907年9月20日起发行,刊登谕旨、奏折、咨札、法制章程、外事、杂录等。③ 责任内阁建立后,《政治官报》改为《内阁官报》。

(三)宪政编查馆的历史作用

宪政编查馆是清王朝的一个御用工具,它为维护清王朝风雨飘摇的反动统治服务。

1. 在宪政编查馆拟定的《宪法大纲》中,规定了皇帝至高无上的权力。

《宪法大纲》分为正文"君上大权"和附录"臣民权利义务"两部分。正文部分第一、第二条规定:"大清皇帝统治大清帝国万世一系,永示尊戴","君上神圣尊严,不可侵犯"。大纲规定皇帝有颁行法律、发交议案、召集及解散议院、设官制禄、黜陟百司、统率海陆军、编定军制、宣战媾和、订立条约、宣告戒严等权力。皇帝总揽司法权,遇有紧急情况可以发布"代法律之诏令"以及用"诏令限制臣民之自由","凡法律虽经议院议决而未奉诏令批准颁布者,不能见诸实行","用人之权操之君上",议员不得干预;"国交之事,由君上亲裁,不付议院议决"。大纲规定皇帝拥有的权力和

---

① 故宫博物院明清档案部编:《清末筹备立宪档案史料》(下册),中华书局,1979年7月版,第796~800页。

② 《东方杂志》1909年第3期,记载一,第100页。

③ 故宫博物院明清档案部编:《清末筹备立宪档案史料》(下册),中华书局,1979年版,第1061页。

专制帝王的权力比较起来有增无减,不同的是现在用法律形式确定下来罢了。

应当指出,宪政编查馆拟定的《宪法大纲》有关君上大权的十四条,全系抄自1898年《日本帝国宪法》。但大纲对《日本帝国宪法》中对天皇权力稍加限制的条文,却加以删改。如《日本帝国宪法》第八条规定:"天皇为保持公共之安全,或避免其灾厄,按紧急需要,在帝国议会闭会时,得发布代替法律之敕令。此项法令,须于下次会期在帝国议会提出,若议会不承认时,政府须公布将来失其效力。"大纲则变为:"在议院闭会时,遇有紧急之事,得发代法律之诏令,并得以诏令筹措必需之财用。惟至次年会期,须交议院协议。"这样一来,议会的否决权变成协议权了。又《日本帝国宪法》第五十五条规定:"凡法律敕令及其有关国务之诏敕,须国务大臣之副署",但在大纲中却没有这一条。显而易见,大纲和日本宪法比较,带有更加强烈的君主专制色彩。

2. 在谘议局和地方自治章程中加以原则性的限制,力图使谘议局和地方自治机构只能成为君主专制的一个点缀。

例如,上述两个章程对选民资格作了性别、财产、学历等种种严格的限制,使各地真正有选举资格者在总人口中所占比例微乎其微。据有人统计:山西省约占0.5%,广东约占0.43%,而江苏省仅占0.18%。这样,不仅广大劳动人民被排斥在选举之外,一些资产阶级知识分子想参与其事也相当困难。

3. 宪政编查馆在审核的法律、章程中,对从东西方资本主义国家抄来的条文加以增删改造,使其适合君主专制统治。

宪政编查馆在关于《结社集会律》的奏折中说:"臣等仰体圣谟,参酌中外,谨拟成《结社集会律》三十五条,除各省会党,显干例禁,均属秘密结社,仍照刑律严行惩办外,其余各种结社集会凡与政治及公事无关者,皆可照常设立","其关系政治者,非呈报有案,不得设立"。"其宗旨不正,违犯规则,或有滋生事端妨害风俗之虞者,均责成该管衙门认真稽察,轻者解散,重者罚惩,庶于提倡舆论之中,不失纳民轨物之意。"①

《结社集会律》规定:"秘密结社,潜谋不法者",一律禁止。未满二十岁之男子、妇女、学生、教师、不识文义者,僧道与其他宗教师、常备与后备军人、巡警官吏以及曾受监禁以上之刑者,不得参加政事结社和政事会,这充分暴露了清政府假民主之名行专制之实的真面目。

又如在《大清新刑律》中,加上了以三纲五常封建礼教为准则的五条"附则"。其他诸项立法,大体类似。此即所谓"注重世界最普之法则","求最适于中国民情之法则"。实际是把立法工作纳入统治阶级规定的轨道,为巩固君主专制制度服务。

宪政编查馆是严格地按照清朝统治者的意图行事的,但在客观上,该馆的成立

---

① 朱寿朋编:《光绪朝东华录》(五),中华书局,1958年12月版,总第5859~5860页。

在中国法制乃至体制近代化的过程中,起了重要的作用。

首先,宪法大纲和各项法律的公布,无疑向人们承认,君主专制制度并非完美无缺而需要向东西方资本主义国家学习,加以改革。这在客观上是对君主专制制度的一个否定,必然对当时人们的思想起到冲击作用。

其次,清末拟定的各项法律,虽带有浓厚的封建性,但毕竟同旧有的封建法典不同,带有明显的资本主义色彩。这些法令虽大多未及实行,清政府即被革命风暴推翻,但却成为中国近代法制史的一个重要环节,多项法律为后来的北洋军阀政府所沿用。

最后,谘议局、地方自治等章程的制定,尽管其中加了许多原则性的限制,但客观上为民族资产阶级特别是民族资产阶级上层进入各级政权机构打开了一道缝隙。诚如浙江巡抚增韫所说:"近年谘议局既开,各处复筹办地方自治,因之出而任事者多少年新进之士,往往踰越权限之外。"[①]各项标榜民主自由的法律的制定,也为资产阶级的政治活动提供了或多或少的合法依据,其结果加速了清王朝的灭亡,这是清朝统治者所没有料及的。

宪政编查馆的活动宗旨是维护君主专制统治,这不仅遭到资产阶级革命派的激烈批判,也受到立宪派的抨击。但其制定、核议的法律中,又袭用了一些资本主义国家带有民主色彩的条文,也为那些顽固守旧派所不容,他们抱残守缺,对新法大张挞伐。

京师大学堂总监督刘廷琛在旨为"新法关系重要,请朝廷申明宗旨,以定国是而正纲常"的奏折中说:"外国风教攸殊,法律宗教亦异,欧美宗耶教,故重平等,我国宗孔孟,故重纲常。法律馆长意摹做外人,值(置)本国风俗于不问,既取平等,自不复纲常,毫厘千里之差,其源实由于此。故宪政编查馆修改,只在字句之间,资政院议员争论,亦多在条文之末,而于大本大原无当也。"刘廷琛气急败坏地说:"礼教可废则新律可行,礼教不可废则新律必不可尽行。""该馆阴破纲常,擅违谕旨,自行其事,天命未改,岂容抗命之臣!"[②]

御史胡思敬在奏折中说:"去岁宪政编查馆所拟纲目闻出自提调李家驹一人之手,并未与同僚商酌,该提调一意阿时,懵不晓事,徒袭东洋皮毛,将官制分为四级机关……所列表文如治丝而棼,立说至为纰缪。"自宪政编查馆所拟纲目刊行后,"人情汹汹","讹言日兴内外,而百官皆惴惴不自保","盖不待新制实行而乱机凑泊,已俨然如不终日矣"。"陛下所恃以立国者曰民,所与治民者曰官,盖自新刑律成而民乱于上,新官制成而官乱于上。""拟请乾纲独断,严饬馆(指宪政编查馆)臣不得援引

---

① 故宫博物院明清档案部编:《清末筹备立宪档案史料》(下册),中华书局,1979年版,第754页。

② 故宫博物院明清档案部编:《清末筹备立宪档案史料》(下册),中华书局,1979年版,第888~889页。

日本法规扰乱大局,实为天下苍生之福。"①

从顽固派的言论中,也不难看出宪政编查馆的活动还有合乎潮流的地方。

清末尚无类似西方资本主义国家的立法机构,宪政编查馆在立法活动中起了重要作用。它的成立,在某种意义上可以看做是中国法制近代化的开端。

(吕美颐 《史学月刊》1984 年第 6 期。人大复印资料《中国近代史》1984 年第 12 期全文复印。)

---

① 故宫博物院明清档案部编:《清末筹备立宪档案史料》(上册),中华书局,1979 年版,第 547~548 页。

论清末官制改革与国家体制近代化

清代,在承袭明制的基础上,确立了以皇权为中心,宰辅制与部院制相结合的一整套官制。自雍正八年(1730)起,内阁权力转移到军机处,军机处对于"军国大计,罔不总揽"[①],成为事实上的宰辅,近乎政务中枢。处理行政事务的机构,主要是八大衙门,即六部及理藩院、都察院,此外尚有大批佐理机关以及专为皇族和宫廷服务的机构。这种国家政权组织机构,在相当长的时期内保持了稳定。鸦片战争后,随着中国半殖民地化的开始,陆续出现了总理衙门、南北洋大臣、总税务司等新机构、新职官,但国家机构的模式依然如故。戊戌维新时期,新兴的资产阶级提出设议院、开制度局及十二分局的要求,企图改变专制政体。在强大的封建势力面前,维新志士的幻想终成泡影。

清代官制发生重大变化是在清朝末年。清王朝最后十年,为了改变内外交困的窘境,先后推行"新政"和"筹备立宪",对官制进行了一系列改革。这一改革,可以看做中国国家体制近代化的开端。

(一)清末官制改革的历史进程

历史的辩证法是这样地无情,曾以铁血手腕扼杀了戊戌变法的那拉氏,两年之后也不得不扯起了"变法"的旗帜。1901年1月29日,

---

① 赵尔巽等撰:《清史稿·军机大臣年表序》,中华书局,1976年7月版。

清廷颁布变法上谕,4月21日正式成立督办政务处,作为总理"新政"的专门机构。

新政的内容涉及面很广,改革官制是其中重要的一项。改革中,裁撤了部分冗衙,增添和改设了一批新衙门。在中央,首先裁撤的是詹事府与通政使司。詹事府本为辅弼东宫太子的专门机构,由于康熙之后清朝采取秘密建储法,不立太子,詹事府则变成词臣迁转之地、翰林叙进之阶。① 1902年3月,清政府以"名实本不相符"为由,予以裁撤,该衙原管事务归并翰林院。② 通政使司是掌管收受各省题本的机关,1901年清政府已改题为奏,各处奏折经奏事处径达宫中,通政使司已无事可办,故裁。

在地方上,"新政"时期也裁撤了少量冗官。鉴于黄河改道后直隶、山东两省修守工程久归督抚管理,加之"槽米改折,运河无事,河臣仅司堤岸",故裁撤了河东河道总督一缺,原东河总督所管事宜,改归河南巡抚兼办。③ 1904年至1905年,又先后裁撤了督抚同城的湖北、云南、广东三省巡抚。督抚同城弊多利少,"往往因意见参差,公事转多牵制"。且"多一衙门,即多一经费","多一份案牍之繁"④。三省巡抚裁撤后,其事改归湖广、云贵、两广总督管理。又由于运河长期淤塞,"南槽半改折色,半改海运",漕运总督已"徒拥虚名",故于1905年取消。

新政中设置的新机构,首先是外务部。1901年3月,美国公使公然提出改组总理衙门的要求,随即西班牙公使葛罗干照会清政府,明确提出:"将总理各国事务衙门改为外务部,冠于六部之首。"是年7月24日,清廷发布上谕,根据侵略者的要求,"总理衙门着改为外务部,班列六部之前"⑤,以奕劻充任总理亲王、王文韶为会办大臣,瞿鸿机为会办大臣兼尚书。外务部下设四司(合会、考工、榷算、庶务)、一厅(司务厅)、五处(俄、德、法、英、日)。

1903年,清政府先后设立了财政处与练兵处。清朝统治者办理"新政",原以练兵筹饷、经武理财为中心,目的是加强国力,强化统治,财政处与练兵处的设立,体现了这种愿望。两处均由奕劻总理其务,瞿鸿机、那桐参与办理财政处,练兵处则由袁世凯任会办大臣,铁良为襄办大臣。练兵处为编练新军的总汇机关,下设军政、军令、军学三司。

"新政"时期,清政府在中央新增设的机构还有商部、巡警部、学部。经过庚子之变,清政府"库储一空如洗"⑥,统治集团深深感到"欲救目前财用之困,非讲求商务,

---

① 《光绪会典事例》卷147。
② 朱寿朋编:《光绪朝东华录》(五),中华书局,1958年8月版,总第4830页。
③ 朱寿朋编:《光绪朝东华录》(五),中华书局,1958年8月版,总第4889页。
④ 朱寿朋编:《光绪朝东华录》(五),中华书局,1958年8月版,总第5256~5257页。
⑤ 朱寿朋编:《光绪朝东华录》(四),中华书局,1958年8月版,总第4685页。
⑥ 朱寿朋编:《光绪朝东华录》(五),中华书局,1958年8月版,总第5117页。

无从措手"①；又"鉴于商战不利,惧将无以自存于生计竞争之世"②。于是接受了载沣、载振等人的奏请,1903年7月16日颁发谕旨,为振兴商务,设商部衙门。③ 载振补授商部尚书,伍廷芳、陈璧分别为商部左、右侍郎,张謇被聘为商部头等顾问。商部下设保会、平均、通艺、会计四司,附设商律馆、商标局、公司注册局、工艺局、商报局等一系列专门业务机构,并附设高等实业学堂和艺徒学堂。

巡警部设于1905年。自1901年起,时任直隶总督兼北洋大臣的袁世凯开始在京、津两地训练警察,用以维持治安,同时设立警务学堂,用以培养专业人员。此后清政府"迭经谕令京师及各省一体举办"。1905年出洋五大臣被炸伤,清朝统治者愈加感到"巡警关系重要","自应设专衙门",于10月8日下令设立巡警部。④ 徐世昌补授尚书,毓朗补授左侍郎,赵秉钧署理右侍郎。巡警部下设警政、警法、警务等五司。

学部的设立及新式教育的发展,是"新政"中较见成效的一项。清廷办理新政,急需各类人才。而不废科举,兴学校,人才缺乏问题便无从解决。"新政"伊始,清政府谕令各省书院一律改为大学堂,各府、直隶州书院一律改为中学堂,州县书院改为小学堂。办教育一时成为高尚而时髦的事情,各类公办学堂(包括专业和师范学堂)陆续开办,私人办学也蔚为风气。这种情况,要求清政府设立一教育行政机关总理各项事宜。1905年12月,清廷批准山西学政宝熙等人的奏请,设立了学部。户部尚书宋庆调任学部尚书,熙瑛、严修分任左、右侍郎。学部下设总务、专门、普通、实业、会计五司。

以上所列,是清政府办理新政过程中官制改革的主要内容。

1905年之后,中国社会内部的各种矛盾空前激化,风起云涌的革命风潮,猛烈地摇撼着清王朝统治的根基。清政府不得不接受立宪派的主张,打出"筹备立宪"的旗号,企图以此作为"救世之良箴","渡世之宝筏"⑤。1905年9月起,载泽为首的考察宪政大臣分赴英、法、德、日、荷、比等十一国考察宪政。同年11月派政务处五大臣设立"考察政治馆",收集整理"各国宪法与中国体制相宜者"⑥,随时进呈,以备参考酌定。1906年8月考察宪政大臣回国,在频繁的召见中,大臣们"皆痛陈中国不立宪之害及立宪之利"⑦。那拉氏在确信立宪可使皇位永固、外患渐轻、内乱可弭之后,于1906年9月1日宣布"仿行宪政"。

筹备立宪的第一幕也是最重要的一幕,要算是官制改革。在"仿行宪政"的谕旨

---

① 《东方杂志》,1904年第3期,商务。
② 《时报》,1905年1月9日。
③ 朱寿朋编:《光绪朝东华录》(五),中华书局,1958年8月版,总第5062页。
④ 朱寿朋编:《光绪朝东华录》(五),中华书局,1958年8月版,总第5408页。
⑤ 《立宪法议》,《时敏报》,1994年11月12日。
⑥ 故宫博物院明清档案部编:《清末筹备立宪档案史料》(上册),中华书局,1979年7月版,第43页。
⑦ 《宪政初纲》,《东方杂志》增刊。

中,清政府即指出"廓清积弊,明定责成,必从官制入手"。要求"先将官制分别议定,次第更张"①。9月2日,清廷又宣布了改革官制的上谕,任命载泽、世续、那桐、袁世凯为官制编纂大臣,随即设立了"编制馆",作为编纂官制的专门机构。

筹备立宪中官制改革分为两个阶段:第一阶段是中央官制与地方官制的厘定,第二阶段是资政院、责任内阁的设立。

1906年11月2日,编制馆就戴鸿慈、端方的《改定全国官制以为预备立宪折》进行了一个多月的讨论后,向清廷呈递了《厘定中央各衙官制缮单进呈折》,并附清单24件。奏折中指出,改革的原则是按立宪国官制,"立法、行政、司法三权并峙,各有专属,相辅而行"②。编制馆拟定的草案,力图用三权分立的原则,改造以军机处为政务中枢的部院制。其主要内容是:设立带有议会性质的资政院,掌立法;取消军机处与旧内阁,设十一部,"分之为各部,合之皆为政府","行政之事专属内阁各部大臣"。司法之权则专属立法部,以大理院任审判,而法部监督之"③。

1906年11月6日,清廷发布上谕对上述草案加以裁定。上谕不承认草案的基本原则,指出官制改革的要旨"惟在专责成,清积弊,求实事,去浮文"。对于取消军机处设责任内阁尤其反对,重申"内阁军机处一切规制,著照旧行"。准改的只有各部院的调整。上谕规定,外务部、吏部仍旧;巡警部改为民政部,户部改为度支部,以财政处并入;礼部以太常、光禄、鸿胪三寺并入;学部仍旧,兵部改为陆军部,以练兵处、大仆寺并入,应设海军部及军谘府,未设以前,暂归陆军部办理;刑部改为法部,专任司法,大理寺改为大理院,专掌审判;工部并入商部,改为农工商部;增设邮传部;理藩院改为理藩部。以上总计十一部,"各部堂官均设为尚书一员,侍郎二员,不分满汉"④。

上谕还批准预备设立资政院,以博采群言;设审计院,以核查经费。其余,都察院照旧,宗人府、内阁、翰林院、钦天监、銮仪卫、内务府等,均著毋庸更改。

关于地方官制,编制馆于1907年7月3日上奏《续订各直省官制情形折》并附清单,提出厘定地方官制的原则有二:一、按级分设地方审判厅,"以为司法独立之基

---

① 故宫博物院明清档案部编:《清末筹备立宪档案史料》(上册),中华书局,1979年7月版,第45页。

② 故宫博物院明清档案部编:《清末筹备立宪档案史料》(上册),中华书局,1979年7月版,第463页。

③ 故宫博物院明清档案部编:《清末筹备立宪档案史料》(上册),中华书局,1979年7月版,第463页。

④ 故宫博物院明清档案部编:《清末筹备立宪档案史料》(上册),中华书局,1979年7月版,第471页。

础";二、增易佐治各员,"以为地方自治之基础"①。地方上一省或数省设一总督,管理外交、军政,每省设一巡抚,总理地方行政;下设三司(布政、提学、提法)、二道(劝业、巡警)。即日,清廷谕准实行,并指示由东三省先行开办,直隶、江苏择地试办,其余各省十五年内分年分地办理。由于地方督抚态度消极,地方官制的改革成效甚微。

筹备立宪中官制改革的第二阶段,从1907年8月到1911年5月。

1907年8月,清政府批准奕劻等人奏请,将考察政治馆改为宪政编查馆。表面上,宪政编查馆仿效资本主义国家法制局,实为清政府的宪政"枢纽"。该馆先后拟定、核议各项法律、章程、制度近三十项,起草了宪法,并详细制定了九年中逐步筹备事宜清单。②

为了显示"立宪政体取决公论",1907年9月20日清廷下谕先设资政院"以立议院基础",派溥伦、孙家鼐充任总裁。③ 10月11日,又令各省筹设谘议局,府州县筹设议事会。设立资政院的上谕颁布后,资政院并未马上成立,直到1910年10月3日,才在国会请愿的声浪中举行开院典礼,其间整整过了三年。

形势的急速变化,迫使清朝统治者于1910年11月宣布筹备立宪期限由九年缩短为五年。据此,责任内阁应于1911年成立。1911年5月,清政府颁布《内阁官制暨内阁办事章程暂行谕》,宣布"即组织内阁……采取各国君主立宪之制"④,旧设内阁、军机处、会议政务处一并裁撤。任命奕劻为内阁总理大臣,那桐、徐世昌为协理大臣。将原有十一部调整为十部,即外务部、民政部、度支部、学部、陆军部、海军部、司法部、农工商部、邮传部、理藩部。其中裁撤了吏部,礼部改为典礼院,新增设海军部。各部设大臣。各部大臣均为国务大臣,与总理大臣、协理大臣共同组成内阁。内阁下设一厅四局:承宣厅、制诰局、叙官局、统计局、印铸局。

为了防止由于撤销军机处改设责任内阁而削弱皇权,还特设弼德院,作为皇帝亲临顾问国务之所;设军谘府"秉承诏命,襄赞军谟",以保证军权牢牢掌握在皇帝手中。清朝最高统治集团为了避免大权旁落,采取了主要以皇族充任责任内阁阁员的办法,这就使事情走向了反面,"皇族内阁"的出现,使革命派立场更加坚定,立宪派则对清廷完全绝望,有实权的汉族地主官僚也增大了与清廷的离心力,清王朝最后垮台的命运因此无可挽回。

---

① 故宫博物院明清档案部编:《清末筹备立宪档案史料》(下册),中华书局,1979年7月版,第504页。
② 参见拙文《清末宪政编查馆考察》,《史学月刊》,1984年第6期。
③ 故宫博物院明清档案部编:《清末筹备立宪档案史料》(下册),中华书局,1979年7月版,第606页。
④ 故宫博物院明清档案部编:《清末筹备立宪档案史料》(上册),中华书局,1979年7月版,第565页。

(二)清末官制改革是国家体制近代化的开端

所谓国家体制,是指国体、政体两方面而言,其主要内容涉及哪个阶级掌握国家政权和以何种形式掌握政权。清末官制改革,使清王朝的国体与政体都发生了不同程度的变化,因此,可以看做是中国国家体制近代化的开端。

首先,从政体方面看,清末的变化是显著的。尤其是筹备立宪中的官制改革,开始改变中国传统的政权组织形式,国家机构的设置,在一定程度上体现了资本主义国家三权分立的原则。

分权原则是资产阶级国家机构的组织与活动原则。分权学说,是资产阶级在反对封建专制主义中央集权的斗争中提出来的。在国家政权中实行分权原则,对于反对专制独裁,健全国家机构,曾起过重大的历史作用。

筹备立宪过程中,出洋考察宪政的大臣们普遍对于英法诸国设官分职以三权互相维系的原则较为重视。他们对于资本主义的政治制度与政治学说虽然没有深刻了解,但认为"政治立法权操之议会、行政责之大臣、宪典掌之司法、君主裁成于上"的办法是不错的,"事以分权而易举,权以合而易行",二者可成指臂相连之势。[①] 戴鸿慈在奏折中称:"盖立宪之精意,即以国家统治之权,分配于立法、行政、司法之机关"。端方认为,"三权者,立宪之标准也"。宪政编查馆大臣奕劻也明确指出,"立宪各国,以立法、行政、司法各项分立为第一要义"[②]。这种看法,在不少中央和地方大员的奏折中均有反映。这说明,不仅资产阶级革命派和立宪派疾呼实行资产阶级的三权分立,在统治阶级上层当中,这一原则和做法也被不少人所看重。

当然,清政府进行官制改革的旨趣"惟在专责成,清积弊,求实事,去浮文",而不在什么"三权分立"。但一旦走上改革的轨道,事情就不可能完全按照最高统治者的主观愿望所发展。事实上,由于革命形势的推动,三权分立的原则已一步步渗入到清末的官制改革之中,无可奈何的清政府,不得不在一定的范围内承认了这一现实。

司法的独立,是清末官制改革中的一个主要成果。中央官制的厘定,虽未完全采用宪政编查馆拟定的体现三权分立的方案,但为了"专责成",将刑部改为法部,掌司法行政,大理寺改为大理院,专司审判,这一变化是十分重要的。在机构设置与职官职掌上,行政、司法不分,是中国的历史传统。在地方上,各级官员往往是钱谷、刑名一身二任。在中央,行政机关参与司法审判更为普遍。清代的审判实行会办制度,重大案件由刑部、都察院、大理寺组成"三法司"审理;"监候"的死刑案,由法部会同九卿(六部尚书、都察院左都御使、大理寺卿、通政使司通政使)进行秋审。此

[①] 故宫博物院明清档案部编:《清末筹备立宪档案史料》(上册),中华书局,1979年7月版,第11页。

[②] 故宫博物院明清档案部编:《清末筹备立宪档案史料》(上册),中华书局,1979年7月版,第11页、第840页、第263页。

外,宗室觉罗案件,由宗人府(慎刑司)参与审理;涉及少数民族的案件,理藩院(理刑清吏司)参与审理;重大案件均由皇帝交军机处审理拟定。皇帝本人则操死刑案的最后决断权。这种情况,从制度上造成了司法与行政的混淆。加之刑部、都察院、大理寺,职责不清,互相重复,又造成了司法行政与司法审判的混淆。厘定官制后,法部专掌司法行政,下设二厅(承政、参政)、八司(审录、制勘、编置、宥恤、掌叙、会计、都事、收发所)。大理院专掌审判诉讼,相当于后来的高等法院,下设刑科四厅、民科二厅。改革的结果,不仅司法与行政相分离,而且使司法行政与审判相分离,司法独立迈出了重要一步。随后,在地方官制的改革中,省、府、州、县相继建立了各级审判厅,司法独立至少在形式上推向全国了。

资政院的设立,特别值得重视。资本主义国家的议会,是立法机关,资产阶级的统治通常是通过议会形式体现出来的。毋庸置疑,清末的资政院尚够不上资本主义国家的议会,各省谘议局也不完全具备资本主义各国省议会的规格。但是,考察资政院章程和它的实际活动,不能不认为资政院已具备议会雏形的规模。

资政院章程规定,资政院职责为:议决国家岁出入预算事件、决算事件;议决税法及公债事件;议决法律及修改法律事件及其余奉特旨交议事件。在资政院与行政衙门关系方面,规定"资政院于各行政衙门、行政事件如有疑问,得由总裁、副总裁谘请答复";"国务大臣如有侵夺资政院权限或违背法律等事,得由总裁、副总裁据实奏陈,请旨裁夺"[1]。章程模仿资本主义国家议会章程,规定资政院享有部分立法权(宪法除外),通过国家预算权和对政府的一定监督权。尽管权力有限,且在执行中一再打折扣,但资政院的出现毕竟给国家机关和政治生活带来了新的色彩。资政院从1910年9月13日开始的第一次常年会,就通过了商办铁路非经国会协赞不得收回国有案、铁路公司适用商律案、运输规则案、振兴外藩实业并划一刑律案、速开国会案、速设责任内阁案、速立官制提前实行案、昭雪戊戌冤狱案、停止学堂奖励明定学位以正教育宗旨案、著作权律案、报律案、地方事务章程案、禁烟案、剪发易服案、资政院立法范围案等二十余项议案,内容涉及政治、经济、文化、教育、外交等各个方面,资政院还就一些问题对军机处提出质询,要求军机大臣到会予以答复。还曾就各省预算岁入对度支部提出质询。如资政院就云南谘议局提出的云贵总督令盐斤加价案,广西谘议局提出的高等巡警学堂限制外籍学生案,对军机大臣进行激烈弹劾。清廷将资政院请旨裁夺上述两案交盐政大臣及民政部查核,资政院认为这是"将立法机关所议决的案子交行政衙门去查核",是"军机大臣侵犯了资政院的权"[2],据此弹劾军机大臣,并要求迅速组织责任内阁,在内阁成立前"将军机大臣必

---

[1] 故宫博物院明清档案部编:《清末筹备立宪档案史料》(下册),中华书局,1979年7月版,第657页。

[2] 《资政院第一次常年会议记录》,第20号。

应担负责任之处,宣示天下"①。朝旨以此事"朝廷自有权衡,非该院所得擅予"驳回,资政院"全院大愤",决议继续上奏,并以全体议员辞职相威胁,迫使首席军机大臣奕劻两次提出辞职。各省地方谘议局因督抚侵权而全体辞职以示抗议者,也不乏其闻。清末资政院与谘议局的这些活动的重要意义,不在于所议决事情的大小或是否成功,而在于它标明资政院是作为代表民意的法定机构出现在中国的历史舞台上,这是史无前例的事。中国素无民主传统,连英国中世纪那种等级代表会议也从未有过。资政院的成立,给人们提供了一个议论时政、抨击政府的合法场所,这不能说不是一个历史的进步。可以认为,清末资政院的出现,是中国国家体制的一个重要变化。

资本主义内阁是国家管理机关,是行使行政权的主要机构,这在多数资本主义国家都是国家管理机构的核心部分。清末责任内阁的出现,从政治上看说它是一场骗局是有道理的;但如果对其出现的历史背景及活动内容暂且不论,就其取消军机处、改造六部、建立统一政府这一组织形式变化本身来说,无疑是对君主专制制度的否定。中国历来实行宰相制度,以皇权为中心,宰相为辅弼。明代起,罢宰相设内阁,清代又别出心裁地设军机处,以取代内阁成为事实上的宰辅。但军机处只能"承旨出政",不过是皇权的附庸,够不上国家的政务中枢。且长时期内,军机处未列入国家正式机构,不入法典;军机大臣亦非专职,而由皇帝在大学士、尚书侍郎中择亲特简。军机处是专制皇权高度发展的产物,也是皇权专制的有力形式。与宰辅制并存的是部院制。清代的六部、理藩院、都察院是承理国家行政的主要机关,但各部院并非直属军机处,也未组成统一的政府,而是各部院独立听命于皇帝。无怪乎清末讨论设立责任内阁时,众说纷纭,有曰:"军机大臣,则政府也";有曰:"各部尚书、侍郎即政府也";有曰:"会议政务处及宪政编查馆可当政府";更有甚者,谓"我大皇帝与监国摄政王,则政府也"②。这种混乱的认识,正是当时没有行政总汇即没有统一政府的混乱现状的真实反映。1911年5月责任内阁建立,由总理大臣、协理大臣与各部大臣组成政府(尽管这个"皇族内阁"是个"怪胎"),作为皇权专制标志的军机处被取消,这无疑向人们昭示:君主专制的防线,已经开始全面崩溃了。

其次,国家机构的设置趋于合理和科学,也反映了清末官制改革使国家体制向近代化方向推进了一步。

在国家机构设置上,清代旧制弊端甚多。主要表现在机构重叠以及冗衙长期保留而该设的机构则长期空缺,因而造成"权限不分"、"职任不明"、"名不副实","名为吏部,但司牵制之事,并无铨衡之权。名为户部,但司出纳,并无统计之权。名为礼部,但司典礼,并无礼教之权。名为兵部,但司绿营兵籍、武职升转之事,并无统御

---

① 《资政院第一次常年会议记录》,第24号。
② 张枬、王忍之编:《辛亥革命前十年间时论选集》(第三卷),三联书店,1977年12月版,第602~604页。

之权"①。且一部之中设二尚书、四侍郎,再加管部的亲王、大学士,则一部即有七个主任官,"绝无分劳赴功之效,惟有推诿牵制之能"②。改革后,撤销了部分冗衙,调整了部院,又规定各部堂官均设一尚书、两侍郎,使"数人共一职"的状况有了改观的前提。尤其是农工商部、巡警部、学部、邮传部等新机构的设立,适应了政治、经济、文化教育、军事等各方面发展的需要。

商部是"新政"时期设立的,其下设四司。保会司,专司商务,负责保护商人,奖励兴办工商企业,颁发专利权等;平均司,专司垦荒、蚕桑、造林等事;通艺司,专司工业、铁路、轮船、采矿的管理;会计司,专司税收、银行、通货、工商交易会、度量衡和工商诉讼。商部附设了一系列专门机构,如商律馆、商标局、公司注册局、工业局、商报局、高等实业学堂和艺徒学堂等。很明显,商部这种格局,突破了机构设置上重农抑商的传统。

清朝一向没有专司教育行政的中央机构,由礼部兼管科举考试中的部分工作,国子监不过是一所地位特殊的学校,而非教育行政机关。学部的成立,成为总司教育行政的中央机构。学部下设五司,总务司负责文书章奏,稽核京外各学官,核定教员,审查教科书、参考书,编录各种学艺报章;专门司负责大学堂及文学、政治、学士、技艺、音乐等各种专门学堂及海外留学,考核图书馆、天文台、气象台及有关学位赐予等;普通司负责优级、初级及女子师范学堂、盲哑学堂、中小学堂及蒙养院的设立,制定教课规程等;实业司负责农业学堂、工业学堂、商业学堂、艺徒学堂等各种实业学堂的设立;会计司掌学部财会,核算各省教育经费,负责部属学堂的图书馆、博物馆的建设。学部的设立特别是其内部细致的分工,反映了教育体制的重大变化。

清末官制改革中设置的十部,布局和内部结构趋向合理和科学,有利于行政管理的专门化和行政效率的提高,也从一个侧面反映了清末国家体制转向近代化的发展变化。

值得提出的还有,通过清末官制改革,民族资产阶级的势力开始渗入中央和地方政权之中,使旧的国体也发生了某些变化。资政院和谘议局的建立,为资产阶级进入国家政权机构打开了一道缝隙,尽管这道缝隙还十分狭小。资政院钦选议员中,纳税多者占有十个名额,而民选议员中,虽多数仍是有功名的官绅,但已不再是那种旧式封建士绅,不少人员是资产阶级上层的代表,或与之有联系的立宪派分子。据笔者不完全统计,其中留学日本或到国外考察过的达24人之多,占总人数的25.5%。而在政府机构中,清一色封建官僚的状况也开始改变,虽然各部尚书、国务大臣中还维持着封建官僚的一统天下,但在各部侍郎、部丞、参议及内阁属官中,情

---

① 故宫博物院明清档案部编:《清末筹备立宪档案史料》(上册),中华书局,1979年7月版,第464页。

② 中国近代史资料丛刊《辛亥革命》(四),上海人民出版社,1957年7月版,第37~38页。

况发生了微妙变化。从1906年厘定官制到清朝灭亡之前,新派人物开始占有一定比例。其中出国留过学或出洋考察过宪政或做过出使大臣的占14.9%。在筹划宪政的机构如宪政编查馆、法律馆、编制馆中,留学生或受过新式教育的人就更多了。

清末官制改革是历史的产物,我们应把它放到历史发展过程中去考察和认识,生产力、生产关系的发展,社会政治经济的变化,必然要求国家体制发生相应的变化。没有中国半殖民地化的加深,也就不会有总理衙门到外务部的变化;没有资本主义经济的发展,也不会有商部、农工商部的设立;没有20世纪初新式学堂的大批涌现,学部的设立也便没有了根据;邮传部的设立,正是科学技术发展的结果和标志。而资政院、谘议局的设立乃至责任内阁的出现,则从一个方面反映出中国资产阶级的不断发展壮大。马克思曾经指出:"一切发展,不管其内容如何,都可以看做一系列不同的发展阶段,它们以一个否定另一个的方式彼此联系着。比方说,人民在自己的发展中从君主专制过渡到君主立宪,就是否定自己从前的存在。"①清末官制改革没有完成从君主专制到君主立宪的过渡,但改革中出现的一些新事物,是作为君主专制政体的对立物出现的,因此可以把清末官制变化看做中国国家体制近代化进程中的重要一环。辛亥革命后南京临时政府的机构设置中,清末改革的影子依稀可见,而北洋军阀政府则几乎全盘承袭了清末的一套。从这个意义上我们完全可以说,清末官制改革是国家体制近代化的开端。

(三)清末官制改革的局限性

1.这次官制改革,是在半殖民地半封建的中国进行的,它受到帝国主义的牵制、影响。帝国主义不满意清政府的腐败无能,希望清政府有所改革,使这个"洋人的朝廷"更好地为其主子效力。帝国主义国家指名将总理衙门改为外务部,并冠于六部之首,对外务部官员的选任还提出了具体要求。法律馆、巡警部等机构中,都有以顾问身份出现的帝国主义代理人。这就使中国国家体制近代化的进程,深刻地打上了半殖民地的烙印。

2.清末官制改革是在清王朝的封建统治者主持下进行的,是地主阶级在不能照旧统治下去的时候进行的一种调整和改革,可以说是一种自救运动。改革的目的,除了欺骗舆论、拉拢立宪派、孤立打击革命派外,主要是为了强化国家机器,完善统治机构,使清王朝的统治能在人民革命浪潮中化险为夷。因而这种改革是被动的、消极的,出于不得已而为之。马克思曾正确地分析:"普鲁士专制君主国也和从前英国和法国一样,是不愿自动变成资产阶级君主国的。它是不会自动退位的。"②清政

---

① 《道德化的批判和批判化的道德》,《马克思恩格斯选集》(第一卷),人民出版社,1972年1月版,第169页。

② 《道德化的批判和批判化的道德》,《马克思恩格斯选集》(第一卷),人民出版社,1972年1月版,第186页。

府也不例外,它也是极力把改革纳入维护君主专制统治的轨道,当时即有人指出:"政府之于专制也,乃取其实而不欲居其名,于立宪也,则取其名而惟恐蹈其实"①,这就不能不给改革带来很大的局限性。

官制改革中变化最大者莫过于模仿西方设立资政院和责任内阁,但《宪法大纲》又明确规定:"凡立法、行政、司法,皆归(皇帝)总揽。"事实上,资政院并没有真正的立法权,清政府极力"限制该院只有建言之权,而无强政府施行之权"②,对于资政院的议决,清政府"殆无一不弁髦视之"③。责任内阁采取的是资本主义国家设立政府的形式,但清政府又在人选上耍花招,造就了"皇族内阁"这一"怪胎"。内阁成立后,"奏折留中者数见",使"内阁大臣均处消极地位,而责任纯归于皇上"④。时人讥讽说:"名为内阁,实为军机。"⑤清政府还别出心裁地设立了弼德院和军谘府,规定弼德院有权审议和解释宪法及附属法令,有权通过条约及重要交涉事件,军谘府"秉承诏命,襄赞军谟"。这两个机构牵制、监督资政院和内阁,使其很难行使立法权和行政权。

此外,有关帝室衙门,如宗人府、内务府、銮仪卫等机构原封未动加以保留,表明清朝统治者顽强地维护作为皇权基础的宗法制与等级制。

3. 西方资本主义国家的体制近代化,是随着资产阶级革命的完成而逐步完成的。其一般进程是资产阶级在革命中夺取政权,首先使国体发生质的变化,然后运用政权的力量对国家机构进行改造,逐步确立资本主义的政体。中国的资本主义不甚发达,民族资产阶级在帝国主义与封建主义的夹缝中艰难地成长,力量较弱,没有足够的力量左右官制改革的方向,这也决定了清末国家体制近代化不可能顺利地进行。

(吕美颐 《河南大学学报》1986 年第 4 期。中国人民大学报刊复印资料《中国近代史》1986 年第 9 期全文复印。)

---

① 《神州日报》,1907 年 9 月 1 日。
② 中国第二历史档案馆编:《中华民国史档案资料汇编》第一辑,江苏古籍出版社,1991 年版,第 92 页。
③ 中国近代史资料丛刊《辛亥革命》(四),上海人民出版社,1957 年 7 月版,第 56 页。
④ 故宫博物院明清档案部编:《清末筹备立宪档案史料》(上册),中华书局,1979 年,第 579 页。
⑤ 《国风报》二年十四期,《文牍》第 73 页。

思想与文化

《天演论》探微

严复的《天演论》,译自英国生物学名家赫胥黎《进化论与伦理学》,但绝不是赫胥黎原著的翻版。《天演论》出版二十几年后,一个耶稣会神父写了一本书,名《天演论驳义》,书中的几句话很值得玩味。他说:"赫氏书无害于中国","惟自严君又陵译以华文,及其传毒中土,后辈闻之,误为外洋新学,故纷纷购置,先睹为欢,而理之曲直、学之真伪不辨之","其谬论之害人心,尤甚鸩毒之害人身"。是的,若严复一字一句原原本本地把赫氏原著翻译过来,对中国社会所产生的影响就会大打折扣。也就是说,正是思想敏锐的严复对赫胥黎原著加以改造发挥,才使《天演论》在中国风靡了几十年。

《天演论》是严复的"天演论",其中灌注了严复的学术观点和哲学思想,直接或间接地表达了严复的政治态度和主张。因而我们今天阅读这部著作的时候,不能不仔细地研究一下,严译《天演论》和赫胥黎的《进化论与伦理学》相比,究竟有哪些重要的变化。

(一)

稍加比较即可看出,严译《天演论》在标题、结构上对原著做了不少变更。

赫胥黎原作 Evolution and Ethics（《进化论与伦理学》）①，严复译为《天演论》，从字面上看，"天演论"是原著 Evolution 部分，实际上也包括了 Ethics 部分。严复以原书第一部分为题，是因为他不同意把进化论与人类社会关系、道德哲学分割开来，而旨在熔宇宙自然过程和社会伦理过程于一炉。书名的变更，是严复关于"物竞天择，适者生存"的自然进化规律适用于人类社会主张的一个重要体现。

赫胥黎原著第一部分共十五节，严译改作十八节。其中在原著第一节的基础上，严复译为三节，此即《天演论》中的《察变》《广义》《趋异》三篇。在原著第十节的基础上，严译作《人群》《制私》两篇。原著第二部分隔行断为九个自然节②，严译改为十七节。这样，原著全书共二十四节，而《天演论》中则划分为三十五节。又原著各节均无标题，严译则节节冠以小标题，以醒读者之目。

考《天演论》中的小标题，当系桐城大家吴汝纶所撰。吴汝纶应严复之请为《天演论》序毕，遂致书严复说："凡己意所发明皆退之后案，义例精审。其命篇立名，尚疑未尽，卮言既成滥语，悬疏又袭释氏，皆是非所谓能树立不因循者之所为，下走前钞副本，篇各妄撰一名，今缀录书尾，用备采择。"③（着重号为引者所加，下同）严复在《天演论》"译例言"中也说："及桐城吴丈挚父汝纶见之，又谓'卮言'既成滥词，'悬谈'亦沿释氏，均非能自树立者所为，不如用诸子旧例，随篇标目为佳"，"于是乃依其原目，质译'导言'，而分注吴之篇目于下，取便阅者"。以上可以看出，严复接受吴汝纶的意见，把原著导论（Prolegomena）部分译为"导言"，废弃原译"卮言"、"悬谈"等滥恶陈腐之词。而且导言部分十八节的篇名亦系吴汝纶所拟定。由此尽可推论，《天演论》下半部分各节篇名也一定汲取吴氏意见，或亦即吴撰。

严译《天演论》，除节数较原著有所变更外，最明显的是严复在总共三十五节译文的二十八节后面加上了按语，阐发自己的思想。有的按语之长，竟然超过原文。此外，在译文中间，严复还写下了不少按语，作为"注释"④。通观全文，这类按语有三种形式：一是加"复案"两字，译文中有两条，即第二十七页、第三十页两处。另一种是附"案：……——译者注"字样，这在书中仅第三十一页一处。第三是标明"译者注"，全书计四十处。这些星星点点的文字，或诠释名物，或随感发议，是研究《天演论》及严复思想不可忽视的材料。

按语是严复介绍西方新思想、新学说，阐发自己政治见解的一种形式。在众多

---

① 本文《天演论》用的是商务印书馆1981年10月出版的《严译名著丛刊》本，译文采用科学出版社1971年7月新译本《进化论与伦理学》，参照的英文底本 Evolution and Ethics and Other Essays 为伦敦1947年版，在此一并说明。
② 《进化论与伦理学》科学出版社1971年译本为七节。
③ 《答严几道书》，《桐城吴先生全书》，尺牍卷一（下）。
④ 1931年商务印书馆排印《天演论》，将原著者和译者的注释置于天眉，1981年商务印书馆新版一律译为脚注。

的按语中不仅达尔文的《物种起源》、斯宾塞的《综合哲学体系》、马尔萨斯的《人口论》等,均有大段摄取,而且古希腊诸先哲如苏格拉底、柏拉图、亚里士多德、伊壁鸠鲁等人的学说,也或多或少地有所介绍。如饥似渴地向西方寻求真理的严复,恨不得把他接触到的所有西方的科学文化,都一股脑儿纳入到《天演论》一书之中,力图使其成为医治中国积贫积弱、挽救民族危机的千金药方。

（二）

严复翻译西书的目的,诚如他给张元济信中所说:"但令在野之人与夫后生英俊,洞识中西实者日多一日,则炎黄类未必遂至沦胥,即不幸暂被羁縻,亦得有复苏之一日也。所以屏弃万缘,惟以译书自课。"吴汝纶在评述《天演论》时说:"执事之译是书,盖伤吾土之不竞,忧炎黄数千年之种族将遂无以自存,而惕惕焉欲进之以人治也。本执事忠愤所发,特借赫胥黎之书用之主文谲谏之资而已"①,"其言皆与时局痛下针砭,无空发之议"②,"使读者怵焉知变"③。总之,严复翻译西方资产阶级著作的目的是为了"警世"。为了达到"警世"的社会效果,严复在行文中便着眼于中国的国情,就原著某一思想或观点,发抒本人的哲学思想和政治思想。"中间义旨,承用原书",而"所喻设譬"则按照自己的想法去更换。而且,为了"取足喻人",对原著"时有所颠倒附益"。严复说他这种翻译的方法不能云"笔译",而叫"达旨"④。"达旨",实际上不仅要达赫胥黎原著之旨,更要紧的是要达严复本人之旨。傅斯年说严复译的书中,《天演论》和《法意》最糟,这显然是错误的。但傅认为严复"不曾对原作者负责任,而只是对自己负责任","势必至于改旨而后已"⑤,话虽有过头之处,却着实有几分道理。"达旨"式的翻译,是严复著书立说的独特方式。康有为著《新学伪经考》《孔子改制考》,是打着尊孔的招牌、举着亡灵的旗帜,抒发自己的政治主张。而严复的《天演论》则是借洋人之书,来容纳、寄托自己的情思。这是中国民族资产阶级力量还十分弱小的时候,进行反封建斗争的一种"迂回"战术。

严译《天演论》把"物竞天择,适者生存"的生物进化规律引向人类社会,这是对赫胥黎原著最重要的改造之一。

赫胥黎在其《进化论与伦理学》的第一节中,是这样论述生物进化中的生存竞争、自然选择的:"在生物界,这种宇宙过程的最大特点之一就是生存斗争,每一物种和其他所有物种的相互竞争,其结果就是选择","这就是说,那些生存下来的生命类

---

① 《桐城吴先生全书》,尺牍一,第159页。
② 《桐城吴先生全书》,尺牍二,第15页。
③ 《天演论》,吴汝纶序。
④ 参阅《天演论》译例言,《名学浅说》自序。
⑤ 《新潮》一卷三号,第532、539页。

型,总的说来,都是最适应于在某一个时期所存在的环境条件的"①。就在赫胥黎讲生物进化这段文字后面,严复硬是在译文中加上了自己的话:"斯宾塞曰:'天择者,存其最宜者也。'夫物既争存矣,而天又从其争之后而择之,一争一择,而变化之事出矣。"或问,为什么在翻译赫胥黎著作中硬要加进斯宾塞的言论呢?纵观《天演论》全书即可知道,严复推崇达尔文、赫胥黎,更崇拜斯宾塞。生物学家赫胥黎,在一定程度上曾受到当时在西方颇为流行的社会达尔文主义的影响。但应该说,这种影响在《进化论与伦理学》一书中并不占主导地位。而这对急于探求解决中国社会政治问题的严复来说,就远远地不够了。于是乎,严复看中了社会达尔文主义代表人物斯宾塞的理论。严复认为斯宾塞的力作《天人会通论》"举天、地、人、形气、心性、动植之事而一贯之,其说尤为精辟宏富",体大思精,"欧洲自有生民以来,无此作也"②。

实际上,早在《天演论》出版前严复发表的文字中,已经把达尔文主义引向人类社会了。他在《原强》中写道:"达尔文曰:'物竞自存,最宜者立。'动植如是,政教亦如是也。"严复把生物进化的原则引进社会政治学范畴,将自然之变引申到政教之变,以此作为必须变法维新的理论根据。这正是严复推崇斯宾塞的根本原因。

严译《天演论》中,把赫胥黎讲自然进化曲译为讲人类社会进化的地方还有多处。例如在原著第一节中这样论述自然界都在不停地变化:"不仅植物界,而且动物界;不仅生物,而且地球的整个结构;不仅我们的行星,而且整个太阳系……都在努力完成它们的进化的预定过程。"③严复的译文则把自然进化引向人类社会,他这样写道:"凡兹运行之理,乃化机所以不息之精,苟能静观,随在可察小之极于跂行倒生,大之放乎日星天地;隐之则神思智识之所以圣狂,显之则政俗文章之所以沿革,言其要道,皆可一言蔽之,曰'天演'是已。"④

严复在导言三"趋异"一节中,超脱原文,通俗地介绍了达尔文关于物种起源的常识。严复还在按语中把马尔萨斯的人口论介绍到中国来。达尔文创立进化论学说时,曾受到马尔萨斯人口理论的影响。但达尔文并不认为马尔萨斯的学说可以解释人类社会的发展,而是把作为社会学的马尔萨斯人口论应用到生物学领域。诚如恩格斯所说:达尔文只是说,"他的生存理论是应用于整个动物界和植物界的马尔萨斯理论"⑤。在赫胥黎《进化论与伦理学》一书中,马尔萨斯人口论也主要用来说明生物界的生存竞争。而严复不惜篇幅地介绍马尔萨斯的学说,其着眼点与达尔文、赫胥黎则大不相同。严复说:"嗟夫! 物类之生乳者至多,存者至寡,存亡之间,间不

---

① 《进化论与伦理学》,第3页。
② 《天演论》,第4~5页。
③ 《进化论与伦理学》,第5页。
④ 《天演论》,第5~6页。
⑤ 《反杜林论》,人民出版社,1970年版,第66页。

容发。""资生之物所加多者有限,有术者既多取之而丰,无具者自少取焉而啬,丰者近昌,啬者邻灭。此洞识知微之士,所为惊心动魄,于保群进化之图,而知徒高睨大谈于夷夏轩轾之间者,为深无益于事实也。"① 严复在这里是用马尔萨斯的弱肉强食的理论来警告世人。他介绍的虽是一种极荒谬的资产阶级人口学说,但在甲午战后的形势下,客观上不正是起到了催人警醒,激励人们为救亡图存而奋起斗争的强烈社会效果吗?

严复把赫胥黎原著加以改造,将生物进化规律引向人类社会,目的是向人们指出"物竞天择,适者生存"、"弱肉强食",这是自然界和人类社会发展的共同规律,中国若再不奋起,浑浑噩噩,亡国灭种便指日可待了。正是严复的这一番苦心改造,使《天演论》在中国思想界起到了振聋发聩的作用。

(三)

严复虽然推崇斯宾塞,但对其"任天为治"的无为思想持否定态度。在《天演论》中,严复将赫胥黎的有关论述加以曲解、附会,成为"以人持天"、"与天争胜"而加以坚持和宣传,这是对《进化论与伦理学》的又一重要改造。

既然"物竞天择,适者生存"、"弱肉强食"是自然界和人类社会的普遍规律,那么作为弱者的中国不是只有听天由命、引颈待戮这一条死路了吗? 严复回答:否。他强调"人为",注重"以人持天"、"与天争胜"。严复在《天演论》自序中说:"赫胥黎氏此书之旨,本以救斯宾塞任天为治之末流,其中所论,与吾古人有甚合者,且于自强保种之事,反复三致意。"显然,严复的意思是:把赫胥黎《进化论与伦理学》与中国古代孟子的"天时不如地利,地利不如人和",以及荀子的"制天命而用之"放到一个思路上去考虑,而把斯宾塞的"大昏存于任天,而人事为之辅"与古代黄老"无为"思想视为一脉。严复认为,那种放荡自流思想是"任习非任情也",而"习之既成,日以益痼,斯生害矣"。

严复认为,赫胥黎的论著,十之八九也主张"任天之说",独《进化论与伦理学》不然,是主张"与天争胜"。其实,这又是对赫胥黎原意的扭曲。

赫胥黎通过举例论证,"在自然状态中发生作用的宇宙威力",能够战胜"园艺家的技艺给它的至高权威造成的暂时阻碍"②。不难看出,赫胥黎在此强调的正是自然界宇宙的威力大于人工能力,必然征服自由。严译《天演论》中的这段译文,不仅再次把赫胥黎关于人和大自然的关系的论述硬拉向人类社会,说什么"天人势不相能……小之则树艺牧畜之微,大之则修齐治平之重,无所往而非天人互争之境"③。而且在按语中大谈"人为"的能动作用,谓"人巧足夺天工",把赫胥黎的论点

---

① 《天演论》,第 11~12 页。
② 《进化论与伦理学》,第 7~9 页。
③ 《天演论》,第 15 页。

曲解为"与天争胜"。这足以表现出处于上升时期的资产阶级维新派的积极进取精神。由于严复对赫胥黎原作的这一改造，使人读了《天演论》后，一方面会产生国家民族岌岌可危的时代紧迫感，同时也会得出这样的结论：只要振作奋起，中华民族仍然是大有希望的！

赫胥黎在《进化论与伦理学》一书中，流露出种族主义的倾向，他在第九节中说："生存斗争使那些比较不能使自己适应于他们生存环境的人趋于灭亡。最强者和自我求生力最强者趋于蹂躏弱者。但是，社会的文明越幼稚，宇宙过程对社会的进化的影响就越大。社会进展意味着对宇宙过程每一步的抑制，并代之以另一种可以称为伦理的过程；这个过程的结局，并不是那些碰巧最适应于已有的全部环境的人得以生存，而是那些伦理上最优秀的人得以继续生存。"①

严复虽然在《天演论》导言七"善败"的按语中也曾由于不理解世界已进入帝国主义阶段、西方殖民者到处扩张而发出过"由来垦荒（实为殖民——引者）之利不利，最觇民种之高下"的怪论②，但他毕竟不是失掉民族自信力的人。严复把赫胥黎上述这段话加工改译为："当是之时，凡脆弱而不善变者，不能自致为最宜，而日为天演所耗，以日少日灭，故善保群者，常利于存；不善保群者，常邻于灭，此真无可如何之势也。"③严复把赫氏的种姓"伦理上最优秀的人得以继续生存"，改为"凡脆弱而不善变者"，"以日少日灭"，"不善保群者，常邻于灭"，这是一个原则性的变更。它向人们昭示：中国虽然"脆弱"，但只要变法维新，就可以自存。严复于中国前途充满信心，他强调的是必须"变"。

《天演论》十七"进化"一节，本应是《进化论与伦理学》正论第九节最后一部分的译文，但严复几乎完全抛开赫氏原文，号召人们"与天争胜"。他说：如今欲治道有功，非与天争胜而不可得。听天由命、任其自然发展是没有出路的，逃避自然进化法则也只能是妄想。百年来欧洲之所以富强称最，没有别的奥秘，在自然和社会中争胜竞存而已。吾辈生当今日，"徒有示弱，而无益来叶也。固将沉毅用壮，见大丈夫之锋颖，强立不反，可争可取而不可降。所遇善，固将宝而维之；所遇不善，亦无惧焉。早夜孜孜，合同志之力，谋所以转祸为福，因害为利而已矣"④。

这一大段闪光的文字，是我们研究严复思想极为重要的资料，惜因其夹在译文当中，一直被人们误为赫胥黎原著所固有，没有引起应有的重视。严复在这里号召人们不要灰心丧气、苟且偷生，更不要把希望寄托在虚无缥缈的来世，而应果敢坚毅，为中国的自存自立进行义无反顾的斗争。严复思想中的积极成分，在此得到了充分的反映。此节为《天演论》最后一节，由此亦可看出严译《天演论》的中心大旨。

---

① 《进化论与伦理学》，第 57 页。
② 《天演论》，第 20 页。
③ 《天演论》，第 90 页。
④ 《天演论》，第 93～95 页。

全书结尾处,严复将赫氏引的丁尼生的诗译成了一篇颇具鼓动性而又充满自信心的宣言书、号召书,并大声疾呼:"吾愿与普天下有心人,共矢斯志也。"于此我们可以看出,在甲午战后民族存亡之秋,严复等资产阶级知识分子有着怎样一种值得称颂的精神状态。

(四)

怎样"与天争胜"呢?国家的出路、民族的希望在哪里?这也是严译《天演论》要向人们解答的一个重大课题。

鸦片战争以来,以老大自居的中华帝国屡屡败在西方资本主义的国家手下。甲午战争中,东洋撮尔小邦日本也"欺我有余"。严峻的社会现实使严复从对洋务派求强求富的幻想中挣脱出来。他在《天演论》译文中加进了对中国君主专制制度的抨击及对西方社会政治制度的向往,为人们描绘出一幅向西方学习、走资本主义道路的图景。

严复指出,"天演之秘,可一言而尽也","进者存而传焉,不进者病而亡焉"①。要变、要进,就要学习西方。导言十"择难",译自《进化论与伦理学》第八节,但译文长于原文。其中严复借题发挥说:"或如欧洲,天听民听,天视民视,公举公治之议院,为独为聚,圣智同优。夫而后托之主治也可,托之择种留良也亦可。"②这明显地反映了严复对西方议会制度的赞赏与向往。

《天演论》导言十七"善群",译自原著第十四节。赫胥黎在这一节中,从自然界谈到人类社会,其中心论点是:不管我们从社会的内部或外部利益考虑,让财富和权力掌握在那些赋有最大的能力、勤勉、智力、顽强的意志而且对人类有同情心的人们手里,那是很理想的。③

对赫胥黎的上述观点,严复在译文中做了尽情的发挥。他说,世治之最不幸,不在贤者在下位而不能上升,而在不贤者之在上位而无由降。他认为,只有学习西方,才能做到"不肖自降,贤者自升,邦交、民政之事,必得其宜者为之主"④。在本节按语中严复还进一步论述说,"去其所传者最为有国者所难能。能则其国无不强其群无不进者,此质家亲亲,必不能也;文家尊尊,亦不能也。惟尚贤课名实者能之。尚贤则近墨,课名实则近于申、商,故其为术,在中国中古以来,罕有用者,而用者乃在今日之西国"⑤。在这一节里,严复实际上是借赫胥黎之口抒发他对清政府腐败政治的不满,为天下像他这样怀才不遇的有识之士鸣不平。而且在按语中,严复对英

---

① 《天演论》,第37页。
② 《天演论》,第25页。
③ 参见《进化论与伦理学》,第29~30页。
④ 《天演论》,第42页。
⑤ 《天演论》,第43页。

国有言论、集会、出版、结社自由以及实行两党制,均表示十分的羡慕。

怎样向西方学习,改变中国积贫积弱的现状,摆脱严重的民族危机呢? 严复在《天演论》中也提出了他的方案,当然这一方案又是假赫胥黎之口而说出来的。原著导言部分说,"为了达到他们的目的,这位行政长官还必须利用那些移民的勇敢、勤劳和集体智慧,并且很明显,只有使具有这些品质的人不断增加,缺乏这些品质的人不断减少,才能大大有利于整个社会。换句话说,就是要按照预定的理想来进行选择"①。严复译文为:"故欲郅治之隆,必于民力、民智、民德三者之中求其本也。故又为之学校庠序焉。学校庠序之制善,而后智仁勇之民兴,智仁勇之民兴,而有以为群力群策之资,而后其国乃一富而不可贫,一强而不可弱也。嗟夫,治国至于如是,是亦足矣。"②

严复意译了原文,且将内容具体化了,提出了办学校、开民智的主张。他鼓吹"开民智、鼓民力、新民德",其中尤以"开民智"为先。这正是资产阶级维新派提出的解决中国问题的根本途径,并由此导出民智未开,民主政治不可期之以骤,只可实行君主立宪的改良政治主张。有意思的是,在生物进化论的各种流派中,赫胥黎是属于"骤变"论这一派的。而严复并没有把赫氏的"骤变"论引申到人类社会中,严复主张渐变。在这一节的按语中,严复又着重强调了这一点。他说,"盖泰西言治之家,皆谓善治如草木,而民智如土田。民智既开,则下令如流水之源,善政不期举而自举,且一举而莫能废"。不然,民智未开,即便把外国的"善政"搬了过来,也只能落个"橘生淮北则为枳"的结局。故"夫言治而不自教民始,徒曰'百姓可与乐成,难与虑始',又曰'非常之原,黎民所惧',皆苟且之治,不足存其国于物竞之后者也"③。严复此后政治思想发展的轨迹,由此亦可看出端倪。

综合全文所述即可看出,严复吸收了赫胥黎阐述的达尔文进化论中的生物进化、生存斗争的观点,更欣赏斯宾塞的社会达尔文主义。这样,严译《天演论》成了达尔文、赫胥黎生物进化论和斯宾塞的社会达尔文主义的混合体。严复在分别吸取他们的部分思想并根据自己的观点加以改造后,提出了一套关于自然和社会进化的理论。其主要的内容包括:

1. 人类社会和生物界一样,是不断地发展变化的。变化的过程是且演且进、后胜于今。

2. 生存斗争,自然选择,是人类社会变化的根本原因。"优胜劣败"、"弱肉强食",不仅是生物进化的规律,而且适用于人类社会。

3. 在无法抗拒的社会变化规律面前,"任天为治",无所作为的态度是不足取的,应该发愤图强,"与天争胜","以人持天",求得在竞存的世界中有立足之地。

---

① 《进化论与伦理学》,第 13 页。
② 《天演论》,第 21~22 页。
③ 《天演论》,第 22~23 页。

一方面,严复给人们敲起警钟:列强瓜分之厄运迫在眉睫;另一方面,严复又向人们揭示:事在人为,只要努力奋起,学习西方变法维新,中国还是能够自强自立的。这些决不是赫胥黎、斯宾塞等学说的简单撮合,而是适应中国政治生活需要的一种创造。这也是《天演论》这部划时代的著作在中国近代史上产生重大深远影响的原因所在。毋庸讳言,《天演论》中传播的庸俗进化论、马尔萨斯人口论、不可知论、实证主义等,必然会在思想界产生一定的消极影响。但《天演论》在中国近代史上起的积极作用毕竟是主要的,历史已经证明了这一点。《天演论》介绍过来的进化论这个理论武器,不仅为戊戌时期资产阶级维新派所利用,也为后来的资产阶级革命派所接受,甚至对于零星的一些马克思主义观点在中国的初期出现,进化论也起了媒介传动的作用。进化论启迪了长期被封建主义阴霾笼罩的思想界。正因为如此,作为中国共产党出世以前向西方寻找真理的先进人物,严复是当之无愧的。

值得指出的是,曾对近代思想启蒙运动起过巨大作用的严复,却没有跟着历史的步伐一道前进,而是政治上日趋保守,成了时代的落伍者。后来严复对译《天演论》时所持的那种积极的政治态度颇为后悔,怀着一种内疚的心情说:"时局至此,当时维新之徒,大抵无所逃责,仆心知其危,故《天演论》既出之后,即以《群学肄言》继之,意欲蜂气者稍为持重,不幸风会已成。"①

是的,进步思潮的闸门一旦打开,奔向何方,就由不得任何人了。这个"天演"公例,恐怕严复始终也没有认识到吧。

(郑永福　田海林　《近代史研究》1985 年第 3 期。)

---

① 《与熊纯如书札》,第五十一,《学衡》第十六期。

关于《天演论》的几个问题

《天演论》是中国近代史上影响既深且广的一部译作。"自严氏书出,而物竞天择之理厘然当于人心,而中国民气为之一变"①,胡汉民对《天演论》的这一评价,是切实中肯的。迄今为止,史学界对《天演论》的研究还很不够,以至于一些错误的、似是而非的说法仍在一些论著中流行。如严复翻译的是赫胥黎《进化论与伦理学》(*Evolution and Ethics*)全部,而一些论著却说是一部分②;《天演论》中有不少段落系严复所撰而非原著所述,且对原著一些重要观点作了原则性的改造,可一般论者仅仅说严复在按语中抒发了自己的政治观点和思想主张。对此,我们在《〈天演论〉探微》③一文中曾提出了一些自己的看法。下面,我们就另外几个有关问题作进一步的考证和说明,不当之处还望识者指正。

(一)《天演论》译竣时间问题

《马关条约》签订后,严复开始译述《天演论》,《天演论》一书何时译作完毕,史学界大致有1895年、1896年春、1896年夏秋之际等

---

① 《述侯官严氏最近政见》,《民报》第二期。
② 《天演论》译自赫胥黎文集 *Evolution and Ethics and Other Essays*(《进化论与伦理学及其他论文》)中的前两篇,即 *Evolution and Ethics*(《进化论与伦理学》)的全部内容。
③ 参见《近代史研究》1985 年第 3 期。

三种说法,其中1895年说在有关的出版物中最为流行①。持这种说法的主要依据是严复之子严璩在《侯官严先生年谱》中追述的:"和议始成,府君大受刺激,自是专力于翻译著述,先从事于赫胥黎之《天演论》,未数月而脱稿。"1896年春完稿一说的理由是,康有为在自编年谱中称,其《孔子改制考》一书成于1896年上半年,而此书是康有为从梁启超处获读《天演论》译稿后将西方的进化论思想糅入而成,据此推论康有为当在1896年上半年某时已读到《天演论》的译稿,《天演论》一书完稿当在1896年春。②仔细考察,上述两种说法均缺乏坚实的依据,经不起推敲。吴汝纶是严复生平最为知己者,也是最早读到《天演论》译稿的人之一。直到1896年8月26日(丙申七月十八日)吴汝纶写给严复的回信还说:"前接惠书……尊译《天演论》计已脱稿。"③由此可证,直到1896年8月下旬,《天演论》尚未正式脱稿。

《天演论》的正式初刻本即慎始基斋丛书本的"译例言"中,严复确实曾说过:"《天演论》稿经新会梁任公,沔阳卢木斋诸君借钞,皆劝早日付梓。"④此"译例言"为严复1898年6月10日(戊戌四月廿二日)撰定,并没有说明梁启超等何时得见《天演论》译稿。又康有为在撰写其《孔子改制考》时,主要的理论根据是儒家经今文学的公羊三世说及传统的变易思想。当然,康有为也曾从西方进化论中受到启发。但当时康有为接触西方的进化论思想,主要途径是阅读江南制造局的译书及西方传教士办的《万国公报》《格致汇编》等。像华蘅芳与传教士玛高温合译的《地质学初步》、传教士丁韪良所著《西学考略》等介绍涉及进化论的书,康有为当能见到。梁启超1897年3月(丁酉二月)在一封致严复的信中称:"南海先生读大著后,亦谓眼中未见此等人。如穗卿,言倾佩至不可言喻。""书中之言,启超等昔尝有所闻于南海而未能尽……及得尊著,喜幸无量。"⑤这说明康在见到《天演论》之前已经接触到了西方进化论;同时为研究《天演论》的译毕时间提供了可靠的线索。就在这封信

---

① 王栻著《严复传》,科学出版社1971年版,《天演论》出版说明,周振甫选注的《严复诗文选》,1979年版《辞海》,1982年版《中国近代史词典》和陈旭麓主编《近代中国八十年》等一系列论著均持此种观点。

② 参见殷陆君《新发现的〈天演论〉的一个版本》,载《中国哲学》第八辑。

③ 《桐城吴先生全书》尺牍一,第121页。

④ 1898年11月以侯官嗜奇精舍名义石印出版的《天演论》,1901年富文书局石印本《天演论》,以至现在通行的商务印书馆出版的"严译名著丛刊"本《天演论》的"译例言"中,均无"新会梁任公"字样,查嗜奇精舍本后出现这种情况之缘由,盖与1898年戊戌政变后清政府缉捕康、梁,查抄销毁其有关文字相关。《严复集》第1323页注①云"译例言"末段"自'一是编之译'至'严复识于天津尊疑学塾',富文本、商务本均缺",查商务诸印本均不缺。

⑤ 《与严幼陵先生书》,《饮冰室合集·文集》第二册第一卷,按《合集》将此信系于光绪廿二年,有误,此信应作于光绪廿三年二月,参见《梁启超年谱长编》,《梁启超选集》编者考识。

中,梁启超提到他正撰写《说群》一文。查这篇文章后来发表于 1897 年 5 月 17 日（丁酉廿三年四月十六日）出版的《知新报》第十八册上,文章《自序》中写道:"既乃得侯官严君复之治功《天演论》……读之犁然有当于其心。"①由此可以推断,梁启超见到《天演论》译稿的时间当在 1897 年 3 月之前,然而也不早于 1896 年 8 月,因为在 1896 年 8 月（丙申七月）之前梁启超与严复尚未结识,两人是于 8 月之后在上海通过马相伯、马建忠兄弟才得以认识的。1896 年下半年,严复译述的《天演论》脱稿后,未出版之先即让梁启超过眼并借抄。② 梁启超很可能是最先看到《天演论》译稿者。

王蘧常编《严几道年谱》述 1896 年 8 月初严复曾致书吴汝纶"论天演之说",那么,吴汝纶何时见到《天演论》译稿的呢？1897 年 3 月 9 日（丁酉二月七日）吴汝纶致严复的信为我们提供了证据,信中说:"吕临城来,得惠书并大著《天演论》。……大著恐无副本,临城前约敝处读毕必以转寄,今临城无使来,递中往往有遗失,不敢率尔,今仍命小婿呈交并告之临城为荷。"③这就清楚地告诉我们,吴汝纶是在 1897 年 3 月初之前见到《天演论》译稿的,且是严复译作之手稿。吴汝纶与严复关系密切,彼此常有书信往来,对严复的笔迹是熟悉的。正因为看到的是严复的手稿,才会说出"大著恐无副本"这样的话。也唯其是手稿,吴汝纶才格外慎重,恐邮寄转递有误,特遣女婿前往璧还。又吴汝纶之子吴闿生在吴汝纶日记中摘抄《天演论》段落之后的按语中披露,吴汝纶当时写给严复一封信,云:"尊译《天演论》名理络绎,稿在迩先睹为快。"④再查《桐城吴先生日记》中,吴在摘录《天演论》前半部分后写道:"右十八首严氏谓之卮言。"在稍后的《天演论》刻本中"卮言"则改成了"悬疏",只有于 1896 年下半年刚译竣的手稿中是作"卮言"。据此,严复托吕临城送给吴汝纶寓目的当是《天演论》译作手稿无疑。⑤

1896 年译毕的《天演论》手稿上卷十八节严复作"卮言",在 1896 年 10 月 15 日（丙申重九）以后开始刻印的慎始基斋丛书本《天演论》和翌年 12 月 18 日（丁酉十一月廿五日）出版的《国闻汇编》第二册上,《天演论》卷上十八节严复改成了"悬

---

① 梁启超《说群自序》最早见于《时务报》第二十六册（光绪廿三年四月十一日）。《说群》全文发表于《知新报》。
② 参考丁文江、赵丰田编《梁启超年谱长编》第 56～57 页,《戊戌变法》（四）,第 178 页。载梁启超云《天演论》"未出版之先",严复"即持其稿以示任兄"。按严复此时身在上海,今遗有严复在"上海华耀"照相馆是年摄影为证。
③ 《桐城吴先生全书》尺牍一,第 159 页。
④ 《桐城吴先生日记》卷九西学下,查吴回严此信,《桐城吴先生全书》尺牍部分未收录。
⑤ 《天演论》手稿,原件藏中国历史博物馆,今刊于王栻主编,中华书局 1986 年版的《严复集》第五册上。手稿卷上即作"卮言",卷下作"论"。

疏"。据1898年6月10日（戊戌四月廿二日）严复写定的《译例言》中称，由"卮言"改成"悬疏"，是接受了夏曾佑的意见。那么，夏曾佑何时见到《天演论》的稿子呢？夏是应孙宝琦之聘，1896年底赴天津任"育才馆"教职的。到天津后方始与严复交识，并自称与严复"衡宇相接，动辄过谈，谈辄意深，微言妙旨，往往如意"①。梁启超于1897年3月（丁酉二月）致严复信中谈到夏曾佑看过《天演论》后，"倾佩至不可言喻"。由此看来，夏曾佑是在1896年底或1897年初某时看到了《天演论》译稿。

综上所述可以看出，严复是在1896年下半年至1897年3月之前将《天演论》的译述手稿（或抄本）送给友人传阅的，梁启超、夏曾佑、吴汝纶、卢靖等人，都是在这个时期内先后见到《天演论》译稿的。考虑到严复竣稿杀青之后，先要自己或请人抄录了副本才能给别人看，这也需要耗去一段时间，又《天演论》手稿的"赫胥黎治功天演论序"和慎始基斋丛书木刻本中的《译天演论自序》尾均署光绪丙申重九，即1896年10月15日，因而断定《天演论》完稿的时间在1896年9月至10月间，比较合乎实际。

（二）《天演论》中的小标题问题

我们曾在《〈天演论〉探微》一文中指出，《天演论》"导言"部分的小标题系吴汝纶所加，并推断"正论"部分的小标题或亦为吴所撰，或是严复参考了吴的意见而定。该文发表后，我们有幸见到了慎始基斋丛书《天演论》初刻本和《天演论》手稿本，又依次查阅了吴汝纶的年谱、日记以及根据日记所述出版的《吴京卿节本天演论》，现在有可能把问题说得更清楚些了。

1897年3月，吴汝纶接到由吕临城送来的《天演论》手稿后，如获至宝，孜孜经眼之余，随手摘抄录副，同时在每一小节前面拟加了小标题②。吴为"导言"部分各节加的小标题，基本上为严复采纳，十八节中仅有第十六节吴汝纶为"种同"，严复改为"进微"。对吴汝纶拟定的"正论"部分小标题，严复则作了较大变更。计第一节，吴汝纶原拟为"反虚"，严复改为"能实"；第三节改"哀娱"为"教源"；第四节改"公约"为"严意"；第六节改"因果"为"佛释"；第九节改"空幻"为"真幻"；第十七节改"进治"为"进化"。变动达三分之一强。或问，何以证明这种变动不是吴汝纶后来所改而系严复所改加呢？我们的根据是，改动后的小标题，更能体现严复本人的意旨，而且有些言辞只有严复才能说出来。例如"正论"部分第一节的小标题，吴汝纶原拟"反虚"，刻版后严复改为"能实"，这里"能实"一词，只能出自严复之口。何谓"能实"？即"储能、效实"之意。《天演论》"正论"第一节中说，事物的运动"始以易简，伏变化之机，命之曰储能。后渐繁殊，极变化之致，命之曰效实。储能也，效实

---

① 夏曾佑：《致汪康年书》，《汪穰卿先生师友书札》。
② 赫胥黎著《进化论与伦理学》中本无小标题，严译《天演论》手稿与1896年陕西味经售书处私刻本慎始基斋初刻本均无小标题。

也,合而言之天演也。此二仪之内,仰观俯察,远取诸物,近取诸身,所莫能外也"。足见"储能、效实"皆为严复在《天演论》中使用的重要哲学命题。又查《天演论·译例言》中有这样的话:"他如物竞、天择、储能、效实诸名,皆由我始。一名之立,旬月踟蹰,我罪我知,是存明哲。"可以看出,严复对创立"储能、效实"这些名词,如同他创立"物竞、天择"一样煞费苦心,也一样感到非常自负。也正因为如此,严复才将"反虚"改成了"能实",这是合乎情理的事。又在《天演论·译例言》中严复谈到,译名问题吸收了夏曾佑、吴汝纶的意见,"导言"部分既不用原译的"卮言",也未用夏曾佑的"悬谈","乃依其原目,质译导言,而分注吴之篇目于下,取便阅者。"如果不是因为"正论"部分对吴汝纶拟加的小标题变动过大,想严复必不掠人之美,在这里不仅会说"导言"部分分注吴之篇目于下,还会指出"正论"部分的小标题亦系吴汝纶所撰,严复之所以没有这样说,正是因为严复对吴汝纶拟定的"正论"部分十七个小标题作了较大变动的缘故。

(三)《天演论》慎始基斋刻本问题

严复在1898年6月10日(戊戌四月廿二日)撰定的《天演论·译例言》中云:"稿经新会梁任公,沔阳卢木斋诸君借钞,皆劝早日付梓。木斋邮示介弟慎之于鄂,亦谓宜公海内,遂灾枣梨,犹常不佞意也。刻讫寄津覆璩,乃为发例言,并识缘起如是云。"卢木斋,名靖,湖北沔阳人,曾搜集刻印过湖北先贤诗文集《沔阳丛书》,为近代出版家之一。"慎始基斋"为卢靖、卢弼兄弟的室号。严复译《天演论》毕,即交稿于卢靖,卢氏以"慎始基斋丛书"名义刻讫寄津。南开大学图书馆创建伊始,卢靖曾捐10万元资助,建成后名"木斋图书馆",卢氏还捐赠了自己的部分藏书,今南开大学图书馆幸存卢氏捐赠的,并经过严复手订的刻本《天演论》①,线装一函一册,弥足珍贵,为我们研究《天演论》的版本问题提供了丰富的资料。这个本子上面遗有严复手迹多处,封面上有严复用朱笔手题的"二卷共校正一百八十字"等字样,书尾署有"光绪戊戌四月廿日校讫";"自序"末尾空白处,刊有两枚严复私人印章,一为"严复",一为"尊疑堂",阴文篆书体,为严复校订后加盖。在《自序》中,严复于戊戌四月校订时对他在丙申重九所写的文字只有两点改动,即用红笔改"内导"为"内籀",改"外导"为"外籀"。严复是近代中国最早讲"名学"的人,这种改动只有他本人才能为之。② 刻本正文中有严复用红笔校订的手迹,以天头居多。这个刻本中尚无吴

---

① 王栻主编,中华书局1986年版的《严复集》所收《天演论》即据此本。
② 名学,今译逻辑学。"内籀"、"外籀"是严复对归纳与演绎的译名。据王蘧常《严几道年谱》述,1900年严复"开名学会,演讲名学,一时风靡,学者闻所未闻"。按严复1809年印有《名学浅说》。

汝纶的序。①《译例言》及"篇目"这四页与《自序》及正文相比较，用纸质薄色黄，开本稍小，字型也有区别，前者为老宋体，而后者为仿宋体，显然，这四页系后来补印增加进去的，补加的是"校讫"两天之后，即1898年6月10日（戊戌四月廿二日）所为。

吴汝纶在1898年3月20日（戊戌二月廿八日）给严复的信中写道："接二月十九日惠书，知拙序已呈左右。"②从这封信中看，严复在1898年2月至3月间收到了吴汝纶应邀为《天演论》写的序，这不成问题，那么，在1898年6月上旬严复手订的慎始基斋刻本《天演论》中为何没有吴汝纶作的序呢？这是因为，这个"序"或是不合严复的旨趣，或是吴汝纶本人寄出后又感不尽如人意，所以严复又把序文退还给了吴汝纶。吴汝纶经过一番修改，定稿于1898年阴历四月，即今见"吴序"尾署的"光绪戊戌孟夏"，也就是公历1898年5月下旬以后，这距严复给刻本定稿只有半个月左右的时间了，而当时严与吴两人通信又不甚便当，约需十多天时间，即便吴序写定后立即寄出，严复在1898年6月初也未必收到。抑或托人转呈，速度也不会比寄信快，有可能1898年6月10日（戊戌四月廿二日）前后严复给刻本《天演论》修订在定稿后吴汝纶并没有马上把序文寄呈严复，这就造成正式印行前没有收到"吴序"，更有可能出现严复手订的刻本《天演论》中没有"吴序"的现象③。至于到1898年10月（公历11月）由侯官嗜奇精舍石印再版的《天演论》，因已在此后数月，此版本笔者知而未见，推论严复在主持石印时当该纳"吴序"在内。

严复的《天演论》"译例言"尾署"光绪二十四年岁在戊戌四月二十二日"，即公历1898年6月10日，那么，是否就可以说严复的《译例言》是在这时才写的呢？不能。根据一，循常规论，凡著述书籍，当先发凡起例，尔后方下笔为文，严复亦应在例内。根据二，严复在1897年初给吴汝纶看《天演论》译稿中已有《译例言》，吴汝纶看过译稿并《译例言》后，写了上述的1898年3月20日（戊戌二月廿八日）那封信，信中称："《天演论》凡己意所发明，皆退入后案，义例精审。其命篇立名，尚疑未慊，厄言既成滥语，悬疏又袭释氏，皆似非所谓能树立不因循者之所为，下走前抄副本，

---

① 1982年商务印书馆编辑出版的《论严复与严译名著》附"严译简目"，1985年四川人民出版社的"走向未来丛书"之一《摇篮与墓地，严复的思想和道路》（陈越光、陈小雅著）第49页的《严复译著和出版情况简目》，均认为在1898年4月（公历6月）卢氏慎始基斋丛书刻本中"有吴（汝纶）序"，实属无稽臆测之言。

② 《桐城吴先生全书》尺牍一，第193页。

③ 王蘧常：《严几道年谱》："光绪二十四年戊戌，春，吴至（挚）父京卿为序《天演论》，又为书与商……（王按：本书序末著时孟夏，然吴氏尺牍卷一下二月廿八日答先生书云，接二月十九日惠书，知拙序已呈左右，则非作于孟夏矣，或其后续有更改至孟夏始定乎？）"王蘧常发现了1898年春吴与严的信中说的作序时间与"吴序"尾署时间之矛盾，惜未深究，今粗加甄释。

篇各妄撰一名,今缀录书尾,用备采择。"①即在此时此信之中,吴汝纶向严复提供了所拟的小标题。严复收到吴汝纶这封信后,马上做了两件事:一是根据吴拟小标题加以改动编排了《天演论》的"篇目"列于正文之前、《自序》之后,并分别用红笔标冠于各节之首,同时还把原来曾经接受夏曾佑的意见,舍弃本人定上卷为"卮言"的做法而改成的"悬疏",再改为"导言",用红笔分题于上卷诸节之首(此刻本上卷诸节改"导言"后,已刻印上的"悬疏"二字未涂去)。二是重新修改添写了原来的《译例言》,我们发现严复于1898年6月10日(戊戌四月廿二日)写定的《译例言》,其中第四段大部分是在见到吴汝纶的那封信后重新改写的。三是在王蘧常编的《严几道年谱》中,在表述严复看了吴汝纶那封信后,用"乃复于译著之日:'新理踵出……是存明哲'"的口吻,无有"初",何言"复"? 接着,王氏又写下一句按语:"译例早成于译竣时,故挚父作序已见之,此盖后加者。"他推断,严复送《天演论》译稿给吴汝纶看并向吴征序时,译稿前已经有了严复写的《译例言》稿。后来严复在慎始基斋丛书刻本中写定的《译例言》是他看了吴的上述那封信后补加修改而成的。② 笔者以为,王氏按语所论,当属可信。

　　本文第一部分末尾,我们根据考证推论,《天演论》完稿于1896年9月至10月间。但是,我们在阅读《天演论》过程中,又发现下卷"正论"部分第三"教源"按语中却出现如下字样:"今年岁在丁酉,去之二千八百六十五年"为释迦牟尼生年,"佛先耶稣生九百六十八年也"。在沔阳卢氏慎始基斋丛书刻本《天演论·自序》尾署"光绪丙申重九",而正文按语中却又冒出来"今年岁在丁酉",这两者不是相互抵牾吗? 对于这种似乎矛盾的现象,我们认为,是严复于1896年9月至10月间译述完毕后,即交卢木斋刻板,到1897年3月后,《天演论》三十五块板才刻完毕,而在1897年3月后即将刻竣之前,严复又修改了这段按语中关于释迦牟尼生年的考证,这并不影响我们确定《天演论》译稿完成于1896年9月至10月间。严复的《天演论》一直在不断修改完善之中,不仅直到1897年3月后即将刻竣之前在修改,就是到刻竣后也仍在修改,戊戌四月便进行了大的修改,如改"悬疏"为"导言",酌加小标题,定"篇目",改"内导"为"内籀"等。如果拿陕西味经售书处私刻的严复初稿本和幸存的手稿与目前流行的定本相比,就会发现改动幅度更大,从而也可追溯严复在译作《天演论》过程中思想变化的踪迹。

　　陕西味经售书处刻本《天演论》在"正论"第三"教源"的按语中,严复考证释迦牟尼生年为"去今光绪二十二年丙申共二千八百六十四年"。这种双重纪年亦为我

---

　　① 《桐城吴先生全书》尺牍一,第193页。按此信后今不见所附小标题,吴拟小标题原样今存吴汝纶日记西学部分及《吴京卿节本天演论》。

　　② 因为吴汝纶在1897年3月初之前看的仍是手稿,故断至1987年3月后才排印完毕,又慎始基斋丛书刻本封面有黑毛笔书写的"《天演论》上卷板片二十一块,下卷板片十四块"字样。

们确定《天演论》译稿完成于1896年提供了有力佐证。这段文字才是严译《天演论》在1897年3月后刻竣之前未修改的关于释迦牟尼生年考证的原文。由此反证陕西味经售书处这个本子署"光绪乙未春三月"之不可信。① 王栻先生著《严复传》"确信此书底稿至迟在光绪二十一年译成,在光绪二十年译成的可能性更大些",盖为不慎失考之言。然而王栻先生推论这是未经严复修改的刻印初稿,"可能是当时人擅自将《天演论》的稿子拿去刊印的",却是信断。因为这个本子上没有《译者自序》《吴序》,也没有《译例言》,"导言"也还作"卮言",译文和按语与严复手订的慎始基斋丛书初刻本也不一样。反之,能否援引慎始基斋丛书初刻本中出现"丁酉"字样是1897年3月后即将刻竣前加改之例,从而也认定陕西味经售书处印本是1895年4月(乙未春三月)译竣,到1896年刻印时严复又修改的呢? 不能。因为这个本子是未经严复手订的,是未修改之稿本,是有人擅自将《天演论》拿去刊刻的。

　　陕西味经售书处刻本,与慎始基斋初刻本相比,其中没有《自序》,"导言"仍作"卮言",译文与按语也不相同。这与严复后来在《天演论》"译例言"中追述的"仆始译卮言"一致。是否据此断语陕西味经售书处本早于慎始基斋本呢? 也不能。根据一,吴汝纶在1897年3月9日(丁酉二月七日)和1898年3月20日(戊戌二月廿八日)两封"答严几道"的信札证明,他在1897年2月至3月间看到的《天演论》手稿上仍是"卮言"②,不能根据有"卮言"而定此版本会比1897年3月后刻竣的慎始基斋本早。1896年9月至10月间译稿完毕到1897年3月后慎始基斋本刻成这段时间内,译稿上均为"卮言"。根据二,夏曾佑是最早见到《天演论》译稿的人之一,"卮言"之改为"悬疏"是严复接受了他的意见(夏的意见是改为"悬谈"),而夏是1896年底才应孙宝琦之延聘到天津的,此后始与严复往还,并合办《国闻报》与《国闻汇编》。夏在1896年或1897年初才看到了《天演论》译稿,而这时译稿上也仍作"卮言"。严复在接受夏的意见后,于慎始基斋本刻竣前将"卮言"改成了"悬疏"。设如1897年初有人私刻《天演论》,仍会是"卮言"。根据三,陕西味经售书处私刻本中没有《译者自序》,"导言"仍作"卮言",只能证明这个本子是未经严复修改订立而已。再者此本封面署"乙未年三卮刻"是不可凭一信的。考察本中内容,最多仅仅说明它是1896年的译本。由此可见,说陕西味经售书处本比慎始基斋丛书初刻本早,还缺乏充分的根据。

(四)关于《吴京卿节本天演论》

　　《天演论》是中国近代史上一部代表资产阶级文化而又有学术价值的译著。它

---

　　① 《华东师大学报》1981年第1期载邹国义同志的《关于严复翻译〈天演论〉的时间》,汤志钧先生《戊戌变法人物传稿》(增订本)上册,第198页(中华书局1982年6月版),均证陕西味经售书处本《天演论》稿成于丙申。

　　② 《桐城吴先生全书》尺牍一,第193~195页。

的启蒙意义远远超过了原著本身,它在近代社会思想界所产生的积极影响比被梁启超誉为"大飓风"和"火山喷火"的《新学伪经考》和《孔子改制考》更广泛、更深远。《天演论》出版后,它所宣传、介绍的"物竞天择,适者生存"的进化论思潮如泄闸之洪流冲击了社会文化各领域,滋润了被封建专制主义文化阴霾长期笼罩的中国思想界,哺育了整整一代先进的中国人。

也正因为如此,自《天演论》问世后,风行海内,一印再印,版本繁多,在出版后十多年间,曾发行三十多种版本[①],与启蒙思想家严复本人一样,为研究者所瞩目。但是大概出于人们对严复译述的《天演论》注意力过于集中的缘故,严复的生平第一知己、"异乎拘墟守旧者"、在义和团运动时期"以力倡西学至为群小所不慊,几于不免"[②]的吴汝纶摘录的《节本天演论》却迄今鲜为人知,后来学人亦绝少论及。唯《清史本传》记吴汝纶有节本《天演论》一卷,并载吴汝纶开列的《学堂书目》中学堂西学课目有《天演论》。[③]

吴汝纶(1840～1903),安徽桐城人,同治三年举人,翌年入京会试中进士,以内阁中书用,旋入曾国藩幕,曾与之晤谈后称吴:"古文、经学、时文毕卓然不群,异材也。"[④]后吴又佐李鸿章幕。吴汝纶一生坚持写日记,且"日记体裁不记日常细故,不载琐尾末节,必有关天下古今之大而后著笔,而于西政西学,中外维新之化尤兢兢,每有见闻,勤加迻写,不惮烦委"[⑤]。1897年3月初之前,吴汝纶接到严复《天演论》手稿后,异常高兴,在给严复的回信中云:"吕临城来,得惠书并大著《天演论》。虽刘先主之得荆州不足为喻,比经手录副本,秘之枕中。盖自中土翻译西书以来,无此宏制。"吴汝纶边读边将《天演论》一书主要内容摘入日记,且在每节都拟加了小标题。

1897年12月18日的《国闻汇编》第二册至1898年2月第六册(其中第三册未载)刊登了《天演论·自序》和《天演论·悬疏》。严复便致书吴汝纶,求吴代为推销,以广传播。吴认为,当时民智未开,"阅报者尚不能多,又阅者未必深通中国古学,不过略猎书史,得《时务报》已拍案惊奇,如几道之《天演论》则恐大声不入里耳,知德者希,难冀不胫而走。似宜凭藉威力,请夔帅(指直隶总督王文韶——引者)札饬各属购阅……乃望畅行"[⑥]。吴汝纶不仅为序《天演论》,备极称道,对《天演论》的

---

① 王栻著:《严复传》,1976年8月版,第45页。
② 《清儒学案》卷一八九《挚甫学案·案首》,《桐城吴先生日记》"门人籍忠寅序"。
③ 《桐城吴先生文诗集》第193～220页。王栻的《严复集》(第五册),第1410页。在注释《天演论》版本时,曾提及有"吴汝纶的节本"。
④ 《曾文正公日记》同治四年十月十五日。
⑤ 《桐城吴先生日记》跋。
⑥ 《桐城吴先生全书》尺牍一,戊戌正月廿日答吕秋樵。

传播也费尽心思。

  1903年(光绪二十九年)闰五月,上海文明书局根据吴汝纶的日记排定,出版了《吴京卿节本天演论》。吴汝纶之子吴闿生在编乃父的集子中附按语曾说:"此编较之原本删节过半,亦颇有更定,非仅录副也。"①仔细查对本书与原本,确有不少相异之处。因此,《吴京卿节本天演论》对于研究严复、吴汝纶的思想,进而研究《天演论》在中国近代文化史上的传播都具有不可忽略的意义。

(郑永福　田海林　《史学月刊》1989年第2期。)

---

① 《桐城吴先生日记》"西学"下,第703页。

《新中国未来记》与 20 世纪初梁启超的思想

梁启超曾经这样评述自己:"保守性与进取性常交战于胸中,随感情而发,所执往往前后矛盾。"[1]《新中国未来记》,可以说是 20 世纪初梁启超内心矛盾斗争的真实反映和小结。研究梁启超的思想,不能不对这篇小说给予高度重视。

提到小说《新中国未来记》,近代文学史家常冠之以资产阶级改良派的代表作。从小说的最终倾向来看,这一评价似乎不成什么问题。但作为史学研究,只给作品戴上一个定性的大帽子,并按此推断其历史作用,未免把复杂的事情简单化了,因而必然不能科学地说明历史。本文拟就《新中国未来记》问世前数年间梁启超思想的发展及这篇作品表达的思想内容,做一具体分析,并对这篇小说的历史作用,做一初步的探索。

(一)

《新中国未来记》发表于 1902 年 10 月。要想准确地把握这篇小说的思想内容,不能不对戊戌政变后 1902 年梁启超思想的发展做一认真的探讨。

这里不能不对孙中山与康有为及梁启超之关系做一历史回顾。早在康有为在万木草堂讲学时,孙中山正假双门底圣教书楼悬牌行医。两地相距甚近,且康常到圣教书楼购书。孙欲与康结交,并托人

---

[1] 梁启超:《清代学术概论》,商务印书馆,1923 年版,第 142 页。

转达此意。"康谓孙某如欲订交,宜先具门生帖拜师乃可。总理(指孙中山——引者注,下同)以康妄自尊大,卒不往见","丁酉(1898年)冬,横滨侨商邝汝磐、冯镜如在中华会馆发起组织学校,以教育华侨子弟,欲由祖国延聘新学之士为教师,以此就商于总理。总理以兴中会缺乏文士,乃荐梁启超充任"①。

戊戌变法失败后,康有为、梁启超受到清廷通缉,亡命日本。此间,孙中山、陈少白拟亲往康住处"慰问,借敦友谊,爰托宫崎平山向康示意。康自称身奉清帝衣带诏,不便与革命党往还,竟托故不见"。数日后,孙中山派陈少白偕平山至康寓访谒,"少白乃痛言满清政治种种腐败,非推翻改造无以救中国,请康改弦易辙,共同被告革命大业。康答曰:'今上圣明,必有复辟之一日。余受恩深重,无论如何不能忘记,惟有鞠躬尽瘁,力谋起兵勤王,脱其禁锢瀛台之厄,其他非余所知,只知冬裘夏葛而已。'"②梁启超的态度则与康有为大不相同。梁戊戌九月至日本,自此居东京一年,稍能读日文,思想为之一变。1899年2月,康有为离日赴欧美,又造成梁启超思想较为自由发展的条件。据冯自由云:"及康离日赴加拿大,梁(启超)与欧榘甲等与总理、杨衢云、陈少白等相往还,意气日盛,因而高唱自由平等学说。""梁有别号任庵,至是亦改称为任公,以示脱离康氏羁绊之义。盖康门徒侣多以庵字相称,即为源出康门之标记,梁此举即所以表示其决心也。"③

1899年夏秋间,"梁启超及同门梁子刚、韩文举、欧榘甲、罗伯雅、张智若等与总理往还日密,每星期必有二三日相约聚谈,咸主张革命排满论调,非常激烈,因有孙、康两派合并组党之计划,以推总理为会长,梁副之。梁诘总理曰:'如此将置康先生于何地?'总理曰:'弟子为会长,为之师者,其地位岂不更尊?'梁悦服"④。由于与孙中山先生往返日密,梁启超渐有赞成革命之意,并图谋与革命派联合的办法。他在给孙中山的信中明确表示:"弟自问前者狭隘之见,不免有之,若盈满则未有也。至于办事宗旨,弟数年来,至今未尝稍变,惟务求国之独立而已。若其方略,则随时变通。但可以救我国民者,则倾心助之,初无成心也。"⑤徐勤、麦孟华等对梁的举动十分不满,对两党联合持反对态度。他们写信给康有为,说梁已渐渐陷入孙中山的圈套,非设法解救不可。康有为接信后立即命令梁启超赴檀香山办理保皇事务,不许

---

① 冯自由:《戊戌前孙康二派之关系》,《革命逸史》(上),新星出版社,2009年版,第46页。

② 冯自由:《戊戌后孙康二派之关系》,《革命逸史》(上),新星出版社,2009年版,第47页。

③ 冯自由:《横滨〈清议报〉》,《革命逸史》(上),新星出版社,2009年版,第57页。

④ 冯自由:《梁启超介绍周孝怀书》,《革命逸史》(上),新星出版社,2009年版,第57~58页。

⑤ 冯自由:《中华民国开国前革命史》,《民国丛书·第二编》(76),上海书店出版社,1990年版,第44~45页。

稽延。梁不得不遵命,急赴檀香山。临行之前,梁还约孙中山"共商国事,矢言合作到底,至死不渝"。抵达檀香山后,梁启超致书孙中山说:"弟此来不无从权办理之事,但兄须谅弟所处之境遇,望勿怪之。要之我辈既已定交,他日共天下事必无分歧之理,弟日夜无时不焦念此事,兄但假以时日,弟必有调停之善法也。"①一方面,梁对被迫去檀岛发展保皇会表示了难言的苦衷;另一方面,梁并未放弃实行两党联合的念头。

梁启超与革命党联合的思想并非偶感而发,更不能认为他是耍两面派,而是其思想变化的必然结果。梁启超曾说,自到日本后,"广搜日本书而读之","脑质为之改易,思想言论与前者若出两人"②。进入20世纪,梁启超思想上渐渐倾向革命。1900年3月他写信给孙中山说:"天倒满洲以兴民权,公义也;而借勤王以兴民权,则今日之时势,最相宜者也。"③虽然在"勤王"问题上梁与革命派分歧甚大,但既然把推翻满洲贵族统治以兴民权看做"公义",也便对革命派武装推翻清王朝的主张无从根本上反对之意。

1900年4月,梁启超在一封回信中,对康有为的指责表示认可,但在一些原则性问题上,仍坚持自己的主张。首先,关于倡导自由民权问题。梁启超说:"来示于自由之义,深恶而痛绝之,而弟子始终不欲弃此义。窃以为于天地公理与中国之时势,皆非发明此义不为功。"其次,关于民权问题。梁启超说:夫子(指康有为)谓今日"但言开民智,不当言兴民权,弟子见此二语,不禁讶其与张之洞之言甚相类也"。梁启超反问道:不兴民权,民智又怎么能开呢? 他说,今日欲开民智,舍自由无他道。中国于教学之界守一先生之言,不敢稍有异言,这是中国最大病原。此病不去,百药无效。"必以万钧之力,激厉奋迅,冲破罗网,热其已凉之血管,而使增热至沸度;搅其久伏之脑筋,而使大动至发狂。经此一度之沸,一度之狂,庶几可以受新益而底中和矣。"④

1902年2月,梁启超写了《保教非所以尊孔论》。这篇文章所阐发的政治见解与康有为的主张针锋相对,也和梁氏本人以前的观点大相径庭,用他自己的话来说就是"我操我矛以伐我",显示出梁启超思想上的重大变化。文章指出,孔教不必保,也不可保。"自今以往所当努力者,惟保国而已","吾最恶乎舞文贼儒,动以西学缘

---

① 冯自由:《中华民国开国前革命史》,《民国丛书·第二编》(76),上海书店出版社,1990年版,第47页。
② 《夏威夷游记》,《饮冰室合集》专集之二十二,第166页。
③ 丁文江、赵丰田编:《梁启超年谱长编》,上海人民出版社,1983年版,第258页。
④ 李华兴、吴嘉勋编:《梁启超选集》,《致康有为书》,上海人民出版社,1984年版,第136~139页。

附中学者,以其名为开新,实则保守,煽思想界之奴性而滋益之也"①。

梁启超上述言论,无异点名批判康有为,自然为顽固坚持保皇立场的康有为所不能容忍。1902年春天,康有为发表了《复美洲华侨论中国只可行君主立宪不可行革命书》和《与同学诸子梁启超等论印度亡国由于各省自立书》。康有为在信的原稿中写道:"其各报有异论者,皆非仆之意。即使出自仆之门人之说,若为保皇立宪以达民权自由之旨与仆同者也,吾徒也;若为革命攻满之说,则与保皇之旨相反,与仆不同者,非吾徒也。即使出自仆门,或已有盛名,亲同患难者,既为异论,即与仆反,诸君切勿以为仆之意也,勿听之也。"②

康有为近乎对梁启超下最后通牒了,自然会对梁启超产生重大影响。但此时的梁启超,尚未放弃激进的主张。他致书康有为,开诚布公地说:"至民主、排满、保教等义真有难言者,弟子今日若面从先生之诫,他日亦不能实行也,故不如披心沥胆一论之。"对于康有为鼓吹的保教,梁启超说:要救今日之中国,最要紧的是用新学说改变国民的思想,欧洲的兴旺发达也全在于此,但开始的时候,不能不采取破坏的手段。孔子许多思想不适于新世界,若提倡保孔教,于振兴中国犹如南辕北辙。梁启超说:先生所示自由服从二义,弟子以为行事当兼二者,而思想则唯有自由耳。"思想不自由,民智更无进步之望矣。"梁启超后来回顾这段历史时说:"启超自三十年以后,已绝口不谈伪经,亦不甚谈改制。而其师康有为大倡设孔教会定国教祀天配孔诸议,国中附和不乏。启超不谓然,屡起而驳之。"③

关于排满问题,梁启超信中说:若要唤起民族精神,势不得不攻满洲。日本明治维新时以讨幕为最适宜之主义,中国今日以讨满为最适宜之主义。

关于破坏问题,梁启超说:先生惧破坏,弟子亦未始不惧,然以为破坏终不可得免,愈迟则愈惨,毋宁早耳。且我不言,他人亦言之,岂能禁乎?不惟他人而已,同门中人猖狂言此,有过弟子十倍者。这是迫于今日时势,不得不然也。

以上所述,是梁启超戊戌政变后到20世纪初思想发展的轨迹。不难看出,20世纪初,梁启超的思想与康有为的思想大不相同。尽管梁启超内心、言论充满了矛盾,但其主要倾向是革命,应该说是没有疑义的,无怪乎章太炎先生当时曾得出这样的结论:"吾不敢谓支那大计,在孙(中山)、梁(启超)二人掌中,而一线生机,唯此二子可望。"④而章太炎先生这种看法,在20世纪初的知识分子中,有相当的代表性。

---

① 李华兴、吴嘉勋编:《梁启超选集》,《保教非所以尊孔论》,上海人民出版社,1984年版,第304页。
② 汤志钧:《康有为政论集》,中华书局,1981年版,第490页。
③ 《饮冰室合集》专集三十四,第63页。
④ 汤志钧:《章太炎政论选集》(上册),《致袁君遂等书》,中华书局,1977年版,第162页。

(二)

如果承认我们上一节的分析基本上符合历史事实的话,对梁启超1902年10月发表的小说《新中国未来记》做出评价,就应该采取十分审慎的态度了。因为,这部小说是在上节所叙述的广阔的历史背景下出现的,表达了丰富、复杂的思想内容。

梁启超在谈到《新中国未来记》写作目的时说:"兹编之作,专欲发表区区政见。"[1]小说的核心部分是第三回,即小说中两个主人公的激烈论争。人们一般认为,李去病的观点代表革命派的主张,黄克强的主张亦即梁启超本人的主张。如果单单从梁启超和小说中的黄克强一样,最终都主张实行君主立宪这点看,这一看法自然也有一定的道理。但事情远非这么简单,细读小说全篇就不难发现,在梁启超眼中,主张革命的李去病与主张君主立宪的黄克强一样,都是了不起的英雄人物。小说的作者并没有像后来一些研究者一味扬李斥黄那种偏激情绪,而是特别褒奖黄克强,贬抑李去病。黄克强的政治思想和主张,梁启超固然赞同和欣赏,李去病的意见梁启超也并不一概反对,而且可以说大部分赞同。实际上,认真阅读小说全文就可以看出,黄、李二人在一些重大问题上的看法是一致或比较一致的。这看起来是一个极大的矛盾,但却完全是事实。下面,我们通过对小说中一系列重大问题的看法,来窥见梁启超的思想。

1. 梁启超十分向往资产阶级民主国,并做出了惊人的预见。

小说中,作者理想的国家是什么呢?那就是"大中华民主国"。梁启超还预见到,这个大中华民主国将于1912年诞生。历史发展的事实,也确实是1911年君主专制制度被推翻,1912年建立了中华民国。当然,具体时间如此一致,可以被理解为偶然的巧合。但这种偶然之中又有其必然的一面,从中不难看出梁启超对资产阶级民主国的急切向往及对历史脉搏把握的能力。小说作者让"罗在田"(暗指爱新觉罗氏载湉)出任大中华民主国第一任大总统,固然反映出梁启超不忘"当今圣上",但梁启超毕竟没有让载湉再当皇帝,而是当了民主国的大总统,且只限一任。由此我们可以说,建立一个资产阶级民主国,正是梁启超追求的政治目标。

小说的第二回中,以西方资产阶级国家为模式,初步规划了"民主国"的政体。最高权力机关议事(立法)、办事(行政)、监事(司法)三权分立。总统的产生、国会的组成及内阁的模式,均效法美国。梁启超在1902年即提出这些设想,其意义不可低估。

2. 梁启超热烈赞颂立宪党,但并不排斥必要时使用暴力手段。

《新中国未来记》中,作者规划了一个"立宪期成同盟党"。这样一个"最温和的、最公平的、最忍耐的政党",自然是梁启超心目中理想的政党。但这个党的纲领

---

[1] 《新中国未来记》绪言,见《饮冰室合集》专集之八十八,第1页。下列小说中的话,不再加注。

规定:本党以拥护全国国民应享之权利求得全国平和完全宪法为目的,其宪法不论为君主的、为民主的、为联邦的,但求出于国民公意,成于国民公意,本会便认为完全宪法。"本党把此目的,有进无退,弗得弗措,但非到万不得已之时,必不轻用激烈手段。"显然,不能把梁启超这里设想的"立宪期成同盟党"同1905年后的立宪派完全等同起来。可以说他此时既倾向君主立宪,也不反对民主立宪;既希望采取平和的手段,也不排斥必要时的武装斗争。有一点是最重要的,那就是要建立一个合于国民公意的立宪国家。

3. 对清政府的认识。

先看小说中李去病的看法。李去病说:中国之所以衰弱到这般田地,都是吃了政府当道那群民贼的亏。这些人把外国侵略者当做天皇菩萨、祖宗父母一样供奉。倘若教他们多在一天,中国便多受一天的累,不到十年,我国国民想做奴隶也够不上,不知要打落到几层地狱。"我其实眼里搁不住这些大民贼小民贼,总是拼著我这几十斤血肉,和他誓不两立,有他便没有我,有我便没有他罢。"

对李去病这些慷慨激昂痛斥清政府的议论,黄克强持什么态度呢? 他说:"兄弟,你的话谁说不是呢?"这表明,在对清政府总体认识上,李去病、黄克强以及塑造这两个人物的梁启超,看法是一致的。也正是在李去病上述议论后,梁启超加上了这样的批语:"好汉,好汉,是玛志尼、吉田松阴一流人物",盛赞李去病。

当然,在是否推翻清王朝这个问题上,小说中两个主人公有分歧。黄克强认为:对于朝廷不干碍而达到国民希望的目的,岂不更好? 在实行民主以前,需要有一层"干涉"政策。若能有一位圣主、几个名臣,运用君权大行干涉政策,雷厉风行,把民间事业整顿好。过十年二十年,民智既开,民力既充,就可实行民主政治。何况争取民权不在于保留一个皇帝,君主立宪国家不也是实行民权么?"况且现在皇上这样仁慈,这样英明,怎么能够说一点儿指望都没有呢?"对此,李去病据理力驳,他说:根据政治学公理,政权掌握在多数人手里,国家才能安宁。主权在少数人手里,一定是对少数人有利,对多数人有害。一国人公共的国家,不能眼巴巴地看着一群糊涂混账东西把它葬送,国民要承担起自己的责任。若单指望朝廷当道一班人,他们不肯做,又怎么样呢? 况且,经过八国联军侵华,清政府不但丝毫不振作,那腐败劲儿,比之庚子前厉害十倍。对这样的朝廷,你挺着脖子等上一百几十年,那"平和的自由秩序的平等"能等到吗?

从上述黄、李二人的争论中可以看到,寄希望于光绪帝的复位,这一念头梁启超是有的。但同时,清政府令人失望,必须推翻这个政权才能实行民主政治,这一念头也时时冲击着梁启超。

4. 如何看待革命与流血。

黄克强认为,解决中国问题,最好用和平方法。可以游说当道,"拿至诚去感动他,拿利害去譬解他"。李去病驳斥道:中国官场,岂是拿至诚可以感动得了的吗? 现在的清政府,外国人放个屁也是香的。外国人让它做什么事情,它就赶紧做什么事情。叫它杀哪个人,就连忙磨刀杀哪个人。想要拿至诚感动清政府,只怕比把泰山顽石说点头还要难。说什么和平运动,"只怕你运动得来,中国早已没有了"。中国像几十年没打扫过的牛栏,粪溺充塞,非用雷霆霹雳手段不足以救治。黄克强辩解说,对那些大民贼、小民贼、总民贼、分民贼,谁不恨他。但我们恨的专在民贼,不在人民,若是革命起来,一定玉石俱焚。若是能避开这场灾祸,还是避开为是。对此,李去病说:我把这回事情,已经想过千次百遍,把肠子差不多都想烂了。今日的中国,破坏也破坏,不破坏也要破坏,所分别的,只看是民贼去破坏它,还是乱民去破坏它,还是仁人君子去破坏它。若是仁人君子去做那破坏事业,就可以一面破坏一面建设,改变中国的命运。西方人常说:"文明者购之以血。"流血这种悲惨的事情,无论哪个国家也不能免。即如你黄克强最羡慕的英国、日本等君主立宪国家,要不是经过长期国会尊王讨幕这些革命,能有今日吗?他们自己说是无血革命,其实哪里是无血,不过比法国大革命少流几滴罢了。寻常小孩子生几颗牙,尚且要头痛身热几天,何况一个国家这么大,它的文明进步,竟可以安然得来,天下哪有这般便宜的事!

  黄克强对李去病的观点并未正面驳斥,只是说中国无自治力,革命党人品质差,乱起来比法国革命尤甚。若是清政府能学俄国亚历山大二世先开地方议会,就是迟二三十年再开国会也无妨。李去病反驳说,寄希望于政府,无异于与虎谋皮,闹到中国被完全瓜分,目的也决然达不到。

  5. 如何看待革命引起外国干涉问题。

  黄克强认为:自19世纪以来,轮船、铁路、电线大通,万国如比邻。无论哪国的举动,总和别国相关联。今日中国到处成了别国的势力范围。中国国内有什么变动,自然对别国有影响。中国若有革命军起时,帝国主义能不来干涉吗?

  李去病说:我们若能依着文明国的规矩办事,外国人也应该敬爱的。在文明政府治下通商来往,岂不比在那野蛮政府底下安稳便利多吗?

  黄克强反驳道:今日世界上,哪里有什么文明野蛮,不过有强权的便算文明罢了。你英国对待波亚,美国对待菲律宾,能算文明举动吗?现在是竞争的时代,中国一有内乱起来帝国主义哪管你是什么义军不义军,只要伤害到他们的利益,他们是一定要干涉的。

  李去病说:我们中国被瓜分的局面,并不是在将来,也并不是在今天,几年前早已定局了。现在,外国人不过形式上没有撕破我们这面国旗,没有踹倒皇帝的宝座,其实一国的主权,哪里还有一分一厘在本国手上。你说革命会惹起瓜分,难道不革命,这瓜分就能免吗?只要中国人认清天赋权利,不甘受人压制,任凭他外国有千百个亚历山大,千百个恺撒,千百个拿破仑,也不能瓜分中国。就是暂时瓜分了,也最终能够恢复过来。

  小说中黄、李双方争论的结局是这样的,黄克强说:讲到实行,自然有许多方法曲折。至于预备工夫,哪里还有第二条路不成。今日我们总是设法联络一国志士,操练一国国民。等到做事之时,也只好临机应变做去。但非万不得已,总不轻易向那破坏一条路走罢了。对此,李去病点头道是。由此我们可以看出,在黄、李二人当中,梁启超总的倾向是对黄的观点即君主立宪的观点更赞成些。但必须指出,梁启超对李去病大段的革命议论也并非反对,而且应该说是抱着十分欣赏的态度的。实际上,李去病的许多议论,正是梁启超的得意之笔,也是他曾执著地追求的。若仔细对照一下即可发现,李去病的许多议论,不是和本文第一节中引用的梁启超给康有为信中阐发的政治见解极为相似吗?

20世纪初,梁启超内心充满了矛盾。《新中国未来记》中两个主人公的论争,正是梁启超思想上矛盾斗争真实的、集中的体现。是什么东西阻碍着梁启超,使他不能解脱矛盾,沿着革命的方向发展下去呢?笔者认为,大体上应从以下几方面去探索:一是梁启超本人的气质与思想特征;二是康有为对梁的牵制与影响;三是黄遵宪、徐勤、麦孟华等人的影响;四是革命派一些人的缺点使梁启超产生不满,以至形成偏见;等等。总之,这是一个非常复杂的问题,有待专文分析探讨。

(三)

最后,本文想简单地分析一下,《新中国未来记》这篇小说在当时的历史条件下,究竟起了什么样的社会作用。笔者认为,这一探讨比就梁启超当时究竟倾向革命为主还是倾向君主立宪为主论来论去更为重要,也更有意义。

研究《新中国未来记》,应高度重视梁启超写作这篇小说的宗旨。而在这篇小说的第三回末尾梁启超加的一个总批语,正是写作宗旨的最好说明。批语全文如下:"此篇论题,虽仅在革命论、非革命论两大端,但所征引者,皆属政治上、生计上、历史上最新、最确之学理,若潜心理会得透,又岂徒有益于政论而已,吾愿爱国志士书万本读万遍也。"

事实上,梁启超在长达数万字的《新中国未来记》中,通过黄克强与李去病的对话,其中又主要是通过李去病之口,宣传了大量的西方资产阶级革命学说和西方资产阶级各个流派的理论。而这一宣传,在20世纪初的中国,无疑起着重要的启蒙作用。

我们不妨把李去病与黄克强的论争,同1905年同盟会成立后资产阶级革命派与立宪派大论战中的主要论点、论据拿来一一对照一下,那样就会发现,两者有惊人的相似之处。而当我们发现,资产阶级革命派正是运用梁启超数年前曾系统阐述过的理论来同他以及他代表的政治派别论战时,不由地令人想到,一个人,特别是一个伟大的思想家,一旦落后于时代潮流时,是多么地不幸!然而我们今天也可以说,梁启超应该感到骄傲,上述情况的出现,不也恰好说明在近代中国资产阶级启蒙运动中,梁启超起了重大的作用吗?

此外,在谈到小说《新中国未来记》的历史作用时还应注意到:革命派,立宪派,其阶级属性均为民族资产阶级。在近代中国反帝反封的民主革命中,两派同属于一个大的营垒。两派之间的分歧,有是非之争,也有原则之争,但应该被看做是在反帝反封、实现资产阶级政治目标这个大前提一致或基本一致条件下的论争。在不少时候,二者是相辅相成,推动着历史向前发展的。

同时还应看到,20世纪最初的几年,是资产阶级知识分子队伍形成的时期。此间,人们探索着中国的出路,向西方寻求各种资产阶级的学说和理论,力图消化、吸收,运用到实践中去。而直到1903年下半年,资产阶级革命派才逐步和立宪派在思想上、政治上划清界限。因而,梁启超于1902年写的《新中国未来记》中有改良的倾向一点也不奇怪,也不必苛求。

后来,梁启超在撰写《清代学术概论》时写道:"启超既日倡革命排满共和之论,而其师康有为不谓然,屡责备之,继以婉劝,两年间函札数万言。启超亦不慊于当时革命家之所为,惩羹而吹齑,持论稍变矣。"①这里说的,正是20世纪最初两年多的情况。据此,以及本文第二节中叙述的梁启超在小说中反映出来的态度,我们认为要是非研究一下梁启超何时由鼓吹革命转为鼓吹改良为主的话,其时间应该定在1902年10月《新中国未来记》发表的时候,而不是如一般论者所说的1903年。《新中国未来记》是梁启超鼓吹革命的最高点,也是由鼓吹革命转向主要鼓吹君主立宪的起点,这应该说是历史事实。

(郑永福 《中州学刊》1987年第1期。)

---

① 梁启超:《清代学术概论》,商务印书馆,1923年版,第142页。

卢梭民权学说与晚清思想界

近代中国资产阶级民主运动中,法国卢梭的《民约论》(今译《社会契约论》)等著作起了重要的启蒙作用。卢梭的民权学说,曾激励一代资产阶级仁人志士,为谋求中华民族的独立和解放,进行艰苦卓绝的斗争。本文拟对卢梭民权学说在中国的传播及对晚清思想界的影响做一初步的论述。

(一)

19世纪末,世界各主要资本主义国家相继发展到帝国主义阶段。其时,西方流行着形形色色的为帝国主义服务的理论和学说。可是,刚刚走上政治舞台的中国民族资产阶级,则主要是从18世纪资产阶级启蒙思想家那里寻找理论武器。这是因为,当时中国思想界面临的最急切的课题是反帝反封建、爱国救亡。卢梭的一系列著作,肯定了人民应该享有不可侵犯的权利,论证了资产阶级民主制度必然要取代君主专制制度,因而对中国的民族资产阶级产生了极大的吸引力。他们力图以卢梭等人的学说,激发全国人民的斗志,为争取民族的独立和政治上的民主而奋起斗争。

戊戌时期,黄遵宪对康有为、梁启超的思想起过重要影响。黄在日本任职(1877~1882,任驻日本国公使馆参赞)期间,正值日本自由民权运动极盛时期。黄遵宪对这一运动"初闻颇惊怪",但读了卢梭等人的著作后,"心志为之一变,知太平世必在民主也"①。他从天赋人权学说出发,提出保护公民的权利,人人都应受法律的约束。主张"人无论尊卑,事无论大小,悉予之权,以使之无抑"。

1897年6月,黄遵宪任湖南长宝盐法道,署理湖南按察使,协助陈宝箴推行新政。为此,湖南的封建守旧派颇为不满地说,"自黄公度观察来,而有主张民权之说","我省民心顿为一变"②。

谭嗣同激烈抨击封建纲常名教,痛斥历代的独夫民贼。他认为中国两千年之政,秦政也,皆大盗也。谭期望有孔教中的马丁·路德出现,使"君主及含君统之伪学亡之"。他认为"仁"是事物最根本的特质,仁又以通为第一义,而"通之象为平等"。谭嗣同的《仁学》中还提出,"有民而后有君,君末也,民本也";君主"为民办事者也"。若他不为民办事,就可以易其人,或共废之,这本是"天下之通义"③。这里谭嗣同明显地是受了传统的民本思想影响,也无疑受到了卢梭民权学说的熏陶。

甲午战后,梁启超等人曾从中西政治制度比较上探索中国失败的原因,指出:"三代以后,君权日益尊,民权日益衰,为中国至弱之根源。"④1897年10月,梁任长沙时务学堂总教习,他与谭嗣同、唐才常在教学上有两面旗帜,一是陆王派的修养论,一是借《公羊》《孟子》发挥民权的政治论⑤。梁曾回顾说,"盖当时吾之所以与诸生语者,非徒心醉民权,抑且于民族之感,言之未尝有讳也"⑥。为此,叶德辉等说梁专以无父无君的邪说教人,要求巡抚陈宝箴将其驱逐出境。

康有为本不通西文,不解西语。但他也早从西方传教士的报刊、江南制造局及同文馆的译书中,零星地接触到了卢梭的学说。日人宫崎滔天曾:1897年在岭南的士林之中,有一位与孙逸仙同为甚负声名者,那就是康有为。他们在思想上的主张一样,都强调民权共和之说。⑦ 不消说,当时康、孙主张有很大不同,但两人都受了西方民权学说的影响,当是事实。

中国民族资产阶级及其知识分子,较多地接触到卢梭的著作,主要是受了日本自由民权运动的理论与实践的影响。自由民权运动的骨干和理论中坚中江兆民,对中国的留日学生和亡命日本的维新派影响尤大。中江兆民(1847~1901)早年留学

---

① 黄遵宪撰、钱萼孙笺证:《人境庐诗草笺证》,台北:河洛图书出版社,1975年版,第26页。
② 宾凤阳等:《上王益吾院长书》,《翼教丛编》卷五。
③ 《谭嗣同全集》,三联书店,1954年版,第56~66页。
④ 《饮冰室合集·文集》之一,第128页。
⑤ 《蔡松坡遗事》,《晨报》蔡松坡七年周忌纪念特刊。
⑥ 《饮冰室合集·文集》之二十九,第2页。
⑦ (日)宫崎滔天著,林启彦译:《三十三年之梦》,广州花城出版社、三联书店香港分店,1981年版,第139页。

法国,深受18世纪法国启蒙思想家的影响,有"东方卢梭"之称。中江兆民广泛地向日本思想界宣传、介绍法国大革命史,他翻译卢梭的《非开化论》(即《论科学与艺术》)和《民约论》,推动了日本自由民权运动的发展,也使中国留日学生直接接触到卢梭的著作。张继回忆当时中国留学生的情况说:"除上课外,专在图书馆翻阅该国维新时中江笃介(兆民)所译之法兰西大革命、民约论等书,革命思想,沛然日滋。"①卢梭的《民约论》,被认为是最革新的思想。梁启超等于1899年9月在东京创办的大同学校,采用卢梭等宣传自由平等、天赋人权诸学说的书为教材,并各以卢梭、华盛顿等人相期许。② 1900年,中国留日学生组织了一个小团体译书汇编社。该社干事戢翼翚是清政府1896年首批派遣的13名留日学生之一。译书汇编社出版《译书汇编》(1900年12月创刊),创刊号及以后几期上连载了由日文转译的卢梭《民约论》和孟德斯鸠的《万法精理》等。《民约论》的译者杨廷栋,字翼之,江苏吴县人,时为东京专门学校学生。他后来根据《译书汇编》连载的译文整理成《卢梭民约论》一书,1902年在上海出版。《译书汇编》的刊行,对宣传西方启蒙思想家的学说,起了重要作用。诚如冯自由所说:"留学界出版之月刊,以此为早。所译卢骚《民约论》、孟德斯鸠《万法精理》、斯宾塞《代议政治论》等名著,促进吾国青年之民权思想厥功甚伟。"③

戊戌变法失败后,梁启超亡命日本,创办了著名的《清议报》。《清议报》第一百册上发表了梁撰写的《卢梭学案》一文,热情地歌颂卢梭学说,"精义入神,盛水不漏,今虽未有行之者,然将来必偏于大地,无可疑也"。梁启超主编的《新民丛报》,也大力宣传卢梭民权学说。创刊号上梁启超便著文论述卢梭对欧洲各国民族民主革命起的巨大推动作用。他说,欧洲学界自卢梭学说倡行,"如旱地起一霹雳,如暗界放一光明,风驰云卷,仅十余年,遂有法国大革命之事。自兹以往,欧洲列国之革命,纷纷继起,卒成今日之民权世界"④。

1901年后,随着留学生人数的增加,新的知识分子群出现了。在他们创办的报刊中,特别是革命派的报刊中,也多大力宣传介绍卢梭的学说。《江苏》第一期即刊载了《注释卢梭非开化论》。刘师培、林獬以杨廷栋译《民约论》为内容,吸收黄宗羲等人具有民主色彩的思想,著《中国民约精义》一书。1912年2月1日发行的第26号《民报》,全文刊载了从中江兆民文集中选录的《〈民约论〉译解》。⑤ 卢梭的民权学说激励着资产阶级革命党人,为推翻清朝统治阶级建立资产阶级共和国而不屈不挠地斗争。

---

① 转引自《中国译日本书综合目录》,第59页。
② 冯自由:《革命逸史》初集,第72页。
③ 冯自由:《革命逸史》第三集,第143~144页。
④ 《论学术之势力左右世界》,《新民丛报》第1号。
⑤ 该文为中江兆民对《民约论》一书第一卷九章的译解。

（二）

卢梭民权学说在晚清思想界广泛传播,和中国面临列强瓜分的局势引起的时代紧迫感密切相连,是为当时资产阶级的斗争服务的。他们宣传天赋人权思想,以图唤起人们为国家独立自由而斗争的责任心;宣传卢梭的社会契约学说,论证资本主义取代封建主义的必然性。他们还把民权学说和爱国主义、民族主义相结合,作为反帝斗争的思想武器。正因为这一宣传紧密联系中国社会实际,对当时思想界产生了深刻的影响。

1. 宣传天赋人权学说,以唤起国民的责任心。

资产阶级认为,天之生人,即赋予了人身体自由之权利及参与国政之权利。因而,国家的行政主权,我们应该过问;国家的立法主权,我们应当干涉;国家的司法权,我们应当参与管理。天赋予我们每个人的这种权力,暴君不能压,酷吏不能侵,父母不能夺,朋友不能僭。若君主以一人占有权利我们又不敢与之争,贵族以数人而私有权利我们又不敢与之争,甚至外人盗我权利诈我权利亦不敢与之争,那就称不起国民了。①

资产阶级把去奴隶之根性与兴民权连在一起,又把兴民权与国家兴盛紧密地联系起来,认为:要倾覆、根除封建专制,必须在人民大众中植下革命种子,使人民养成独立的精神,也就是说要实行民权。民权之集,是为国权;民而无权,国权何有?

资产阶级痛感有宣传民权学说、进行启蒙教育的必要。他们看到,目前国内知道国家富强必由之路是实行民权的道理者,真是凤毛麟角。即或有一二人谈及民权,也不免遭人驳斥痛骂,不曰信奉洋教,即曰沾染洋习。倡之者一,而攻之者千百亿万。② 有人明确指出,今天我们大力宣传天赋人权、人类平等的各种学说,就是要全国中下等社会,人人都有权利思想,破除君为臣纲这种宗教迷信。使人们晓得皇帝是百姓的公仆,没什么好怕的。而官吏只不过是老百姓的第二等奴才,更没什么可惧的。他们若犯了法,就是把他们赶走、杀掉,也不过和赶鸡杀犬一样,没有什么稀奇的。③

非常明显,资产阶级宣传天赋人权学说,就是要唤起人们的责任心,振奋精神,为国家的独立和人民的民主进行斗争。

2. 从卢梭社会契约学说出发,提出新的国家观念,论证资本主义必然取代封建主义。

卢梭认为,人类社会一度处于"自然状态"。在那个时代,"没有农工业、没有语言、没有住所、没有战争"。人们对自己的同类既无所求,亦无加害意图,过着清贫淳

---

① 《说国民》,《国民报》第二期。
② 《二十世纪之中国》,《国民报》第一期。
③ 《国民意见书》,《时论选集》第一卷下册,第913页。

朴的生活。后来经过缔结契约,"自然状态"便进入社会状态,国家出现了。最初人们订立社会契约结成国家的目的,是为了保护自己的自由和生命,其性质是平等的。后随着贫富差距的扩大,社会契约的性质遭到扭曲,给弱者以桎梏,给强者以力量,使国家成为少数野心家驱使人类忍受穷苦、奴役和贫困的工具。① 卢梭的国家起源学说固然不科学,但它打破了君权神授学说,揭露了封建专制的残暴,给中国资产阶级很大影响。他们结合卢梭主权在民思想和社会契约学说,阐述国家的起源,提出了资产阶级的国家观。

1901年,《国民报》发表的一篇文章说,人民、君主、官吏,皆隶属于国。这好比一个公司,人民是公司的股东,君主只是个会计,官吏不过是各部门的司事。那种压抑人民自由平等而使之流离困苦不得其所的国家,只能称之为"贼国"。②

1903年后,资产阶级革命派根据卢梭学说阐述国家的起源及性质。他们说,国家最早出现时,是按社会契约而成,"本有共和政之性质,而绝不含帝政、王政、贵族政之元素"③。陈天华说,照卢梭的民约论讲来,是先有了人民,渐渐合并起来才成了国家。好比一个公司,有股东,有总办,有司事。人民是股东,君为总办,臣为司事。总办、司事都要尽心为股东出力。司事有不是之处,总办就应当治他的罪,而总办若有亏负公司的事情,就应另换一个。倘若司事、总办通同作弊,各股东就有纠正总办、司事的权力。若股东听任总办、司事的胡作非为,那就是放弃了做股东的责任。④

从上述国家观念出发,一些人提出了一国可以无君,但不可以无民的观点。他们认为,民输其财以为国养,输其力以为国防。一国无民则一国为丘墟,所以说国是民的国。他们称赞民对国家总统招之来则来、挥之去则去的资产阶级民主制度。认为这样"上可绝独夫民贼之迹,下可以杜篡逆反叛之说"。以一国之民治一国之事则事无不治,以一国之民而享一国之权则权无越限。所以说,天下至尊至贵不可侵犯的是民。孙中山先生指出,秦灭六国后,愚黔首以行专制,此后历代因之。历代统治者把国家看成他一个人的产业,制度立法,多在防范人民以保全此私产。而民生庶务,与一姓之存亡无关者他们置而不问,人民也无监督的权利和措施。他认为,这种状况必须彻底改变,中国不能分割,但旧国家必须推翻而不可保全。⑤

论证了资本主义必然取代封建主义后,资产阶级革命派还从人民主权学说出发,提出了新政府的原则。一、政府必须由全国国民所组织,以全国国民为政府实体;二、政府必须为全国国民之机关,而以全国公共事务为政府之职掌;三、政府以全

---

① 卢梭:《论人类不平等的起源和基础》,法律出版社,1962年版,第106页。
② 《原国》,《时论选集》第一卷上册,第64页。
③ 《新社会之理论》,《浙江潮》第八期。
④ 《陈天华集》,第114页。
⑤ 《支那保全分割合论》,《江苏》第六期。

国匡民为范围,以专谋全社会幸福为目的。他们认为,具备了这三条,才算得上是好政府。若政府不具备这几条,"国民否认之可也,改革之可也"①。

3. 把民权学说和爱国主义结合起来,作为争取民族独立的思想武器。

资产阶级普遍把兴民权与国家兴亡紧密联系在一起,提出民权兴则国权立,民权灭则国家亡;能兴民权者,国家断无可亡之理。他们认为,言爱国必自兴民权始。要挽救国家危亡,必须像欧美资产阶级那样,以民权为宗旨,拼死力争。

署名侯生撰写的一篇文章指出,20世纪将是一个剧烈竞争的时代,中国要想立住脚跟,必须以美国脱离英国羁绊、德国湔法仇仇独立统一为师,"植天赋人权之因,结革命自由之果"②。有人还进一步指出,我今日之中国,已成为"白种人"之国;而满洲贵族又夺国民之权利,阻国民之事业,以快一家之私利,这是多么令人痛心的事啊。"吾等同为国家人民,各有救国之职,各有复我权利之本分,安可互相推诿,以我生长之国,膏腴之土,拱手让诸外人耶?"③他们号召以正确可行之论,输入国民之脑,使其有独立自强之性,建设新国家,使20世纪之中国,成为世界第一流强国。他们说,这种主义可大书而特书曰:爱国主义。④ 还有人分析道:所谓自由、平等,是指对内不受野蛮君主之压制,在外则不受文明异族之驱使。受文明异族之驱使,像印度那样沦为外国人的奴隶,中国将永堕百劫之狱,无法自拔。他们说,天既赋人以权利,即赋人以能力。全国同胞应扩充能力,发奋图强,"外拒白种,内覆满洲"⑤。

有人从资产阶级个人主义出发,号召人们起来与帝国主义抗争。他们说,"私之一念曰天赋而非人为"。人人有自私自利之心,必不肯生息于异种人之下。一国之民,不得由外国人管辖。国家的全体或一部分,也不得被外国分割。他大声疾呼:铿自由之钟,揭独立之旗,励独立之气,复自由之权,集竞争之力,鼓爱国之诚,以与暴我者相抗拒、相角逐,挽救国家和民族的危亡,"还我中国真面目"⑥。

除上述三个方面外,资产阶级几乎将天赋人权学说运用到所有政治领域,向封建的传统观念冲击。在教育方面,资产阶级明确提出以天赋人权作为教学重要内容,以去奴隶之根性。他们认识到,欲脱君权、外权之压制,必先脱数千年来牢不可破之风俗、思想、教化、学术之压制。他们以天赋人权为武器,勇猛地向禁锢思想、侵夺人权的封建纲常名教冲击,喊出:"君臣平等也,父子平等也,夫妇平等也,男女平等也,无贵族平民之别,无奴隶自由民之分,人有不受人卑屈之权利,人有不从顺人

---

① 《新政府之建设》,《江苏》第5~6期。
② 《哀江南》,《江苏》第1期。
③ 《二十世纪之中国》,《童子世界》第25期。
④ 《二十世纪之支那初言》,《二十世纪之支那》第1期。
⑤ 《为外人之奴隶与为满洲政府之奴隶无别》,《童子世界》第24期。
⑥ 《敬私篇》,《浙江潮》第1期。

之权利!"①这些言论,激荡了晚清思想界,给人以鼓舞和力量。

(三)

以上所论,是把资产阶级作为一个整体来考察的。这是因为,资产阶级革命派和改良派同属于一个阶级,毫无例外地要用资产阶级民权学说同封建势力进行斗争。同时,就宣传西方资产阶级学说而言,无论在数量和质量上,梁启超等都占有突出的地位。当然,这不是说革命派和改良派在这方面的观点完全一致了。实际上,即便在梁启超大谈民权、革命的时候,他自己也说,"欲导民以变法也,则不可不骇之以民权,欲导民以民权也,则不可不骇之以革命","吾所欲实行者在此,则其所昌言者不可不在彼"。②面对传统包袱异常沉重的社会现实,改良派一方面宣传民权,一方面又试图与君权作某种妥协。《新民丛报》上的一篇文章说明了他们的宗旨:"民权既不能不用,而君主又以有历史上之根柢,不能骤去,则立宪法制定种种之权限,而君权与民权之说,两待通行。"这就是他们设计的解决君权说与民权说冲突的"调和之法"③。在这点上,资产阶级革命派确实比改良派高明。革命派一方面大力宣传民权,同时明确指出,只有推翻清朝专制统治,真正的民权才能实现。乞求清朝统治者的恩赐,是枉费心机。改良派的新民说与立宪说是"因果倒置",根本行不通,革命派的口号是"植天赋人权之因,结自由革命之果"。1905 年后,革命派从事暴力推翻君主专制的斗争,立宪派则以和平请愿方式敦促清政府立宪,两种不同的政治实践,很大程度上是基于上述思想理论的分歧。

历史的发展是不以人的意志为转移的。不论基于何种政治倾向而宣传卢梭民权学说,也不管当时宣传介绍这种学说的人后来沿着何种方向发展,天赋人权、自由平等这些响亮的口号激励着千百万人向封建堡垒冲锋陷阵,终于在 1911 年结束了绵亘几千年的君主专制统治。恩格斯曾指出:"卢梭的社会契约在实践中表现为而且也只能表现为资产阶级的民主共和国。"这是卢梭学说的阶级局限性,也正是中国资产阶级宣传卢梭学说的阶级局限性——尽管他们打着"全民"的幌子。然而在当时历史条件下,以资产阶级专政取代君主专制,毕竟还是最进步的思想。

应当说明的是,中国民族资产阶级对于卢梭的学说并非完全照搬,而是结合中国国情,吸收传统思想,进行了一番改造。这一点,当另文阐述。

(郑永福 《中州学刊》1985 年第 4 期。中国人民大学报刊复印资料《中国哲学史》1985 年第 9 期全文复印。)

---

① 《权利篇》,《直说》第 2 期。
② 《公告我同业诸君》,《饮冰室合集·文集》第十一,第 38~39 页。
③ 《平等说与中国旧伦理之冲突》,《新民丛报》第 70 期。

晚清近代自然科学的输入及其影响

近代自然科学,大体上于 18 世纪已经形成,1840 年后逐步从西方传入中国。近代自然科学的输入,对中国社会产生了重大影响。

(一)

1840 年,英国殖民主义者用鸦片和大炮打开了中国闭锁的大门。中国的一些有识之士意识到要想抵御外来侵略,使中国强盛起来,必须"师夷长技"。林则徐、魏源等人提出了学习西方科学技术的主张,并组织译介了一些西方文化科学知识。19 世纪 60 年代后,随着洋务运动的开展,西方科学技术著述翻译、出版逐渐增加。1862 年,为培养通晓外国语言文字和生产技术的人才,清政府在北京设立同文馆,1866 年起增设天文算学馆。同文馆设印刷所,翻译印刷数理化、历史、语文等方面的书籍。其后,洋务派又先后建立了上海广方言馆、广州方言馆、上海格致书院、天津电报学堂、天津水师学堂等各类专门学堂。这类学堂,一般都设有自然科学课程,并组织翻译一些自然科学书籍。1868 年上海江南制造局筹设翻译馆,先后聘请英国人伟烈亚力(Wylie Alexander)、美国人傅兰雅(John Fryer)、玛高温(Daniel Macgowan)等翻译外国科技书籍,到 1876 年共译书近百种。西方各国在华的教会,也多设立学堂,开办印书局,出版报刊,介绍西方的科学技术知识。1872 年起,清政府和洋务派陆续向美、英、德等国派遣留学生,其中一部分人学习近代天文、物理、地理等自然科学和生产技术,他们也翻译过一些科技著作。据有人统计,到 19 世纪末,各地翻译、辑著的科学技术书籍达千余种。20世纪初,随着新式学堂的大批创办和大量青年学子出国留学,随着近代工业的进一步发展,西方近代科学技术在中国更加广泛地传播开来。

近代综合介绍自然科学知识最早的著述当属《博物新编》(英国人合信 Hopson 编著,1855年上海墨海书馆印行)。该书介绍天文学、物理学、化学、生物学等方面的常识。其后有《格物入门》(美国人丁韪良 William Martin 撰,1868年京师同文馆印行)、《格致论略》(英国人艾约瑟 Joseph Fdkins 等译自英国启蒙读本,刊于《格致汇编》1876年第1~11卷)、《格致启蒙》(英国人罗斯古等纂,美国人林乐知 Y. J. Allen 与郑昌棪合译,1880年后江南制造局印行)、《西学考略》(丁韪良撰,1883年京师同文馆印行)、《观物博异》(法国人普谢 F. pouhet 著,英国人季理斐 M. Gillivaray 口译,李鼎星笔述)等。《格物入门》计7卷,以问答体介绍各门自然科学常识。《格致论略》一文分300余款,介绍星体、力学、地学、光学、电磁学、化学、生物学等方面的基本知识。《格致启蒙》一书含化学、物理、天文、地理启蒙各一卷。其中天文卷和地理卷的内容中,涉及星云说及进化论。《西学考略》系作者回美国探亲时写的欧美科学技术考察报告,其中也介绍了自然进化论和人类演化的某些观点。《观物博异》一书原著名曰《宇宙论》,分动物界、植物界、地质、星宿四大部分,计22卷。译文多所合并,缩为8卷。译文简洁,附图详明。上述综合性著述虽然内容比较浅显,但对当时中国读者来说却十分新鲜,影响极为广泛。

自然科学各分支学科专门著作译述情况大致如下:

数学。19世纪50年代,李善兰与伟烈亚力合作,翻译了英国人棣么甘(Augustus Demorgan)的《代数学基础》,取名《代数学》。该书论述初等代数,兼论指数函数、对数函数的幂级数展开式。李善兰将 algebra 一词译为"代数学",这是"代数学"之名首次出现,沿用至今,且为日本国采用。李善兰还与伟烈亚力合作翻译了美国罗密士(Elias Looms)著《解析几何与微积分》(1850年版)一书中代数、几何、微积分部分,定名《代微积拾级》。该书首次将微积分介绍到中国。其后,华蘅芳、傅兰雅合译了英国伦德编的《代数难题解法》(6册16卷)、海麻士编的《三角数理》(12卷)、美国华里司编的《代数术》(6册25卷)、《微积溯源》(6册8卷)、英国棣么甘著的《决疑数学》(10卷)等。其中1873年由江南制造局刊行的《代数术》,系一部包括代数、几何、平面三角的综合性数学著作。1880年印行的《决疑数学》,则是译介到中国的第一部概率论专著。另外,有几部数学译著被各类学堂广泛采用,值得一提。《形学备旨》,10卷,几何学著作。原著者美国人鲁密斯,邹立文、刘永锡与美国人狄考文(Mateer)合译,1885年益智书会出版,1910年前重印11次。《代数备旨》,计13卷,狄考文著,邹立文、生福维译。1891年美华书馆印行,1897~1907年间重印10次。《笔算数学》,计3卷,狄考文辑,邹立文笔述,1892年美华书馆印行。《代形合参》,计3卷附1卷,解析几何著作,美国罗密斯著,美国人潘慎文(A. Parker)选译,谢洪赉校录,1893年美华书馆印行。《八线备旨》,4卷,内容为平面三角,著译者同前书,1894年美华书馆印行。这两部书是清末各类学堂普遍使用的解析几何和平面三角教科书。

物理学。近代较早翻译成中文的综合介绍物理学基本知识的著述有《格致质学启蒙》《格致质学》等。《格致质学启蒙》1卷,介绍有关力学、声学、电学基本常识。《格致质学》11卷,1894年美华书馆印行,系近代中国较早的物理学教本之一,内容涉及力学、声学、光学、电磁学等。专门介绍光学的著述主要有《光论》(艾约瑟、张福僖合译,1853年印行)、《光学》(美国人田大里John Tyndall著,美国人金楷里Carl. T. Kreyer口译,赵元益笔述,1876年印行)、《光学揭要》(美国人赫士W. M. Haays译,1898年印行)等几部书。《光论》系近代中国第一部系统的几何光学译著,介绍光的直线传播、反射、折射、照度、色散、光谱等。《光学》一书详细介绍几何光学、波动光学,该书首次将波动光学传入中国。《光学揭要》介绍有关光谱及其应用方面的知识,书中将1895年发现的X射线(伦琴射线)的特征与用途介绍到中国,还介绍了"以太"说。声学方面的译著有《声学》《声学揭要》等。《声学》原著者为英国著名物理学家田大里,傅兰雅、徐建寅合译,8卷,8万余字,1874年江南制造局印行。《声学揭要》一书系据田大里著述编次而成,美国人赫士与申葆琛合译,1893年美华书馆印行,论述声的来由、速率、音频等。力学方面的译著则以《重学》《重学浅说》两书最为著名。前者原作为英国人胡威立(William Wheweull),李善兰、艾约瑟合译,19世纪50年代后期墨海书馆印行。这是当时影响最大最重要的物理学著作,也是中国近现代史上第一部力学译著。正文20卷,后附圆锥曲线说3卷。《重学浅说》由王韬、伟烈亚力合译。电学方面以英国瑙埃德著、徐建寅与傅兰雅合译的《电学》一书较为重要。全书6册10卷,约24万字,1880年江南制造局印行。1900年江南制造局印行的《物理学》(日本藤田丰八译,饭盛挺造编,王季烈重编)一书,则是20世纪初流行的物理学教材。

化学。中国近代最早一部化学专著译本为《化学初阶》(美国人嘉约翰John Glasgow Kerr口译,何瞭然笔述,1870年广州博济医局刻印)。该书4卷,分论非金属、金属及化合之法。1872年,江南制造局印行了近代中国最早一部分析化学译著《化学分原》(英国蒲陆山Charls L. Bloxam原著,傅兰雅、徐建寅合译)。该书8卷8万余字,分论试验已知未知之物、简质、繁质、考数、制合材料等。这一年起,江南制造局刊行了徐寿和傅兰雅合译的一系列化学论著,主要有《化学鉴原》(1872年)、《化学鉴原续编》(1875年)、《化学鉴原补编》(1882年)、《化学考质》(1883年)、《化学求数》(1883年)、《化学材料中西名目表》(1885年)等。其中,《化学鉴原》一书第一次出现中文元素周期表;《化学鉴原续编》系近代中国最早一部有机化学译著;《化学鉴原补编》专论金属、非金属。

地学。早期传入中国的地学著作最重要的要属《金石识别》和《地学浅释》。《金石识别》是达纳(J. D. Dana)的地质科学名著,徐建寅、玛高温译,1872年江南制造局印行,5册12卷。《地学浅释》是查尔斯·莱耶尔(Charles Lyell)的地学名著,华蘅芳、玛高温译,31卷,1873年江南制造局印行。是书以地层变化的历史论证了物种的变异,从地质学方面为自然进化论奠定了基础。此后,益智书会、江南制造局还分别印行了《矿石图说》(傅兰雅译,1884年印行)、《绘地法原》(金楷理、王德钧译)。前者述及矿石形状、化学性及其分类,后者为地图绘制专著。1891年《格致汇编》杂志上刊载了两部著作,一是美国人卜舫济(Pott, Francis)著的《地学初桄》,一是傅兰雅编译的《地学稽古论》。

天文学。1859年墨海书馆印行李善兰和伟烈亚力合译的《谈天》一书。该书系英国候失勒(Jhon Hersohed)天文学名著,原名《天文学纲要》。译本最早将进化论思想介绍到中国。原书作者1871年去世,1874年徐建寅将1851~1857年间天文学新成就补充增译而成18卷,约23万字,1881年由江南制造局印行。19世纪80年代出版的天文学译著还有《天文图说》(英国柯雅各著,美国人摩嘉立与薛承恩合译,4卷,1883年益智书会印行)、《天文须知》(傅兰雅撰,1卷,1887年印行)、《西国天文源流》(伟烈亚力等译,1卷,1889年印行)等。《天文图说》附图介绍日月星辰天文图及天空异象,《天文须知》对日月星辰及天文仪器、测量推算方法作了简单介绍,《西国天文源流》搜集20余家天文学名流事迹,介绍天文学源流。19世纪90年代印行的著述有《星学发轫》(美国罗密士撰,英国人骆三畏Samuelm Russell与王镇贤合译,1890年京师同文馆印行)、《天文揭要》(赫士口译,周文源笔述,2卷18章,1891年登州文会馆印行)等书。19世纪下半叶广学会、江南制造局还印行了《三光浅说》(英国革笨A. G. Giberne著,英国人华立熙G. Walshe、孙治昌合译,3卷)、《测候丛谈》(金楷里、华蘅芳译,4卷)等天文气象读本。

生物学。最早的植物学译著有《植物》《植物学启蒙》。《植物》一书为英国人林德利(John Lindley)《植物学基础》的节译本,李善兰、韦廉臣合译,1858年印行。该书介绍植物学基础理论知识及近代西方重要研究成果。共8卷,其中第8卷系李善兰与艾约瑟合译。《植物学启蒙》,艾约瑟译,1卷30章。1895年益智书会还出版过一部《植物图说》(傅兰雅撰,4卷)。动物学方面先后刊行了《动物学启蒙》《虫学略论》《生命世界》等译著。《动物学启蒙》,艾约瑟译,8卷,最早的动物学启蒙读本之一。《虫学略论》,传教士华约翰(I. Walley)著,刊于1890~1891年《格致汇编》,系近代中国第一部昆虫学译著。1891年,《格致汇编》上刊载了英国礼敦根(Duncan J. Reid)著、傅兰雅译的《人与微生物争战论》。这是翻译最早的西方微生物学专著,将巴司特(Pastur)学说传入中国。最早的较详尽的人体生理学译著为《体用十章》《省身指掌》等。《体用十章》,美国哈士烈著,嘉约翰、孔庆高合译,4卷10章,1884年博济医局印行。论述人体功能、血脉运行、血液、呼吸等。《省身指掌》,9卷,论述人体的构造与生理,美国传教士、医生博恒里(Henry Porter)1882年起写作,完稿后由美华书馆印行。20世纪初,出版了几部重要的关于人类起源的论著。1905年山西大学堂译书院出版了英国生物学家克洛特(Edward Clood)著,黄佐廷、范熙泽译述的《克洛特夫天演论》。原著名曰《进化论基础》,系统论述了人类起源。书中附有许多重要插图。1907年,东文译书社翻译出版了日本寺田宽三著的《人与猿》。1911年英国霍德撰、吴敬恒翻译的《天演学图解》出版,对传播进化论和人类起源学说起了重要作用,出版不到一年即重印。

自然科学各分支基础理论陆续介绍到中国的同时,西医有关理论也系统地介绍到中国。1857年上海仁济医馆印行了合信与管茂才合编的《西医略论》,系近代西医最早传入中国的著述之一。该书3卷,附图400余幅。此后陆续刊印的有《内科新学》(合信、管茂才合编,1858年上海仁济医馆印行)、《妇婴新学》(合信撰,1858年仁济医馆印行)、《儒门医学》(英国海得兰著,傅兰雅、赵元益译,1867年成书,1875年江南制造局印行)、《卫生要旨》(嘉约翰、浙江海琴氏合译,1882年博济医局印行)、《西医产科新法》(英国人梅藤更 Duncan Main 与刘廷祯合译自西医产科名家著述,1897年杭州广济医局印行)、《济急法》(秀耀春、赵元益合译,1903年江南制造局印行)等。这些书不仅分别将西医内科、妇产科、儿科、卫生学、急救学等比较系统地介绍给中国读者,也传播了人体生理学、解剖学等基础理论。

综上所述可以看出,近代西方自然科学的输入,有一个由浅入深、由零散片断到比较系统的过程。最初译介过来的多是一些通俗性的小册子或文章,介绍声、光、化、电等方面的常识。这一方面是受到当时中国人接受能力的制约;另一方面就翻译技术来说,众多的自然科学名词术语,中文中尚无现成的可用,需要一个艰苦的创造过程。到了19世纪80年代后,自然科学中各个学科的基础理论,大都比较系统地介绍到中国来了。

(二)

革命导师马克思,一贯"把科学首先看成是历史的有力的杠杆,看成是最高意义上的革命力量"①。他曾经明确指出:"各门科学在18世纪已经具有了科学形式,因此它们便一方面和哲学,另一方面和实践结合起来了。科学和哲学结合的结果就是唯物主义(牛顿的学说和洛克的学说同样是唯物主义所依据的前提)、启蒙时代和法国的政治革命。科学和实践结合的结果就是英国的社会革命。"②

遵循马克思主义经典作家揭示的深刻哲理去考察分析,不难发现,近代自然科学的输入,对中国社会历史进程产生了巨大的作用。

第一,科学就是生产力。近代自然科学技术的输入,推动了中国社会生产力的向前发展,是中国走上近代化道路的一个重要环节。

第二,近代自然科学,是近代社会文明的重要组成部分。近代自然科学的输入,引起人们思想观念方面的巨大变化,使一些人有可能成为近代意义上的人。

以前,在漫长的中国历史上,对整个物质世界的认识,不乏带有唯物或辩证色彩

---

① 恩格斯:《马克思墓前悼词草稿》,《马克思恩格斯全集》,第19卷,第372页。
② 《英国状况》,《马克思恩格斯全集》,第1卷,第666~667页。

见解的学者。但由于缺乏近代自然科学作基础,这些人思想方面的基本范畴还是所谓的理气、道器、格物致知、尊德性、道问学等古老的范畴,远远达不到科学的程度,随着近代自然科学知识的输入与传播,人们看到大到地球、宇宙,小到微生物、细胞、元素、原子,从自然界到人类本身,都有其自身发生、发展、变化的过程。人们的视野大大地开阔了,认识空前地深化了。也正是由于近代自然科学的传播,才使人们摆脱中世纪的愚昧和宗教神学成为可能;也只有摆脱愚昧和宗教神学,人才有可能成为近代意义上的人。

康德的星云假说,首先从形而上学自然观上打开了第一个缺口;到拉普拉斯,详细说明了太阳系是如何从一个单独的星团中发展起来,并为以后愈来愈多的科学事实所证明,赢得了这个学说应有的地位。19世纪自然进化论、能量守恒定律和细胞学说三项重大发现,大量自然科学的事实,使人们有可能形成客观世界本来面目的总画面,认识客观事物的产生、发展及其转化的真实过程。这些自然科学理论先后传到中国,引起一些人高度重视。其中尤以康德、拉普拉斯星云说与进化论对人们的观念影响最大。

康有为曾对康德、拉普拉斯星云说表示赞赏。他在《诸天讲》一文中说:"德之韩图(即指康德)、法之立拉士(即指拉普拉斯)发星云之说,谓天体创成以前,是朦胧之瓦斯体,浮游于宇宙之间,其分子互相引集,是谓星云,实则瓦斯之一大块也。"①康有为把天体看成是星球的旋转、运行和互相吸引。他认为,太阳有成有毁,地球也有生有灭。并由此得出"星有老少之别"的结论,意识到宇宙有一个形成、发展和变化的过程。据康有为称,《诸天讲》一书写于1886年,1926年讲授于杭州天游学院。该书显然包含了不少他后来流亡国外所了解到的西方自然科学的知识,但其上述思想形成于19世纪80年代是不成问题的。1882年康有为赴京应顺天乡试不授,归途经上海回广东,一路上购买了不少翻译过来的西书。此时,上海江南制造局刚刚刻印发行的《格致启蒙》等书,必为康有为所重视。上面引述康有为的话,明显地是受了《格致启蒙》一书的影响。《格致启蒙》一书中指出,星气能化变为星,星气料质聚集凝结,可成为大星;有散于外而未结成一处者,可复另结为行星。"其中结成之大星,常常收聚凝结,愈聚愈热,热甚发光,照遍四周行星与太阳所属行星,自为一天空无异。由是初为名星,数千百万年,渐暗发红色,将来可渐灭而无有也。凡宇宙间万物之质,无一不如星,无论何质,如煤在炉,如星在天,终有了期。"②《格致启蒙》中这些观点,对康有为及其同时代的知识分子,无疑产生了重大的影响。

孙中山的一些著述中,也用星云说的观点说明地球的形成。到了晚年,他还作了进一步的阐述:"照进化哲学的道理讲,地球本来是气体,和太阳本是一体的。始初太阳和气体都是在空中,成一团星云。到太阳收缩的时候,分开许多气体,日久凝

---

① 《诸天讲》卷二。
② 《格致启蒙》卷三。

结成液体,再由液体固结成石头。……地球当初由气体变成液体,要几千万年,由液体变成石头的固体,又要几千万年。"①

近代翻译、出版的自然科学著述中,直接或间接介绍自然进化论者为数不少,对知识界影响相当大。康有为在万木草堂讲学时说:"生物始于苔,动物始于介类";"荒古以前生草木,远古生鸟兽,近古生人"②。这一类的话,在19世纪下半叶出版的有关地学、生物学译著中,比比皆是。根据当时介绍过来的有关学说,谭嗣同这样阐述物质进化过程:"天地万物之始,一泡焉耳。泡分万泡,如熔金汁,因风旋转,率成圆体,日又再分,掠得此土,遇水而缩,由缩而乾,缩不齐度凸凹其状,枣暴果䑞,或乃有纹,纹亦有理,如山如河。缩疾乾退,溢为泽水;乾更加缩,水始归虚。沮汝汝蒸,草藩虫蛔,壁他利亚,微植微生,螺蛤蛇龟,渐具禽形。禽至猩猿,得人七八。人之聪秀,后亦胜前。"③严复以进化论解释动植物和人类的起源和进化发展,乃至解释整个宇宙天体的形成,更为人熟知。章太炎用进化论解释人体的形成,认为水生动物变为猿,然后再变为人。他还根据细胞学说,叙述了细胞是表现生命现象的基本结构的理论:"今夫庶物莫不起于细胞。细胞大抵皆球形,其中有核,亦大抵皆球形。核中液体充满,名曰核液,分染色物、非染色物二者。凡细胞诸种,皆自原形者成立。原形质似卵白质,赫胥黎氏称之曰'生命之本原'。……是即生物之所以灵运,然非有神宰界之矣。"④

恩格斯指出:达尔文进化论出现后,"一切僵硬的东西溶化了,一切固定的东西消散了,一切被当作永久存在的特殊东西变成了转瞬即逝的东西,整个自然界被证明是永恒的流动和循环中运动着"⑤。进化论传到中国后的影响,再次证实了恩格斯论断的正确与深刻。

第三,近代自然科学对中国传统思想观念的冲击,亘古未有,这就为先进世界观的创立和发展准备了必要的条件。

自然科学发展的状况,制约着一个时代哲学发展的水平。马克思在《经济学手稿》中,明确地指出了自然科学对其他知识的基础作用。在考察机器、自然力和科学的应用时,他曾这样告诉人们:"自然科学是一切知识的基础。"不同门类的自然科学研究对象不同,研究方法各异。但是,它们无一例外地都以客观存在的物质为研究对象,力求反映物质世界的客观规律。在研究过程中,都要求以一定的实际材料为基础,进行分析、综合、归纳、演绎。其中必然要接触现象与本质、形式与内容、原因与结果、必然性与偶然性等一系列哲学范畴。这些,必然为哲学的发展、方法论的更

---

① 《孙中山选集》下卷,第662~663页。
② 《万木草堂堂说》。
③ 《仁学》二十,《谭嗣同全集》,第330页。
④ 《菌说》修订手稿。
⑤ 《自然辩证法导言》,《马克思恩格斯选集》第3卷,第453~454页。

新创立坚实的基础。

近代自然科学除了本身的发展过程为哲学认识论提供了丰富的思维经验教训外,还为哲学本体论、自然观提供了思想成果。其中主要表现为回答了三个重大的问题:第一,天与地的关系。牛顿用万有引力理论统一了天与地,康德等则指出天地都有个演化过程。总之天与地是统一的,遵循相同的规律。第二,物质与运动。指出物质皆由原子构成,物质不灭与相互转化,运动不灭与相互转化,物质与运动不可分割。第三,物种的变异性与稳定性。指出物种不断进化,进化是个缓慢的连续的过程,物种的变异性与稳定性是相互联系的。①

正是西方近代自然科学的传播,促进了中国近代唯物主义自然观的形成。如果说18世纪西方的唯物主义以牛顿力学为科学基础,那么19世纪末20世纪初的中国唯物主义则主要是以星云说和进化论、能量守恒定律、细胞学说为科学基础。中国先进的资产阶级思想家们,主要是用星云说、进化论等理论武器,解释宇宙万物的自然进化过程。并以此证明人类社会历史同自然界一样,是发展的、变化的,从而论证维新变法,最终用资本主义制度取代君主专制制度是完全合乎事物发展规律的事。

第四,近代自然科学的输入和传播,改变了传统知识结构,造就了一批新的资产阶级知识分子,为变革社会培养了人才。

19世纪末20世纪初,大批青年学生出国留学,不少人学习自然科学。即便是学习社会科学的留学生,大多也涉猎自然科学的基本知识。而在国内,随着清政府新政的推行,教育制度也发生了变革。1901年清政府命令切实办好京师大学堂,各府厅设中学堂,各州县设小学堂。1902年起,清政府陆续颁定各种章程,制定学制。规定大学堂本科分为政治、文学、格致(自然科学)、农业、工艺、商务、医术七科,以各省高等学堂为预备科。又分设师范、政治和农业、工业、商业、商船等类职业学堂。中小学和各类职业学校均须学习自然科学知识。据清政府1902年颁布的中学堂章程规定,中学堂课程有修身、读经、算学、词章、中外史学、中外舆地、外国文、图画、博物、物理、化学、体操等。其中自然科学占授课总时数近1/2。小学课程与中学相似,只是门类略减、内容较浅而已。这样,通过新式学堂的普通教育,一般学生均可获得一些近代自然科学知识。

自然科学知识的普及,提高了人们的文化素质,使其易于摆脱愚昧和旧思想的束缚,产生或接受变革现实的思想。自然科学家对旧的生产关系和对生产力的束缚体察得更为直接;自然科学研究的朴素的唯物主义倾向,也决定自然科学工作者比较容易接受新的世界观和方法论。众所周知,李善兰、徐建寅是中国19世纪下半叶最著名的自然科学家。正是李善兰,早在1882年便翻译介绍了"德国议院章程";而徐建寅也译述了《德国合盟始末》一书,较早地介绍了德国的政治制度诸如议会制

---

① 林德宏:《近代自然科学发展的基本线索》,《南京大学学报》,1982年第2期。

度、三权分立等。虽然李善兰自云其举"聊备采风问俗之意",他们对西方政治制度欣羡之意是不难看出的。其后,严复、孙中山、朱执信、鲁迅、郭沫若等一批最初曾从事自然科学技术学习和研究的人,后来或成为传播资产阶级政治学说的劲旅,或成为著名的革命家、思想家,除特定的历史环境外,还有不少令人寻味的原因。

19世纪末20世纪初中国新的知识分子群的出现,是辛亥革命、五四运动发生的重要的物质基础。这个知识分子群新就新在这些人不仅了解和懂得一些西方政治学说,也了解或懂得一些近代自然科学。毛泽东同志在《论人民民主专政》一文中说:"自从1840年鸦片战争失败起,先进的中国人,经过了千辛万苦,向西方国家寻找真理。洪秀全、康有为、严复和孙中山,代表了在中国共产党出世以前向西方寻找真理的一派人物。那时求进步的中国人,只要是西方的新道理,什么书也看。……这些是西方资产阶级民主主义的文化,即所谓新学,包括那时的社会学说和自然科学。"这里,毛泽东同志把近代自然科学也包括在资产阶级民主主义文化之内,即包括在"新学"之内,是很深刻的见解,也是我们研究近代思想文化史时应该高度重视的。

(郑永福 《河南大学学报》1989年第1期。)

孙中山与基督教

孙中山的思想体系中,既批判继承了中国传统文化,又有选择地吸收了西方近代文明。就其与西学的关系而言,除民权学说、进化论和西方近代自然科学等对孙中山有重要影响外,西方的基督教也与他有过相当的干系。本文拟对孙中山与基督教的关系做一考察,希冀对孙中山思想体系的评析有所裨益。

(一)基督教与孙中山的数次转移(1866~1893)

孙中山的童年生活在传统文化氛围中,但粤南的香山早已与西方有所接触。据载,1877年孙中山曾从美国传教士初习英文。1878年9月,孙中山入檀岛正埠火奴鲁鲁英国圣公会办的意奥兰尼学校就读。该校校长韦礼士牧师企望孙中山等中国寄宿生成为基督徒。在浓重的宗教气氛熏陶下,该校不少中国学生皈依基督教。孙中山虽然没有领洗,但通过学习《圣经》和参加宗教活动,"渐渐对基督教发生了兴趣,他在基督教教义中,找到了更多的道理,而这些正是他早年信奉村神所不能满足的"[①]。

1883年初,孙中山升入檀岛最高学府阿湖书院。此间,孙中山不仅学业日进,对基督教的感情也愈来愈深,"至翌年春夏间遂有克日

[①] 钟工宇:《我的老友孙逸仙先生》,《辛亥革命史料选辑》(上册),湖南人民出版社,第1~2页。

受洗礼之仪"①。基督教系一神教,有强烈的排他性。孙中山的宗教感情不久便见诸行动,这就是嘲弄、毁坏其兄孙眉及其他华侨共同奉祀的关帝神像。为了遏止他日益升腾的宗教感情的发展,孙眉令孙中山回国补习国学。此即孙中山后来所说的,兄"恐文进教,为亲所责,着令回华"②。

因宗教信仰致使辍学返乡,并未挫伤孙中山宗教感情的发展。在宗教感情引发下,孙中山与好友陆皓东"入北帝庙,戏折北帝偶像一手,并毁其他偶像三具,以示木偶不足为世人害。乡人见之大为鼓噪"③。孙中山等人的行为为世俗所不容,终至被迫离乡。

1883年11月,孙中山赴香港,旋入英国基督教圣公会办的拔萃书屋学习。课余到伦敦会长老区凤墀处补习国文,复结识美国宣教师喜嘉理,并由喜嘉理为其洗礼入教,曾随喜嘉理等赴香山等地传教布道,分售《圣经》,化导友人入教。④

1884年4月,孙中山转入香港中央书院,"每星期日恒至邻近道济会堂听王煜初牧师说教",以求深入了解基督教教义。就在此时,远在檀香山的孙眉获悉其在家乡破坏神像、继而虔信基督,来函痛斥孙中山,"谓苟不远与基督教割绝,必不复寄银资助之"⑤。并伴言有业务相托,勒令孙中山速去檀岛。鉴于长兄凛凛之命,孙中山被迫再次转移。

抵达檀香山后,孙眉试图以让其归还先前赠予的全部资产相要挟,来冲淡孙中山的宗教热情,洗涤其宗教思想。面对信仰与财富的取舍抉择,孙中山不改初衷,"不以稍夺其志,力传基督之道,辟偶像之非,娓娓不倦"⑥。他申辩道:"我抱歉我使你失望,我抱歉不能在中国古人所走的路上尽我的责任,如果我的良心允许我,我也愿意遵守中国的法律做事……但是,中国自己并不能尽自己的责任。我不能遵守已败坏的习惯,你所很慷慨给予我的产业,我很愿意还给你,我不再有什么要求,财富不足以动我心。"⑦

解除与孙眉的财产关系后,孙中山于1885年4月返回香港。中法战争后中国社会矛盾更加激化,探索爱国救亡道路的孙中山决定"借医术为入世之媒"。1886

---

① 冯自由:《革命逸史》第二集,中华书局,第10页。
② 中国社科院近代史所等编:《孙中山全集》,第1卷,中华书局,1981年版,第47页。
③ 冯自由:《革命逸史》第二集,中华书局,第10页。
④ 尚明轩等编:《孙中山生平事业追忆录》,人民出版社,1986年版,第521~522页。
⑤ 尚明轩等编:《孙中山生平事业追忆录》,人民出版社,1986年版,第521~522页。
⑥ 尚明轩等编:《孙中山生平事业追忆录》,人民出版社,1986年版,第521~522页。
⑦ 林百克:《孙逸仙传记》,中国文化服务社,1946年版,"不爱钱"节。

年夏,孙中山入美国基督教长老会办的广州博济医院附设的南华医学堂就读。次年10月转入何启在伦敦布道会协助下于香港创办的西医书院。这一时期,孙中山不仅系统学习医学及其他自然科学知识,《法国革命史》《物种起源》等书对他的思想也有很大影响,常与尢列、杨鹤龄、陈少白议论时政,可谓"学医"与"救国"并举。其宗教思想状态又如何呢? 1896年11月孙中山于自传中称:"文早岁志窥远大,性慕新奇,故所学多博杂不纯。于中学则独好三代两汉之文;于西学则雅癖达文之道(Darwinism);而格致政事,亦常浏览。"紧接着还有一句,常为引者略,此即:"至于教则崇耶稣,于人则仰中华之汤武暨美国华盛顿焉。"① 1891年3月27日,孙中山参加了"教友少年会"成立大会,并发表《教友少年会纪事》,其中云,该会成立盖以联络教中子弟,"使毋荒其道心,免渐堕乎流俗,而措吾教于磐石之固也",并希望"各省少年教友亦有仿而行之"。②

既"雅癖"达尔文进化论,又崇拜耶稣,宗教与科学的矛盾,在孙中山思想上并未解决。但在此后的斗争中,二者在孙中山思想中的分量则互有消长。西医书院毕业后,孙中山在澳门、广州行医,常常免费赠药送诊,这正是孙中山借行医以为入世之媒,实现其救国志向的开始。《上李鸿章书》之不达,甲午中日战争的强烈刺激,历史的大潮终于将孙中山推向民主革命先行者的位置。由信仰进化论而导致宗教信仰的衰退,由行医济世而步入政界爱国救亡,孙中山宗教思想、政治思想发生了一次大的转变。

(二)利用重于信仰(1894~1912)

孙中山"革命之初,往往借教堂为革命机关"③,他设诊所于广州双门底基督教徒左斗山的圣教书楼,日后这里成为孙中山策划第一次广州起义的重要据点,并在此结交发展了首批同志。此后的革命斗争中,广州永汉路四牌楼的长老会福音堂、广州河南巴陵会福音堂、花地格致书院、芳村培英书院、仁济大街的博济医院、油栏门天主教徒胡心泉的鸿兴客栈等处,都曾作过革命机关处所。

据冯自由《革命逸史》载,兴中会成立前,直接参与孙中山反清密谋者15人,其中半数以上系基督教或天主教教徒,附和的教友有上海的宋耀如、檀香山的宋居仁、香港的王煜初等。冯自由认为,"总理自倡导革命以来,所设兴中会、同盟会、中华革命党等团体,其誓约均冠以当天发誓字样,是亦一种宗教宣誓的仪式,盖从基督教受洗之礼脱胎而来者也"④。又据陆皓东之侄陆灿回忆,在一次兴中会入会宣誓仪式上,"孙博士第一个宣誓,他把手放在《圣经》上,请上帝为他的誓言作证,其他人旋

---

① 《孙中山全集》,第1卷,第48页。
② 原载《中西教会报》1891年第5册,重刊于《近代史研究》1987年第3期。
③ 王治心:《中国基督教史纲》,台北文海本,第254页。
④ 冯自由:《革命逸史》第二集,中华书局,第12页。

即照办。"①

从兴中会成立到1905年中国同盟会成立前,兴中会会员发展到约500之众,有姓名可稽的290人中,有宗教身份者占相当大的比例。1895年广州起义中,不少基督徒参加;事败之后,又因这些人有宗教身份而得到西方国家一些传教士及教友的营救。这也是清政府日后对"洋教"益趋排斥的重要原因之一。

1896年10月,孙中山在英国伦敦蒙难,多次求救失败后,在万念俱灰的心境下,沉寂多日的宗教热忱灼然升腾,"惟有一意祈祷,聊以自慰"。10月16日"祈祷既竟,起立后觉方寸为之一舒,一若所祷者已上达帝听"。其精神获得平衡后,"再尽人力",利用宗教感情及知识,打动了英仆,终于获救。这又引发了孙中山对上帝的感戴:"以是而予知祷告之诚,果达于天也。以是而予知上帝因默加呵护者也。"②

孙中山毕竟已是一位博览西方自然科学、谙熟进化论的饱学之士和心忧天下、历难弥坚的革命志士,其已经进化了的宗教观不可能也没有退到其领洗时的状态。且此次蒙难,系清吏所陷,这就进一步推动他反清革命,也使他以与腐败的清王朝势不两立的形象名扬海内外。

1900年7月下旬,当中国北方义和团运动高涨之际,孙中山在南方再次发动武装起义,此即庚子惠州起义。起义的领导者、组织者,多为基督教徒,参加者据崔通估计约30%属基督教徒。③ 义和团运动的主要口号是"扶清灭洋",而庚子惠州起义打出的旗号是"保洋灭满"。④ 革命者对洋教的这种态度,也确实换来了某些西方人士对因起义失败而落难者的营救。

1904年4月,由于保皇党陈仪侃等人作祟,孙中山在旧金山再次蒙难。在"焦灼异常,彷徨无计"的困窘之中,他利用教友左斗山、杨襄甫的介绍函与当地著名基督教学者伍盘照和牧师司徒南达等取得了联系,在众教友和致公堂的多方努力下,孙中山终于脱难。⑤ 其后,他到处鼓吹革命。在一次对美国人的演说中,孙中山有一段令人玩味的文字:"我们最大的希望是,把圣经和基督教育(正如我们在美国所认识的)作为一种传递手段,向我们的同胞转送通过正义的法律所可能得到的幸福。我们试图尽力采取一切手段,不经流血而夺取全国和建立政府。"⑥这番话系为争取美国人士支持理解中国革命,是显而易见的,宗教成了孙中山进行反清革命利用的手段之一。同时,这种思想情绪与日后荐袁自代有没有某种联系呢?这值得进一步探索。

---

① 陆灿:《我所了解的孙逸仙》,中国和平出版社,1986年版,第21页。
② 《孙中山全集》,第1卷,第62~64页。
③ 《我之革命经过》,《中华民国开国五十年文献》第1编第9册,第636页。
④ 陈春生:《庚子惠州起义记》,丛刊本《辛亥革命》(一),第239页。
⑤ 冯自由:《革命逸史》第二集,中华书局,第103~150页。
⑥ 《孙中山全集》,第1卷,第240页。

1905年,中国同盟会成立。翌年秋冬,孙中山在《中国同盟会革命方略》中,制定了条律。其中第13款为"杀外国人,焚拆教堂者杀"。在对外宣言中开宗明义地表示:"所有中国前此与各国缔结之条约,皆继续有效。"①这自然也包括了列强可以在中国自由传教的条款。方略中表述的这些思想,对民国成立后对外政策及对内宗教政策的制定,产生了重要影响。

同盟会成立后,孙中山全身心地投入到领导中国民主革命的事业中去。1910年2月10日,他由纽约抵旧金山,28日在丽蝉戏院向华侨演说革命,其中就中国与俄国比较云:"俄帝为本种人,无民族问题之分;且俄帝为希腊教之教主,故尚多奴隶于专制,迷信于宗教者,奉之为帝天。又俄国政府有练军五百万为之护卫,此革命党未易与之抗衡也。俄民之志于革命者,只苦专制之毒耳。中国今日受满政府之专制甚于俄,而清政府之腐败甚于俄,国势之弱甚于俄,此其易于俄者一。""中国人向薄于宗教之迷信心,清帝不能以其佛爷、拉麻等名词而系中国人之信仰,此其易于俄者三。"②这里,孙中山把专制国家是否政教合一、国人有无宗教文化传统,作为民主革命难易的重要条件来看待。讲话中除仍流露出"夷夏之辨"的痕迹外,已不带宗教感情色彩了。

1905年后日益高涨的革命形势,不断洗涤着孙中山的宗教情感。到辛亥武昌起义前,其思想言论绝少宗教色彩。一次他对冯自由说:"无政府论之理想,至为高超纯洁,有类于乌托邦(Utopia),但可望不可即,颇似世上说部所谈之神仙世界。吾人对于神仙,既不赞成,亦不反对,故即以神仙视之可矣。"③对超人间的力量和虚幻的彼岸持理智态度是孙中山宗教观念的一个重大变化。"敬鬼神而远之",是中国传统文化中儒家的固有观念。孙中山这种对鬼神存而不论的态度,也可看做是对中国传统文化的一种回归。作为一个基督徒口出此言,可以说是背叛了他的宗教信仰,这与虔诚的基督徒只崇信上帝而不拜事邪神的一神观念没有什么关系。对神仙既不赞成,也不反对,存而不论,也就等于宗教信仰听凭个人好恶,这种思想为民国建立后的宗教政策定下了基调。

对待基督教的态度,孙中山有一个发展起伏的过程。喜嘉理1912年写的回忆录言其宗教信仰持一以贯之的态度,与事实不符,而对孙中山接触了解较多、曾任新加坡同盟会分会会长的张永福则说:"先生劳于国事,平居非与外界接触,几忘年节日,对耶稣教最重之圣诞亦然。先生为教徒,但永不见其至教堂一步。"④冯自由也说:"余在日本及美洲与总理相处多年,见其除假座基督教堂讲演革命外,足迹从未履礼拜堂一步。"若从总的倾向来说,张、冯之言言之有理,但囿于其闻见,亦有绝对

---

① 《孙中山全集》,第1卷,第301~302页。
② 《孙中山全集》,第1卷,第443页。
③ 《孙中山全集》,第1卷,第586页。
④ 尚明轩等编:《孙中山生平事业追忆录》,人民出版社,1986年版,第822页。

化之嫌。如果说自1894年后，孙中山已变成一个不恪守宗教清规戒律的教徒，对宗教的利用重于信仰，则比较符合实际。兴中会成立后，孙中山专注国事，不再斤斤于宗教仪式。但他常常言及宗教问题，且不时化腐朽为神奇，从宣扬宿命论的基督教义中演绎出经邦济世、爱国救亡的革命涵义来。冯自由评曰："考总理之信教，完全出于基督救世之宗旨，然其所信奉之教义，为进步的及革新的，与世俗的墨守旧章思想陈腐者迥然不同。……间有中西教士与之讨论宗教问题，则总理议论风生，恒列举新旧宗教历史及经典，详征博引，透辟异常。闻者均无以难之。此又可见总理对于宗教学识之渊博，殊非常人所及矣。"① 据称，孙中山本人说过："我不属于教堂的基督徒，但属于耶稣的基督徒，耶稣是个革命者。"②这大致可勾勒出兴中会成立之后孙中山宗教思想的主要特色。

（三）探索进步的宗教怪圈（1912～1925）

1912年1月1日，孙中山就任中华民国临时大总统。此后，在《对外宣言》和《中华民国临时约法》中都明确规定了国民宗教信仰自由的政策。

作为革命领袖，孙中山对基督教传教士的态度很有分寸。1912年2月6日，他复函上海基督教美以美会高翼圣、韦亚杰："来示具悉。政教分立，几为近世文明国之公例。盖分立则信教传教皆得自由，不特政治上少纷扰之原因，且使教会得以发挥其真美之宗旨。外国教士传教中国者，或有时溢出范围，涉及内政。此自满清法令不修，人民程度不高以致之。即有一二野心之国，藉宗教为前驱之谋者，然不能举以拟政教分立之例也。今但听人民自由奉教，一切平等，即倾轧之见，无自而生，而热心向道者亦能登峰造极，放大光明于尘世。若藉国力以传教，恐信者未集，反对已起，两均无益，至君等欲自立中国耶教会，此自为振兴真教起见，事属可行，好自为之，有厚望焉。"③这里，一方面孙中山宣布传教信教自由，主张政教分立；另一方面明确表示反对列强利用宗教对中国进行干涉和侵略。

孙中山退位后，宗教言行逐渐增多。1912年4月初，他参加了南京基督教教育年会的宴会并捐款。4月17日参加上海基督教青年会的欢迎会，在会上孙中山说："民国成立，政纲宣布，信仰自由，则固可以消除昔日满清时代民教之冲突；然凡国家政治所不能及者，均幸得宗教有以扶持之，则民德自臻上理。世上宗教甚多，有野蛮之宗教，有文明之宗教。我国偶像遍地，异端尚盛，未能一律崇奉一尊之宗教。今幸有西教士为先觉，以开导吾国。惟愿将来全国皆钦崇至尊全能之宗教，以补民国政令之不逮。"④由于对基督教的偏爱，孙中山竟萌发了把各种宗教统一于基督教之下

---

① 冯自由：《革命逸史》第二集，中华书局，第12页。
② 夏曼：《孙逸仙传》，纽约1934年版，第310页。
③ 《孙中山全集》，第2卷，中华书局，1982年版，第66页。
④ 《孙中山全集》，第2卷，第568～569页。

的念头。

孙中山宗教思想的发展与其政治生活背景密切相关。他每遭受一次大的政治打击,都导致其在宗教问题态度上不同程度的反复,借宗教平慰因政治挫折带来的心灵创伤。孙中山一生中,进化论与宗教神学始终在头脑中搏斗。进化论使他坚信"世界大势,浩浩荡荡,顺之则昌,逆之则亡",鼓舞着他屡败屡战,百折不回;而基督教也常在其苦闷时给他以精神慰藉、感情调节。

辛亥革命时,总的来说,西方传教士对孙中山及其事业是支持的。但当东西方列强将砝码偏向袁世凯一方的时候,教会势力总体来说也跟着风转。西方传教士称袁世凯是一个"阻止无政府状态所必需的魔鬼"①,而孙中山是一个"颠来倒去的人"②。袁世凯镇压"二次革命",传教士认为这是维护安定统一所必需的。美国《布道先驱》杂志甚至说,美国有人把孙中山看成华盛顿第二,这种赞赏是不成熟的,孙中山"参加这次不合时宜的,实质上并非爱国的起义(按:指"二次革命"),暴露出他的基本弱点"③。有的传教士甚至说"二次革命"是一场叛乱,孙中山"缺少头脑清醒,除了色盲的人,是老早就看出来的"④。西方传教士的恶劣"表演",使孙中山此后近十年间与西方教会关系冷漠,也为其晚年虽仍保持对基督教教义的信仰,但赞同中国自立教会,埋下了思想种子。

护法运动失败后,孙中山沉闷孤独,意志彷徨,从此开始了对民主革命的沉痛思索。他一度在沪深居简出,闭门著述,不仅重新考虑革命的出路、方法等问题,也对宗教问题进行了反思。正是在这一反思中,孙中山的宗教思想发生了显著的变化。

1918年7月26日孙中山给孙科的信中说:"汝前日与我之《宗教破产》一书,殊为可观。父自读 Dr. White's War of Science and Theology 之后,此书算为超绝矣;其学问考据,此 White 氏有过之无不及,父看过后,已交孙夫人看,彼看完,再传之他人矣。"⑤这里说的 War of Science and Theology 系美国教育家、历史学家、外交家怀特博士1896年出版的 A History of the Warefare of Science With Theology in Christendom(《基督教领域里的科学与神学之争》)。"该书说明,在人类研究工作方面,每前进一步会怎样遭到懦弱的人们以宗教名义进行反对,而宗教和科学又是怎样而受到损害的。"⑥所谓《宗教破产》,疑为尼采的《上帝之死——反基督》。尼采在这本书中宣称:"我非难基督教,我以所有所非难者表示的一切责难中最厉害的责难来反对基督

---

① 明恩溥致 J. L. 伯顿:《中国北方差会》,1913年6月7日(第33卷)。
② 德哈恩致斯特朗博士:《中国北方差会》,1913年7月29日(第33卷)。
③ 《布道先驱》1913年10月,第433页。
④ 明恩溥:《本年传教差会大事记》,《教务杂志》1914年1月,第12页。
⑤ 《孙中山全集》,第4卷,中华书局,1985年版,第489页。并参见《研究孙中山先生的史料与文学》(台民国史料中心版)第189页考订。
⑥ 《近代现代外国哲学社会科学人名资料汇编》,商务印书馆,第2534~2535页。

教。我觉得它是可以想象的一切堕落中最大的堕落。它具有最彻底的堕落的意志。基督教会没有一点东西不染上堕落的色彩。它把一切价值变成非价值,把一切真理变成谎话,把一切完整性变成灵魂的卑贱。让任何人敢于向我说及它的'福音'!"① 如果说怀特仅仅阐述了科学与基督教神学之间的矛盾斗争,对"上帝"还留有情面的话,"超人"哲学家意志论者尼采则对基督教来了个狂轰滥炸。在那封致孙科函中,孙中山还谈到他正在研读柏格森的《生元有知论》,认为该书"思想极新,驾乎近时学者之上",并嘱孙科译成华文,以"开中国学者之眼界"。② 上述怀特、尼采、柏格森等的三种书,对孙中山避开基督教神学思想体系的纠缠,建立以进化论为基调的"孙文学说"及其"知难行易"、"行先知后"的哲学体系有着不容忽视的影响。

1919年后,中国文化界逐渐掀起"非基督教运动"和"本色教会运动",打击了列强在华教会势力。孙中山反对前者,赞成后者。他说:"教会在现制度下,诚有不免麻醉青年及被帝国主义者利用之可能,然而如何起而改良教会,谋求独立自主,脱去各帝国主义的羁绊,此教友人人应负之天责,亦为一般从事宗教运动者应急起为之也。予奔走政治,不能为直接此项运动之参加,然予亦反对现在反基督之理论。"

1923年10月21日,孙中山在广东省议会内对中华基督教青年会发表了"民国要以人格救国"的演讲,首次把科学与神学放在一起,考察其异同优劣。孙中山说:"就人类的来源讲,基督教说世界人类是上帝六日造成的。近来科学中的进化论家说,人类是由极简单的动物,慢慢地变成复杂的动物,以至于猩猩,更进而成人。""由这一点所见之不同,便生出科学与宗教之争。""今日人类的知识,多是科学的知识。古时人类的知识,多是宗教的感觉。科学的知识不服从迷信,对于一件事,须用观察和实验的方法,过细去研究,研究屡次不错,始认定为知识。宗教的感觉,专是服从古人的经传。古人所说的话,不管它是对不对,总是服从,所以说是迷信。就宗教与科学比较起来,科学自然较优。"到此为止,孙中山算是从本体论的高度认识到了宗教不及科学,向唯物主义又迈进了一大步。但孙中山思想感情依然对宗教恋恋不舍,于是他话锋一转,又说:"至于宗教的优点,是讲到人同神的关系,或同天的关系,古人所谓天人一体,依进化的道理推测起来,人是由动物进化而成,既成人形,当从人形更进化而入于神圣。是故欲造成人格,必当消灭兽性,发生神性,那么,才算是人类进化到了极点。"这里,孙中山试图调和、折中科学进化论与基督教神学之间的水火关系,前进了的哲学观点又向后缩回了一步。

但应该看到,孙中山讲人要"发生神性",是从"要人类有高尚的人格,就在减少兽性,增多人性"这点出发的。这种"人格救国论",是孙中山一贯重视宗教、道德教化作用的思想的进一步发展。③ 孙中山一生政治上奋斗不息,与时俱进,在道德修

---

① 尼采著,刘崎译:《上帝之死——反基督》,台北志文出版社,第150页。
② 《孙中山全集》,第4卷,第489页。
③ 以上引文未注明者见《孙中山全集》第8卷,第316、317、319页。

养上也追求完善的自我人格。他后期思想基本上是逐渐向唯物主义方向倾斜的,但对基督教的道德教化作用却仍极重视。然而,宗教毕竟是立足于虚幻的彼岸世界来讨论、解决来世问题的,在现实社会斗争中孙中山强调三民主义"比宗教的主义还要切实。因为宗教的主义,是讲将来的事和世界以外的事,我们的政治主义,是讲现在的事和人类有切肤之痛的事,宗教是为将来的灵魂谋幸福的,政治是为眼前肉体谋幸福的"①。事实证明,孙中山毕竟首先是一个真诚的伟大的革命民主主义者,然后才是一个基督徒。到他逝世前一两年,在他思想中科学压倒了神学,基督教在他身上,仅仅成为一件外衣了。

1925年3月12日,孙中山先生逝世。11日中午,孙因肝病垂危,致精神恍惚,"猝发谵语向空虚斥曰:'汝辈牛鬼蛇神,岂得命我,诚欲召见,可令天师以今夜子正来。'"②在死神降临的一刹那,孙中山在病榻上执着教友的手说:"我是基督教徒,上帝派我为我国人民去同罪恶奋斗,耶稣是革命家,我也一样。"③临终前,他"坚持把手放在被子外面,像一个基督徒那样死去。他的葬礼是基督教方式的,因为他的妻子知道他会这样要求的"。④ 这样,基督教伴随孙中山走完了伟大而平凡的一生。

宗教是现实的一种反映,这种反映又是曲折的、消极的和懦弱的。由于孙中山长期受教会学校教育,对基督教感情深厚,影响了他对资本主义列强本质的认识,而作为一个品德高尚的基督徒,受宗教伦理影响过深,刻意追求个人品行修养的完善,在现实斗争中过分强调所谓人道、信义、真诚、博爱,也削弱了其作为一个革命家应有的坚定性、彻底性;对基督教的眷恋,又使其在哲学上向更高层次迈进受到了影响。宗教信仰在孙中山身上起的消极作用也是明显的。但我们最后还要重复一句,孙中山首先是一个伟大的民主革命的先行者,其次才是一个品德高尚的基督徒。

(郑永福 田海林 《河南师范大学学报》1992年第4期。后收入中华书局1994年出版的《辛亥革命与近代中国——纪念辛亥革命80周年国际学术讨论会文集》。)

---

① 《孙中山全集》,第8卷,中华书局,1986年版,第567页。
② 尚明轩等编:《孙中山生平事业追忆录》,人民出版社,1986年版,第649页。
③ Y. Y. Tsu, *The Christianat Dr. Sun Yat-sen's Funeral*, Mach18,1925. The Chinese Recorder, pp. 89-90, February,1931.
④ 陆灿:《我所了解的孙逸仙》,中国和平出版社,1986年版,第65页。

佛教与基督教在近代中国女性中影响之比较

近年来,佛教与21世纪问题,成了学术界议论的话题之一。对这个大课题,我们可以从各个侧面去研究探讨。本文拟就中国近代史上佛教与基督教在女性中的影响做一简要的历史考察、比较,或许可从一个方面有助于我们的思考。

(一)

中国近代出家为尼者,其背景不同,约略有如下几种情况。相当数量的"做尼姑者,或为贫家女儿,为了生活而出此";有的人生活受挫,削发为尼,如在兵燹动乱中破家后为尼,夫殁少寡为尼,夫妇失和女而为尼,亦有娼妓、优伶皈依佛门者;有的妇女主要非有个人遭际,而是哀叹国家民族的命运,又看不到社会改革的出路,绝望之中遁入空门。还有些人,由于特殊环境(如家庭或好友中有浓重的佛教氛围)的熏陶,主要基于信仰而出家为尼或作居士。

近代中国尼庵及比丘尼究竟有多少,因缺乏统计资料而难以得出一个准确的数字。据《中华归主——中国基督教事业统计(1901~1920)》一书估计,当时中国有比丘40万至100余万,比丘尼约有1万人[①]。由于缺少旁证,这个数字仅能作为参考。另据1931年调查,当

---

① 中国社会科学院世界宗教研究所译:《中华归主——中国基督教事业统计(1901~1920)》,中国社会科学出版社,1987年版,第78页。

时江苏(不含上海、南京两市)有和尚31810人、尼姑7261人,尼姑占佛门出家者总数的22.80%。[1] 汉魏六朝以来江苏就是中国佛教最盛地区之一,因而无法以江苏类推全国;又1931年系振兴佛教口号提出并推行十余年之后,这时期的数字也不能代表清末民初的情况。实际上,近代以来,佛教呈不断衰落之势。太平天国运动中,江南地区的佛教势力受到严重打击,寺庙尼庵多遭毁坏。19世纪末始,各地掀起庙产兴学运动,更大范围内打击了佛教势力。本来占寺庙比例很小的尼庵所剩无几。另有些地方官以取缔淫祠为名,勒令僧尼还俗。这些情况大体延续到了20世纪30年代。李景汉调查了河北定县62个村庄,清末民初共毁庙宇325座(其中多数系民间崇拜之神址无疑,但寺庵必在其内),到1938年,全县仅有和尚24名,已无尼姑。[2] 不能不看到,佛教自身的缺欠与局限,也是造成佛教衰落的重要原因。直到1912年全国佛教会成立前,佛教始终没有统一的全国性组织。组织不健全及传教手段的落后,特别是不像基督教那样重视对妇女的传教工作,也限制了佛教发展。寺庵戒律松弛,亦为影响佛教自身发展的重要因素。近代中国佛教界涌现出一批有名的佛学大师,如敬安、杨仁山、太虚、谛闲、圆英、月霞、印光、宗仰等,却鲜有女性。吕碧城(1883~1943)女居士,声名显赫一时,民国初年皈依佛门,1918年赴美国哥伦比亚大学学习,1922年自加拿大归国,1927年再度游历欧美,专以宣传佛学为志,翻译、著述多种。晚年在室中高悬观音大士像,大谈"世界进化,最终之点曰美,美之广为义为善,其一的残暴欺诈,皆曰丑恶"[3]。但吕碧城在当时的声望,更多的是来自其前期"祥麟威凤"、"巾帼英雄"的形象,似与佛教关系不大。佛教界女杰出者罕见,究其原因,与当时妇女社会地位低下有关,也与佛教不重视女教徒的培养、不重视女教徒团体的建立有直接关系。佛教经书成千上万,长期内几乎见不到引导妇女佛学入门著述,直到20世纪30年代才出现一二种。近代佛学教育中长期没有女教徒的位置。1903年长沙出现了第一座湖南僧学堂,1907年北京成立了僧教育会,1912年中华佛学总会成立。但直到1931年,武昌鼓架坡佛学院才开始附设女众院,招收研究佛学的女众。[4] 后来,又出现了为数不多的女众院、女佛教团体,直到1925年始见北京有妇女佛教会的提法。至于佛教修善团体,传统上有净业社及莲社,但到20世纪30年代初,始见山东、河南女子莲社简单的活动记载。佛教本以注重个人修行为特点,缺乏团体组织活动,这也必然限制自身的发展。同时,在近代兴起的妇女解放思潮与妇女解放运动中,佛教与其联系极少,只有个别女庵参与办学等活动(据《神州女报》第三期报道,长沙铁炉寺四位主持尼姑,民国初年曾以庵中余蓄百金拟开办

---

[1] 王培棠编著:《江苏省乡土志》,商务印书馆,1938年版,第382页。

[2] 李景汉:《定县社会概况调查》,中国人民大学出版社,1986年版,第422页。

[3] 吕碧城:《欧美漫游录》,引自刘纳《吕碧城评传作品选》,中国文史出版社,1998年版,第169页。

[4] 《威音月刊》第26期,1931年2月。

一个女子实业学校)。也有个别女庵的女性开展了其他带有近代色彩的活动,但总体来说为数极少,影响甚微。脱离社会改革的结果,进一步使其丧失活动及影响力。

(二)

近代以来,尽管佛教日渐衰微,但民间佛教信仰者却长久不衰,妇女界尤为突出。有些地方的妇女几乎达到如醉如痴的地步。民间妇女崇佛成风,有其社会因素,也有女性自身心理因素的影响,佛教自身的特点也是造成这种状况的重要原因。

佛教体系中,既有深奥的宗教哲学理论,也有通俗形象的关于对佛、菩萨、神灵崇拜信仰的内容。前者以其独特的思维方式论证现实世界虚幻不实,充满痛苦,为人们追求佛教筑构至高圆满的精神世界授受相应的方法和处世态度;后者则向人们宣传在现实世界之上存在着神通广大、威力无穷的佛、菩萨和极乐世界,并教给人们请求佛、菩萨帮助摆脱苦难、获得福祥的祈祷方术。两者相辅相成,互为补充。而吸引妇女者主要系后者。加之,禅宗主张人具有佛性,不立文字,可以"见性成佛"、"顿悟成佛";净土宗通行"称名念佛"的简易方法,等等,最易为那些文化素质不高而又有信仰要求的广大女性所接受和奉行。

在民间,一些妇女崇佛虔诚,一心不二地崇拜各种神和菩萨,当时有人指出这是"愚诚"。其实她们对于佛教,对于所崇拜的对象知之甚少。她们不懂佛理、佛法,更没读过经书,"手持念珠,口宣佛号"的女性进入"城隍庙东岳宫及大小杂祠"去礼佛的混乱现象,比比皆是。① 严格说来,这种情形远非宗教信仰。这种低层次的宗教行为与她们极强烈的宗教意识形成了强烈反差。更有甚者,表面似信佛,实际上什么鬼神都拜,充其量也只能算一种准宗教行为。这种行为起因于愚昧,其结果又加重了愚昧落后,使本来由于长期封建统治造成缺乏独立精神的广大妇女,更增长了依赖性和奴隶性。

(三)

近代中国,与佛教衰落呈鲜明对比的是基督教的长足发展。应该说,近代基督教是随着侵略者的大炮打入中国的,并在某种程度上充当过西方殖民主义者侵华的工具,"洋教"在相当长的时期内受到中国人的仇视,是很自然的事情。东西方文化传统方面的巨大时空差异,使中国人难以接受这种陌生的宗教教义及其宗教活动方式。在这种条件下,基督教何以得到较快发展,何以在中国妇女中传播呢?

毫无疑义,不平等条约的签订,是基督教在中国得以生存和发展的一个重要条件。一系列的不平等条约,不仅为西方传教士在中国传教打开了方便之门,也给予了他们强有力的保护。

---

① 《天台岁时纪》,胡朴安《中华全国风俗志》(下编),河北人民出版社,1986年版,第258页。

西方资本主义各国教会和政府对前往东方传教的提倡与支持,也是基督教在中国迅速发展的重要原因。来华天主教教士来自近21个国家,1900年人数为816人,1910年为1391人,1920年为1364人。基督新教传教人员来自十几个国家,鸦片战争前夕仅200人左右,1889年为1296人,1920年达到3919人,逐渐形成一支庞大的传教队伍。

基督教各分支、各教派在传教方面有一套完整的机构和制度,采取了不少行之有效的办法,使其得以迅速发展。据《中华归主——中国基督教事业统计(1901~1920)》一书统计,基督新教1915年女受餐信徒有4万余人,1920年达到8万多人,5年中增长了一倍。1915年女教徒占教徒总数的15%,1920年时增至23%。由于该书统计只限受餐信徒,接受洗礼而未受餐者尚不包括其中,因而,女基督徒的实际数字当比这一统计为高。若以基督新教的比例推算,1920年天主教女教徒约有45万,总计奉"洋教"的女教徒在45万左右。

基督教女教友中,下层妇女人数远多于上层妇女。这是因为,不管是天主教还是基督新教,不管是基要派还是社会福音派,目光主要注视下层百姓。从文化程度看,女教友文化程度与一般女性相比较高,这也是基督教不同于佛教及其他教派的一个显著特点。五四运动前,女信徒中识字者约占41%,文盲占59%。各省中识字率高者为湖南与江苏,分别达到61%和58%。最低者为贵州省,仅为17%。在妇女文化水准普遍极低的中国,这样的比例是很可观的。究其原因,其一是入教者不少是知识妇女或教会女校学生;其二是基督教比较重视对教徒的文化教育。教徒文化水平的高低,会直接影响宗教组织的素质。

女性加入基督教的动因与背景不尽相同,大概有如下几种情况。出于某种世俗的需要,这种情况占比例最大。有相当数量的人为贫困所迫,才入"洋教"。教会在经济上给教徒某些资助与便利,对贫困人家特别是孤女寡母及其他无助的弱女子有一定的吸引力。当时以至后来若干年,人们把入"洋教"称为"吃教",是很形象的。另有一些人入教是为了寻求教会的庇护。近代中国,基督教教会是一种特殊的社会势力。一些遭受冤屈的女性,有的便寄希望于教会保护而入教。上述两种类型的人加入基督教时,往往并未形成对上帝的信仰,甚至对基本教义也缺乏了解,而是出于一种现实的需要。其宗教信仰和宗教感情是入教后逐渐培养的。有的人是由于曾受惠于教会福利事业、慈善事业,从感恩戴德出发而成为教徒的。也有些人,主要是因为信仰而入教。其中有的是受自己信教家庭或教会学校宗教气氛的熏陶,培养了宗教信仰;也有少数知识分子,经过认真的思索比较,做出了入教的决定。当然,一些人入教,往往不是单一的因素促成的,而是多种因素起作用的结果。为了赶时髦而入教者,也不罕见。近代北京有人讥讽某些洋教徒时写道:"磨砖对缝过城墙,百尺高楼天主堂,男女纷纷争入教,中国人慕大西洋。"[①]

---

① 李家瑞编:《北平风俗类征》,上海文艺出版社,1985年版,第453页。

（四）

西方教会不遗余力地争取女教徒,是基督教在妇女中迅速发展的直接原因。

西方教会和传教士,都把在妇女中扩大影响和发展女信徒,作为一项重要工作。其主要做法有如下几点:

其一,派遣女传教士和妇女传教团来华,设立妇女布道站。中国历来讲究男女授受不亲、男女大防,中国籍女传道力量形成之前,外国女传教士在中国妇女中开展布道尤显重要。据估计,1920年时,天主教在华外国神甫有2000余人,外籍修女在500人以上。基督教来华女传教士有两种,即一般差会的单身女传教士及与丈夫同来的传教士夫人和专门女差会中的女传道人员。基督教的一些差会,十分重视在中国妇女中的布道工作,成立了不少专门的女差会。且与天主教相比,基督教来华传教人员中,自19世纪80年代起,女性人数便超过了男性。1889年,女传教士占54.6%;1905年占58.1%;1915年,女职员占的比例为60.2%;1917年占61.6%;1920年占63.2%。基督教特别是天主教与基督新教,组织系统比较严密。天主教在中国全境分若干教区,由奥斯定、多敏我、方济格等十个传教会负责,各教区内各修会分别建立自己教堂传教点,即"本堂区"。1900年后,形成了各省修会林立的局面,以各修会教堂为中心,形成了千余个传教点。当地妇女的传教工作不仅由所在女修会主持,各修会亦都兼顾男女。基督新教亦在全国划分若干传教区,再划出不同差会的责任区,各差会在责任区下划分布道区,建立布道站。一个布道站一般包括一座教堂、一座礼拜堂或讲道堂、一所或数所学校、一个诊所或一座小医院,形成配套的布道中心。正式布道站外,还有不少临时布道所,妇女工作被列入布道站、所的工作范围。一些女差会设立了专门的布道站,在妇女中传教。安立甘女差会1883年至1905年仅在福建地区就设立布道站12处。[1]

其二,在妇女中进行传教的方式,不外乎文字宣传与口头布道。教会印行各种全译本、节译本《圣经》广为散发。基督新教还出版了各种文言、白话、方言及少数民族语言的《圣经》译本,数目之大让人吃惊,据1921年统计达650万册。[2] 专门为妇女创办的报刊有1912年广学会出版的《女铎报》,基督教女青年会出版的《青年女报》,中华女布道总会出版的《中华女布道总会公报》。另还编印《经课手册》《万国分级学生手册》等,大量散发到男女教徒和慕道者手中。针对中国妇女多有烧香拜佛的特点,西方传教士格外重视调和基督教与佛教的关系。《马利亚与观音》一文,列举两者16处相似的地方,极力说明佛教与基督教在信仰对象、方式等方面差别甚

---

[1] 汤清:《中国基督教百年史》,道生出版社,1987年版,第382页。
[2] 中国社会科学院世界宗教研究所译:《中华归主——中国基督教事业统计(1901~1920)》,第1040页。

微,鼓吹崇佛妇女皈依上帝。①《万国公报》上曾刊登过不少出身佛教世家或原来信佛的妇女改信基督教的实例。

文字宣传受到妇女文化水平的限制,对于文盲占绝大多数的下层妇女,西方传教士更多地是采取口头传道的方式。不少传教士刻苦学习汉语,有的深入到家庭中去探访——对于拘于习俗或因缠足外出不便的妇女,这种家庭探访是行之有效的。另外,举办各种形式的布道会、慕道班、学道班,也是传教的重要手段。

其三,充分利用教会学校和教会慈善事业机构,推动传教工作。有的教会女校的办校目标,便是培养"有用的基督徒"②。他们也不隐讳,"我们的慈善事业,应该以直接达到传播基督福音和开设教堂为目的"③。基督教教会还举办一些比较正规的妇女圣经学校,以培养骨干。1900年后,这类学校发展很快,1920年全国达52所。④

基督教系外来宗教,相当长的时期内保持着由外人引入、外人管理的状况。随着时间的推移,中国神职人员不断增加,并出现了中国人自办的修会、差会等宣教会。到了20世纪20年代,又兴起了一个"本色教会运动"。这一过程,从某种意义上来说,是天主教、基督教的中国化过程。华人女布道员人数增长很快,1876年仅90人,1905年即增加到3000余人,与此同时,出现了由中国妇女组成的女布道会。

（五）

基督教在中国妇女中影响迅速发展,与他们在中国的一些做法有直接关系。

近代来华的基督教各派各宗,都是在欧美资产阶级革命时期经过改革的宗教派别,资产阶级的自由、平等、博爱等思想,不同程度地渗透到宗教中。他们在传教过程中,宣传男女平等的思想,谴责缠足和溺婴的陋习,大力提倡女子教育。尽管西方传教士没有也不可能系统宣传资产阶级民主思想,但其客观上的启蒙作用还是应该看到的。这也是基督教对女青年有一定吸引力的地方。

教会特别是基督教会创办了各种女学堂,招收不少女学生,到1919年,基督教办的大中小学的教会女校学生达到60487人,占整个教会学校学生的29%。⑤ 基督教办的其他学校中,女学生的比例则更高。据统计,1915年,基督教办的师范学校女生占65%,职业学校女生占51%,圣经学校女生占72%。1919年盲人学校中,女生

---

① 《女铎报》第一期,第9册,1912年。
② 陈景磐:《中国近代教育史》,人民教育出版社,1983年版,第56页。
③ 顾长声:《传教士与近代中国》,上海人民出版社,1991年版,第275页。
④ 中国社会科学院世界宗教研究所译:《中华归主——中国基督教事业统计(1901～1920)》,第22～23页。
⑤ 陈景磐:《中国近代教育史》,人民教育出版社,1983年版,第271页。

占64%。① 这些在无形中扩大了教会的影响,增加了信教人数。

基督教会还开展了许多改良社会风气的活动,如禁烟、娼、赌、办济良所等,成立了改良社会的妇女团体如中国妇女节制会等。与此同时,基督教带来某些近代色彩的生活方式。与妇女直接有关的,如倡设幼儿园,举办补习文化的日校或夜校,成立成年妇女和女青年俱乐部,建立游戏场、体育馆、阅览室、图书室,放映幻灯、电影,开展各种近代文体活动(近代体育项目绝大多数系基督教外围组织基督教青年会传播到中国来的)。

特定的历史条件下,使中国近代化在某种意义上来说成为向西方学习的过程。任何带有西方文明色彩的东西,都可能产生某些影响,包括对中国妇女的生活产生影响。当然它的负面、消极影响也不少。中国的佛教在这些方面却没有表现出相应的积极性,缺少新的举措和回应措施,这也许和佛教对妇女地位事实的不平等,以及与中国传统社会流传的男尊女卑的思想有关系。冷漠现实的结果,往往会被现实冷漠,中国近代史上佛教的不景气看来是难免的了——尽管佛教教育人要耐得寂寞,但真正达到那种高境界的人毕竟是少而又少。

(六)

通过上述简单的比较,我们认为,佛教要想在21世纪发挥其应有的作用,确实存在一个现代化的问题。所谓现代化,应该是多方位的。它至少包括:在对佛法佛理的阐释上充实现代内涵,并在向信徒讲解中,更加通俗化;佛教团体组织应有现代气息;佛教的传播手段应有所更新;佛门戒律应进一步完善,严格遵守;高度重视对信徒的多方面的教育,以提高其文化等方面的素养;重视社会参与,开展有吸引力的活动,为中国的改革开放和社会发展、为世界的和平与发展多做贡献;等等。同时,笔者也向学术界提出一个建议,建议学者们在研究高深的佛教精义的同时,探讨一下大众宗教传播学——如果这也算是一门学问的话。

(郑永福 吕美颐 《佛学研究》1996年第5期。)

---

① 据《中国近代教育史》《中华归主——中国基督教事业统计(1901~1920)》两书资料统计。

官治与自治

历史上澳门地方自治制度论略

地方自治,是欧美资产阶级反对封建专制,要求参与政权提出来的。实行地方自治制度的欧美国家,法定由地方居民选举产生自治机关,由自治机关管理地方事务。地方议会往往是地方自治制度的核心和主要标志。当然,地方自治机关实际上常常由地方上的财政金融巨头、企业主、地主及其代理人所把持。多数地方自治机关管辖的范围也止于教育、卫生、邮电、交通等公共事务。

自从葡萄牙殖民主义者盘踞澳门后,地方自治一直是澳门的基本政治制度。所以说,澳门是中国范围内实行自治制度最早、延续时间最长的地区。1999年12月20日起,中国将对澳门恢复行使主权。《中华人民共和国澳门特别行政区基本法》中规定:"中华人民共和国全国人民代表大会授权澳门特别行政区依照本法的规定实行高度自治,享有行政管理权、立法权、独立的司法权和终审权。"在澳门即将回归祖国的今天,我们来追溯澳门历史上的地方自治制度,分析它的发展过程及其特点,对于认识澳门的昨天、今天与明天,有重要的历史意义与现实意义。

一、明清王朝管辖下"华洋分治"式的自治

澳门自古以来就是中国的领土。明代葡萄牙人未入据澳门前,明王朝在这里设有提调、备倭、巡缉三个守澳官,负责管理外商船舶进出口、防范倭寇海盗、流动巡查,分别设行署驻守澳门。《澳门纪略》载:澳门"有南北二湾……二湾规圜如镜,古曰壕镜,是称澳焉。

前明故有提调、备倭、巡缉行署三"①。澳门的行政和司法职能由香山县知县掌管。

1553年(嘉靖三十一年)葡萄牙商人通过贿赂广东地方官开始留居澳门,每年向广东海道副使江柏馈赠500两白银,1573年(万历元年)起改为向广东地方官府交纳地租银500两(另加火耗15两),从此确立了对澳门的租赁关系。这种情况一直延续到1849年(道光二十九年)。1553~1849年近300年,为葡萄牙在澳门的"租地时期"。

随着贸易发展,澳门人口不断增加,葡萄牙人入据20年后,在澳的葡萄牙人和其他外国人已不下万人,葡萄牙人开始组织起来进行自我管理。1583年,居澳葡人首次举行选举,选出判事2人、长老3人、检事1人,正式成立议事会(或称议事公局)。议事会对居澳葡人实施行政、政治和司法管理,军事权由巡航兵头专管,特殊重大事务则须交市民大会表决。讨论重大事项时,主教、由居民选举的驻地兵头和大法官也应邀参与甚至主持会议。1586年,葡萄牙的印度总督来信确认了澳门议事会的权力,授权每三年进行一次选举,并确认澳门为"中国圣名之城"(Cidade do Nome de Deus na China)。1596年,葡萄牙国王进一步颁布命令,承认澳门享有葡萄牙埃武拉市(Evora)同等的自由、繁荣和显赫。这标明澳门从此获得了葡萄牙国王批准的享有某种程度自治的"法令特许状"②。

长时期内,澳门议事会主要由四人组成,《池北偶谈》记载:"澳中有议事亭,番目四人,受命于其国,更番董市事。凡市[事]经四人议,众莫敢违。及(中国)官司有令,亦必下其议于四人者。议得当以报闻。"③Historic Macao一书这样记载议事会四个人:"及至澳门市议事局成立,即由澳门的行政长官、治安判事、葡舰司令及澳门土生的葡人代表,共四人合组而成。"④据黄启臣先生研究,这四人是总督、大法官委黎哆(Ouridor)、理事官和主教,后又增加了检察官及其他司法人员。⑤ 总督即指葡舰司令,大法官即治安判事,理事官即行政长官,第四个职位有两种说法,一说是土生葡人代表,一说是主教。我们根据天主教早期在澳门的重要作用来推断,议事会中第四个职位当是主教,至少在一定时期内是这样。总督是最高执政者,委黎哆掌管司法,理事官掌管贸易和税收,主教掌管宗教事务。

总督由葡萄牙任命,其余为选举产生。总督仅有军事权,不得过问议事会的施政,因此无多少实际管治权。议事会始终处于主导地位,担负着现今意义上的中央行政和地方行政的所有职能。这种状况到了18世纪下半叶才有改变。

---

① 印光任、张汝霖:《澳门纪略》,引自《笔记小说大观》(第三十册),江苏广陵古籍刻印社,1984年版,第128页。
② 黄汉强、吴志良主编:《澳门总览》,澳门基金会1996年第二版,第63页。
③ 王士祯:《池北偶谈》(卷21),中华书局,1982年版,第517~518页。
④ 黄启臣:《澳门历史(自远古~1840)》,澳门历史学会1995年版,第200页。
⑤ 黄启臣:《澳门历史(自远古~1840)》,澳门历史学会1995年版,第207页。

所有居住在澳门的葡萄牙人都有对议事会的选举权。选举由大法官主持。议事会的成员任期3年,主席由议员轮流担任。

议事会的职权在于享有国王授予的政治、司法和行政权力,并负责葡萄牙人社群的治安。保安队由居民组织,需要时还雇用奴隶。议事会除了任命议事会的书记官外,还有权选举法官,赋予狱官以权力,任命立契法官及书记之外的一切官员,任命传队长并命令其执行巡逻及发放船只、护照等任务,就连葡萄牙王国任命的总督也需在议事会注册,取得议事会的认可。

议事会中最具特色和最重要的角色便是检察长一职。检察长不仅是库官、海关总监和公共部门首领,还负责与中国官府打交道。据说,1584年检察长一职获香山县知县授权,负责协调葡人与澳门华人社会的关系,在中国官府中代表澳门葡人。在《澳门纪略》一书中称之为"理事官",为重要的"夷目"之一。该书称:"理事官有一曰'库官',掌本澳蕃舶税课、兵饷、财货出入之数,修理城台街道,每年通澳佥举诚朴殷富一人为之。"检察长一般通葡、汉两种语言,或由通双语的华人协助其工作。

1640年,葡萄牙推翻西班牙统治复国后开始加强中央集权,中世纪以来授予地方的某些权力逐渐被取消。此一集权措施,也波及到澳门,但在其后的百余年时间里,"澳门议事会本身对不时来自里斯本或印度的命令置若罔闻,更无意执行"①,保持了相当的自治权。1820年,葡萄牙实行君主立宪政体后颁布了宪法。1835年2月22日,议事会被解散,并依1834年1月9日葡萄牙王国颁布的市政选举法重新进行选举。从此,议事会由一个权力机构沦为一个仅负责一些一般市政事务工作的市政厅了。

以上所谈的是相对于葡萄牙来说,澳门是如何行使自治权的。这里应该特别强调指出的是,这种自治是鸦片战争前,中国明清王朝在对澳门的领土、军事、行政、司法、海关实行全面管治的前提下,作为明清王朝"华洋分治"政策的一部分而存在的。明清王朝从来视澳门为中国的主权范围。对于入据澳门的葡萄牙人,明王朝采取了"建城设官而县治之"的方针。1574年(万历二年),明王朝在澳门半岛与大陆连接的咽喉要地莲花茎,建立了关闸,派兵守卫。1621年(天启元年)又在与澳门近在咫尺的前山寨设置了武职正三品的参将。民政由香山县管辖,海关税由广东市舶司会同香山县按船丈抽,照例算饷。入清之后,又于前山寨增设香山县丞,以知县的副手专司澳门职责,被称为"澳门县丞"或"分防澳门县丞"。为了更加直接地管理澳门,1743年(乾隆八年)澳门县丞移驻澳门半岛望厦村。次年清王朝又在前山寨设立了行政等级更高的澳门同知,即"澳门海防军民同知"。职责是:"专理澳夷事务,兼管督捕海防,宣布朝廷之德意,申明国家之典章。凡驻澳民夷,编查有法,洋船出入,盘验以时,遇有奸匪窜匿,唆诱民夷斗争、盗窃,及贩买人口、私运禁物等事,悉归查察

---

① 黄汉强、吴志良主编:《澳门总览》,第56页。

办理,通报查核,庶防微杜渐……"①此外,清代还在澳门完善了海关设置,澳门总口是粤海关六大总口之一,下设四个税口,分别设在大码头、南湾、关闸和娘妈阁,粤海关监督还在澳门设立了行署,称关部行台或海关监督行台。由此可见,明清王朝对在澳门"建城设官"方面,着实下了工夫,机构设置是十分完备的。

　　葡萄牙人入据以后的澳门,其人口特征主要是华洋共处,华人的人口占绝对多数,集中居住在半岛北部的望厦、龙田等七村及火船头街一带,葡人主要居住于围墙以南,特别是南湾一带。明清王朝按照管理内地的办法,在华人和葡萄牙人居住地区推行保甲制度,"编甲约束,具取连环保结备案"②。华人户口编入香山县,葡萄牙人亦以"汉法约束之"。但明清王朝并不直接管理集中住在澳门的葡萄牙人的内部各种事务,而是允许葡萄牙人自行管理其内部的政治、经济、宗教、军事等方面的事务。实行较为灵活的"不必与编氓一例约束"之法,通过"以夷制夷"来管理葡萄牙人。当时,澳门有座木质结构的中式"议事亭",中国官员常在这里召见"夷目"。中方根据情况还制定了一系列有关制度和章程,由夷目负责传达和执行。这就是"华洋分治"。从中国方面对澳门的管理来看,1849年前的澳门议事会,也是一个自治机构。据说,澳门议事会设立之初,当时的两广总督,曾特地召见了葡人主教、民政长官和治安判事,责问此事,后在葡萄牙人一再保证服从中国的统治,并向总督馈赠厚礼之后,得到了地方官员的默认,实际上也是得到了明清王朝的承认。

　　葡萄牙人在澳门的"租地时期",澳门的地方自治具有如下特点:

　　其一,澳门自治是在中国行使主权的前提下实行的,与葡萄牙其他封地和自治城市有本质不同,即不向葡萄牙国王纳税,而向中国当地官府缴租,且接受中国政府的政令。其二,中国政府在这里实行着有效统治,包括领土管理、行政管理、司法管理、海关管理和军事管制。表现于:在围墙以南的葡人居住区设有中国政府的行政机构;不准许居澳葡人随意建筑房屋或构筑防御工事;中国政府每年向葡人征收贸易特权费三万元;按葡萄牙法律审判的案件仅限于一定范围,葡人的死刑案件照例由广东省终审等。其三,澳门自治的范围只限于葡萄牙人,占人口多数的华人并不包括在内。1787年议事会曾企图将管辖权扩展到华人,遭到中国居民和中国官方的坚决反对,终未能实现。

二、葡萄牙殖民管制时期的地方自治

　　1849年至1976年,对澳门来说,是葡萄牙殖民管制时期,澳门的自治制度发生了重大变化。

　　葡萄牙通过革命建立君主立宪政体后,1822年颁布了第一部宪法,根据第20条规定,澳门首次被列为葡萄牙领土的组成部分。此后,中国在澳门的主权一再遭到

---

① 印光任、张汝霖:《澳门纪略》,引自《笔记小说大观》(第三十册),第133页。
② 印光任、张汝霖:《澳门纪略》,引自《笔记小说大观》(第三十册),第134页。

破坏。《南京条约》的签订使清王朝的腐败无能暴露无遗。1844年葡萄牙女王宣布，澳门与帝汶(Timor)、梭罗(Solor)共同组成一个自治的海外省，省会设在澳门，设总督长驻。1845年，女王又擅自宣布澳门为"自由港"。

把殖民管制变成现实的是第79任澳门总督亚马勒。这个狂热的殖民主义者1846年一到任，就迫不及待地抛出了一系列破坏中国在澳主权的措施。首先是拒绝向清王朝缴纳地租，使这一持续了近三百年的惯例从此中断。同时，悍然宣布向关闸以内所有居民，包括中国居民和其他外国人，征收地租、人头税和不动产税，甚至对不从者拘拿鞭打，又强行命令所有停泊在澳门的中国船只登记缴税。接着公然扩充地界，在一向由中国方面直接管理的围墙以北地段修路，从围墙水坑尾，经龙田村直达关闸。更为严重的是无理封闭了中国在澳官署并驱逐中方官员，袭击中国的海关关部行台，砍倒悬挂中国旗帜的旗杆，澳门海关被迫移往广州黄埔。对葡萄牙人的非法行径，当地中国居民坚决抵制，清地方官也一再提出严重抗议，终未能阻止亚马勒的殖民扩张步伐。1849年以后澳门陷入葡萄牙殖民管制之下。尽管此后历届中国政府从来没有放弃澳门的主权，但其时已无法行使主权了。形势的巨变，必然使澳门的自治制度发生变化。其特点表现如下：

第一，澳门在殖民管制时期实行的地方自治，其最大变化是不再具有双重性，已不像过去那样同时以中国政府和葡萄牙王国为参照系。由于葡萄牙统治了全澳，因此它的自治不再相对于中国政府而言，而仅仅是针对葡萄牙本土一方了。这种情况一直延续到20世纪70年代。

第二，根据葡萄牙王国制定的海外省组织章程，澳门的自治权力受到极大限制，权力过于集中于里斯本。19世纪末，葡萄牙对海外省实行政治、立法和行政自治的殖民思想体系逐渐形成，1914年《海外省民政组织法》的颁布，标志着澳门首次获得了具有近代意义的自治权力。1917年的《澳门省组织章程》明确规定了澳门享有行政、财政自主权，受中央政府的领导和监督（第2条）①。自治的权限被限制在行政与财政两方面。1920年葡萄牙修改宪法，赋予各殖民地以高度自治，1005号法令规定殖民地设三个自我管治机构，即总督、立法会和行政会，澳门等海外省可分享涉及国家主权和国际关系以外的立法权。但是，1926年的《澳门殖民地组织章程》，又把立法会与行政会合二为一。1933年的《葡萄牙殖民地帝国组织章程》再度削减殖民地自治权，由葡萄牙王国殖民地部长代表中央政府对澳门等地行使除葡议会保留立法权之外的所有权力。直到1964年《澳门省政治行政章程》制定后，享有立法权的立法会才得以恢复。按规定，除一般立法权外，立法会还具有专属立法权和立法创制权，包括批准财政预算、批准总督举债、审议经济发展计划报告等。自我管治机构由总督、立法会和政务委员会组成，总督担任立法会主席，并与立法会分享立法权，政务委员会只享有通过澳门经济发展大纲一项立法职能。但是在执行过程中，存在

---

① 黄汉强、吴志良主编：《澳门总览》，第66页。

着现实与章程脱节的问题,不能不使澳门真正享受到的自治权力大大打了折扣。

第三,曾作为自治制度象征的澳门议事会,在殖民管制时期也有很大变化,由一个全面行使自治权的市民自治机构,蜕变为单纯的市政机构。16世纪和17世纪的澳门议事会具有相当大的权力,总督却没有实权,几乎所有的行政事务,均由议事会决定和执行。1835年,根据葡萄牙王国的命令,议事会被解散,并按照1834年葡萄牙王国颁布的市政选举法重新选举了市政委员会。市政委员会隶属于总督,为专管市政的市政机构。1846年亚马勒任总督后独断专行,市政委员会被他强行解散。1938年葡萄牙再次对海外行政进行改革,进一步加强中央集权,市政议会与市政厅的权限只剩下负责维修道路,管理城市卫生、市场、屠场和坟场,编制街道名称和门牌,发放车辆牌照和驾驶执照等有限的范围。第二次世界大战期间,澳门政府任命一个委员会管理市政事务,市政厅正式成为澳门市政府下属的六大部门之一①。市政议会虽然仍旧存在,但终于蜕变成一个在市政府领导之下,相对于市政府的市政自治机构了。

第四,在殖民管制时期,澳门自治由葡人内部扩展到包括华人在内的全体居民,但其明显特征是华人与葡人在享受自治权力方面处于不平等地位。19世纪中叶,清王朝在失去对澳门的管辖权之后,澳门的华人开始由葡方管理,原来代表澳门与清王朝交涉的检察长及其官署,在清王朝驻澳机构被赶走后,事实上已成为专管华人事务的机构。从议事会到市政厅,这一以自治名义存在的机构,在殖民管制时期一直为葡人所掌握,华人没有插足之地,在享有自治权方面,葡人与华人没有平等可言。"一百多年来,虽然葡萄牙当局对本澳华人社会采取了若干政策和措施,以方便管理,但绝大多数华裔居民一直生活于建制之外。"②这种情况维持到20世纪80年代中期。

三、《澳门组织章程》颁布后自治的新发展

1974年4月25日葡萄牙发生了民主革命,萨拉查的独裁统治被推翻。新政权在海外推行非殖民地化政策,因而1976年4月25日颁布的《葡萄牙共和国宪法》提出了两点具有历史意义的新规定,一是首次承认澳门为葡萄牙管理下的中国领土,承认了中国对澳门拥有主权,葡萄牙拥有的是管理权;二是确认澳门地区仍受葡萄牙行政管理,并制定一个适合其特殊情况的管理章程。这个章程就是1976年澳门执掌宪法权力的革命委员会通过的《澳门组织章程》。章程对澳门的地位和自治权限作出了明确规定。其中第二条规定:"澳门地区为一内部公法人,在不抵触共和国宪法与本章程的原则,以及在尊重两者所定的权力、自由与保障的情况下,其享有行政、经济、财政及立法自治权。"第五十一条规定:"澳门地区拥有本身的司法组织,其

---

① 杨飞仁:《市政厅四百年来的变迁》(三),1989年6月10日《澳门日报》。
② 黄汉强、吴志良主编:《澳门总览》,第77页。

享有自治,并适应澳门的特征。"第五十三条规定:"澳门法院是独立的,只受法律约束。""检察院根据法律规定有本身的通则及享有自治。"第七十五条规定:澳门法院将在适当的时候,"被授予完全及专属的审判权"①,以期最终脱离葡萄牙司法系统。这一时期澳门的自治出现两个特点:其一,自治是在主权与治权分离的状况下实行的。从法律上讲中国拥有对澳门的主权,但在尚未实现治权的情况下,实际上真正分享澳门主权职能的是多个机构,包括葡萄牙总统、国会、政府和法院,以及澳门总督和立法会。其二,和以前相比,澳门自治的权力范围大大增加了,特别是加强了立法和司法自治权。这是澳门政治民主化进程的产物。

地方议会是地方自治的核心和主要标志,其作用是以民众立法和决定一切地方事务的形式实现主权在民。但是长时期内,澳门的立法权基本掌握在总督手中,无论是政务委员会,还是1920年从中独立出来的立法会,虽对总督施政多少起到监督作用,但归根到底是总督的咨询机关。1964年根据新政治行政章程规定,立法会拥有的还是有限立法权。此后,立法权得到逐步扩大,至葡萄牙民主革命胜利后,才转变为重要的立法机关,1976年投入运作的第一届立法会,已不再从属总督,成为澳门地区独立于行政之外的另一个自身管制机关。1990年修订后的澳门组织章程进一步规定立法会有权就澳门专有利益的一切事项制定法律,以及解释、中止和撤销法律。② 另一重要现象是华人在立法会中的力量不断扩大,尤其1984年第三届立法会选举以后,华人在直接与间接选举中都占有多数席位,葡人在立法会中的代表比例,只能通过总督委任才能达到平衡。但是这一阶段的立法会还存在一些难以解决的问题,一是立法会未获得全部立法权,总督仍被保留了部分立法权,而且立法会的立法数量和效率远远低于总督颁布的法例。二是立法会对行政权的制衡作用无法充分发挥,总督拥有全面行政权和部分立法权这种格局,妨碍了立法会对行政的监督,特别是总督不必向立法会负责,因而立法会无法成为主导澳门政治生活、监督和左右行政权的机构。三是公民参与不足,选民人数虽然呈上升趋势,但参与选举的人数很不理想。1991年澳门常住人口为355693人,但自1984年第一届立法会以来,参加投票人数最多的1992年,投票人数仅为28520人。③ 四是立法会还不是真正的民意代表机构,也不对澳门居民负责,并缺乏行之有效的权力参与重大政治决策。因而澳门的地方自治仍保留了制度上的重大缺陷。

20世纪70年代末,形势进一步发生了根本性变化。1979年,中、葡两国正式建交。1987年4月13日两国正式签署《中葡联合声明》。1993年3月31日中华人民共和国八届人大第一次会议通过了具有深远意义的《澳门基本法》。两个历史性文件规定,将以解决香港问题的方式解决澳门问题,根据"一个国家,两种制度"的方针

---

① 黄汉强、吴志良主编:《澳门总览》,第82~89页。
② 黄汉强、吴志良主编:《澳门总览》,第7页、第107页。
③ 黄汉强、吴志良主编:《澳门总览》,第104页。

设立澳门特别行政区,并实行高度自治、澳人治澳。基本法规定:"中华人民共和国全国人民代表大会授权澳门特别行政区依照本法的规定实行高度自治,享有行政管理权、立法权、独立的司法权和终审权。"(第 2 条)"中央人民政府负责管理澳门特别行政区有关的外交事务。"(第 13 条)"中央人民政府负责管理澳门特别行政区的防务。"(第 14 条)也就是说,除了外交权和军事权之外,澳门特别行政区将享有行政、立法和司法权。[①] 基本法对澳门自治权的实现提供了保证。即将实现的澳门自治,将进入全新的发展阶段,它是全面的、真实的、可靠的,与 16 世纪中期以来澳门实行的自治制度有着本质区别。随着澳门的回归,澳门人民企盼了多年的真正自治的时代即将到来。

(郑永福　吕美颐　《中州学刊》1999 年第 4 期。)

[①] 黄汉强、吴志良主编:《澳门总览》,第 542~543 页。

近代地方自治思潮的东渐与传播

（一）地方自治的内涵、特征与东西差异

谈到地方自治，不能不想到城市的起源与中西城市不同的特征。人类城市的历史相当久远。芒福德曾说过："到文字记载的技术发明问世的时候，城市文化早已经历过很长很长的发展历史。"[①]就这一点而言，东西方的情况应该说是一样的。欧洲的一些城市在发展中的商业性质特别突出，而中世纪晚期欧洲某些城市的起源，本身即是工商业发展的产物。而中国封建城市的产生途径、发展过程与西方不尽相同，城市的政治、军事性质特别突出。注意这一中西差异，可能会对我们研究东西方产生的不同的"自治"有帮助。

在欧洲，封建土地制的瓦解，是中世纪城市出现的前提。在11世纪之后的几个世纪里，政治动作的轴心是国王与贵族的斗争。来自城市的力量对双方既是牵制，又有吸引力，最后却是第三者。城市政治力量的中坚是商人。商人在地方当权，被认为是十分特殊的，因为，当时"在东方帝国各国中，商人毫无机会上升到当权者的地位"[②]。

[①] （美）刘易斯·芒福德著，倪文彦、宋俊岭译：《城市发展史：起源、演变和前景》，中国建筑工业出版社，1989年版，第31页。

[②] （美）塔夫理阿诺斯著，吴象婴、梁赤民译：《全球通史——1500年以前的世界》，第465页。

地方自治，是欧美资产阶级反对封建专制、要求参与政权提出来的。早在公元 11 世纪，欧洲一些国家和地区便兴起了"市民自治"运动。作为近代资产阶级前身的市民阶层，为反抗封建专制统治，参与政权，采取赎买、斗争——包括武装斗争在内——等手段，从封建领主手中争取城市自治权。意大利、德国、法国的一些城市，相继取得自治权，意大利的一些城市还控制了周围的农村，演变为城市共和国。这些有自治权的城市，一般自己选举市议会作为城市管理的最高权力机构。市议会的首领也由市民选举产生。市议会掌握城市司法、财政、军事等大权。应该说，地方自治是在资本主义萌芽和初步发展后由市民阶层提出来的，而一些城市实行地方自治之结果，又反过来促进了资本主义的发展。正如有的论者所云："由于自治市的自由民拥有权力和财政资源，他们通常从国王那里获得皇家特许状；特许状准许他们组成单独的小自治市，享有自治体的权利，可以用自治市的印章签订协议，拥有自己的市政厅、法院以及市外属地。皇家特许状还准许商人和工匠组织行会，或自愿同盟会，用以自卫和互助，其中包括对产品标准、价格和工作时间的规定。因而，城市逐渐被公认为新的社会成分，市民不再受封建法律的制约。"[1] 西方资产阶级启蒙思想家阐述他们的民主思想时，不少人谈及地方自治问题。卢梭论述其"主权在民"学说时认为，要实现全民政治，其一是领土不能太大，其二是人口不能太多。在他看来，人口太多，领土太大，让人民直接表示公意是困难的。这种理论，已经隐约地显示了近代地方自治的特点。美国独立宣言的起草者、著名思想家杰弗逊，对地方自治尤为重视。他认为，地方自治和普及教育是实行"民治"的两大基础。实行地方自治，一可以吸引人们关心政治和公共事务，二可以使人民卓有成效地实行对政府的监督，以防止政府蜕化，"防止它的一切权力集中到一个人，少数人，出身名门的人或多数人手中"，即防止出现独裁和暴政。[2] 在资产阶级革命进程中，系统的地方自治思想和理论，逐渐形成了。英国学者詹姆斯·布赖斯在其名著《现代民治政体》（张慰慈等译）一书中，对地方自治有着经典的论述。他认为，地方自治的贡献"在于能养成人民对于公共事务的关切心，使人人都知道有监督公共事务之执行的责任"。并且"使人民不仅能为公众尽力，并能得到有效的协作……在自治团体中，人人都有表现能力的机会，都能够使别人知道他。此外更可养成两种有用的好习惯：一为承认知识及处理公务能力的重要，一为论人不唯其言而唯其行"。詹姆斯·布赖斯书中写道："批评地方自治的人多说地方的官吏及选民都是器量很窄狭、很吝啬。但是这些短处乃是地方生活情形之自然的结果。器量的窄狭是地方人民对于各种事务上都有的，并且在选举国民代表上也不无影响，但是地方政府所养成的伶俐性则或较

---

[1] （美）塔夫理阿诺斯著，吴象婴、梁赤民译：《全球通史——1500年以前的世界》，第464页。

[2] 《杰弗逊生平著作选》（所据英文版，失版权页，出版单位、时间不详），第662页。

少。总而言之,地方自治即有几点坏处,也绝不能湮没它的重大的好处。最主要的事就是在地方自治制度之下的公民,无论他是农人、工人或商人,个个都应当参加共同的公共事务;个个都应当觉得在他自己的附近地方有一个小范围,在那一个小范围内,他可以使他自己的决断力为公众做事。一个人在小规模内熟习了对于公众付托权力之责任的原则,将来在大规模上自然更容易知道责任原则的应用了。"[1]

实行地方自治制度的欧美国家,法定由地方居民选举产生自治机关,由自治机关管理地方事务。地方议会往往成为地方自治制度的核心和主要标志。当然,地方自治机关实际上常常由地方上的财政金融巨头、企业主、地主及其代理人所把持。多数地方自治机关管辖的范围也止于教育、卫生、邮电、交通等公共事务。但在一定历史时期内,地方自治有着反封建专制的意义,是无可怀疑的。

西方资产阶级地方自治,有其特定的内涵。从思想方面来说,就是广泛实行资产阶级民主;从政治角度来说,则是要求由资产阶级掌握地方政权。这可以说是地方自治的核心。

中国古代即有所谓乡遂之制,近代不少政治家、思想家对这种制度很欣赏,并往往将其与西方的地方自治相类比,认为西方的地方自治制度中国古已有之。这里有必要对中国的传统社会与西方社会、中国传统的"自治"与西方的地方自治作一辨析。费孝通先生在《乡土中国》一书中曾经指出,中国的社会结构是以"己"为中心逐渐向外扩展的差序格局,不同于西洋社会的团体格局。在差序格局中,个人的社会性首先体现在家庭关系上,由家庭来定位。在家庭中家长是核心,只有他才有资格代表全家说话。家庭中的其他成员围绕在家长周围形成众星捧月式的家庭结构。当然,一个家庭不能孤立存在,不能成其为一个社会。传统中国的社会关系是家庭关系的延伸和放大,家庭成为社会结构的核心。与西洋社会不同,中国不重视个人与个人的关系,而重视家庭与家庭之间的关系。家庭关系向外延伸的第一个层次便是家族。经过多次分家后产生许多家庭由一个祖宗联系起来而成为同姓同宗的家族。家庭关系向外延伸的第二个层次是由于家庭与家庭之间联姻而形成的婚姻网络,这种网络的形成,既是异姓家族的联合,也是血缘的进一步扩大。这种扩大了的家庭关系也就成为传统中国的基本社会关系,一切生产和生活活动都是在这种关系形式下进行的。

西方社会在个人本位主义指导下建立的个人与个人之间的关系,形成的是社会团体结构。在团体结构中,个人与个人之间是平等的,他们同属于一个团体;团体与团体之间是平等的,他们同属于一个更大的社会组织。中国以家庭为核心向外扩展的家庭与家庭之间的血缘关系,形成的是社会的差序结构。在差序结构中,人们的地位是按长幼尊卑、亲疏远近排列的。在家庭中,子从父,弟从兄,妇从夫,家长是最

---

[1] 大家西学丛书,王建勋编:《自治二十讲》,天津人民出版社,2008年版,第120~121页。

高权威。家庭之外,家长服从族长,族长服从地方上名门望族的族长。这种差序结构产生的必然是地方长老统治。而这种长老统治又必然要和一方土地结合在一起,因为在缺少社会流动的传统中国社会,家庭关系向外延伸受到地域的限制。这些特征决定了以下几点:一、中国传统社会中,地方(尤其是农村社区)政权自治性的因素极强(中央政权和各级官府权力辐射面有限也是一个重要原因,本文对此不作详论)。这种自治对维系社会稳定起着重要作用,因而也为历代统治者所重视。二、中国传统社会中的地方自治,从根本上来说,是族治、绅治,是族长、地方士绅等联合而成的长老之治。这和西方社会中,由市民阶层意识萌发来的、强调公民有平等参与权利的地方自治有严格的区别。三、中国传统的地方自治中的所谓"自治",用"自决"(self-determination 或 autonomy)或许表达的意思更贴切些,至少更接近一些。中国传统意义上的地方自治,和西方的 local self-government 的内涵是不可同日而语的。弄清楚上述问题,对我们讨论地方自治这个课题来说是非常必要的。

西方近代地方自治思想传到中国有一个历史过程。从19世纪四五十年代起,一些地主阶级的经世派、早期维新派即开始关注地方自治问题。到了19世纪末20世纪初,中国出现了一股地方自治思潮。地方自治思想一经传到中国,就成了近代社会生活、政治生活当中一个引人注目的论题。资产阶级维新派、立宪派鼓吹它,为的是从地主阶级那里分享一部分政治权力,以逐步改革社会,实现君主立宪的政治纲领。而资产阶级革命派赞赏它、宣传它,则是为了推翻君主专制统治,实现民主政治,建立资产阶级的共和国。清王朝及后来的北洋军阀,从根本上来说,无一不是资产阶级民主政治的对头。地方自治中的民主精神与它们推行的专制独裁是相对立的。但历史的进程往往是非常复杂的。近代民主潮流的猛烈冲击,统治阶级面临的危机,迫使他们中的一些人打出地方自治的旗号,或欺骗舆论,躲避人民革命斗争的锋芒;或作为地主阶级自救的一种手段。对这种地方自治的评价相对要复杂一些。

(二)资产阶级维新派的地方自治思想

19世纪中叶到20世纪初,向西方寻求救国救民的真理,尝试走欧美资产阶级走过的道路,是中国先进人物共同经历过的思想历程。

地主阶级经世派、维新先驱思想家魏源,主张学习西方国家先进生产技术的同时,曾留心西方的政治制度。他称道美国不设君主的联邦政治,赞扬非"世及"的美国总统选举,欣赏"众可可之、众否否之"的议会议事制度[①],认为联邦宪法的章程"可垂奕世而无弊"。[②] 当然,魏源这些议论的出发点,尚在于"不悉夷情不可以筹远",并不涉及要改变君主专制社会的统治秩序。

---

① 魏源:《外大西洋墨利加洲总叙》,《海国图志》卷59,巴蜀善成堂,1887年版,第1页。

② 魏源:《海国图志·后叙》,《海国图志》百卷本附。

早期维新派前进了一步。郑观应提出,西方国家"治乱之源,富强之本","不尽在船坚炮利",而在于"设议院上下同心"等。① 他主张恢复乡举里选之法。陈炽不但主张在中央政权机构中设立议院,而且提出在地方政权机构中采用"乡官"制。他强调,"乡官"必须由"百姓公举"产生,每乡二人,正副各一,任期二年,期满之后另行选举。乡官的当选者,"其年必足三十岁","其产必及一千金"。乡官的职权范围是,"邑中有大政疑狱,则聚而咨之;兴养立教,兴利除弊,有利国计民生之事,则分而任之"②。陈炽提出的这种乡官制度,显然还是从中国古代的遂之制演化而来,但也透露出当时欧风美雨对于早期维新派的影响,显示出新兴力量分享地方政权的欲望。何启、胡礼垣则提出从省到府、县都设立地方议会,省议会从进士中遴选若干名组成,府议员则在举人中推选。县议员在秀才中选举,其法是将秀才名单标明县衙门,由县里20岁以上男子中"读书明理,有公举权的人"从秀才中推选(盲、聋、哑等残疾者无选举权),得票多者入选。何启、胡礼垣认为这种做法的意义在于,议员可将地方之利弊、民情之好恶上达于官,起"中转民情"的作用,以求办事之公平。③ 黄遵宪曾任驻日本国公使参赞,对日本明治维新后实施的地方政治体制多有了解。他编著的《日本国志》一书中,对日本的地方府县组织"仿于泰西,以公国是,而伸民权",表示赞许。他对日本的地方议会做了介绍:议员由本籍选民公举,议员人数由辖区大小而定。议员推举议长、副议长。议员、议长均不食俸禄。议员任期四年,两年易其半。"有家资有品行者",才有选举权与被选举权。④

早期维新派的这些议论,自然是零散的、肤浅的,但它表明,西方的地方自治思想已经影响到中国的思想界,进步的社会思潮已经在少数先进知识分子的头脑中酝酿。

1894年,甲午中日战争宣告了洋务自救运动的失败。新兴的资产阶级代表人物及其知识分子,纷纷把主要注意力从学习西方先进的科学技术转移到学习西方政治制度上来,要求实行政治制度方面的改革与维新。在这种大的背景下,地方自治问题,自然为他们所关注。

1897年冬,谭嗣同等在湖南倡导成立南学会。其宗旨是"讲富国之理,求救亡之法"。主张地方有事,"公议而行"。次年二月南学会开讲,由黄遵宪、谭嗣同、梁启超等"轮日演说中外大势、政治原理、行政事等,欲以激发保教爱国之热心,养成地方自治之气力"。时值帝国主义列强瓜分中国狂潮兴起,南学会的维新志士认为,要

---

① 郑观应:《盛世危言·自序》,《郑观应集》(上册),上海人民出版社,1982年版,第233页。
② 陈炽:《庸书·乡官》,丛刊本《戊戌变法》(一),神州国光出版社,1953年版,第234页。
③ 何启、胡礼垣:《新政论议》,《新政真诠》,辽宁人民出版社,1994年版,第15页。
④ 黄遵宪:《日本国志》卷14,职官志。

保住湖南不可空言,必须使人民"习于政术,能有自治之实际"。如此,即便中国亡了湖南亦可不亡。若将南学会的宗旨"推诸于南部各省,则他日虽遇分割,而南支那尤可不亡"①。诚如梁启超所回忆的,当时他们"专以提倡实学,唤起士论,完成地方自治政体为主义"②。

戊戌时期的维新派都相当重视地方自治问题。这时的黄遵宪认为,中国的旧制度将百姓的身家性命"委之于二三官长之手,曰是则是,曰非则非","而此二三官长者,又委之幕友、书吏、家丁、差役之手"而治,造成官民隔绝对立,实为一大弊端。他认为,士绅们"必须自治其身,自治其乡。再由一乡推之一县一府一省,可以成共和之郅治,臻大同之盛轨"③。

梁启超注意到,美国、日本等国所办各事,"皆有数种大政提归政府办理,如海军、陆军、刑律、交涉之类,其余地方各公事则归各地方自理,政府不干预之"。他认为这是"最善之法",惜中国的做法与之相反。④

戊戌时期的康有为,提出效法西方三权分立,改良中央政治制度。同时主张实行乡地方自治,以改良地方政治制度,举办道路、学校、医疗、卫生、户籍等地方事务。他在1898年初的上书中,建议在中央设立制度局及法律、度支等十二局,组成类似西方的国会和中央政府的政治机构。在地方上则设立民政局、民政分局,负责创办新政,举行地方自治。⑤ 康有为在《应诏统筹全局折》中云:"夫地方之治,皆起于民。而县令之下,仅一二簿尉杂流,未尝托以民治。县令重任而选贱,俸薄而官卑,自治狱、催科外,余皆置之度外。其上乃有藩臬道府之辖,经累四重,乃至督抚,而后达于上。藩臬道府,拱手无事,皆为冗员,徒增文书费厚禄而已。一省事权,皆在督抚,然必久累资劳,乃至此位,地大事繁,年老精衰,旧制且望而生畏,望其讲求新政而举行之,必不可得","汉制百郡以太守达天子……宜用汉制,每道设一民政局,妙选通才,督办其事。用南书房及学政例,自一品至七品京朝官,皆可为之。准其专折奏事。体制与督抚平等。用出使例,听其自辟参赞随员,俾其指臂收得人之助。其本道有才者,即可特授,否则开缺另候简用,即以道缺给之。先拨厘税,俾其创办新政。每

---

① 梁启超:《戊戌政变记》,《饮冰室合集》,专集之一,中华书局,1936年版,1989年影印本,第137页。

② 梁启超:《戊戌政变记》,《饮冰室合集》,专集之一,中华书局,1936年版,1989年影印本,第130页。

③ 黄遵宪:《南学会第一次讲义》,《强学——戊戌时论选》,辽宁人民出版社,1994年版,第144、246页。

④ 梁启超:《湖南时务学堂答问》,《梁启超选集》,上海人民出版社,1984年版,第63页(《饮冰室合集》未收入)。

⑤ 《杰士上书汇录》(故宫博物院藏),总理衙门代递康有为条陈第一件,第27~28页。

县设民政分局督办,派员会同地方绅士治之,除刑狱赋税暂时仍归知县外,凡地图、户口、道路、山林、学校、农工、商务、卫生、警捕,皆次第举行。三月而备其规模,一年而责其成效。如此内外并举,臂指灵通,宪章草定,奉行有准,然后变法可成,新政有效也"。① 康有为这些主张之目的在于保证变法顺利进行,也是为新兴资产阶级及其知识分子参与各级政权创造条件。

维新派不但鼓吹地方自治,而且在实践上也做了尝试。1898年2月,黄遵宪(时署理湖南按察使)与谭嗣同、唐才常等在湖南设立了"保卫局"。据《湖南保卫局章程》云,该局名为保卫局,"实为官绅商合办之局"。局设议事绅商十余人,"一切章程,由议员议定,禀请抚宪核准,交局中照行。其府县批驳不行者,应由议员再议,或抚宪拟办之事,亦饬交议员议定禀行","本局总办,以司道大员兼充,以二年为期,期满应由议事绅士公举,禀请抚宪札委。议事绅士亦以二年为期,期满再由本城各绅户公举"。② 应该承认,湖南"保卫局",已初具地方自治机构的雏形。

清王朝镇压了戊戌变法,但改革的思潮并未中断。八国联军的侵华与《辛丑条约》的签订,加剧了民族危机,先进的人们为爱国救亡积极进行各种探索。20世纪初,资产阶级立宪派强烈呼吁实行地方自治,革命派也大力宣传地方自治。两派办的各种报刊中,关于地方自治的文章比比皆是——且不少杂志创刊的宗旨之一便是鼓吹地方自治。此时,译介西方和日本关于地方自治的书籍也纷纷出版,仅从出书广告中可看出的即有《地方自治制论》《地方自治财政论》《普鲁士地方自治行政说》等③,地方自治终于发展成为舆论界一股颇有影响的社会思潮。

早在1900年即有人指出,"官之治民,不如民之自治,如此则一方处有一方之治法,政治因地制宜,纲举目张,国内方能渐次条理"④。他们把地方自治看成是救时良策。⑤ 有人指出,"世竟言民权,然非有地方自治之制则民权即无基础。条顿民族之民权所以独盛者由其自治之有素也。今世界列国中虽以俄罗斯之专制,然已有地方议会。盖此基一立则于政治之实力思过半矣"。作者鼓吹所译关于地方自治之书籍,"爱国之士其亟手一编"⑥。还有人认为,地方自治"以地方之人办地方之事,自较亲切,且可以辅官吏之不足","欲内政之完善,不可不亟为讲求也"。⑦

1901年,清政府宣布实行"新政"。康有为、梁启超等人以此为契机,又活跃起

---

① 康有为:《戊戌奏稿》。
② 《汀报》第7号,1898年3月。
③ 《新民丛报》,第21号封底及第32号商务新译书广告,1902年11月30日,1903年5月25日。
④ 《论议和后之中国》,《中国旬报》,第32期,1900年12月16日。
⑤ 陆伯周:《论大统决非外夺》,《中国旬报》,第4期,1900年3月5日。
⑥ 《新民丛报》,第21号封底,1902年11月30日。
⑦ 《新民丛报》,第32号商务新译书广告,1903年5月25日。

来。他们对清政府的"新政"寄予莫大希望,把包括兴学堂等内容在内的地方自治,看成是实现君主立宪理想的最好途径之一,因而不遗余力地加以宣传。

康有为说,"救地方之术若何?曰知病即药"。偌大之中国,病在哪里呢?在他看来,在于"官代民治,而不听民自治","救之之道,听地方自治而已"。康有为认为,欧美诸国之所以日益强盛,"横于大地,剪灭东方","乃由于举国之公民,各竭其力,尽其智自治其乡邑,深固其国本故也"。非但欧美如此,日本行地方自治制也很快地强盛起来,就是那"专制威权无上之君权若俄(国)者,亦已行地方自治矣",于是其"民才足用,而乡政克修,地利尽举"。中国和俄国之所以一弱一强,其根本原因在于前者是地方代治,而后者是地方自治。康有为的结论是:一个国家没有地方自治,"其国臃肿颓败不生活,虽庞然大物,亦号之曰废国"。一个成年的残废人,就是小孩也敢"欺弄之"。而一个"废国",即便是个大国,其他小国也能够瓜分它。如果实行地方自治,则"民不富乐,士不智勇,而中国尚弱者,未之有也"①。

这时的梁启超,对地方自治问题也非常重视。在《新大陆游记》一书中论述美国政治时,梁启超着重介绍了美国的地方自治和地方分权,并认为这种不同于中央集权的政体,是实行民主共和的要素之一。书中云:"法国卢梭言:欲行民主之制,非众小邦联结不可。德儒波伦哈克亦言:共和政体之要素有数端,而其最要者曰国境甚狭。吾观于美国,而知其信然矣。彼美国者非徒四十四个小共和国而已;而此各小共和国中,又有其更小焉者存。……故美国之共和政体,非成于其国,而成于组织一国之诸省;又非成于其省,而成于组织一省之诸市。必知此现象者,乃可以论美国之政治;必具此现象者,乃可以效美国之政治。"梁启超认为,美国的民主政治有许多缺点,但长处也很多。在美国,有两重政府,人民有两重爱国心。美国以四十四个小共和国而为一个大共和国。这好比建筑,先有无数个小房子,营造不同时,结构也不一样。最后在这些小房子之上,盖一层堂皇富丽的大楼"以冀蔽之",小房的本体毫无损害。"盖小房非恃大楼而始存在,大楼实恃小房而始存立者也。"万一遇事变大楼亡塌,诸小房也不会破坏,稍加缮葺,就足以蔽风雨而有余。美国的各州政府,就好像那小房,联邦政府则像那大楼。州政府的建立远在联邦政府以前,即使联邦政府垮掉了,各省仍能成为一个个小的独立自治共和国,单独存在。梁启超认为,这是美国政治的一大特色,也是美国共和国政体能实行、能持久的原因。②

立宪派宣传西方的地方自治,从根本上来说,是出于对封建专制主义的不满,也是出于改革中国使其走上富强道路的一种探索。宣传中,他们介绍了大量的西方政治学说、政治制度,揭露了中国君主专制统治,推动了中国近代民主潮流的向前发展,这个历史地位我们应该承认。当然,基于其政治立场,他们一方面吁请清政府,

---

① 明夷(康有为):《公民自治篇》,《辛亥革命前十年间时论选集》,第一卷,上册,三联书店,1960年版,第180、183、190页。
② 梁启超:《新大陆游记》,湖南人民出版社,1981年版,第158~159页。

实施地方自治,指出不实行地方自治对清政府的害处;另一方面又表白"对于皇室绝无干犯尊严之心,对于国家绝无扰紊治安之举"①。既要求尽快实行资产阶级民主政治,又赶忙向朝廷当权者表示并无二心,显现了资产阶级立宪派在同专制主义斗争中懦弱的一面。

(三)资产阶级革命派对地方自治的关注

历史上每一个阶级都要求有自己理想的政体,以便有效地实行本阶级的统治。资产阶级革命派走上历史舞台后,对资本主义国家的政体,即国家政权形式,十分留心。正因如此,他们对欧美资产阶级的地方自治理论和实践也非常重视。远在1897年8月,孙中山便提出了"人民自治是政治的极则"的主张。② 1900年,他在致港督书中曾谈到关于自治的一些设想。③ 这都表现出孙中山对西方地方自治制度的憧憬。

20世纪初,中国留学生创办了一批报刊。这些报刊中,如《四川》《云南》《浙江潮》《江苏》《河南》等,均以省命名,其他报刊地方色彩也十分突出。这些刊物多以爱国、救亡、革命为题,设计了各种使中国免于灭亡厄运的方案。实行地方自治,便是其中之一。1903年至1905年,留日学生界"确立地方自治之名词,昌言地方自治之必要者",蔚为风潮,以至于地方自治的言论"日触于耳"④,"日腾于士大夫之口"⑤,进而达到"举国中几于耳熟能详"的程度⑥。

资产阶级革命派为什么这样重视地方自治呢? 其一,他们普遍认为,资本主义国家的强盛和实行地方自治有直接的关系。只有实行地方自治,国家才能扭转落后挨打的被动局面。有的文章指出,地方自治是当今世界立国之基础。地方自治制度最完善的,"其实业必最隆起,其国力必最强盛","凡一地方之实业,其合同组织之力,惟其本地方居民之所构成,而在今日则以实业之组织,寓地方自治之组织,即借地方自治之组织,以益兴发实业之组织。一乡里为之,一州县为之,一省为之,则不患抗拒外人之无所凭借。夫今欧美诸国所称国民教育者,寻其结果,所增进之活动力,无一不影响于实业;所成长之组织,无一不归于地方自治"。所以,地方自治"于救亡之事,至为切要"⑦。

---

① 梁启超:《政闻社宣言书》,《饮冰室合集》,文集之二十,第28页。
② 宫崎滔天:《三十三年之梦》,香港三联书店、广东花城出版社,1981年版,第122页。
③ 《致港督卜力书》,《孙中山全集》,第1卷,中华书局,1981年版,第193页。
④ 攻法子:《敬告我乡人》,《浙江潮》,第2期。
⑤ 《论地方自治》,《四川》,第2号。
⑥ 梁启超:《政闻社宣言书》,《饮冰室合集》,文集之二十,第26页。
⑦ 《列强在支那之铁道政策译后》,《游学译编》,第5期。

其二，清政府渐渐沦为洋人的朝廷，其推行的所谓"新政"，名实相去甚远，这使很多知识分子对清王朝完全失去信心。国家的出路何在？实行地方自治，是革命派在这方面的一个探索。

《浙江潮》杂志上的一篇文章指出，"中国今日，非改革一切不足以言自存，此人人知之。然改革之事，必事事望之政府，无论政府不能骤行，即欲骤行，而事情繁杂综错，有万专恃中央集权所能胜任之势"。而地方自治，"以地方之人任地方之事，则人易得；以地方之事需地方之费，则费易筹"。文章还认为，实行地方自治是达到立宪目标的基础，即所谓"人民之参与政治，大之则在组织国家，小之则在组织地方机关，其事互相联络，未有不能自治而能治国家之大事者也"①。

其三，鉴于革命力量的单薄，资产阶级革命派对"合群"的必要性感触颇深，这也是19世纪末20世纪初群学思潮掀起的原因之一。一些人主张通过地方自治，"合小群而大群"，积蓄发展壮大革命力量。

地方自治到底应如何实行呢？《敬告我乡人》一文的作者提出了这样的设想：1.就各地方固有之绅士，联合成一自治体；2.自治体宜分议决与执行二机关；3.分任机关之事者，在绅士中互相投票公举；4.机关议事必须以多数认可为是；5.机关之各职务悉为名誉职，即不拿薪水。

文章认为，"官府为国家直接之行政机关，以直接维持国权为目的，如外交、军事、财政之类，皆官府所司之政务也。自治体为国家间接之行政机关，以地方之人治地方之事，而间接以达国家行政之目的，如教育、警察及凡关乎地方人民安宁幸福之事皆是也。直接行政名曰官治，间接之行政名曰自治"。所以，"自治之制，盖所以补官制之不足，而与官制相辅而行"。

就上述地方自治理论而言，革命派和立宪派的主张看不出有大的区别，相反，这倒可以明显地看出革命派受到了立宪派影响的痕迹。当然，革命派在谈论地方自治时，在态度上与立宪派是有区别的。主要表现在革命派往往把地方自治和长远目标——建立资产阶级共和政体联系在一起。署名汉驹的文章说，必先有共和政体的精神，才能破专制政体；必先有新政府之模范，才能推到旧政府。"吾中国人之政治思想所以若是之薄弱，政治智识所以若是之缺乏，政治能力所以若是之幼稚"，原因就在于"吾人民心目中无国家之观念，事实上无政治之操练经验使然"。而心目中无观念，事实上无操练经验，"非一由人民无参政之权利，一由无地方自治制，一由国内无政府竞争故乎！"②作者主张实行地方自治，建立新型政府作模范，以逐步倾倒旧政府的根基。这与立宪派关于地方自治以逐步达到君主立宪的政治方向似有不同。

另一方面，革命派与立宪派宣传鼓吹的对象也不尽一样。《哀江南》一文作者号召江南人"气毋馁，志毋怠，躯壳毋爱，精神毋摧"，演"独立自治之活剧"。文章认

---

① 攻法子：《敬告我乡人》，《浙江潮》，第2期。
② 汉驹：《新政府之建设》，《江苏》，第5~6期。

为,"必各府、各州、各县人人能以独立自治为基础",才能各耻其府、州、县腐败之历史,"人人有完之之心";各耻其破裂之地理,"人人有保全之之心";各耻其委靡之军事,"人人有振作之之心";各耻其顽固之教育,"人人有铲除之之心";各耻其窳惰之实业,"人人有奋兴之之心"。文章说,"一省独立之权,恢张于各省,俨然美利坚之合众也;一方自治之力,扩充于全国,居然德意志之联邦也"①。这里是号召人们起来演"独立自治之活剧",而立宪派更多地是劝说清政府实施地方自治。而自治的结果达到合众国、联邦制,是立宪派不愿提及的。资产阶级革命派还曾设想把地方自治作为革命胜利后地方政权的组织形式。邹容在《革命军》中提出建立"中华共和国",其"自治之法律,悉照美国自治法律"。后来《同盟会宣言》中也明确规定,革命成功后,"军政府以地方自治权,归之其地之人民,地方议会评论员及地方行政官,皆由人民选举","军政府授地方自治权于人民而自总揽国事"。革命派认为,通过地方自治,使国民"养成自由平等之资格,中华民国之根本胥于是乎在焉"②。

革命派与立宪派政治方面的主张,固然有某些原则性的区别,但也有共同之处,即都是从救亡图存出发,主张效法欧美资本主义制度,改变封建专制制度。基于此,他们都积极宣传地方自治,因为包括地方自治在内的西方政治制度符合整个资产阶级政治上、经济上的利益。他们要求实行地方自治,从根本上来说,就是要求资产阶级参与地方政权,实行资产阶级民主。正因如此,地方自治思潮是反对君主专制的民主进步思想潮流的一个有机组成部分,两派宣传的地方自治的主要内容,可概括如下:

1. 反对君主专制,要求实行资产阶级民主政治。地方自治是培养个人自治能力、参政能力,实行民主政治的重要途径;也是发展地方事业,救亡图存、振兴中国的基础,亟待实施。

2. 在一定时期内,资产阶级及其知识分子尚难以在中央掌权,通过地方自治,可参与并逐步掌握地方政权,进而扩大其势力及影响,为掌握国家大权做准备。

3. 通过地方自治,由合小群渐至合大群,集合、发展、壮大民主力量,结束君主专制。

4. 地方自治,是实行宪政后地方政权最好的组织形式。

值得注意的是,1905 年以前,无论是资产阶级立宪派还是革命派,宣传地方自治时有两个共同的倾向,一是往往把西方的地方自治制度描绘得尽善尽美,一是大都把西方近代地方自治制度说成是中国古已有之。

康有为说,地方自治并非什么新东西,中国三代、汉晋、六朝时就实行过。认为周官乡遂之制,"自治过密,过于东西"。汉之乡亭制度,也被其看做一种地方自治。甚至太平天国起义爆发后,广东各地士绅举办的团局,也被康有为说成是"纯乎地方

---

① 侯生:《哀江南》,《江苏》,第 1 期。
② 孙中山:《军政府宣言》,《孙中山全集》,第 1 卷,第 297~298 页。

自治之制",且以此来证明广东地方自治制度之发达。①

梁启超比较高明,曾意识到中国古已有之的所谓地方自治是"族制",非西方的"市制",两者不同。但他并未就此发展下去。资产阶级革命派的刊物上也说什么"地方自治制,吾中国前古历史上发达盖益甚早"②。实际上他们所称道的中国封建社会里由地方士绅、乡老、族正主持的所谓"自治",纯粹是农村中的族权、绅权统治,是地道的封建政权形式,与近代意义上的地方自治本义毫不相干。沿着这种方向,到封建社会中寻求民主政治,必然是缘木求鱼;而希望依靠农村中的豪绅、地主来主办地方自治,也无异于与虎谋皮。可以说,理论上的肤浅而不能自立,政治上的软弱而向封建势力妥协,都是中国民族资产阶级的致命痼疾。

(四)20世纪初自发的地方自治活动的出现

一种社会思潮的出现,往往是某种社会行动的先导。随着中国资本主义的发展和西方资产阶级政治学说在中国的传播,自发的地方自治活动开始出现。这些活动,主要是一些民族资产阶级上层人物发动起来的。这些人身为工商实业家,要求取得某种自治权,以保护资本主义工商业的发展。同时,他们在某一地区政治势力较大,统治当局对他们也不得不表示一定的让步。

1904年,东三省部分士绅制定了《创立东三省保卫公所章程》。其宗旨是,"专为保卫本地商民之生命财产"。提出,自公所成立后,"所有国课正供及盗贼要案由公所经手者,必仍移交地方官,以重官权。唯地方一切新政及寻常词讼两造情愿由公所公断者,则概由公所董事秉公办结,地方官亦不得过问"。

章程提出,设立会议股,作为议法之所;设裁判股,作为执法之所;另设交涉股、财政股、武备股,分掌各方面的事务。并声明:"本公所既有专员司筹款团练等事,则其捐项名目军装制度,但有本地方民人公议,即可施行无碍,本国及他国官长皆不得阻挠。"③从其章程上来看,大体上可称得上一个地方自治组织了。

1905年,上海城厢内外总工程局成立。这是中国创办较早、影响较大的一个地方自治机构,成立时得到了清朝地方政府的批准。据载:"光绪三十一年岁乙巳,苏松太道袁(树勋)照会邑绅郭怀珠、李钟玉、叶佳棠、姚文枬、莫锡纶议办上海城厢内外工程局,试行地方自治。"九月,袁树勋"照会抄发选定总工程局总董议董员额姓名","十月十五日,总工程局开办启用钤记"。总工程局讨论制定章程时,曾"询诸曾经游历外洋之政治学家,知东西各国自治规则"。

上海城厢内外总工程局的执行机关为参事会,代议机关为议事会。局下设有户

---

① 明夷(康有为):《公民自治篇》,《辛亥革命前十年间时论选集》,第一卷,上册,三联书店,1960年版,第181页。
② 《论地方自治》,《四川》,第2号。
③ 《创立东三省保卫公所章程》,《新民丛报》,第3年8号。

政(下分设户籍处、地产登记处、收捐处)、警政(下分设巡警处、消防处、卫生处)、工政(下分设测绘处、路工处、路灯处)等三科,另设有裁判处。总工程局拥有一定的地方行政权,负责市政建设、民政管理、公用事业、社会治安、地方税收等。而作为代议机关的议事会,也有一定的立法权和组织监督权。① 上海城厢内外总工程局的领导人是地方士绅,其中主要是商业、工业、钱庄业资本家及教育界的知识分子,明显地是一个资产阶级性质的地方自治组织。

张謇在江苏南通的地方自治活动开始较早,持续的时间也比较长。② 张氏本想跻身于清政府上层,推行他的改良政策。这个希望破灭后他在政治上积极倡导立宪运动的同时,在老家南通致力于地方自治。张謇认为:"立宪基础首在地方自治"。③他在回顾与郑孝胥、汤寿潜等成立预备立宪公会的情形时说:"郑孝胥同议预备立宪公会;会成,主缓主急,议论极纷驳。余谓立宪大本在政府,人民则宜各任实业教育为自治基础。与其多言,不如人人实行;得尺则尺,得寸则寸。"④得尺则尺、得寸则寸,用改良的办法、缓进的方式达到资产阶级的政治目的,这就是张謇以实业和教育为中心的地方自治活动的宗旨。

综上所述可以看出,1905年以前,地方自治思想在中国的传播,体现了民族资产阶级反对君主专制,要求参与政权、发展资本主义的愿望。在地方自治的宣传中,资产阶级知识分子大量介绍了西方资产阶级的政治学说与政治制度,这对推动近代中国民主运动向前发展,起了积极的作用。自发的地方自治活动的出现,反映出资本主义比较发达、资产阶级力量比较集中的地方一些人强烈的参政要求。由于中国民族资产阶级的软弱,而其面对的不仅有顽固的封建势力,还有帝国主义列强的压力,要想取得地方自治权,是非常艰难的。

(郑永福 原载《史学月刊》1983年第2期,题目为《1905年以前的地方自治思潮》,中国人民大学报刊复印资料《中国近代史》1983年第5期全文复印。列入吴雁南等主编的《中国近代社会思潮》[湖南教育出版社1998年]第一卷时曾重写,收入本书时又做了个别修改和补充。)

---

① 杨逸等:《上海市自治志》,1915年铅印本,第2册,第1~2页;第8册,第1~10页。
② 张謇:《南通县测绘全境图序》,《张季子九录·自治录》,卷一,中华书局,1931年版,第19页。
③ 张謇:《儗组织银行说》,《张季子九录·政闻录》,卷三,第13页。
④ 张謇:《年谱卷下》,《张季子九录·专录》,卷七,第14页。

评清末"筹备立宪"中的地方自治

考察清末地方自治思潮时,我们的眼光不能仅限于民族资产阶级圈子之内。如果说在特定的历史条件下,出于地主阶级自救,清末统治阶级内部也出现立宪派的话,那么这个派别的一个特点是比较重视地方自治,也鼓吹实施地方自治。这也不难理解,说到底地方自治是一个地方政权组织形式问题,不同的阶级和阶层都可以利用。但由于不同阶级、阶层的立场、出发点不同,其运作方向也就有着明显的区别了。

(一)清政府地方自治方案的出台

清末"筹备立宪"中的地方自治,是在中国近代民主潮流高涨中出现的。它是戊戌以来中国民主思想潮流的涌动及民主运动蓬勃发展的一个折射,其出现有着复杂的历史背景。1906 年,载泽在奏请宣布立宪密折中阐述了"立宪"的三大好处:一、皇位永固;二、内乱可弭;三、外患渐轻。[①]这三条道出了清朝统治者筹备立宪的真实目的。

地方自治,是清政府筹备立宪中的一项主要内容。1905 年载泽等在奏请宣布立宪折中具体地提出当时宜举办的三件事,其中第一是宣示宗旨,第二便是"布地方自治之事"。奏折中写道:"今州县辖境,大逾千里,小亦数百里,以异省之人,任牧民之职,庶务丛集,更调

---

① 载泽:《奏请宣布立宪密折》,丛刊本《辛亥革命》(四),第 28~29 页。

频仍，欲臻上理戞乎其难。……宜取各国地方自治制度，择其尤便者，酌定专书，著为令典，克日颁发，各省督抚，分别照行，限期蒇事"，以便使"我圣清国祚，垂于无穷"。①

1906年6月，江苏学政唐景崧上奏清廷筹备立宪大要四条，其中之一也是实行地方自治。唐说，地方自治是立宪的基础，"乃今日最宜注重者"。但各国地方自治制度互有异同，英国条例复杂，"未能审察于利害之间"；美国虽是民主国，也是最先讲求地方自治的国家，"然政治机关悉握于地方政府之掌中，而中央毫无管辖，此又断难采行"。故唐景崧主张采用日本国的地方自治之法。②

唐景崧等人看中日本国的地方自治制度，是有原因的。明治维新后，日本政府于1878年颁行三种地方行政新法，即郡区町村编制法、府县会规则、地方税规则，在全国普遍设立府县议会。同时规定，户长、郡区长或府县知事对自治机构议决事项有停止施行权；府县知事对地方议会有解散权。1888年，日本政府又公布了市制、町村制，规定地方自治机构长官须报上级行政长官批准，上级官厅对下级议会有监督权。日本国这种地方自治，是一种封建色彩浓厚的半官治式的地方自治，这正是清政府一些官员看中的重要原因。

要不要实行地方自治，在清王朝内部也是有争议的。如大臣铁良就持反对意见。他认为，"今若预备立宪，则必先讲求自治"。而实行地方自治，让那些"不肖"之徒"公然握地方之命脉，则事殆矣"。对此，袁世凯做了如下的解释："此必须多选循良之吏为地方官，专以扶植善类为事，使公直者得各伸其志，奸慝者无由治施其计，如是，始可为地方自治之基础也。"③袁世凯是个半新半旧的人物，他支持地方自治的原因是复杂的，此处姑且不论。

尽管有食古不化的顽固大臣的反对，清政府也要作立宪的样子了。其原因何在？庆亲王奕劻的一段话，是最好的注脚。他在大臣会议上说："今读泽公及戴（鸿慈）、端（方）两大臣折，历陈各国宪政之善……且言立宪之君王，虽权力略有限制，而威荣则有增无减等语。是立宪一事，因有利而无弊也。比者全国新党议论，及中外各报海外留学各生所指陈所盼望者，胥在于是……今举国趋向在此。若必舍此他图，即拂民意，是舍安而趋危，避福而就祸也。以吾之意似应决定立宪，从速宣布，以顺民心而副圣意。"④

1906年9月1日，清廷发布上谕，宣布"仿行宪政"。但又借口"规制未备，民智未开"，只能先做预备，待数年之后，"视进步之迟速"，再"妥议立宪实行期限"，不可

---

① 《出使各国大臣奏请宣布立宪折》，丛刊本《辛亥革命》（四），第25~26页。
② 唐景崧：《江苏学政唐景崧奏预备立宪大要四条折》，《清末筹备立宪档案史料》（上册），中华书局，1979年版，第116~117页。
③ 《立宪纪闻》，丛刊本《辛亥革命》（四），第16页。
④ 《立宪纪闻》，丛刊本《辛亥革命》（四），第14~15页。

"操切行事"。① 到了1908年,在资产阶级立宪派颇具声势的请愿活动直接推动下,清政府于8月27日颁布了《钦定宪法大纲》,核准宪政编查馆拟定的九年为期,逐年筹备宪政,期满召开国会的方案。

1908年11月,光绪和那拉氏先后死去,溥仪继位,载沣以监国摄政王之身份主持朝政。次年1月18日(光绪三十四年十二月二十七日),清廷颁布了宪政编查馆订立的《城镇乡地方自治章程》和《城镇乡地方自治选举章程》。

宪政编查馆奏核议城镇乡地方章程折中明确指出:"自治之事渊于国权,国权所许而自治之基乃立,由是而自治规约不得抵牾国家之法律,由是而自治事宜不得抗违官府之监督,故自治者乃与官治并行不悖之事,绝非离官治而孤行不顾之词。"②

自治章程的第一章第一节第一条也开宗明义指出:"地方自治以专办地方公益事宜,辅佐官治为主。按照定章,由地方公选合格绅民,受地方官监督办理。"章程规定的城镇自治范围,计有学务、卫生、道路工程、农工商务、善举、公共营业等。同时还规定了地方官严厉的监督权。例如,地方官有查明和纠正自治机关有无违背章程之处,地方官有申请督抚解散议事会、董事会及撤销自治职员之权等。

在选举章程中,规定选民的资格为:一、有本国国籍者;二、男子年满二十五岁者;三、居本城镇连续至三年以上者;四、年纳正税或本地方公益捐两元以上者。另所谓"素行公正,众望允孚者"和"纳正税或公益捐较本地选民内纳捐最多之人所纳尤多者",虽不具备上述二、三、四款的要求,也可做选民。而虽符合上述四款,但"品行悖谬,营私武断,确有实据者","营业不正者","不识文义者"等一律不得为选民。这些规定不仅把广大劳动人民完全排斥在外,那些具有新思想的资产阶级知识分子想参与地方自治事亦殊非易事。

列宁曾针对俄国的情况指出:"地方自治改革是专制政府受社会激愤情绪和革命浪潮的冲击被迫作出的让步之一。"但俄国地方自治局,"一开始就注定作为俄国国家行政机关这个四轮马车第五个轮子,官僚政治只有在它的无上权力不受到破坏时才容许有这个轮子存在。"列宁尖锐地指出:"地方自治局一经成立就被置于行政监督之下,而且政府在作了这种无伤自己的让步之后,在建立地方自治局的第二天,就开始有步骤地对它们加以约束和限制:握有一切大权的官僚集团是不能同选出的各等级的代议机关和睦相处的,所以要用种种方法对它进行迫害。"③

列宁的这一论述,尽管是针对俄国具体情况而言的,但不无普遍意义。清政府

---

① 《宣示预备立宪等待厘定官制谕》,《清末筹备立宪档案史料》(上册),中华书局,第44页。

② 《宪政编查馆核议城镇乡地方自治单程并另拟选举单程折》,《清末筹备立宪档案史料》(上册),第725页。

③ 列宁:《地方自治机关的迫害者和自由主义的汉尼拔》,《列宁全集》(第5卷),人民出版社,1987年版,第27~30页。

的地方自治也可视作基于"社会激愤情绪和革命浪潮的冲击"而被迫做出的让步,这种让步是有限的,而"约束"和"限制"则更加严厉。咨议局也好,地方自治也罢,在清政府看来,都应该是它君主专制国家机关四轮马车上的第五个轮子。

(二)清末筹备立宪中公布的城镇乡地方自治章程

清末筹备立宪中,先后公布了多项有关地方自治的法规,主要有《城镇乡地方自治章程》《城镇乡地方自治选举章程》《自治研究所章程》等。1908年公布的《城镇乡地方自治章程》的有关内容,对此后不同时期的地方自治章程均有重要影响,特在此作一较详细的介绍。

该章程第一节第一条即开宗明义,对实施地方自治的基本原则做了规定:"地方自治以专办地方公益事宜,辅佐官治为主。按照定章,由地方公选合格绅民,受地方官监督办理。"这就是说,实行地方自治之目的是辅佐官治之不足;地方自治的职权范围是专门办理地方上的公益类事;地方自治,要在地方官的监督之下办理。章程第二节系"城镇乡区域",规定:凡府厅州县治城厢地方为城。其余市镇村庄屯集等地方,人口满五万以上者为镇,人口不满五万者为乡。

关于地方自治的具体职责范围,章程第三节"自治范围"做了如下的规定:一、本城镇乡之学务:中小学堂、蒙养院、教育会、劝学所、宣讲所、图书馆、阅报社,其他关于本城镇乡学务之事;二、本城镇乡之卫生:清洁道路、蠲除污秽、施医药局、医院医学堂、公园、戒烟会,其他关于本城镇乡卫生之事;三、本城镇乡之道路工程:改正道路、修缮道路、建筑桥梁、疏通沟渠、建筑公用房屋、路灯,其他关于本城镇乡道路工程之事;四、本城镇乡之农工商务:改良种植牧畜及渔业、工艺厂、工业学堂、劝工厂、改良工艺、整理商业、开设市场、防护青苗、筹办水利、整理田地,其他关于本城镇乡农工商务之事;五、本城镇乡之善举:救贫事业、恤嫠、保节、育婴、施衣、放粥、义仓积谷、贫民工艺、救生会、救火会、救荒、义棺义冢、保存古迹,其他关于本城镇乡善举之事;六、本城镇乡之公共营业:电车、电灯、自来水,其他关于本城镇乡公共营业之事;七、因办理本条各款筹集款项等事;八、其他因本地方习惯,向归绅董输,素无弊端之各事。其中第一至第六款所列事项,有专属于国家行政者,不在自治范围之内。

章程第四节规定,凡城镇,地方自治机构设议事会、董事会;凡乡设议事会、乡董。城镇乡各设自治公所,为城镇乡议事会会议及城镇董事会、乡董办事之地自治公所,可酌就本地公产房屋或庙宇为之。

城镇乡居民具备下列资格者有选举权:有本国国籍者;男子年满二十五岁者;居本城镇乡连续至三年以上者;年纳正税(指解部库司库支销之各项租税而言)或本地方公益捐两元以上者。"居民内有素行公正,众望允孚者,虽不具备上述第三、第四款之资格,亦得以城镇乡议事会之议决,作为选民。若有纳正税或公益捐较本地选民内纳捐最多之人所纳尤多者,虽不务第二、第三款之资格,亦得作为选民。"有下列情事之一,虽具备上述各款所定资格,亦不得为选民:品行悖谬,营私武断,确有实据者;曾处监禁以上之刑者;营业不正者,其范围以规约定之;失财产上之信用,被人控实尚未结清者;吸食鸦片者;有心疾者;不识文字者。还规定现任本地方官吏、现役军人及地方巡警与现为僧道及其他宗教师者,无选举权与被选举权。正在学校学习的学生,不得被选举为地方自治职员。

章程第二章对城镇乡议事会的有关事项做了规定。城镇乡议事会议员,由本城镇乡选民遵照城镇乡地方自治选举章程互选产生。父子、兄弟不得同时任议员,若同时当选,以子避父,以弟避兄。若有父子兄弟现为城镇董事会董事或乡董乡佐者,不得为该议事会议员。城镇乡议事会各设议长一名,副议长一名,均由议员用无名单记法互选。议员任期两年,每年改选半数。议长、副议长任期两年。议员、议长均可连选连任,均为名誉职,不支薪水。

城镇乡议事会议决事件的范围是:本城镇乡自治范围内应行兴革整理事宜;本城镇乡自治规约;本城镇乡自治经费岁出入预算,及预算正额外预备费之支出;本城镇乡自治经费岁出入决算报告;本城镇乡自治经费筹集方法;本城镇乡自治经费处理方法;本城镇乡选举上之争议;本城镇乡自治办事过失之惩戒;关涉城镇乡全体赴官诉讼及其和解之事。议事会有选举城镇董事会职员或乡董乡佐及监察其执行事务之权,并得检阅其各项文牍及收支项目。但议事会议决事件,要由议长、副议长呈报该管地方官查核后,才能移交城镇董事会呈乡董按章执行。议事会遇地方官有咨询事件,应胪陈所见,随时申覆。议事会于地方行政与自治事宜有关系各件,得条陈所见,呈候地方官核办。这些规定,都是为确保地方自治系辅佐官治为主、受地方官监督办理的原则而得以贯彻执行。

城镇乡议事会会议每季一次,必要时可开临时会议。会议非有议员半数以上到会,不得议决,议事可否,以到会议员过半数所决为准。开会时,城镇董事会职员或乡董乡佐均可到会提出意见,但无表决权。会议除正副议长认为须秘密进行者外,允许旁听。

章程第三章对有关城镇董事会诸事宜做了规定。城镇董事会设总董事1名,董事1~3名,名誉董事4~12名。总董由议事会从选民中选举正、陪各1名,呈由该管地方官,申请督抚遴选任用之。董事由议事会选举,呈请该管地方官核准任用之。总董董事任期两年,任满改选,可连选连任。董事会职员,不得同时兼任该议事会议员,若有议员当选者,应辞议员之职。父子、兄弟不得同时任董事会职员。城镇董事会应办事件如下:议事会议员选举及其议事之准备;议事会议决各事之执行;以律例章程,或地方官示谕,委任办理各事之执行;执行方法之议决。董事会每月开会一次。会议事件有关系董事会职员本身或其父母、兄弟、妻子者,该议员不得与议。凡议决事件,应随时报告中会,并呈报地方官存案。

第四章是关于乡董的事项。各乡设乡董1名,乡佐1名,由乡议事会从选民中选举产生,呈请该管地方官核准任用之。乡董、乡佐不得兼任该乡议事会议员。任期两年,任满改选,可连选连任,职任权限同城镇董事会职权。

按章程规定,城镇乡自治经费由以下各款充之:本地方公款公产;本地方公益捐;按照自治规约所科之罚金。所谓公款公产,以向归本地方绅董管理者为限。其城镇乡向无这类公款公产,或其数甚少不敷用者,得由议事会指定本地方关系自治事宜之款项产业,呈请地方官核准拨充。所谓公益捐,分附捐、特捐两种。就官府征收之捐税,附加若干作为公益捐者为附捐;于官府所征捐税之外,另定种类名目征收者为特捐。附捐数目不得超过原征捐税定数十分之一。凡以劳力或物品供给办理自治事宜之需用者得计其价值,以特捐论。自治经费,由议事会议决管理方法,由城镇董事会或乡董管理之。

城镇董事会或乡董,每年应预计明年经费出入,制成预算表,于每年十一月议事会会议期内,移交该会议决。城镇董事会或乡董,每年应将上年经费出入制成决算表,连同收支细账,于每年二月议事会会议期内,移送会议决。预决算有关事项议决后,除交城镇董事会或乡董办理外,应由地方官申报督抚存案,并于本地方榜示公布。关于自治经费出入之检查,分为两种:一种是定期检查,每月一次,由城镇董事会总董或乡董执行之;第二种是临时检查,每年至少一次,由城镇董事会总董或乡董,会同该议事会议长、副议长及1名以上议员,共同执行。

章程的第六章是"自治监督"。其中规定,城镇乡自治职,各以该管地方官监督之。该管地方官应按照本章程,查其有无违背之处而纠正之,并令其报告办事成绩,征其预决算珍册,随时亲往检查,将办理情形按期申报督抚,由督抚汇咨民政部。还规定,"地方官有申请督抚,解散城镇乡议事会、城镇董事会及撤消自治职员之权。解散或撤消后,应分别按章改选,城镇乡议事会应于解散后两个月以内,城镇董事会应于解散后15日以内,重行成立,乡董应于撤消后15日以内,重行选定。若城镇议事会、董事会同时解散,或乡议事会、乡董同时解散撤消者,应于两个月以内,先行搜集议事会,所有选举及开会事宜,由府厅州县董事会代办,基城镇董事会及乡董,应于议事会成立后15日以内,重行成立"。①

从上述章程条目中可以看出两个突出的特点,一是选举资格和当选资格与财产密切相连,实际上是在地方自治机构中对有财产的人赋予了特权。这样,大部分议长、议员、总董、董事、乡董等职位便掌握在地方绅士手中。从某种意义上来说,清末地方自治,是绅士之治;清政府的地方官员有权解散地方自治机构,董事会的决议没有地方政府官员的批准不能实施,知县可以免除镇乡的董事,而且可以不同意议事会选出的自治职员,这就使得地方自治机构成了政府的辅助机构或咨询团体,而非权力机构。概括而言,如某些学者所说的,"清末的地方自治是保守的清政府与同样保守的地方绅士为互利而互相合作以期在一个正在变化的世界中保持他们的政治权力的企图"。

---

① 原载《东方杂志》第六年第一期,本文引自《清末筹备立宪档案史料》(下册),第724~741页。

1910年,清政府还草拟了《府厅州县地方自治章程》,未及推行,清政府就垮台了。

(三)清末官办地方自治运作过程——以天津为例

清末筹备立宪中,天津在直隶总督袁世凯的鼓动与商会的策划之下,比较迅速地开展了种种活动。天津官办色彩十足的地方自治,其运作过程有相当的代表性,我们这里加以比较详细的介绍,以便于对清末筹备立宪中的官办地方自治具体操作的历史情况有一个比较清晰的了解。

天津府自治局　1906年清政府实施地方自治令下之后,袁世凯行动积极。他以直隶总督名义与巡抚下令天津府设自治局,云:"设立乡官即地方自治之道。各国地方制度,俱有议会以为立法枢纽,有参事会以为行政机关,监督之权仍受成于府县。不独使人民练习政治,亦以积小成大,则国家基础屹然不可动摇,长治久安,百废具举。今当改良政体之始,亟须试办,以树风声。应在天津府属先设自治局,委天津府凌守(即天津知府凌福彭——引者注)、金检讨邦平(即翰林院检讨金邦平——引者注),会同筹办。此次法政毕业官绅,即均调派任使,俾资练习,分赴各属会同地方官办事。另选学识最优者在局参议佐理。所有章程节目,按照学理,参以本国风俗,分别缓急,妥议施行。此为他日宪政先声,至关紧要。合行札饬,札到该府即便遵照办理"。①

袁世凯批准了天津自治局开办简章。简章第一条宗旨曰:"本局以准备地方自治为宗旨,故名曰自治局,暂设于天津府署,所有章程均参酌各国制度,准以本地民情风俗,先由天津府属办起,随时详请督宪核夺。"②简章规定该局下设法制课、调查课、文书课、庶务课等四课。简章云:"本局调集留学日本法政学校结业官绅入局,研究地方自治事宜,藉资练习。如确有心得,即派往天津城厢四乡各处实习试验","本局随时函邀天津府属著名绅商集议自治事宜,以务采择施行","本局选派员绅在天津府属已设宣讲处讲演自治法理及利益等事。此外,四乡暂就巡警分区讲演,月编白话讲义一本,由浅入深,务期家喻户晓"。③ 天津自治局还制定了该局办公规则及庶务课经理文书规则。自治局督理为凌福彭、金邦平。

天津府自治研究所　经总督批准,天津府设立了自治研究所。《自治研究所规则》规定,"本所附属于自治局,研究地方自治之学理法则,以普及各属实行无阻为宗旨","调集本府七属选派士绅为研究学员,法政速成毕业官绅为研究讲员,以便共同研究",该所以四个月为一期,研究科目为自治制、选举法、户籍法、宪法、地方财政

---

① 《天津自治局文件录要初编》(原书注明"光绪三十二年七月初十至十月十五日",未注印行机构,下简称《初编》),第1页。
② 《初编》,第1页。
③ 《初编》,第1页。

论、教育及警察行政、经济学、法学通论等。研究讲员到各属宣讲地方自治。① 考试合格者发给毕业文凭,考试未合格者发给修业文凭。

天津县自治期成会 1906年11月,袁世凯面谕凌福彭,在天津县先行试办地方自治,限一个月内天津县设立县议事会、董事会。凌等请示袁氏先成立天津县自治期成会,云:"今欲刱设议事会董事会,非先定法制不可。然仅凭(自治)局中少数之理想勒定一制,恐按诸事实或多未宜,难收实效。经卑府等与局员公同商酌,佥以为欲定法制,非合本邑城乡之绅商,职局全体之局员组织一会,由局员起草会员逐条讨论不足以昭郑重而免扞格。查日本向有期成会之举……因仿此意先于议事会、董事会成立之先,设立天津县自治期成会,招集本邑学界、商界及素在本地办事之绅士,共同协议。"②这一请示,得到了袁世凯的批准。

凌福彭等还于1906年11月9日将有关事宜照会天津商会,其中云:"现奉宫保(指袁世凯)面谕,以地方自治,事关紧要,饬从天津一县先行试办议事会、董事会,以备实行地方自治,并限一个月内即行开办等因。奉此,查创设议事会、董事会,非先定法制不可,而欲定法制,非合有学识有经验之本地绅商公同协议,不足以昭慎重。应先设立天津县自治期成会,其会员除自治局公举绅士六人及自治局局员全体外,由天津劝学所、商会各就本籍学界、商界公正通达之人,分行公举。为此特照会贵会:请于接到照会后,十日内即行公回举定本会会员十人,并将姓名履历开报本局,以便会同本局职员,定期开议一切事宜。至被举之人,不得偏重城厢,所有天津四乡,至少须有四人。合将天津县自治期成会简章附送以便分布,即希查照迅速施行,至为盼切。"③11月16日,天津商务总会总理王竹林、协理宁世福呈文自治局,提交了包括王、宁在内的十人名单。

《天津县自治期成会简章》中云:"本会为发起天津县议事会、董事会及规定该会一切法制而设,俟该会等成立,即行解散","本会会员以劝学所公举本籍28人、自治局公举绅士6人(后改为12人)、商会公举本籍10人,及自治局局员全数组成之"。④ 另还制定了《自治期成会议事规则》十条。

天津自治期成会讨论通过了《天津府自治局试办调查简章》。简章主要内容如下:

第一条 本局专派法政毕业官绅,分赴各属调查地方实况,按表填注,并察详细情形编成册报,随时呈局。

第二条 调查之先,应赴地方官署述明事由,请其协助,但不得受其供应。

第三条 同一区域内之调查,各员应于事前协议办法。

---

① 《初编》,第9、10页。
② 《初编》,第16页。
③ 《天津商会档案汇编》(下册),天津人民出版社,1989年版,第2286页。
④ 《初编》,第17页。

第四条　调查员应于事前准备调查,随身携带图表。

第五条　调查员约同村正副到各家时,应向其家长询问调查事宜。如家长不在,则就邻家询之。随答随记,记毕即行。

第六条　调查员于调查时,不得为无益之冗谈,并不得有偏私之举动。

第七条　调查员不得将调查所得之事传播于外。

第八条　调查之处如遇疑阴,应邀该处绅耆和平开导,不得强制。

第九条　调查川资及应用各费,由本局拨发,调查毕后开报结销。

第十条　调查期限六个月,以到境之日起算,但地方辽阔不及调查者不在此限。

调查简章附调查凡例及调查纲要。调查纲要云:地方之事,头绪纷繁,参互错综,界限易混,秩序先后首宜审定。今分为四类,一曰必要类,二曰推广类,三曰密查类,四曰附加类。

必要类调查项目有:

一、土地　内容包括气候、面积、形势、地价、官有地(荒地、熟地)、公产(祭田、学田之类)、民有地(荒地、熟地)、公共建筑(学宫、城隍庙、文昌殿、奎星阁、公共船埠、邮亭、桥梁之类)、官衙所在地(占地亩数、房式、方向、建筑年月)、营汛、关卡、监狱附。

二、户口　内容包括户数(户主、家族)、人口(男女、学龄儿童已就学者未就学者、雇佣)、绅(不问官阶大小,曾出仕者皆属之)、士(举贡生监、教习及高等小学堂以上之学生)、民、客籍、兵籍(现在营者、归后备者)、外国人、生、死、婚姻、迁移。

三、生计　内容包括生计概况(贫富之比较、游民之多寡)、职业种类。

四、教育　内容包括学堂(官立、私立、公立、名称、所在地、创办年月、发起人、总理、校长、教员、生徒名数、款项、科目)、学会(会长、职员、经费、所在地、名称、创立年月、发起人)、讲学所(官立、私立、名称、讲员、所在地、宗旨)、书院(已改学堂者、未改学堂者)、留学外国者(官派、私费)、省府各中学堂以上学生。

五、财政　地方财政归官经理者多,仅不属于官者调查,包括公共基本财产(不动产、现款存店生息之预金)、慈善事业(社仓、义塾、育婴、恤嫠、宾兴)、神赛公积、官款储积、各业会馆、租税(租分民粮旗租,税指本地方杂税)、家族祠堂公积、本地各衙门经费。

六、政治　内容包括现行政务(差徭、官价、杂捐)、旧政关系、新政关系、吏役状况。

七、土功　内容包括道路、桥梁(铁、石、木)、堤防(官、民)、沟渠。

推广类调查项目有:

一、农业(含蚕桑、畜牧、渔业、山林等)　内容包括地质(肥瘠、宜忌)、产物(价格、成熟时期)、新垦地及新涨地。

二、工业　内容包括工厂(成立年月、官办、商办、洋商办、官商合办、华洋合办、资本、工人名数、经理人数)、仿照各国工艺者(机器、手工、改良制造)、土木工、纺织工、染色工、手造各种器具工、日用必需工、皮工、缝纫刺绣工、窑工、铸冶工、雕刻工、玩具工、文具工。

三、商业 内容包括商会(董事、职员)、会馆(所在地、名称、经费)、当商(股东、资本、成立年月、名称、所在地、执事人数)、盐商、普通店铺(何业最多、何业最有利益)、行、栈、代经营商业之类、公司(此指有外国会社性质者,名称、所在地、资本、种类、官办、商办、人数)、输入总数(此指本地一处之输出输入者)。

四、物产 内容包括动物、植物、矿物(已开之矿、未开之矿、金、银、铜、铁、煤)、矿厂(官办、商办、洋办、官商合办、华洋合办、名称、所在地、资本、人数)。

五、社寺(公建者、家建者)。

六、宗教。

七、交通 内容包括铁路、电话、诸车、邮便、航路、汽船。

八、人事 此为预备编定民法而设者,故附于推广类中,凡风俗习惯皆详记之,包括家族习惯(承继等)、庙会、婚丧习惯、奴仆(置妾附)、包工、中保、卖买、借贷、契约格式、各项利息、其他无可归之事。

密查类调查项目有:

一、土娼。

二、赌场。

三、土豪(即天津混混儿之类)。

四、劣绅讼棍。

五、吗啡针。

附加类调查项目:

一、军事(驻扎营数、征兵人数、应征者人数)。

二、巡警(分地巡行之疏密)。

三、刑事(府县诉讼之法、讼案多寡、在监狱者之人数、犯死罪者人数、何项讼事最多)。①

试办天津县地方自治章程 1907年3月6日(光绪三十三年七月二十九日),袁世凯批复了自治期成会的《试办天津县地方自治章程》。袁世凯在批示中云:"据禀及章程均悉。此次开办期成会,由该督理局员会员先后会议至十九次,发端详慎,当无遗议。惟第七十条董事会之议决,有越其权限,或违背法令,或妨碍地方公益者,会长副会长得以合意说明理由等情,应将副会长字样删去,改为会长得说明理由,以免临时牵掣。第九十九条县自治之监督官厅一节,应改为县自治之监督官,初级为本府知府,最高级为本省总督,其属于各司道主管之事务,各该司道亦得监督之,较为完密。仰即先行试办,筹设议事会及选举课等事宜,仍照章由议事会随时修改呈夺,其未经修改之前,不得稍有出入,以昭大信。此次试办地方自治,为从前未

---

① 《初编》,第23~29页。

有之事,凡在官绅,务必和衷共济,一秉大公,以为全省模范。凛之慎之。仰将此项章程刷印多本,详候咨明民政部,并由府录报司道查照。此批。"① 袁世凯还批复了自治学社通则及自治研究所关于第一班学员毕业及毕业文凭等有关事宜。

《试办天津地方自治章程》第一章为总则。第二章为议事会,规定议员以30名为定额。"凡有本县籍贯而具备左列开资格者,均有选举权:一、二十五岁以上有业之男子。二、不仰地方公费周恤者。能自写姓名、年岁、职业、住址者","凡非本县籍贯之本国人,备具前条之资格而现住居(指营业或财产所在而言)本县境内继续满五年以上,并在境内有两千元以上之工农业资本或不动产者,亦有选举权。但共有者自定其中一人行使之"。被选举权的条件是:高等小学堂或与之同等及以上学堂毕业者,或有著述经官鉴定者;自有两千元以上之工农业或不动产者,或代人工农业至五千元以上者;曾办学务或地方公益事务者;曾经出仕或得科名或在庠者。

议事会应行议决之事有如下诸项:本县下级自治团体(如城镇乡各议事会及城镇董事会并乡长等)之设立事宜;自治事务(如教育、实业、工程、水利、救恤、消防、卫生、市场、警察费等类)之创设改良,并其方法事;地方用款之清厘及筹集事;地方经费之预算、决算事;地方公款公产及利息之存储并动用事;董事会副会长会员被人指摘之处分事。此外,议事会得以上述议决事项交董事会办理,议事会有权稽查董事会所办事务,并会计及文牍报告之当否。此外,关于本地警察之创设改良,议事会得商请该管官署酌办。若该管官署委任地方拉办时,则由议事会议决,交董事会办理之。

关于议事会与地方官的关系,章程规定,"议事会得上条陈于地方官","议事会对于地方官所办之事,得上书质问,地方官应解答之","议事会得受人民关于地方利弊之条陈,酌量议行或批却之","议事会得代表人民申述其困苦不能上达之事于地方官,并调处民事上之争议","议事会得应地方官之咨询,申述其意见"。

董事会选举资格同议事会。规定"本会副会长会员不得以五服宗族及例应回避之姻戚同时为之"。董事会职务权限如下:议事会开会布置之事;议事会议决交办之事;依惯例或议事会议决应归管理或监督之事;依议事会议决之预算为收支出之事;地方官以国费委办之事;对于其他自治团体商办之事;代表自治团体为诉讼之事。

章程第六章为"自治之监督",规定:"县自治之监督官,初级为本府,最高级为本省总督。其属于各司道主管之事务,各该司道亦得监督之";"依法令应归县自治负担之支出,未经载入瞀者,本省总督得命议事会为追加预算";"凡订立条例及新起征收,经议事会议决后,须本省总督批准之","凡一切自治行政之成绩,监督官厅得于必要时令其报告,并调查其情况";"本省总督得解散县议事会,但须同时命县董事会举行改选,于三个月内如今开会。就同一事件不得为二次解散"。②

---

① 《天津自治局文件录要二编》(以下简称《二编》),第1~2页。
② 《天津商会档案汇编》(下册),第2290~2298页。

经袁世凯批准,天津县议事会于7月13日开会,选举天津县县长张寿龄兼任董事会会长,其副会长由得票最多的四品卿衔湖北试用道石元士充任。董事会会员六人,分别是得票多者县丞职衔附贡生刘恩渠、五品衔师范毕业生陈自彬、举人李耀曾、监生曹振纲、附生苏兆蔚、监生解元。①

　　天津府自治学社　　清末筹备立宪时期的地方自治活动中,天津还成立了一些地方自治学社组织。该组织系自治研究所毕业生回籍后筹办,目的在于广泛宣传于自治研究所所学之理论与地方自治实施办法,以推动地方自治活动的开展。天津府自治局的《发起自治学社公约并启》对自治研究所的学员云:"研究者,实行之导引也。凡人新求一知识,必当取得其知识之作用,或输之于人,或措之于事,匪惟启吾心焉而已。知而不为,等于不知。顾为之而不群或群焉而无交通之术与策励之程,则亦少功而多阻。夫地方自治之事,终非地方以外之人所能代谋。本局之设,不过为人民启发程度、扶立机关,冀使谋自治者受其方便。"自治局还制定了《试办天津府属自治学社通则》,经袁世凯批准后下发给天津府所属七个州县。通则全文如下:②

试办天津府属自治学社通则

第一条　设立学社时应有三人以上发起人。

第二条　发起人应编定章程,缮写两份,呈请本县核定转详自治局批准。

第三条　学社处得批准之日为成立。

第四条　学社对于社外事务应设代表员。

第五条　学社章程应记载之事项如下:

1.目的　研究关于地方自治之法政知识,以培养议事人才讲求地方公益为范围。

2.发起人之姓名、住址。

3.学社名称。

4.学社所在地。

5.组织之方法。

6.研究之课目(可分学理、事实二项)。

7.经费筹划之方法(有定数者载明之)。

8.社员定额之有无(有定额者载明之)。

9.存立年限之有无(有年限者载明之)。

10.代表员之选任方法及其姓名、住址。

第六条　学社得批准后三日内应申报于所在地之巡警局并送章程存案。

第七条　学社非依本通则前六条规定不得成立及变更其章程。

第八条　学社章程所记载事项如有变更应呈请本县核定批准。

---

① 《天津商会档案汇编》(下册),第2299页。

② 《二编》,第13、16～18页。

第九条　课员之姓名、住址及所担任课目随时报告自治局核定。

第十条　学社迁移住址时应于三日前报告于新旧所在地之警察局存案。

第十一条　学社成立后受自治局询问及委托之事,有应尽报告或调查之义务。

第十二条　有存立年限之学社,非至期满不得解散。无存立年限者应说明其理由于解散前申报本县及自治局查核,并报告于所在地之巡警局。

天津地方自治机构的成立　1908年4月10日,天津府自治局奉袁世凯命改为直隶筹办地方自治总局,正式开局办事,直隶咨议局筹办处亦移设该局内。其后,自1910年10月22日至1911年8月2日,天津县城议事会、天津县第34乡议事会、天津县第18乡议事会、天津县第19乡议事会、天津县第35乡议事会、天津县城董事会、直隶天津县议事会、直隶天津县参事会等地方自治机构相继开会。

从天津地方自治运作过程至少可以看出:

1. 清政府下令试办地方自治后,袁世凯行动是积极、迅速的,他策划的天津地方自治的步骤、程序是比较严密的。加之其办新军等举措,使袁世凯在人们心目中俨然一个新派人物,这也是后来他不仅有军事资本,也有一定的政治资本夺取辛亥革命胜利果实,换句话来说,从办新政中袁世凯捞取了不少政治资本。

2. 天津地方自治的运作是牢牢掌握在袁世凯手中的,其实施目的是加强他对地方政权的控制。当为了实现自己的某种目的时,他可以积极推行地方自治,而当民初他看到国内某些地区的地方自治是对自己统治的障碍时,他又毫不犹豫地取消地方自治。

3. 天津商会力量较强,天津地方自治过程中,当局不得不考虑其势力,因而天津商会对天津地方自治也有较多的参与。

(四)清政府举办地方自治的社会反映

清政府实行地方自治的目的是皇位永固、外患渐轻、内乱可弭。具体来说,是想通过地方自治,一方面应付日益高涨的要求实行资产阶级民主政治的社会舆论,拉拢资产阶级立宪派,孤立打击资产阶级革命派;另一方面是力图加强官绅联合,安定地方社会秩序,更好地镇压人民的反抗斗争,以维持摇摇欲坠的君主专制统治。

清政府推行地方自治后,引起了强烈的社会反响。

第一,资产阶级革命派对清王朝的举措进行了激烈的批判。清政府宣布筹备立宪后,资产阶级革命派指出:清政府的立宪和地方自治是虚伪的,骗人的,是"假立宪之空名,以涂饰天下之耳目"。他们认为,在清王朝的统治下,言论出版的自由都没有,还谈得上什么地方自治,说穿了,清政府地方自治的许诺不过是"画地作饼之虚愿"罢了。[①] 当时《河南》杂志上的一篇文章指出,即便清政府"果真真心立宪,果行

---

① 茗荪:《地方自治博议》,《辛亥革命前十年间时论选集》,第三卷,三联书店,1967年版,第414页。

地方自治",也恐怕是"效东家之颦,失邯郸之步,效未一见,丑已百出"。何况清政府"所谓立宪,所谓地方自治者,并非真心"。①

资产阶级革命派还指出,清政府的地方自治实行的是官绅合治,目的在于加强封建专制统治。《云南》杂志上的文章说,过去清政府实行专制,中央是君主独裁之政治,地方是暴官污吏之政治。将来清廷"立宪"实行了,中央是君主暨贵族专制之政治,地方则是官吏与劣绅大豪之政治。所以说,君主专制政体,只是一重之专制,而清政府所谓的立宪政体"反加数重之专制"。② 资产阶级革命派明确指出,"今之称地方自治者,不曰自治,曰官治也。吾则曰非惟官治,亦绅治也。绅治、官治,一而二,二而一者也"③。资产阶级革命派认为,清政府推行地方自治,只能加重人民的苦难。将来四境之内,地方自治遍行,则政府剥削不足,继以土豪;土豪欺压不足,继以"新党",人民的苦难也就可想而知了。④

资产阶级革命派认为,"自治者,独立之精神,而不可侵犯之神圣也。地方自治,地方改革之基础也"。然而自治"俟诸政府诏办,则治出于被动,而非主动之始也"。筹备立宪中的自治是清政府的"自治",人民的"自乱"。⑤ 他们认为,中国要想成功,"舍革命军外更无他道"。只有用暴力革命,才能推翻君主专制统治,实现民主政治。资产阶级革命派号召革命党人以"预备革命"去对付清政府的"预备立宪"。在对清政府筹备立宪的批判中,正酝酿着一场革命风暴。

第二,资产阶级立宪派开始时对清政府的"筹备立宪"抱有极大希望,认为君主立宪的目标可望实现了。1906年清政府宣布"预备仿行宪政"之后,立宪派立即活跃起来。有人吹捧清政府的预备立宪诏旨,"将开百王未有之治,而餍率土具瞻之望"⑥。

但是没过多久,资产阶级立宪派就对清政府"立宪"有名无实、无限延宕大为不满了。为了向清政府施加压力,迫使其对民族资产阶级上层作出更大的让步,立宪派一方面抨击清政府的立宪是"听其言则百废俱举,稽其实则百举俱废"⑦。另一方面,立宪派接二连三地发动上书请愿活动,要求清政府速开国会,建立有立宪派参加的责任内阁。资产阶级立宪派种种请求一而再再而三地遭到清政府的拒绝,他们和清政府的离心力加大了。

---

① 《绅士为平民之公敌》,《辛亥革命前十年间时论选集》,第三卷,第303页。
② 侠少(吕志伊):《国会问题之真相》,《辛亥革命前十年间时论选集》,第三卷,第458页。
③ 茗荪:《地方自治博议》,《辛亥革命前十年间时论选集》,第三卷,第413页。
④ 茗荪:《地方自治博议》,《辛亥革命前十年间时论选集》,第三卷,第413页。
⑤ 铁郎:《二十世纪之湖南》,丛刊本《辛亥革命》(二),第205~206页。
⑥ 梁启超:《叙例》,《辛亥革命前十年间时论选集》,第三卷,第584页。
⑦ 梁启超:《论政府阻挠国会之非》,《饮冰室合集》文集之25(上),第124页。

第三，清政府推行地方自治，也加剧了广大劳动人民同清王朝的矛盾。清政府地方自治的许诺，本迫于民主革命潮流的冲击，不得已而为之。而各地的地方自治绝大多数由官绅主办。一些主办者视自治为利薮，乘机敲诈勒索，鱼肉乡民。江苏宜兴一些地方，打着办自治的旗号，每石加收自治经费四十文。① 河南密县县令徐某，借口开办地方自治，增添亩捐一百二十文。② 山东莱阳县官以举办新政筹备地方自治研究会等名义，勒收亩捐、房捐、人口捐等。海阳县知县以筹备自治事宜为名，百般搜刮，"房捐、田捐、丁口捐等，层出不穷。甚至花生一亩，勒捐大钱四千文；瓜一亩勒捐大钱一千文"③。直隶易州代理知州唐鸿猷"贪劣素著，不恤民隐，专知搜刮民财，一切新政，全凭三五劣绅把持"。该州自治局开办后，局绅张某、祖某，竟将义仓积谷尽行出售，共得三万余吊，又陆续勒捐两万余吊，"藉口指充自治经费，实则分饱私囊"④。上述这些记载，真实地反映了各地地方自治实行的情况。所以，当时就有人一针见血地指出，与其说清政府办的是自治局、咨议局，倒不如说是筹款局、刮地皮局。⑤

名目繁多的"自治"捐税把早已苦不堪言的农民和手工业者推到反抗清王朝的斗争中来。清政府筹备立宪开场后，人民群众自发的反抗斗争接连兴起，到辛亥革命前一两年内，达到了高峰。略举数例如下：

宣统元年（1909）八月初，直隶迁安县当局到处索取供应，摊派自治经费，勒令村民按牲畜头数纳款，并拘捕反抗群众，乡民万余人推王秀为首，入城与官理论。⑥

宣统二年（1910）三月，河南密县乡民一千七百余人入城，将县衙大堂、大门全行拆毁，反对借口办理地方自治添加亩捐。⑦

宣统二年五月，山东莱阳县县官以举办新政、筹办地方自治为名，勒收各种捐税，激起广大群众的不满，他们说"官家只知捐民，绝不体量民力"，酝酿反抗。县官"大施压力，劝捐不成，继以强捐"。于是官逼民反，爆发了数万人的大暴动。

宣统二年十一月，河南叶县为举办地方自治，向各方集款，遭到群众反对。有人指出：以前不办新政，百姓尚可安身，现在办理自治、巡警、学堂，无一不在老百姓身上打主意。以前车马差使，连正项每亩钱百三十文，如今加到三百二十文，现在又要百姓花钱，如何是了。接着官府又议加酒税、六陈税，乡人大哗，纷纷聚众，倡言造

---

① 《中国大事记》，《东方杂志》，1910年第3期。
② 《中国大事记》，《东方杂志》，1910年第4期。
③ 《中国大事记补遗》，《东方杂志》，1910年第8期。
④ 《中国大事记》，《东方杂志》，1910年第12期。
⑤ 《云南杂志选辑》，云南科学出版社，1958年版，第834页。
⑥ 《中国大事记》，《东方杂志》，1910年第9期。
⑦ 《中国大事记》，《东方杂志》，1910年第4期。

反,半日间聚有乡民一两万人。①

宣统三年(1911)年初,江苏川沙乡民听说自治会所成立后必征收捐税,于是聚众两千人,焚烧学堂。江苏常州地区也发生反对开办地方自治的风潮。②

清政府筹备立宪中的地方自治,激起全国人民这样强烈的反抗斗争,既反映出官办自治的不得人心,也从一个方面预示清王朝彻底垮台的日子为期不远了。

(五)清末地方自治评析

有的论者认为,清末筹备立宪中的地方自治是一场骗局,这是有道理的,但这只是问题的一个方面,而不是事物的全部。换一个角度来看,清政府推行地方自治,是"基于社会激愤情绪和革命浪潮的冲击"而被迫做出的让步,是当时统治阶级的一种自救行为。历史证明,任何一个统治阶级的统治发生危机时,为了维护本阶级的利益和地位,都必然要不断地调整其实施的各项政策,协调整个阶级的步伐,改善国家的统治机能,这可以说是一种本能。当然,就清末地主阶级来说,这种调整与改革不可能是自觉的、积极的,而是表现为被动的、消极的,系由时势推动所致。尽管如此,清末地方自治的实施,仍有它顺应社会潮流发展的一面,因而有积极意义。

地方自治的推行,为资产阶级特别是资产阶级上层渗入地方政权打开了一道缝隙,尽管这道缝隙是那样的狭小;而各种地方自治章程的公布,又无疑在一定程度上使资产阶级的政治活动合法化了,其结果必然是资产阶级力量的进一步扩大。浙江巡抚增韫的一个奏折中写道:"近年咨议局既开,各处复筹办地方自治,因之出而任事者多少年新进之士,往往逾越权限之外。"③这话或有夸大其词之处,但也确实反映了当时的一些实际情况。

清末各项地方自治章程颁行后,原上海自发的地方自治机构"上海城厢内外总工程局"改名为"上海城厢内外自治公所",筹办上海地区城镇乡地方自治。自治公所管辖范围和行政权力都比总工程局时有所扩大。当然,清政府也进一步加强了对这个自治机构的监督。例如,自治公所议事会的议决案,均必须交地方官审核后才能交董事会执行;地方官有随时检查自治活动的权力,并经督抚同意,可以解散自治公所议事会和董事会,撤销董事、议员的资格;自治公所总董事的产生,议事会无最后决定权,须报送两名候选人由督抚择任其一;等等。④ 清政府力图通过这些措施使它的"无上权力不受到破坏",把地方自治纳入他们规定的轨道上运行。但随着革命形势的高涨和革命派影响的扩大,自治公所议员叶惠钧、沈缦云加入了中国同盟

---

① 《中国大事记》,《东方杂志》,1910年第12期。
② 《汇报》,1911年3月10日,1911年4月4日。
③ 增韫:《浙江巡抚增韫条陈地方自治事宜三条折》,《清末筹备立宪档案史料》(下册),第754页。
④ 参见杨逸等《上海自治志》有关章节。

会，自治公所总董李平书等在武昌起义后配合革命派行动，为上海光复做出了一定的贡献。嘉定县则由自治公所发起，宣布独立，并以自治公所作为军政府分府办事处。而各地以自治公所为各界集会、举事场所者为数更多。还有的自治团体，在斗争中逐渐改变了立宪派的立场，加入到同盟会的队伍中来，其中贵州自治学社要算典型的一例。

贵州自治学社是在清政府宣布筹备立宪后成立的政治团体。该社"以预备立宪，催促宪为宗旨"，"认定个人自治，地方自治，国家自治为希望立宪之方法"。自治学社最初是"在清政府的一切现行法令下，合法工作"[①]。随着资产阶级革命派力量的发展和人们对清政府幻想的破灭，自治学社逐渐改变了资产阶级立宪派的立场，向同盟会靠拢，终于在武昌起义爆发后走上了武装推翻清王朝的道路，为贵州光复做出了重要贡献。

历史的辩证法是无情的。以巩固君主专制统治为出发点的清政府的筹备立宪和地方自治，却客观上促成了革命时机的成熟，这是清廷当权者所始料不及的。清末筹备立宪开场后，《民报》上刊载的一篇文章感叹说，"满洲（指清政府）欲以立宪阻革命之进行，宁知适以助革命之进行乎？"[②]徐锡麟也曾在牺牲前手草的供词中写下了这样一段话："徐观其（指清政府）表面立宪，不过牢笼天下人心，实立中央集权，可以膨胀专制力量。满人妄想立宪便不能革命……若以中央集权（应该说是专制集权——引者）为立宪，越立宪的快，越革命的快！"[③]这位革命家的预言不错，大规模的革命风暴很快来到了。它不仅结束了反动腐朽的清王朝，也推翻了绵亘数千年的君主专制统治。

（郑永福　原载《中州学刊》1984年第3期，收入本书时做了补充。）

[①] 胡刚等：《贵州辛亥革命史略》，《近代史资料》，1956年第4期。
[②] 精卫（汪兆铭）：《论革命之趋势》，《民报》第25期。
[③] 《徐锡麟供》，《浙案纪闻》，丛刊本《辛亥革命》（三），上海人民出版社，1957年版，第80页。

地方自治：孙中山关于中国政治近代化的一个重要设计

（一）孙中山地方自治思想的产生

孙中山先生在向西方寻找救国救民的真理时，对欧美资产阶级地方自治理论和实践颇为重视。在其讲演、著述中，有相当多的篇幅论及这一问题。可以说，地方自治是孙中山先生民权思想的一个重要组成部分；而且在中国近代史上，也只有孙中山先生形成了一套完整的地方自治思想体系。下面，我们就孙中山先生地方自治思想的产生与发展，做一历史的考察。

人类历史上，每一个阶级都要求有自己理想的政体，以便有效地实行本阶级的统治。对于国家政体，即国家政权组织形式的规划，在孙中山民权主义中占有重要地位。1879年至1883年他在火奴鲁鲁读书时，已大量接触西方社会政治学说。1887年起在香港西医书院读书期间，孙中山于学医之外，广泛研读西方的政治、军事、历史等。1896年至1897年，他在英国进行了较长时间的学习、参观和社会考察，其着眼点更集中在西方的政治学说与政治制度上。这些经历，使孙中山受到西方资产阶级民主主义者极大的影响，较系统地接受了西方的进化论、天赋人权学说和资产阶级共和国方案等，而北美、西欧一些资本主义国家实行的地方自治制度，也为孙中山所憧憬。

本书前面谈过，远在1897年8月，孙中山便提出了"人民自治是政治的极则"的主张。1900年他在致香港总督的信中，也曾具体地谈了关于实施自治的设想。

1905年，中国同盟会成立。1906年，孙中山与黄兴、章太炎等制定的《中国同盟会方略》中，将实施革命措施之次序分为三个时期。第一期为军法之治，第二期为约法之治，第三期为宪法之治。第二期中，"每一县既解军法之后，军政府以地方自治权在，归之其地之人民，地方议会议员及地方行政官，皆由人民选举"。这第二时期是"军政府授地方自治权于人民而自总揽国事之时代"。方略认为，"俾我国民循序以进，养成自由平等之资格，中华民国之根本胥于是乎在焉"①。

从以上所述可以看出，孙中山在革命初期，便对西方资产阶级政体予以关注，其中包括对西方自治制度的向往。

1911年，资产阶级领导的辛亥革命推翻了绵亘数千年的君主专制统治。之后，孙中山关于地方自治问题的言论就多了起来。

1912年5月，孙中山在潮州旅省同乡会欢迎会的演说中指出，"国家之治在于地方"，深望潮州父老兄弟"对于地方自治之组织，力为提倡赞助"。孙中山说，"地方自治之制既日发达，则一省之政治遂于此进步。推之国家亦然。如此做法，将来中国能日臻强盛，与列强相抗衡于地球上"②。

在当时的历史背景下，孙中山关于地方自治的设想可能有不切合实际的幻想，很难实施，但他为之奋斗的目标始终是为了实行民权，建立一个能与帝国主义列强相抗衡的强大的中国，这一点是非常难能可贵的。

辛亥革命胜利果实被袁世凯篡夺后，中华民国已徒有其名，《中华民国临时约法》也成了一纸空文，专制统治依然如故。在沉痛的教训面前，孙中山继续摸索救国救民的道路。地方自治，便是他设计的实现民权达到共和的具体方案，也是他用以反对军阀专制统治的思想武器之一。

"二次革命"失败后，孙中山东渡日本，继续进行反袁革命活动。1914年7月，孙中山在东京中华革命党成立大会上公布了他手书的《中华革命党总章》。该总章规定中华革命党的宗旨是实行民权、民生两大主义，以"扫除专制统治，建设完全民国为目的"；重申进行革命的秩序分为军政、训政、宪政三个时期，其中训政时期"以文明治理，督率国民建设地方自治"，待"地方自治完备之后，乃由国民选举代表，组织宪法委员会，创制宪法"。③

1916年5月，孙中山从海外回到国内，时袁世凯复辟帝制的丑剧已经失败。孙中山认为，共和国的国基要想巩固，必须实行地方自治。正因如此，他在上海、杭州、宁波等地的演讲中，都大力宣传他的地方自治主张。

---

① 孙中山：《中国同盟会革命方略》，中国社科院近代史所等编《孙中山全集》，第1卷，中华书局，1981年版，第297~298页。
② 孙中山：《在潮州旅省同乡会欢迎会的演说词》，《孙中山全集》，第2卷，中华书局，1982年版，第362页。
③ 《孙中山全集》，第3卷，中华书局，1984年版，第97页。

1916年7月,孙中山在上海的演说中指出:民为邦本,所以建设必须从人民开始。要建立一个"永不倾扑"的中华民国,"当注全力于地方自治"。他详细列表介绍了美国最新的地方自治制度后说,中国历史上也曾有过地方自治,"本旧础石而加以新法",就能够发挥数千年之"美性"。在地方自治实施步骤上,孙中山认为要"首立地方自治学校",各县选拔人才入学,一两年学成之后回到地方任事。其次要定"自治制度",一调查户口,二清理地亩,三平治道路,四广兴学校,其他诸方面以次举行。待自治有成绩后,就可以实行直接民权了。①

8月18日在杭州的演说中,孙中山指出:"兄弟自民国二年离国,至今共和复活,乃得重回祖国。吾人自推翻专制,建设共和,五年以来,尚鲜进步,盖建设国家,譬如造屋,必先将旧料拆去,然后可建造新屋,而建造新屋,首重基础。地方自治,乃建设国家之基础。民国建设后,自治尚未完善,自治所以不完善,实地方自治不发达,若地方自治既完备,国家即为巩固。"并强调说,"兄弟此次返国,即注意于此"②。

孙中山8月22日在宁波的演说中又说:"今兄弟所最希望于宁波者,在实行地方自治。"他分析道:"共和之坚固与否全视乎吾民,而不在乎政府与官吏。盖共和国与专制国不同,专制国是专靠皇帝……而共和则专恃民力。使吾民能人人始终负责,则共和目的无不可达。"他再次强调,"政治与社会互有关系,而政治之良,必导源于社会;欲社会进步,必行地方自治。譬如造屋,先求基础,而地方自治,即是基础"。演讲中还提出,欲求自治之有效,"第一在振兴实业","二在讲求水利","三在整顿市政"。他希望宁波做好这三方面的工作,如此,宁波就不难成为中国第二个上海,但这个"中国第二之上海,为中国自己经营模范之上海",也就是不依附于帝国主义列强的"上海"。③

1918年,孙中山完成了《建国方略》心理建设部分。其中,他对美国的地方自治十分欣赏,他认为:美国在"未独立以前,十三州已各自为政,而地方自治已极发达;故其立国之后,政治蒸蒸日上,以其政治之基础全恃地方自治之发达也"。中国没有自治的基础,因而从革命到共和宪政中间应该有一个过渡时期作为补救,以提高人们的知识水平及政治能力。在这个时期,"行约法之治,以训导人民,实行地方自治"④。

孙中山先生对地方自治的设计,用心可谓良苦。但在中央政权掌握在大军阀大官僚手中的情况下,岂能容你搞什么地方自治?而通过一个县一个县地实行地方自治以达到结束专制统治建立真正共和国则更是天真的幻想。关于这一点,孙中山先生在以后的日子里才逐渐认识清楚。

---

① 《孙中山全集》,第3卷,第325~331页。
② 《孙中山全集》,第3卷,第345页。
③ 《孙中山全集》,第3卷,第349~352页。
④ 《建国方略》,《孙中山选集》,人民出版社,1981年版,第169~170页。

(二)五四运动后孙中山地方自治思想的发展

1917年俄国十月社会主义革命及1919年中国五四运动的伟大实践,影响着孙中山;暗无天日的军阀独裁统治,也从反面教育着孙中山。这都促使孙中山的地方自治思想向前发展了一步。

1919年4月,孙中山在复唐继尧的信中指出,由于军阀统治,"国民生计既绌,举凡地方自治暨教育实业诸大端,自无从而谋发展,今日国势之愈趋愈下,其根源实由于此"①。1919年10月,孙中山在上海基督教青年会的演讲中更进一步指出:有人说,立国的根本在人民先有自治能力,所以地方自治是最重要的事情。现在应该从一乡一区推广到一县一省一国,国家才有希望。"但现在官僚,何尝愿意人民有自治的能力?大家只须看各地方自治经费统被他们挥霍尽净,致自治不能举办",便十分清楚了。所以地方自治固然是改造中国的条件,但还不能认为这是第一步的方法。那么,第一步的方法是什么呢?孙中山回答得十分干脆:"只有革命!"②

1920年3月12日,《地方自治开始实行法》在上海发表。孙中山在这篇文献中详细阐述了地方自治具体实施的办法。他认为,地方自治实施的范围当从一县或数村联合为一个试办单位。实施的目的在于实行民权主义和民生主义。地方自治活动的内容,以达到上述两目的为要。具体内容主要是:清户口,立机关,定地价,修道路,垦荒地,设学堂。这六件事办有成效,则可进一步办农业合作、工业合作、交易合作、银行合作,等等。实施法规过程中,清理户口的准则是:"不论土著或寄居,悉以现居是地者为准,一律造册,列入自治团体,悉尽义务,同享权利。"同时指出,地方自治草创之始,当先施行选举权,由人民选举职员,以组织立法机关和执法机关。自治机关每年公布预算、决算以及拟举办的各项事业,征得人民同意。孙中山说,地方自治团体"不仅为一政治组织,亦并为一经济组织",号召人们"速从地方自治,以立民国万年有道之基"。③

1922年5月,直奉战争以奉系军阀的失败而告终。以吴佩孚为首的直系军阀,依仗有美国、英国等帝国主义的支持,推行所谓"武力统一"的政策。各省地方军阀则高唱所谓的"联省自治",与吴佩孚"武力统一"相对抗。孙中山先生在宣传他的地方自治主张的同时,对军阀"联省自治"给予了尖锐的批判。

早在1920年底,林支宇自湖南省议会上书孙中山,略谓:世界潮流日新,民族胥知自决。巩固自决之基础,期政化之改进,匪厉行联省自治不为功。钧座返旆珠口,亟宜建设联省政府,促成各省制宪,以新耳目,而彰民治。对此,孙中山亲笔批示道:

---

① 《复唐继尧函》,《孙中山全集》,第5卷,中华书局,1985年版,第43页。
② 《在上海青年会的演说》,《孙中山全集》,第5卷,第125页。
③ 胡汉民编:《总理全集》,第一集,上海民智书局,1930年版,第859~865页。按:本文未收入新版《孙中山全集》。此处引文与孙中山思想一致。

"以分县自治为立国基础,联省只能成官治,不能达自治。"①

1922年,孙中山分别在各种场合多次揭露批判军阀"联省自治"。1922年8月12日,孙中山在由香港赴上海的途中指出:"中国此时最可虑者,乃在各省借名自治,实行割据,以启分崩之兆耳。"②同年8月15日,孙中山在上海发表的宣言中强调指出,在政治上应当尊重自治,以发舒民力。但真正的自治,应当是"全国人民有共治、共享之谓,非军阀托自治之名,阴行割据所得而藉口"③。

1923年,孙中山在一次演说中指出:当时的中华民国还是"官治,政客治,武人治",不是民治。他认为真正的民治是他所主张的民权主义,"能够极端做到,可以让人民在本地方自治,那才完事"。他主张在兵事完结之后,把全国一千多个县都划分开,"将地方上的事情,让本地方人民自己去治,政府毫不干涉"。假若一千多个县都可以自治,中华民国便自然成立。"如果全国的人民不能自治,总是靠官治,中华民国便永远不能成立。"孙中山还十分注意实施地方自治所需的人才的培养,勉励青年于"研究体育、德育之外,喜欢做地方事情的人,还要组织一个地方自治的研究会,或办一个地方自治学校,来造就这项专门人才"④。

孙中山先生坚决维护国家和民族的统一。他回顾了中国历史的发展后指出:中国"凡统一之时就是治,不统一之时就是乱的","中国眼前一时不能统一,是暂时的现象,是由于武人的割据。这种割据我们要铲除它,万不能再有联省的谬误为武人割据作护符"。他得出这样一个结论:"提倡分裂中国的人一定是野心家!"⑤

在中国共产党的帮助下,中国国民党第一次代表大会于1924年1月在广州召开。这标志着孙中山的思想发生了一个飞跃,由旧三民主义发展到新三民主义阶段。与此同时,孙中山的地方自治思想也相应地发展到了一个新的历史阶段。

国民党一大宣言中指出,真正的自治"诚为至当,亦诚适合于民族之需要与精神,然此等真正的自治,必待中国全体独立之后,始能有成。中国全体尚未获得自由;而欲一部分先获得自由,岂可能耶?故知争取自治之运动,决不能与争回民族独立之运动分道而行。一省以内,所有经济问题、政治问题,惟有于全国之规模中始能解决。然各省真正自治之实现,必在全国国民革命胜利之后,亦已显然"⑥。

这时的孙中山已经认识到,自治运动绝不能孤立地进行,必须和反帝反封建的

---

① 罗家伦主编:《国父年谱初稿》,1958年台北版(下册),第496~497页。
② 邹鲁:《中国国民党史稿》,商务印书馆,1944年版,第1130页。
③ 《宣布粤变始末及统一主张》,《孙中山全集》,第6卷,中华书局,1985年版,第33页。
④ 《在广州全国青年联合会的演说》,《孙中山全集》,第8卷,中华书局,1986年版,第324~325页。
⑤ 《三民主义》,《孙中山选集》,第746~747页。
⑥ 《孙中山选集》,第588~589页。

民族独立运动结合在一起。一县一省的地方自治,必须在全国革命的胜利之后才有实施的可能。这和他此前所设想的先一县一县地完成自治而中华民国始成的思想相比较,不能不说是一个长足的进步。

国民党一大宣言中,再次强调确定县为自治单位,并谈了具体的设想。其后孙中山制定的《建国大纲》中,对这一设想做了进一步的发挥和详细的阐述,形成了他关于地方自治实施的完整方案,其主要内容如下:

一、在训政期间,政府派遣经过训练考试合格的人员到各县协助筹备自治。于全县人口调查清楚,土地测量完竣,警卫办理妥善,四境纵横道路修筑成功且人民经过"四权"(所谓四权见下文)使用的训练,能尽其国民义务,誓行革命主义后,选举县官执行一县之政事,选举议员议立一县之法律,这样才成为一个完全自治县。

二、在完全自治县中,凡成年男女国民,均有直接选举官员之权,直接罢免官员之权,直接创制法律之权,直接复决法律之权。

三、定地价。每县开创自治之时,先规定全县私有土地的地价。方法是由地主报价,所报之价,永以为定。地方政府则以所报地价按比例征税,且以后凡公家收买土地,完全按照所报地价,不得增减。此后所有土地之买卖,亦由公家经手,不能私相授受。原地主无论何时,只能收回所定之价。因土地改良、社会进步所增之价,其利益为全县人民共享,原地主不得据为私有。

四、土地之岁收,地价之增益,公地之生产,山林川泽之息,皆为地方政府之所有,用以经营地方人民之事业,及育幼、养老、济贫、救灾、医药以及各种公共之需。

五、各县的天然富源和大规模的工商事业,本县资力不足以发展兴办的,应当由中央政府协助。所获之纯利,中央与地方政府各得其半。

六、各县对于中央政府之负担,每年由国民代表认定,其限定不能低于每县岁收的 10%,不得高于岁收的 30%。

七、每县地方自治政府成立以后,选举国民代表一员,组成代表会,参与中央政事。

八、凡一省全数之县,皆达完全自治者,则为宪政开始时期,国民代表会选举省长,作为本省自治之监督,至于该省内之同家行政,则省长受中央指挥。

九、在此期间,中央与省之权限,采取均权主义。凡事物有全国一致之性质者,划归中央;有因地制宜之性质者,划归地方,不偏于中央集权或地方分权。

十、县为自治单位,省立于中央与县之间,以收联络之效。[①]

1924 年 11 月 10 日,孙中山发表了《时局宣言》,接受了中国共产党 1923 年 6 月提出的召开"国民会议"的号召。孙中山改变了他在 4 月份发表的《建国大纲》中还提到的关于建设程序划分为军政、训政、宪政三个时期的旧看法,要求召集国民会议,"以谋中国统一与建设"。指出国民革命之目的,"在造成独立自由之国家,以拥

---

① 《孙中山选集》,第 602~603 页。

护国家及民众利益"。具体的对内政策是,"划分中央与省之权限,使国家统一与省自治,各遂其发达而不相妨碍;同时确定县为自治单位,以深植民权之基础,且当以全力保障人民之自由,辅助农工实业团体之发达,谋经济状况之改善"。孙中山说,"对内政策果得实现,则军阀不敢死灰复燃,民治之基础莫能动摇"。孙中山认为,这才是于中国现状的对症良药。①

综上所述,孙中山先生的地方自治思想大致经历了这样一个发展过程:开始是朦胧憧憬欧美地方自治制度,接着是把欧美地方自治制度搬过来,作为实施他的民权主义的具体方案。进一步则把实施地方自治和民族主义、民生主义紧密结合起来,和反帝反封建的民族独立和民族解放结合在一起了。

孙中山先生一生中,在相当长的时间内向往西方的代议政治、共和制度,对欧美一些资本主义国家的地方自治制度,也视为效法的楷模。但革命实践使他的看法逐渐发生了变化,他的目光不仅看到欧美资本主义国家,也对取得伟大十月革命胜利的苏联颇为关注。

孙中山认识到,"近世各国所谓民权制度,往往为资产阶级所专有,适成为压迫平民之工具"②。以法国来说,人民所得到的权力,还不及资产阶级大革命时期为多。"欧美的物质文明,我们可以完全仿效,可以盲从,搬进中国来,也可以行得通。"至于欧美的政治理论制度,"一切办法在根本上还没有解决,所以中国今日要行民权,改革政治,便不能完全仿效欧美"③。

早在1921年,孙中山在致俄罗斯苏维埃联邦社会主义共和国外交部的信中就说:"我希望与您及莫斯科的其他友人获得私人的接触。我非常注意你们的事业,特别是你们的苏维埃组织、你们军队和教育的组织。"④到了1924年,孙中山又说:"近来俄国新发生一种政体,这种政体,不是'代议政体',是'人民独裁'的政体,当然比较'代议政体'改良得多。"他决心以欧美以往的历史作为参考资料,用他自己的民权主义把中国改造成一个"驾乎欧美之上"的中华民国。⑤

正当孙中山先生在中国共产党的热情帮助下不断探索的时候,不幸积劳成疾,过早地离开了人世。

(三)孙中山地方自治思想评析

三民主义是孙中山先生的民主革命纲领,地方自治则是他的三民主义核心部分民权主义中有关地方政体方面的具体规划。作为革命民主主义者的孙中山,不容许

---

① 《孙中山选集》,第951~952页。
② 《中国国民党第一次全国代表大会宣言》,《孙中山选集》,第592页。
③ 《三民主义》,《孙中山选集》,第764页。
④ 《孙中山选集》,第504页。
⑤ 《三民主义》,《孙中山选集》,第757页。

"千年专制"继续存在,坚决主张以"国民革命"为手段,用资产阶级共和国取代君主专制。他擘画的"民主立宪"政体,贯串了"主权在民"的思想。

孙中山先生关于地方自治的主张,无疑是一种进步的思想。在当时的历史条件下,把某些属于地方范围的事务划归地方机构管理,可以吸收较多的人特别是资产阶级和小资产阶级参加社会活动,也可以在一定程度上稳定地方上的社会秩序,减轻官僚军阀在地方上的危害。尤其应当看到,孙中山地方自治思想中体现了他坚持民主政治反对集权专制、坚持"民治"反对"官治"、坚持统一反对分裂以及实行"均权主义"、正确处理中央和地方两者关系等思想,充满了革命性和民主性。

关于孙中山先生地方自治思想的意义,我们可以从以下几个方面来分析。

第一,孙中山提出的地方自治,始终是作为君主专制制度的对立物出现的。他不是企图修葺点缀专制制度,使其益寿延年,而是要从根本上结束这个已经腐朽了的制度,建立一个资产阶级共和国。而且达到这一目的所采取的手段,不是改良,而是革命。

在谈到实行地方自治的目的时,孙中山明确指出:

1. 实行地方自治,才能培养人民的自治能力,为实现宪政打好基础。

孙中山曾高度评价辛亥革命推翻清王朝专制统治的伟大功绩,认为自此以后,"中国民族独立之性质与能力屹然于世界不可动摇","中国民主政治,已为国人所公认,此后复辟帝制诸幻想,皆为得罪于国人而不能存在"。辛亥革命这一伟大功绩,值得在中国历史上大书特书。同时孙中山也沉痛地指出,辛亥革命后,真正的中华民国并未实现,民国是有其名而无其实。究其原因,是没有按照他所制定的革命方略去进行。辛亥革命后,由军政一蹴而至宪政,革命政府没有训练人民的时间,也没有使人民养成自治的能力。其结果,或是民治不能实现,或是假民治之名行专制之实,或连民治之名也抛弃了,所以孙中山认为,训政时期所最先注重的,应该是以县为自治单位实行地方自治,而这样做的意义,首先就在于培养人民的自治能力。①

在孙中山看来,中国人民长期处于封建专制的统治之下,"奴性已深,牢不可破"。必须经过训政时期,才能涤除"旧染之污",培养起行使主人权力的能力。君主专制时代,大权独揽于皇帝一人,如今要建立的中华民国,是人民之国,主权属于国民全体,四万万人民就是当今时代的皇帝。国家中当官的,上自总统,下及巡差,都是人民的公仆。然而此时民国的主人犹如初生的婴儿,"多有不识为主人、不敢为主人、不能为主人者",需要革命党负起保养教育的责任,促其长大成人,"国基才能巩固"。② 而地方自治的实施,可以广泛地吸引人们参与政治活动。因为与人民联系最密切者,莫过于一县以内之事。通过地方自治,可以促使人们关心国家事务,培养从事政治活动的能力。这样,人们就可以根据其在地方上的训练,与闻国政了。

---

① 《中国革命史》,《总理全集》,第一集,第 923~924 页。
② 《建国方略》,《孙中山全集》,第 6 卷,第 211 页。

2. 地方自治是实行民权的重要凭借,通过地方自治,才能破除旧的专制制度,变"官治"为"民治"。

早在1897年,孙中山就指出:"至中国现行之政治,可以数语赅括之曰:无论为朝廷之事,为国民之事,甚至为地方之事,百姓均无发言或与闻之权;其自身为官吏者,操有审判之全权,人民身受冤抑,无所吁诉。且官场一语等于法律,上下相蒙相结,有利则各饱其私囊,有害则各委其责任。婪索之风,已成习惯;官以财得,政以贿成。间有一二被政府惩治或斥革者,皆其不善自谋者也。然经一番之惩治或斥革,而其弊害乃逾甚。"①

孙中山认为,地方自治必须以真正的"民治"作为其主要内容;反过来说,也只有实行地方自治,才能逐步打破旧的官僚政治和专制制度,"移官治为民治",实现民权主义。孙中山说,主权在民实现与否,不应当从权力在中央或地方的分配来看,而应当从"权力之所在观之","权在于官,不在于民,则为官治;权在于民,不在于官,则为民治"。如果权在于官,则无论是中央集权还是地方分权,或是所谓的"联省自治",都必然还是官治,那只能造成这样一种状况:"中央政府以约法为装饰品,利于己者从而舞弄之,不利于己者则从而践踏之。"人民毫无权力,宪法也只是具文。

孙中山说,所谓"官治",就是把政治之权尽付官僚,与人民无关。若官僚贤且能,人民也只能像婴儿仰乳那样受其恩赐。要是官僚愚且不肖,人民则成为刀俎之肉,"躬被祸而莫能自拔"。民治与官治截然不同,"政治主权在于人民,或直接行使之,或间接行使之"。在间接行使的时候,人民的代表或委任者,"只尽其能,不窃其权,予夺之自由,仍在人民"②。

孙中山认为,地方自治是变官治为民治的主要途径。确定县为自治单位后,在自治县内,人民有直接选举权及罢免官吏之权,有直接创制及复决法律之权。各县地方自治政府成立后,选举国民代表一员,以组成代表会,参与中央政事。这就赋予了自治单位的县民权机构以权力,直接表现了人民的意志和权利,人民也通过参与地方政权获得了真正的民权。另一方面,只有在主权在民的地方政权的基础之上,真正体现民治的全国政权机构才能得以实现。所以孙中山说,人民以县地方自治为凭借,"则进而参与国事,可以绰绰然有余裕。与分子构成团体之学理,乃不相违"。倘不如此,人民便失去了参与国事的根据。③

3. 地方自治是民国的础石,础坚才能国固。

地方自治是孙中山关于政体规划的一个重要部分。政体,即国家政权的组织形式,从属于国体即国家政权性质。孙中山的地方自治,从属于其民权主义规定的国

---

① 《伦敦被难记》,《孙中山全集》,第1卷,第51页。

② 《中华民国建设之基础》,《孙中山集外集》,陈旭麓等主编,上海人民出版社,1990年版,第34~35页。

③ 《中国革命史》,《总理全集》,第一集,第924页。

体性质。他认为,美国一经革命,所定国体百年不变,长治久安,文明进步、经济发达为世界之冠,全恃地方自治之发达。拉丁美洲各国亦先后仿效美国建立共和,然而进步缓慢、变乱经常,其原因全在于地方自治之基础不巩固。法国在资产阶级大革命后,大乱相寻,国体五更,两帝制而三共和,八十年后共和之局乃定,也是因为没有地方自治之基础。①

孙中山还以建造房屋作比喻,略谓:我国人筑屋先上梁,西人筑屋先立础。上梁者注目于最高之处,立础者注目于最低之地。注目处不同,其效用自异。他说,我们办事,应当向最高处立志,但必以最低处为基础。所谓最低之处,也就是事物的根本。国家的根本在于人民,"故建设必自人民始"。现在要建立一个"永不倾扑"的中华民国,"必筑地盘于人民身上,不自政府造起,而自人民造起也"②。从人民造起,就要实行地方自治。地方自治是国家的础石,础坚才能国固。扎根于人民基础之上的民国,"非官僚所得而窃,非军阀所得而夺"。于是孙中山得出结论:"积十一年之乱离与痛苦为教训,当知中华民国之建设,必当以人民为基础,而欲以人民为基础,必先行分县自治。"③

上面孙中山关于地方自治的论述,从总体来看,是应当给予肯定的。正如列宁所指出的:"孙中山纲领的每一行都渗透了战斗的、真诚的民主主义。它充分认识到'种族'革命的不足,丝毫没有对政治表示冷淡,甚至丝毫没有忽视政治自由或容许中国专制制度与中国'社会改革'、中国立宪改革等等并存的思想。这是带有建立共和制度要求的完整的民主主义。"④

第二,孙中山的地方自治思想,有鲜明的时代特色,与欧美的地方自治有显著的差异。

历史已步入帝国主义时代,中国已经沦为半殖民地半封建社会。20世纪初,孙中山看到了西方资产阶级民主制的危机,又受到各种社会主义思潮的影响,深深地同情在水深火热中挣扎的劳苦大众,这是促使他力图从主观上突破西方资产阶级民主制的狭隘性,这也正是孙中山先生后期之所以能和中国共产党合作的思想基础之一。正如列宁所指出的,"中国民粹主义者的这种战斗的民主主义思想体系,首先是同社会主义空想—同使中国避免走资本主义道路即防止资本主义的愿望结合在一起的,其次是同宣传和实行激进的土地改革的计划结合在一起的,正是后面这两种政治思想倾向使民粹主义这个概念具有特殊的意义,即与民主主义的含义不同,比民主主义的含义更广泛"⑤。

---

① 《建国方略》,《孙中山全集》,第6卷,第207~208页。
② 《自治制度为建设之础石》,《总理全集》,第二集,第165~166页。
③ 《中华民国建设之基础》,《孙中山集外集》,第36页。
④ 《中国的民主主义和民粹主义》,《列宁选集》,第二卷,第424页。
⑤ 《中国的民主主义和民粹主义》,《列宁选集》,第二卷,第425页。

第三,考察中国近代史,我们还可以看到,湖南军阀鼓噪"自治"的时候,已经成为马克思主义者的毛泽东,一方面著文揭露批判军阀的官办"自治";另一方面鉴于广大群众要求自治,曾花费很大精力发动和组织湖南人民的自治运动。诚然,这和孙中山主张的地方自治依靠的力量及达到的目的都不尽相同,两者不可同日而语。我们这里想要说明的是,在当时中国的历史条件下,争取地方自治并非没有现实意义,孙中山主张的地方自治也绝非盲目照抄西方,无的放矢。

毛泽东曾经指出,孙中山"研究中国历史情况和当前社会情况",又"注意研究包括苏联在内的外国情况","他在政治思想方面留给我们许多有益的东西"。[①] 对孙中山政治思想中那些有益的东西,我们应该给予实事求是的评价,继承这一份珍贵的历史遗产。当然,就总体来说,孙中山的地方自治思想与其整个思想一样,最终也没有越出资产阶级民主政治的藩篱,不可避免地带有很大的局限性。

首先,政体归根结底从属于国体。地方自治即或实现,也不可能改变国家政权的性质。而在当时中国的历史条件下,不建立一个代表人民利益的中央政权,真正的地方自治实际上很难实现。也正是这个道理,清政府筹备立宪时曾做过地方自治的许诺,后来一些军阀也曾高唱过自治,背叛了孙中山先生革命精神的国民党政府也曾试行过地方自治,实际上收效甚微,甚或成了独裁专制的一个点缀。这些历史事实,一方面说明,中国近代史上的民主潮流不可阻挡,反动派有时也不得不打出自治的旗号装潢门面,自欺欺人;另一方面也说明,在反动派掌握着中央政权的条件下的地方自治,不可能动摇反动派统治的根基。当然,孙中山先生晚年对这个问题有所认识,提出了改造中国第一步的方法不是地方自治,而是革命,这是一个很大的进步。

其次,囿于英雄史观,孙中山看不到人民大众是历史的主人,认识不到人民大众会在革命斗争中迅速提高觉悟和能力。掌握自己的命运,始终把人民放在被训导的地位,反映出资产阶级看不起群众的态度。地方自治的实施依靠谁?在孙中山看来,要依靠"先知先觉"的人和受过训练的青年学子,即资产阶级、小资产阶级及其知识分子。同时,根据孙中山说的中国历史上曾有过的地方自治(实际上是农村绅权、族权统治)及"本旧础加以新法"云云,可以推知农村的士绅也必然是依靠对象。孙中山看不到革命主力军农民的伟大力量,更提不出切实解决农民土地问题的纲领以动员广大农民起来改变农村经济基础,破除封建主义的统治秩序,因而他的地方自治的梦想始终没有实现。

(郑永福 吕美颐 原载《史学月刊》1997年第4期,收入本书时做了部分修改。)

---

① 《毛泽东选集》,第五卷,第311~312页。

联省自治思潮与联省自治评析

（一）"联省自治"思潮的兴起

1914年，袁世凯下令撤销各省议会，停办地方自治，引起了舆论界的广泛关注与强烈不满。《大共和日报》指出，"共和国之精神，在乎代议制度之完善；而代议制度之完善，在于自治制度之健全"，"自治制度优者，代议制度因之而优；自治制度而劣者，代议制度因之而劣"。文章说，国家势力之强衰，宪法施行之久暂，无不以地方自治为进退。欧洲之法兰西，美洲之墨西哥与秘鲁经年扰攘，国内动摇，"论者方谓其共和政体之不能长久，而殊不知其自治制度之未曾巩固耶！"[①]

袁世凯的政治目标是要集权专制，要复辟帝制当皇帝，当然容不得搞什么地方自治。他要集各种大权于一身，凡有碍于此的舆论亦不为其所容。1913年8月袁世凯曾查禁人权急进社，其中重要原因之一便是人权急进社提出了在中国实行联邦制的政治主张。[②]

袁世凯称帝后爆发的护国运动中，知识界出现了一股"联省自治"思潮，认为应该抛弃中央集权制，实行美国式的联邦制，或可杜绝封建专制主义在中国的死灰复燃。章士钊在《学理上之联邦论》一文中指出："近倾以来，统一之失，日益彰明，智者发策以虑难，贤者虑衰

[①]《东方杂志》，1914年第10号。

[②]《东方杂志》，1914年第3号。

而求活,恍若联邦之制,行之有道,容足奠民生之安利,拯国命于纷纭。"张东荪发表的《地方制度之终极观》、丁世峄发表的《民国国是论》等文章,都主张采用地方分权的联邦制,在宪法上明确地将中央与地方权限予以明确划分,以便杜绝军阀弄权实行专断的弊害。①

上述这些议论,大多是针对袁世凯的独裁统治而发,反映了一部分资产阶级知识分子对专制制度的不满,以及对国家出路问题的探索。直皖和粤桂战争后,不但南北统一成为泡影,即以南北军阀内部来说,也极不一致。因此,"联省自治"问题又在舆论界议论开来。

熊希龄认为:"(军阀)双方既以武力争法律,苟有一方,可以战胜攻取,屈服群雄,统一全国,未始不可以慰人民云霓之望。无如彼此均衡,各无把握,一波行,一波又起。"因而熊希龄认为中国应采用欧美的联邦制,以实现全国统一,制止混战。

杨瑞六认为,实行"联治","可以助长人民参政之智能","可以阻遏野心家之专擅","为今日实行统一的和平方法"。

唐德昌撰文说:"中国疆域太大,且交通阻碍,开发实业,以采联邦制度为最宜","联邦制可除满清复辟的祸根"。②

应该说,"联省自治"思潮的产生,尽管有复杂的历史背景,但或多或少地反映了当时资产阶级希望国家和平统一、要求民主参政、顺利发展资本主义经济的良好愿望,不无积极意义。但各系军阀鼓噪的所谓"联省自治",绝非建筑在这种思想基础之上,因而动作起来,也必然与资产阶级民主政治背道而驰。

(二)"联省自治"出笼的前前后后

军阀"联省自治"的出笼,各地方的具体情况有别,但其大的背景主要有两个。其一,资产阶级民主思想在中国日益广泛传播,清王朝君主专制统治的垮台,袁世凯、张勋复辟帝制的可耻失败,使资产阶级民主政治在人民大众中的影响越来越深入。要民主,要进步,已经成为一股不可抗拒的历史潮流。有鉴于此,尽管各地军阀并无真心实行民主政治,他们之中的大部分对民主政治也一窍不通,但为缓和广大人民群众反对专制、争取民主的斗争,也要打出"自治"的旗号,唱唱"民治"的高调,以遮人耳目。其二,待直系军阀推行所谓"武力统一"的政策之后,"联省自治"又成了地方军阀抵制直系军阀并吞、保住各自割据地盘的一个"法宝"。

"联省自治"运动发轫于湖南。1919年,毛泽东等以湖南省学生联合会为基础,联合各界发动了"驱张运动",把代表北洋军阀势力的张敬尧赶出湖南。与此同时,提出了湖南人对于国事"自主自决"的要求。当时,湖南处于南北军阀夹击之中,数

---

① 李剑农:《戊戌以后三十年政治史》,第310页;潘树藩:《中华民国宪政史》,第140页。本节资料未注明者,均见此两书。
② 《中华民国宪政史》,第106页。

年之间兵连祸结,人民吃尽了苦头,普遍要求有一个安宁的环境。不少人认为,要想安定必须先廓清官僚武人的势力。而要想廓清官僚武人的势力,非亟谋地方自治不为功。因而,要求湖南自治的呼声甚高。

1920年6月,军阀谭延闿回到长沙。谭延闿本来对自治持反对态度,但"当时自治的要求,并不止一二绅士,全体湖南人,几乎都有这个倾向","湖南民党,个个都说:'组庵(谭延闿字组安、组庵——引者注)既不肯宣布自治,我们就应当倒谭,而谋自治。'"①面对这种形势,谭延闿为保住自己的位置,不得不应付一下。1920年7月,谭便以湘军总司令的名义快邮代电通告全国,宣布"湖南自治",废除北洋军阀在湖南的督军制,实行地方自治和省长民选。电文中云:"民国九年,内战不息,日言国家和平,而战祸日形扩大,与和平相处日远。推源祸始,皆由当国武夫官僚,蹈袭前清及袁氏的强干弱枝政策,强以中央支配地方……鄙见以为吾人苟有根本求国之心,当以各省人民确定地方政府,方为民治切实办法。"②

很明显,电文中的"民治"、"和平"等,仅仅是说点漂亮话而已,谭延闿不过是对北洋军阀政府"强干弱枝"的政策不满,即对北洋军阀危及谭氏等地方军阀的利益不满,而要求建立的则是自己的专制统治。正当谭延闿匆匆忙忙制定省宪法时,湖南内部赵恒惕、程潜、谭延闿等发生内讧,谭延闿的"自治"活动于是告吹。

谭延闿离开湖南后,赵恒惕任湘军总司令,大权独揽,继续推行"联治"政策。1920年12月下旬,赵恒惕发出通电,其中称"湘省地当要冲,迭遭变故……今划分军民两政,民选临时省长赶制省自治法。苟省悉自治,则地方有各自发展之可能;苟省相联结,则举国有提挈并进之意"③。通电发出后得到四川、广西、云南、浙江、陕西等省军阀复电响应。1921年,通过了湖南省宪法。该宪法分为13章,141条。总纲中指出,"湖南为中华民国之自治省","省自治权属于省民全体"。并规定公民享有选举、罢免、创制、复决之权,省长由省议会选出四人交由全省公民总投票决选,以得票多数者当选。省长以下设七个司,由司长组成省务院,并在司长中互选一人为省务院院长,辅助省长执行全省政务。七个司的司长的产生,须由省议会于各司选出二人,由省长择一任命之,司长对省议会负责。省长发布命令,非经省务院院长及主管司长附属不生效力。从上述条文规定来看,湖南省宪法对省长职权多方面加以限制,以防其独断专行。而且省长由全省公民直接投票选出,公民有直接选举权。

具有一定资产阶级民主精神的湖南省宪法的通过,反映了湖南各界民主运动的力量。但对军阀赵恒惕来说,湖南省宪法只不过是他实行军阀割据的一个护身符,

---

① 王无为编:《湖南自治运动史》(上编),太东图书局,1920年版,第19页。王无为系当时长沙《民国日报》记者,该书系湖南自治运动之中所作,保存了大量第一手资料,又因运动很快结束,本书无下编。

② 《湖南自治运动史》,第20~21页。

③ 王无为编:《湖南省志》,第一卷,第427页。

他是从来也不打算按其行事的。没过多久,赵恒惕便指使制宪会议对湖南省宪法进行篡改,取消人民群众的直接选举权,集湖南省军、政、民大权于自己一身了。

继湖南之后,四川、贵州、云南、广西、广东、江苏、安徽、湖北、江西等省纷纷宣告"制宪自治"。北京还成立了两个推动"联省自治"的组织。一个是江苏等12省和北京市代表组成的各省区自治联合会,另一个是直隶等11省代表组成的自治运动同志会。此外,天津成立了陕西等五省一区自治运动联合办事处。上海成立了旅沪各省区自治联合会。这样,从1920年冬起,"联省自治"运动成为一场颇具规模的带有群众性的政治运动。运动中,各阶级、各阶层的出发点不同,表现也不一,评价起来宜具体分析。但就各地军阀自身来说,他们的所谓"联省自治",不但丝毫不具备资产阶级民主性质,而且直接成为出师北伐、打倒北洋军阀、完成全国统一的一大障碍。广东省陈炯明的所谓自治,即为典型的一例。

陈炯明本深得孙中山先生的器重。1920年秋,孙中山任命陈炯明为广东省省长兼粤军总司令。第二年孙中山就任非常大总统后,又任命陈炯明为陆军部长兼内务部长。陈炯明大权在手,野心膨胀,竟高唱所谓"保境安民"、"联省自治",与孙中山先生的北伐部署相对抗。

1921年4月,陈炯明先后公布了《广东自治条例》、《县自治暂行条例》,接着便着手所谓民选县长。陈炯明匆匆忙忙这样做的目的,一是以"民治"相标榜,提高自己的身价,另一个是乘机在各县安插自己的势力。参加竞选者十之七八为地主豪绅、官僚、市侩,名为选举,实则有的凭金钱买选票,有的仗势吓人、骗人强拉选票。广大人民群众对于这样的"选举",当然不会有多大兴趣了。

与此同时,陈炯明还着手制定省宪法,以推行"联省自治"。1921年11月,省议会通过省宪法草案。该草案规定"广东省为中华民国之自治省"。关于军事一项,该宪法草案特别规定:"本省海陆军俱为省军,其编制以省法律定之。凡省内之要塞建筑或武库、军港及兵工厂、造船厂等均属本省所有,如遇国家对外宣战,本省军队之一部分,得受政府指挥。"当时朱执信等人就一针见血地指出:"这样的宪法真正实行起来,势必将中国划分为二十多个小国。陈炯明搞省宪本身,完全是在搞地方割据,不要统一的国家。各省如果照这个样子搞下去,省自为谋各行其是,必陷中国于支离破碎,予眈眈虎视之外强以绝大机会,必不可行,亦不能行。"①

广东省宪法公布后,陈炯明便派亲信与湖南省的赵恒惕、浙江省的卢永祥、江西省的陈光远等军阀联络,策划"联省自治"。后因形势变化,不得不将计划搁置。

1922年6月第一次直奉战争结束后,吴佩孚依仗美帝国主义的支持,推行所谓"武力统一"政策。在这种情况下,军阀"联省自治"的叫喊声又甚嚣尘上。其时,曹锟、吴佩孚等对大总统徐世昌亲奉系不满,遂以恢复法统(指旧国会和民元临时约

---

① 林志钧等:《陈炯明叛孙、联省自治及民选县长》,《广州文史资料》,1963年第三辑。

法)为号召,逼徐世昌下野,由黎元洪继任大总统。西南地方军阀相率表示一面尊重法统,一面促成"联省自治"。赵恒惕从湖南发出通电,表示承认旧国会的恢复和黎元洪复任总统,但坚持在中国建立联邦制的国家。他说:"应时势之要求,树百年之大计,首先在完成国宪,并予各省以自由制宪之权,或纳省宪大纲于国宪之中。"赵恒惕还发表了《与曹吴论国是书》,反复解释联邦制的意义和作用,强调召开各省联合会议讨论国家大计的必要性。

旧国会复会和黎元洪复职后,对"联省自治"并不表示反对。国会议长王家襄给赵恒惕的电报中对赵的意见表示支持。后来国会宪法审议会也曾通过以下意见:"各省在不抵制宪法,地方制度章内应规定关于省宪各原则。"黎元洪也下令表示尊重地方自治,并称:"国会将来制定宪法,所有中央与各省权限,必能审中外之情形,救偏畸之弊害。"

这时,上海方面的商会、农会、工会、教育会、银行界、律师界、报界等组成团体联合会,主张各省自制省宪法,再由各省联合制定中华民国宪法。北京方面则有个"修正宪法草案请愿团",主张将天坛宪法草案加以修订,将中央与地方的事权划分,成为一种联邦制的宪法。这样,舆论界"联省自治"思潮又再度高涨。但是,"联省自治"运动与吴佩孚的武力统一政策是不相容的。吴佩孚在给蔡元培的电报中说:"川湘借自治之帜以抗中山,中山下野,此固又不存在。"吴佩孚坚决反对"联省自治",认为"联省自治"是"豪强割据,部落称尊,又附会分权之说,以自饰其乱"。

由于直系军阀不容许其他派系的军阀割据一方与之抗衡,加之西南各省军阀又各怀鬼胎、步调不一,湖南、四川等省军阀鼓噪起来的"联省自治",此后也没有什么进展,逐渐偃旗息鼓了。

(三)孙中山与中国共产党对"联省自治"的态度

军阀"联省自治"丑剧开场后,受到孙中山等资产阶级革命派及中国共产党人的严厉批判。

孙中山先生一度也曾想利用自治潮流抵制直系军阀的武力统一政策。1921年5月5日,孙中山在广州就任非常大总统发表的对内宣言中指出:"集权专制为自满清以来之秕政。今欲解决中央与地方永久之纠纷,惟有使各省人民完成自治,自定省宪法,自选省长。中央分权于各省,各省分权于各县,庶几既分离之民国,复以自治主义相结合,以归于统一,不必穷兵黩武,徒苦人民。"但应该看到,孙中山的地方自治理论与"联省自治"不同,历来主张以县为自治单位,故在文中加了一句"各省分权于各县",并且在讲话中特别强调,"至于重要经济事业,则由中央积极担任。发展实业,保护人民,凡我中华民国之人民,不使受生计压迫之痛苦。对于外交,由中央负责,根本民意,讲信修睦,维持国际平等地位,保障远东永久和平"[①]。实际上,

---

① 《就任大总统职宣言》,《孙中山全集》,第5卷,第53页。

孙中山先生对"联省自治"是持反对态度的。

对于陈炯明等搞的"联省自治",孙中山多次予以揭露。他指出:"政治问题,则当尊重自治,以发舒民力。惟自治者全国人民有共治、共享之谓,非军阀托自治之名,阴行割据所得而藉口。"陈炯明之流"平日处心积虑,惟知割据,以便私图,于国事非其所恤,故始而阻扰出师(指阻扰北伐——引者注),终而阴谋盘拒,不惜倒行逆施,以求一逞"①。

1924年初通过的国民党第一次代表大会宣言,接受了中国共产党提出的反帝反封建的政治主张。宣言中对"联省自治"派进行了分析批判。宣言指出,"联省自治"派之拟议,以为造成中国今天混乱的原因,是由于中央政府权力过重,所以应当分其权力于各省。自治完成之后,则中央政府的权力日益消减,便无所恃以为恶。但今天北京政府的权力,当初并非法律所赋予人民所公认,而是在大军阀攘夺而得之。大军阀以暴力把持中央政府,又利用中央政府来扩充其暴力。不设法毁灭大军阀的势力,消灭中央政府的权力,是决然不可能的。那样做的结果只能是"分裂中国,使小军阀各占一省自谋利益,以与挟持中央政府之大军阀相安无事而已,何自治之足云"②。

孙中山也明确指出:"想把各省的地方自己去割据,像唐继尧割据云南,赵恒惕割据湖南,陆荣廷割据广西,陈炯明割据广东,这种割据式的联省,是军阀的联省,不是人民自治的联省!"③

对于军阀"联省自治",马克思主义者则给予更为深刻的揭露和批判。

1920年湖南军阀谭延闿鼓噪"自治"的时候,毛泽东鉴于湖南广大群众的要求,曾花费很大精力发动和组织湖南人民的自治运动,包括组织万人的大游行,以图迫使军阀实行真正的民主改革,为开展革命运动创造条件。同时,他也撰文指出:湖南急需进行自治的实际运动,但这个运动应该由人民群众来发起。军阀的"联省自治","虽则具了外形,其内容是打开看不得,打开看时,一定是腐败的、虚伪的、空的,或者是干的"④。毛泽东还指出,争取自治只是应付当时环境的一个变计,彻底的总革命,则是走俄国十月革命的道路。

1922年6月,中国共产党发表了第一次关于时局的主张,揭露了军阀"联省自治"的骗局,指出:"军阀的联省自治,不但不能建设民主政治的国家,并且是明目张胆的提倡武人割据,替武人割据的现状加上一层宪法保障。总之,封建军阀不消灭,行中央集权制便造成袁世凯式的皇帝总统,行地方分权制便造成封建军阀割据的诸

---

① 《宣布粤变始末及统一主张》,《孙中山全集》,第6卷,第521页。
② 《孙中山选集》,下卷,第522~523页。
③ 《三民主义》,《孙中山选集》下卷,第711~712页。
④ 湖南《大公报》,1920年9月26日。

侯,哪里能够解决时局?"①明确地给人民革命指明了方向。

　　事实证明,"联省自治"思潮的出现,虽然在某种程度上体现了一部分民族资产阶级对袁世凯和北洋军阀独裁专制的不满以及彷徨中对国家出路的探索,但历史证明,资产阶级提出的这种"救世良方",在当时不但于国家人民无益,反而很容易被军阀政客所利用。

(郑永福　原载《史学月刊》1985年第3期。)

---

① 《先驱》第五号。

湖南"自治运动"中毛泽东的地方自治思想

本文所说的湖南"自治运动",系指在皖系军阀张敬尧被逐出湖南后,湖南出现的主张湖南省自主、自立、废督裁兵、公民制宪、实行民治的运动。①在这场运动中,毛泽东不仅发表了十数篇文章主张湖南地方自治,而且还直接参与领导了群众的自治大游行。对此做出实事求是的评价,是研究毛泽东早期思想不可忽视的问题。本文拟对湖南自治运动中毛泽东的地方自治思想做一初步的考察与分析。

(一)

从一个爱国青年成长为一个马克思主义者的过程中,毛泽东曾受到过当时流行的各种社会思潮的影响,其中包括从西方传来的地方自治思潮。

西方近代地方自治思想传到中国,有一个历史过程。从19世纪四五十年代起,一些地主阶级经世派、早期维新派即开始关注地方自治问题。到19世纪末20世纪初,中国出现了一股地方自治思潮。地方自治思想传到中国后,就成了近代社会政治生活当中一个引人注目的话题。资产阶级维新派、立宪派鼓吹它,为的是从地主阶级那里分享一部分政治权力,以逐步改革社会,实现君主立宪的政治纲领;资产阶级革命派赞赏它、鼓吹它,则是为了结束君主专制统治,实

---

① 中共中央文献研究室、中共湖南省委《毛泽东早期文稿》编辑组编:《毛泽东早期文稿》,湖南出版社,1990年7月版,第518页。

现民主政治,建立资产阶级共和国。民权主义是孙中山先生三民主义的核心,而地方自治,在孙中山的民权主义中,占有重要地位,是他关于中国政治近代化的一个重要设计;地方自治思想受到青年学子的青睐,可以说是时代使然。严重的民族危机和社会危机,使广大爱国青年自然而然地把热爱祖国和热爱故乡密切结合起来。先进的中国人,往往是以国家主人翁的自觉态度,来看待故乡在祖国振兴事业中应有的地位和作用。他们意识到,中国是一个版图辽阔、人口众多的落后大国。如果没有各个地区人民的觉醒振作和齐心协力,是很难求得整个中国的独立和富强的。因而在他们创办的各种刊物中,鼓吹通过地方自治改善地方政治、经济,并通过地方自治合"小群而大群",壮大新兴力量,成了一个重要的话题。也正是在这种大背景下,西方的地方自治思想和地方自治制度,比较系统地介绍到中国来了。年青的毛泽东明显地受到了舆论界这方面宣传的影响,我们从《湘江评论》的创刊及该刊上发表的《民众的大联合》等文章中,可以明显地感觉到这一点。

毛泽东集中关注地方自治问题,是因为在省治和联省自治运动之中,除了普遍性之外,还有其特殊性。因而,考察毛泽东地方自治思想,不可不对省治、联省自治运动出现的历史背景做一分析。

1914年,为了扫清复辟君主专制制度的障碍,袁世凯下令撤销各省议会,停办地方自治,引起了舆论界的广泛关注与强烈不满。其后袁世凯称帝,护国战争爆发,知识界出现了一股"联省自治"思潮,认为应该抛弃中央集权制,实行美国式的联邦制,或可杜绝君主专制主义在中国死灰复燃。直皖、粤桂战争之后,不但南北统一成为泡影,即以南北军阀内部而言,也极不一致,"联省自治"问题,再次成为舆论界的一大话题。1920年"省治"、"联省自治"出台,各个地方的情况有别,但大的背景有两个。其一,资产阶级民主思想在中国日益广泛传播,清王朝的垮台,袁世凯、张勋帝制复辟的可耻失败,资产阶级民主政治在人民大众中的影响越来越大。要民主要进步,已经成为一股不可抗拒的历史潮流。有鉴于此,尽管各地军阀并无真心实行民主政治,他们之中的相当多的人对于民主政治也一窍不通,但为缓和人民大众反对专制、争取民主的斗争,也要打出"自治"的旗号,唱唱"民治"的高调,以遮人耳目。其二,待直系军阀推行所谓"武力统一"的政策之后,"省治"、"联省自治"又成了地方军阀为抵制直系军阀并吞、保住各自割据地盘而用的一个"法宝"。

综上所述可以看出,联治思潮与"联省自治"的出现,有着复杂的历史背景。但它在某种程度上反映了人民群众希望国家和平统一、要求民主参政、稳定和发展社会与经济的良好愿望。唯其如此,从1920年冬起,联治运动成为五四运动之后一场颇具规模的带有群众性的政治运动。继湖南后,四川、贵州、云南、广西、广东、江苏、安徽、湖北、江西等省纷纷宣告"制宪自治"。北京成立了两个推动"联省自治"的组织:一个是江苏等12省和北京市代表组成的各省区自治联合会,一个是直隶等11省代表组成的自治运动同志会。在天津,成立了陕西等五省一区自治运动联合办事处。上海也成立了旅沪自治联合会。对上述大的历史背景做一考察是必要的,它可以使我们更好地把握和评价毛泽东这一时期的地方自治思想与活动。

（二）

如何改造中国社会,是新文化运动中激进的民主主义者和早期马克思主义者一直积极思索、探讨的一个大问题。毛泽东也不例外,而且同他那个时代的其他先进的知识分子一样,曾经对地方自治理论与实践予以关注。

1919年年底,毛泽东率领湖南驱张代表团来到北京。在京期间,他曾作为湖南各界公推的六人代表之一到北洋总理府要求见总理,提出驱张和发展湖南的要求。

1920年3月12日,毛泽东给黎锦熙先生写了一封信,并附上了自己拟定的《湖南建设问题条件商榷》一文,请黎提意见。该信及文件均值得注意。毛泽东在信中说:"弟于吾湘将来究竟应该怎样改革,本不明白。并且湖南是中国里面的一省,除非将来改变局势,地位变成美之'州'或德之'邦',是不容易有独立创设的。又从中国现下全般局势而论,稍有觉悟的人,应该就从如先生所说的'根本解决'下手,目前状况的为善为恶,尽可置之不闻不问听他们去自生自灭。这样支支节节的向老虎口里讨碎肉,就使坐定一个'可以办到',论益处,是始终没有多大数量的。——不过,这一回我们已经骑在老虎背上,连这一着'次货'——在中国现状内实在是'上货'——都不做,便觉太不好意思了。"①这里有几点需要注意,其一,毛泽东通过研读有关著述,对西方的地方自治制度有了相当的了解,对于美国等国家实行的联邦制,是有好感的,本文后面提到的他的一些文章也说明了这一点;其二,毛泽东原则上同意黎锦熙先生的意见,作为中国的一个省份,应该从"根本解决"下手;其三,这次湖南的自治运动说到底当然是一个枝节问题,是"次货",但在中国、湖南当时的状况下,在一个特定时期,从实践的角度而言,又不是一个枝节问题,而是一个重要问题,是"上货"。毛泽东决心努力实践一番,以示关注社会,不尚空谈。为此他以"湖南改造促成会"的名义拟定了建设湖南的几点意见,征询老师的看法。

这个意见后来在1920年6月14日上海《申报》上公开发表,这可以看做是毛泽东关于在湖南实施地方自治的一个初步的方案。

毛泽东到了上海后,便为湖南自治运动做准备工作。1920年6月11日,他在上海《时事新报》上发表了题为《湖南人再进一步》的文章。其中云:湖南人"消极方面"的驱张运动总算将要完结了,"怎样废去督军,建设民治,乃真湖南人今后应该注意的大问题"。"湖南人素来有一点倔强性、反抗性和破坏性,可惜太缺乏了一点建设的才。假如这回又把好机会轻轻逸过,那真正冤枉极了!依我的观察,中国民治的总建设,二十年内完全无望。二十年只是准备期。准备不在别处,只在一省一省的人民各自先去整理解决(废督裁兵、教育实业)。假如这回湖南人做了一个头,陕西、福建、四川、安徽等有同样情形的省随其后,十几年二十年后,便可合起来得到全

---

① 信及附件见《毛泽东早期文稿》,第470~472页。

国的总解决了。"①

6月23日,毛泽东撰写了《湖南改造促成会复曾毅书》,并于6月28日在上海《申报》上发表。文章中说:"以现状观察,中国二十年内无望民治之总建设。在此期内,湖南最好保境自治,划湖南为桃源……自处如一百年前北美诸州中之一州,自办教育,自兴产业,自筑铁路、汽车路,充分发挥湖南人之精神,造一种湖南文明于湖南领域以内。"在这篇文章中,毛泽东比较全面地论述了他关于湖南自治的思想。毛泽东认为,湖南自治,"第一义则自决主义,第二义则民治主义"。毛泽东要求湖南当局,"第一能遵守自决主义,不引虎入室,已入室将入室之虎又能正式拒而去之。第二能遵守民治主义,自认为平民之一,干净洗脱其丘八气、官僚气、绅士气,往后举措,一以三千万平民公意为从违。最重要者,废督裁兵,钱不浪用,教育力图普及,三千万人都有言论、出版、集会、结社之自由"②。

(三)

1920年7月,毛泽东回到湖南,积极从事湖南自治运动的推进工作。9月3日,他发表了《湖南建设问题的根本问题——湖南共和国》一文。其中云:"九年假共和大战乱的经验,迫人不得不醒觉,知道全国的总建设在一个期内完全无望。最好办法,是索性不谋总建设,索性分裂,去谋各省的分建设,实行'各省人民自决主义'。二十二行省三特区两藩地,合共二十七个地方,最好分为二十七国。""湖南人没有别的法子,唯一的法子是湖南人自决自治,是湖南人在湖南地域建设一个'湖南共和国'。我曾着实想过,救湖南,救中国,图与全世界解放的民族携手,均非这样不行。湖南人没有把湖南自建为国的决心和勇气,湖南终究是没办法。"③

9月5日,毛泽东又发表了《打破没有基础的大中国建设许多的中国从湖南做起》一文,继续阐述了上面的思想。他说:"大国是以小地方做基础,不先建设小地方,决不能建设大国家。勉强建设,只是不能成立。""我主张中国原有的二十二行省三特区两藩地,合共二十七个地方,由人民建设二十七个国。这是各省各地方人民都要觉悟的。各省各地方的人民到底觉悟与否,我们不能比,所以只能单管我们自己的湖南。湖南人呵!应该醒觉了……打破没有基础的大中国,建设许多的小中国,'从湖南做起'。"④

---

① 《时事新报》,1920年6月11日。本文引用毛泽东在当时报刊的文章,均转引自《毛泽东早期文稿》,以下不再一一注明。

② 《申报》,1920年6月28日。

③ 湖南《大公报》,1920年9月3日。关于湖南自治运动的背景及进展情况,可参见王无为所著《湖南自治运动史》上编(太东图书局发行,1920年版)。王无为系当时长沙《民国日报》记者,该书系于湖南自治运动之中所作,保存了大量第一手资料。

④ 湖南《大公报》,1920年9月5日。

9月6日至7日,毛泽东在湖南《大公报》上再次提出建立湖南共和国的主张。

9月26日至27日,毛泽东连续发表文章,强调指出:"我又觉得湖南自治运动是应该由'民'来发起的。假如这一回湖南自治真个办成了,而成的原因不在于'民',乃在于'民'以外,我敢断言这种自治是不能长久的。虽则具了外形,其内容是打开看不得,打开看时,一定是腐败的,虚伪的,空的,或者是干的。""'湖南自治运动',在此时一定要发起了。我们不必去做具体的建设运动,却不可不做促进的运动。"①"这自治法也是大多数人能够制能够议的,并且要这么大多数人制出来议出来的才好。若专委托少数无职业的游离政客去制去议,一定不好。你是一个湖南人吗?只要你满了十五岁(这是我定的成人期),又只要你没有神经病,不论你是农人也罢,工人也罢,商人也罢,学生也罢,教员也罢,兵士也罢,警察也罢,乞丐也罢,女人也罢,你总有权发言,并且你一定应该发言,并且你一定能够发言。"②9月28日,他又发表《再说"促进运动"》一文,认为:"湖南自治,决非听其自然可以产生的,这人人明白,不待多说。但若说有了少数做官的或'做绅'的发了心要办自治,自治便可以实现,这话也不大对。我们且看,无论什么事,是少数人办得了的吗?不论那一国的政治,若没有在野党与在位党相对,或劳动的社会与政治的社会相对,或有了在野党和劳动社会而其力量不足与在位党或政治社会相抗,那一国的政治十有九是办不好的。况乎一件事情正在萌芽,而其事又为极重大的事,不有许多人做促进的运动,以监督于其旁而批评于其后,这一件事是可以办得成、办得好的吗?"③

毛泽东特别强调"民治"与"官治"的严格区别。针对有人提出的所谓"湘人治湘"的主张,毛泽东指出:"'湘人治湘',是对'非湘人治湘'如鄂人治湘、皖人治湘等而言,仍是一种官治,不是民治。""故'湘人治湘'一语,我们根本要反对。因为这一句话,含了不少的恶意,把少数特殊人做治者,把一般平民做被治者,把治者做主人,把被治者做奴隶。这样的治者,就是禹汤文武,我们都给他在反对之列。……故我们所主张所欢迎的,只在'湘人自治'一语。不仅不愿被外省人来治,并且不愿被本省的少数特殊人来治。我们主张组织完全的乡自治,完全的县自治,和完全的省自治。乡长民选,县长民选,省长民选,自己选出同辈中靠得住的人去执行公役,这才叫'湘人自治。'"④

10月3日,毛泽东发表《"全自治"与"半自治"》一文,申明:"我们主张'湖南国'的人,并不是一定要从字面上将湖南省的'省'字改成一个'国'字,只是要得到一种'全自治',而不以仅仅得到'半自治'为满足。"他强调,"国"的要素为土地、人民、主权,主权尤为要素中的主要素。因而,他反对当时吴佩孚提出的召开国民大

---

① 《"湖南自治运动"应该发起了》,湖南《大公报》,1920年9月26日。
② 《释疑》,湖南《大公报》,1920年9月27日。
③ 《再说"促进的运动"》,湖南《大公报》,1920年9月28日。
④ 《"湘人治湘"与"湘人自治"》,湖南《大公报》,1920年9月30日。

会,反对梁启超提出的国民制宪,更反对南北议和,认为只有通过给予各省人民真正的自治,才能进一步谋求全国问题的解决。①

在谭延闿说来,打出湖南自治的旗号,不过是稳定自己在湖南的地位、对抗北方军阀的一个手段。待湖南自治运动真的要起来之时,谭于1920年9月13日召开所谓"官绅自治会议",以图对运动加以控制。官绅自治会议决定由省政府11人和省议会派人组成"湖南自治会"的起草员,把制定湖南省宪法的权力牢牢掌握在自己手里。在这种情况下,毛泽东积极运动,与之斗争。谭氏官办自治活动开场后,在毛泽东与彭璜、龙兼公等人首倡之下,377人签名的一个文件出台,这就是10月5日、6日在湖南《大公报》上发表的《由"湖南革命政府"召集"湖南人民宪法会议"制定"湖南宪法"以建设"新湖南"之建议》。

这个"建议"指出:"湖南人民的'自治运动',在此际一定要开始进行了。此际是一个顶好的机会,是一个千载一时的机会。这个机会一逸过,以后再要寻出这样的一个机会,就很难了。""建议"不同意谭氏提出的由政府或议会起草宪法,认为"湖南自治根本法,就是湖南宪法。在此际提出湖南宪法,是不承认中华民国约法(亦称'新约法'或'袁记约法',袁世凯政府1914年5月1日颁布——引者注)及根据约法所产生的各种法律和命令了"。"建议"主张,由"湖南人民宪法会议"制定出反映三千万湖南人民意志的湖南宪法。湖南自治宪法公布后,"根据宪法产生正式的湖南议会湖南政府,及七十五县的县议会县政府,及县下最小区域的市镇乡自治机关,至是新的湖南,乃建设告成"②。

湖南自治运动中,毛泽东不仅发表了一系列文章,还做了大量的具体的组织工作。1920年10月6日,省学联发出了致各个团体的一封信,请各团体选派代表于10月7日在省教育会开会,商议10月10日举行游行请愿事宜。10月7日会上,决定向谭延闿递交请愿书,公推毛泽东、龙兼公起草请愿书。10月7日会上,由报界联合会、学生联合会、商会、工会、教育会五团体各出一个筹备员,筹备10月10日游行请愿事宜。

10月8日,在省教育会召开了"第二次筹备自治运动之各界联席会议",出席会议436人,公举毛泽东担任主席。经过讨论,10月10日,万余群众冒雨举行大游行。抵达督军府后,将毛泽东等起草的《请愿书》递交给谭延闿。谭岂能容忍人民自己制定宪法,其后他断然否定了《请愿书》提出的各种意见,并有意加害运动领导人毛泽东,湖南民众自治运动就此告一段落。

---

① 湖南《大公报》,1920年10月3日。
② 《由"湖南革命政府"召集"湖南人民宪法会议"制定"湖南宪法"以建设"新湖南"之建议》,湖南《大公报》,1920年10月5日、6日。

（四）

参与并组织湖南自治运动的过程,是毛泽东探索解决湖南乃至中国社会问题过程中一次重要的实践活动。也就是在这个过程中,毛泽东通过与其他先进知识分子的切磋及其对运动的不断认真总结,对许多问题的认识有了很大的提高,甚至可以说是有了质的飞跃。

1920年11月,关于湖南自治运动,毛泽东写下了这样带有总结性的文字:"我觉得去年的驱张运动和今年的自治运动,在我们一班人看来,实在不是由我们去实行做一种政治运动。我们做这两种运动的意义,驱张运动只是简单的反抗张敬尧这个太令人过意不去的强权者;自治运动只是简单的希望在湖南能够特别定出一个办法(湖南宪法),将湖南造成一个较好的环境,我们好于这种环境之内,实现我们具体的准备功夫。彻底言之,这两种运动,都只是应付目前环境的一种权宜之计,决不是我们的根本主张,我们的主张远在这些运动之外。说到这里,诚哉如礼容所言,'准备'要紧,不过准备的'方法'怎样,又待研究。去年在京,陈赞周即对于'驱张'怀疑,他说我们既相信世界主义和根本改造,就不要顾及目前的小问题小事实,就不要'驱张'。他的话当然也有理,但我意稍有不同,'驱张'运动和自治运动等,也是达到根本改造的一种手段,是对付'目前环境'最经济最有效的一种手段。但一有条件,即我们自始至终(从这种运动之发起至结局),只宜立于'促进'的地位。明言之,即我们决不跳上政治舞台去做当局。我意我们新民学会会友,于以后进行方法,应分几种:一种是已(已)出国的,可分为二,一是专门从事学术研究,多造成有根柢的学者……一是从事于根本改造之计划和组织,确立一个改造的基础,如蔡和森所主张的共产党。一种是未出国的,亦分为二,一是在省内及国内学校求学的,当然以求学储能做本位;一是从事社会运动的,可从各方面发起并实行各种有价值之社会运动及社会事业。其政治运动之认为最经济最有效者,如'自治运动''普选运动'等,亦可从旁尽一点促进之力,惟千万不要沾染旧社习气,尤其不要忘记我们根本的共同的理想和计划。"[①]

根据这篇文章和毛泽东在其他地方的言论,我们强调以下几点,作为一些不成熟的思考提出来供讨论。

其一,毛泽东主张地方自治,其出发点是:反对封建专制,反对军阀割据,真正实行人民当家做主的民主政治,实现祖国的独立与繁荣富强。

其二,毛泽东强调,湖南驱张运动及自治运动,都只是应付当时环境的一种权宜之计,不是共产党人的根本主张。共产党人谋求的是中国问题的总解决,那就是走十月革命的道路。

[①] 《"驱张"和"自治"不是我们的根本主张》(1920年1月1日),原载《新民学会会员通信集》第2集,转引自《毛泽东早期文稿》第571~572页。

其三，毛泽东不同意这种观点，即：我们既然相信世界主义和根本改造，就不要顾及目前的小问题小事实。毛泽东认为，驱张运动和自治运动等，"也是达到根本改造的一种手段，是对付'目前环境'最经济最有效的一种手段"，马克思主义者不能不予关注。

其四，毛泽东认为，当时在国内从事社会运动的同志，"可从各方面发起并实行各种有价值之社会运动及社会事业。其政治运动之认为最经济最有效者，如'自治运动''普选运动'等，亦可从旁尽一点促进之力，惟千万不要沾染旧社习气，尤其不要忘记我们根本的共同的理想和计划"。

其五，毛泽东参与组织湖南自治运动中，确实暴露了他思想上一些不够成熟的地方。但我们不同意有的学者所持的这种观点：积极参与湖南自治运动，证明毛泽东当时还不是一个马克思主义者，真正的马克思主义者应该去建党，去搞武装斗争，等等。我们认为这种观点是形而上学的。真正的马克思主义者，在现实社会中，必然十分关心各种社会问题，关心群众的疾苦和群众的情绪，而且在客观现实提供的条件下进行种种有益的探索。实际上，同时期的陈独秀、李大钊等，都曾对联治主义产生过浓厚的兴趣，而毛泽东倒是着实受了他们的一些影响。

（郑永福　吕美颐　《中州学刊》1998年第6期，中国人民大学报刊复印资料《中国现代史》1999年第3期全文复印。）

论日本对中国清末地方自治的影响

（一）地方自治在清末社会思潮及社会改革中的位置

地方自治,是欧美资产阶级反对封建专制、要求参与政权而提出来的。早在11世纪,欧洲一些国家和地区便兴起了"市民自治"运动。作为近代资产阶级前身的市民阶层,为反抗封建专制统治、参与政权,采取赎买、斗争——包括武装斗争在内——等手段从封建领主手中争取城市自治权。意大利、德国、法国的一些城市,相继取得自治权,意大利的一些城市还控制了周围的农村,演变为城市共和国。这些有自治权的城市,一般自己选举市议会,作为城市管理的最高权力机构。市议会的首领也由市民选举产生。市议会掌握城市司法、财政、军事等大权。应该说,地方自治是在资本主义萌芽和初步发展后,由市民阶层提出来的,而一些城市实行地方自治之结果,又反过来促进了资本主义的发展。

西方资产阶级启蒙思想家阐述他们的民主思想时,不少人谈及地方自治问题。卢梭论述其"主权在民"学说时认为,要实现全民政治,其一是领土不能太大,其二是人口不能太多。在他看来,人口太多、领土太大,让人民直接表示公意是困难的。这种理论,已经隐约地显示了近代地方自治的特点。美国《独立宣言》的起草者、著名思想家杰弗逊,对地方自治尤为重视。他认为,地方自治和普及教育是实行"民治"的两大基础。实行地方自治,一可以吸引人们关心政治和公共事务,二可以使人民卓有成效地实行对政府的监督,以防止政府蜕化。

实行地方自治制度的欧美国家,法定由地方居民选举产生自治机关,由自治机关管理地方事务。地方议会往往是地方自治制度的核心和主要标志。当然,地方自治机关实际上常常由地方上的财政金融巨头、企业主、地主及其代理人所把持。多数地方自治机关管辖的范围也仅为教育、卫生、邮电、交通等公共事务。但在一定历史时期内,地方自治有着反封建专制的意义,这是无可置疑的。西方资产阶级地方自治,有其特定的内涵。从思想方面来说,就是广泛实行资产阶级民主;从政治角度来说,则是要求由资产阶级掌握地方政权。这可以说是地方自治的核心。

中国传统社会中,地方(尤其是农村社区)政权自治性的因素极强。这种自治对维系社会稳定起着重要作用,因而也为历代统治者所重视。但必须注意,中国传统社会中的地方自治,从根本上来说,是族治、绅治,是族长、地方士绅等联合而成的长老之治。这和西方社会中,由市民阶层意识萌发来的、强调公民有平等参与权利的地方自治有严格的区别。中国传统的地方自治中的所谓"自治",用"自决"(self-determination 或 autonomy)或许表达的意思更贴切些,至少更接近一些。中国传统意义上的地方自治,和西方的 local self-government 的内涵是不可同日而语的。

地方自治思想一经传到中国,就成了近代社会生活、政治生活当中一个引人注目的论题。19世纪末20世纪初,中国出现了一股地方自治思潮,地方自治思潮是中国近代重要的社会思潮之一,也是进步的民主的思想潮流之一。资产阶级维新派、立宪派鼓吹它,为的是从地主阶级那里分享一部分政治权力,以逐步改革社会,实现君主立宪的政治纲领。而资产阶级革命派赞赏它、宣传它,则是为了推翻君主专制统治,实现民主政治,建立资产阶级的共和国。近代民主潮流的猛烈冲击,也迫使清王朝进行政治改革。清末新政改革、预备立宪,既有取悦帝国主义、拉拢资产阶级立宪派、孤立打击资产阶级革命派的一面,也有地主阶级自救自强的一面。清末预备立宪中,重要内容之一,亦是较有成效的活动之一,便是地方自治章程的公布及部分的实施。因而,研究清末的历史,不可不重视有关地方自治的问题。

综上所述,这里主要想说明的是,其一,清末社会思潮中,地方自治思潮是一股进步的民主潮流;其二,地方自治改革,是清末社会改革中的重要内容。而清末地方自治思潮的出现及清政府推行的地方自治,都与当时日本国的影响关系极大,值得认真进行考察。这就是本文选题的动机,也是本文要论述的主要问题。

(二)清末地方自治思潮的形成与日本之关系

1894年甲午中日战争后,新兴的资产阶级代表人物及开明的知识分子,纷纷把主要注意力从学习西方先进的科学技术转移到学习西方政治制度上来,要求实行政治制度方面的改革。在这种大的背景下,地方自治问题,自然为他们所关注。讲到清末地方自治与日本国之关系,人们自然会想到一个人,那就是黄遵宪。黄遵宪曾任驻日本国公使参赞,对日本明治维新后实施的地方政治体制多有了解。他编著的

《日本国志》一书中,对日本的地方府县组织"仿于泰西,以公国是,而伸民权",表示赞许。他对日本的地方议会做了介绍:议员由本籍选民公举,评论员人数由辖区大小而定。议员推举议长、副议长。议员、议长均不食俸禄。议员任期四年,两年易其半。"有家资有品行者",才有选举权与被选举权。① 《日本国志》之外,《日本杂事诗》中,如32条议院、46条警视等,均有涉及日本地方自治的一些内容。

诚如有的学者所言,戊戌维新时期,湖南实为维新运动一"实验省"。主持省政者为陈宝箴、黄遵宪、江标、徐仁铸等,都是有名的新派人物;黄遵宪又邀请梁启超来湘倡办南学会、主讲时务学堂;谭嗣同也回省协助工作。而黄遵宪在新政诸人中,所任实际工作最多,他在湖南的维新实践中,充分借鉴了其对日本新政考察的收获。

1897年冬,谭嗣同等在湖南倡导成立南学会。其宗旨是"讲富国之理,求救亡之法"。主张地方有事,"公议而行"。次年春南学会开讲,由黄遵宪、谭嗣同、梁启超等,"轮日演说中外大势政治原理行政事等务,欲以激发保教爱国之热心,养成地方自治之气力"。时值帝国主义列强瓜分中国狂潮兴起,南学会的维新志士认为,要保住湖南不可空言,必须使人民"习于政术,能有自治之实际"。如此,即便中国亡了湖南亦可不亡。若将南学会的宗旨"推诸于南部各省,则他日虽遇分割,而南支那尤可不亡"②。诚如梁启超所回忆的,当时在湖南的维新人士,"专以提倡实学,唤起士论,完成地方自治政体为主义"③。《湘报》上刊载过黄遵宪在南学会的一篇演说,黄氏认为,中国的旧制度将百姓的身家性命"委之于二三官长之手,曰是则是,曰非则非","而此二三官长者,又委之幕友、书吏、家丁、差役之手"而治,造成官民隔绝对立,实为一大弊端。他认为,士绅们"必须自治其身,自治其乡。再由一乡推之一县一府一省,可以成共和之郅治,臻大同之盛规"。④

维新派不但鼓吹地方自治,而且在实践上也做了尝试。1898年2月,时署理湖南按察使的黄遵宪与谭嗣同、唐才常等在湖南设立了"保卫局"。据《湖南保卫局章程》云,该局名为保卫局,"实为官绅商合办之局"。局设议事绅商十余人,"一切章程,由议员议定,禀请抚宪核准,交局中照行。其府县批驳不行者,应由议员再议,或抚宪拟办之事,亦饬交议员议定禀行","本局总办,以司道大员兼充,以二年为期,期满应由议事绅士公举,禀请抚宪札委。议事绅士亦以二年为期,期满再由本城各绅户公举"⑤。应该承认,湖南保卫局,已初具地方自治机构的雏形。"保卫局仅立数

---

① 黄遵宪:《日本国志》,卷十四,职官志。
② 梁启超:《戊戌政变记》,《饮冰室合集》,专集之1,中华书局,1936年版,1989年影印本,第137页。
③ 梁启超:《戊戌政变记》,《饮冰室合集》,专集之1,中华书局,1936年版,1989年影印本,第130页。
④ 《黄遵宪演说》,《湘报》第5号。
⑤ 《湖南保卫局章程》,《湘报》第7号。

月,有奇效,市巷私沿其法。"①而关于保卫局机构之策划与运作方式,主要出自黄遵宪之手无疑,前面谈到过的《日本国志》《日本杂事诗》的有关内容,即是明证。实际上,我们甚至可以说湖南保卫局系日本地方自治模式的翻版。

清王朝镇压了戊戌变法,但近代中国改革的思潮并未中断。八国联军的侵华与《辛丑条约》的签订,加剧了民族危机,先进的人们为爱国救亡积极进行各种探索。资产阶级立宪派强烈呼吁实行地方自治,革命派也大力宣传地方自治。两派办的各种报刊中,关于地方自治的文章比比皆是,且不少杂志创刊的宗旨之一便是鼓吹地方自治。此时,译介西方和日本关于地方自治的书籍也纷纷出版。

20世纪初,中国留日学生创办了一批报刊。这些报刊中,如《四川》《云南》《浙江潮》《江苏》《河南》等,均以省命名,其他报刊地方色彩也十分突出。这些刊物多以爱国、救亡、革命为题,设计了各种使中国免于灭亡厄运的方案,实行地方自治,便是其中之一。1903年至1905年,留日学生界"确立地方自治之名词,昌言地方自治之必要者",蔚然成风,以至于地方自治的言论"日触于耳"②,"日腾于士大夫之口"③,进而达到"举国中几于耳熟能详"的程度④。

资产阶级知识分子为什么这样重视地方自治呢?其一,他们普遍认为,资本主义国家的强盛和实行地方自治制有直接的关系。只有实行地方自治,国家才能扭转落后挨打的被动局面。有的文章指出,地方自治是当今世界立国之基础。地方自治制度最完善的,"其实业必最隆起,其国力必最强盛"。"凡一地方之实业,其合同组织之力,惟其本地方居民之所构成,而在今日则以实业之组织,寓地方自治之组织,即借地方自治之组织,以益兴发实业之组织。一乡里为之,一州县为之,一省为之,则不患抗拒外人之无所凭借。夫今欧美诸国所称国民教育者,寻其结果,所增进之活动力,无一不影响于实业;所成长之组织无一不归于地方自治制。"所以,地方自治"于救亡之事,至为切要"⑤。

其二,20世纪初清王朝推行的"新政",名实相距甚远,这使不少新知识分子对清王朝缺乏甚至失去信心。国家的出路何在呢?实行地方自治,是这些人在这方面的一个探索。

《浙江潮》杂志上的一篇文章指出,"中国今日,非改革一切不足以言自存,此人人知之。然改革之事,必事事望之政府,无论政府不能骤行,即欲骤行,而事情繁杂

---

① 陈三立:《散原精舍文集》,《巡抚先府君行状》(光绪二十六年,1900年),卷五,第111~112页。
② 攻法子:《敬告我乡人》,《浙江潮》第2期。
③ 《论地方自治》,《四川》第2号。
④ 中国史学会:《政闻社宣言》,《辛亥革命》(第四册),上海人民出版社,1957年版,第113页。
⑤ 《列强在支那之铁道政策译后》,《游学译编》第5期。

综错,有万非特中央集权所能胜任之势"。而地方自治,"以地方之人任地方之事,则人易得;以地方之事需地方之费,则费易筹"。文章还认为,实行地方自治是达到立宪目标的基础,即所谓"人民之参与政治,大之则在组织国家,小之则在组织地方机关,其事互相联络,未有不能自治而能治国家之大事者也"①。

其三,鉴于革命力量的单薄,资产阶级革命派对"合群"的必要性感触颇深——这也是19世纪末20世纪初群学思潮掀起的原因之一。一些人主张通过地方自治,"合小群而大群",积蓄发展壮大革命力量。

正是由于留日学生的大力宣传,才使得中国大地上形成了一股强劲的地方自治思潮。

(三)清末预备立宪中推行的地方自治大体效法日本

清末预备立宪中的地方自治,是在中国近代民主潮流高涨中出现的。其出现固然有着复杂的历史背景,但从某种意义上来说,它是戊戌以来中国民主思想潮流的涌动及民主运动蓬勃发展的一个折射,地方自治是清政府预备立宪中的一项主要内容。1905年载泽等在奏请宣布立宪折中具体地提出当时宜举办的三件事,第一是宣示宗旨,第二便是"布地方自治之事"。奏折中写道:"今州县辖境,大逾千里,小亦数百里,以异省之人,任牧民之职,庶务丛集,更调频仍,欲臻上理戛乎其难。……宜取各国地方自治制度,择其尤便者,酌定专书,著为令典,克日颁发,各省督抚,分别照行,限期蒇事",以使"我圣清国祚,垂于无穷"。②

1906年6月,江苏学政唐景崇上奏清廷筹备立宪大要四条,其中之一也是实行地方自治。唐说,地方自治是立宪的基础,"乃今日最宜注重者"。但各国地方自治制度互有异同,英国条例复杂,"未能审察于利害之间";美国虽是民主国,也是最先讲求地方自治的国家,"然政治机关悉握于地方政府之掌中,而中央毫无管辖,此又断难采行"。故唐景崇主张采用日本国的地方自治之法。③

唐景崇等人看中日本国的地方自治制度,是有原因的。明治维新后,日本政府于1878年颁行三种地方行政新法,即郡区町村编制法、府县会规则、地方税规则,在全国普遍设立府县议会。同时规定,户长、郡区长或府县知事对自治机构议决事项有停止施行权;府县知事对地方议会有解散权。1888年,日本政府又公布了市制、町村制,规定地方自治机构长官须报上级行政长官批准,上级官厅对下级议会有监督权。日本国实行的这种地方自治,虽然源自欧洲,但颇具日本特色,或说是颇具东方特色,相对西方而言,这是一种封建色彩更加浓厚的半官治式的地方自治,而这也正

---

① 攻法子:《敬告我乡人》,《浙江潮》第2期。
② 中国史学会:《政闻社宣言》,《辛亥革命》(第四册),上海人民出版社,1957年版,第25~26页。
③ 《清末筹备立宪档案史料》(上册),中华书局,1979年版,第116~117页。

是清政府一些官员甚至一些开明知识分子主张效法日本地方自治的最根本的原因,因为在他们的眼中,日本式的地方自治更加适合中国的"国情"。

1906年9月1日,清廷发布上谕,宣布"仿行宪政"。但又借口"规制未备,民智未开",只能先做预备,待数年之后,"视进步之迟速",再"妥议立宪实行期限",不可"操切行事"。① 此即清末预备立宪之开始。

清末预备立宪大幕拉开后,留日的中国学生界异常活跃。特别是在日本学习过法政的学生——这些人是中国当时最具有宪政知识的群体,为了推动立宪运动的进行,纷纷动手译介、编写阐释宪政知识的出版物。据1910年7月6日出版的《宪政日刊》载,仅上海预备立宪公会就出版了十余种留日学生的有关著述,如孟昭常著《公民必读初编》《公民必读二编》《城镇乡地方自治宣讲书》,张家镇著《地方行政制度》,邵羲著《日本宪法详解》,汤一鄂著《选举法要论》,孟森著《新编法学通论》《咨议局章程讲义》《地方自治浅说》,孟森与沈尔昌合著《城镇乡自治章程表》等。其中许多书出版后一再重印,据《预备立宪公会》第二年第八期广告载,《公民必读初编》印刷了27次,《公民必读二编》印刷了13次,这两种书仅广西一省就定购了10万部。《城镇乡地方自治宣讲书》也一再重印。② 1908年,在资产阶级立宪派颇具声势的请愿活动直接推动下,清政府于8月27日颁布了《钦定宪法大纲》,核准宪政编查馆拟定以9年为期、逐年筹备宪政、期满召开国会的方案。是年11月,光绪和那拉氏先后死去,溥仪继位,载沣以监国摄政王主持朝政。次年1月18日(光绪三十四年十二月二十七日),清廷颁布了宪政编查馆订立的《城镇乡地方自治章程》和《城镇乡地方自治选举章程》。

宪政编查馆奏核议城镇乡地方自治章程折中明确指出:"自治之事渊于国权,国权所许而自治之基乃立,由是而自治规约不得抵违国家之法律,由是而自治事宜不得抗违官府之监督,故自治者乃与官治并行不悖之事,绝非离官治而孤行不顾之词。"③

自治章程的第一章第一节第一条也开宗明义指出:"地方自治以专办地方公益事宜辅佐官治为主,按照定章,由地方公选合格绅民,受地方官监督办理。"章程规定的城镇自治范围,计有学务、卫生、道路工程、农工商务、善举、公共营业等。同时还规定了地方官严厉的监督权。例如,地方官有查明和纠正自治机关有无违背章程之处,地方官有申请督抚解散议事会、董事会及撤销自治职员之权等。

---

① 《清末筹备立宪档案史料》(上册),中华书局,1979年版,第44页。
② 参见张学继:《论留日学生在清末立宪运动中的作用》,刘泱泱主编:《辛亥革命新论》,湖南人民出版社,1996年版。按:1906年12月成立于上海的预备立宪公会,系国内成立最早规模最大的立宪团体,孟昭常为实际发起人,一批留日学生系该会的实际主持者。
③ 《清末筹备立宪档案史料》(下册),中华书局,1979年版,第725页。

在选举章程中,规定选民的资格为:一、有本国国籍者;二、男子年满二十五岁者;三、居本城镇连续至三年以上者;四、年纳正税或本地方公益捐两元以上者。另所谓"素行公正众望允孚者和纳正税或公益捐较本地选民内纳捐多之人所纳尤多者",虽不具备上述二、三、四款的要求,也可做选民。而虽符合上述四款,但"品行悖谬、营私武断确有实据者"、"营业不正者"、"不识文义者"等一律不得为选民。这些规定不仅把广大劳动人民完全排斥在外,那些具有新思想的资产阶级知识分子想参与地方自治事亦殊非易事。

这里应该强调指出,1907年8月设立的宪政编查馆,是清末宪政改革的枢纽机关,宪法及其他有关宪政的文件大多由该馆拟定,且该馆还对各地筹办地方自治等情况负有督促检查之责。① 该馆职员中有留学生47人,其中41人为留日学生。编查馆的核心机构编制局有职员21人,留学生占17人,其中16人为留日学生,曾分别就读于日本法政大学、东京帝国大学、早稻田大学等校。② 也正因如此,上述以宪政编查馆等名义制订的种种地方自治章程法规,大体效法日本的有关文件。如清末城镇乡地方自治章程,取法于日本市町村自治章程;清末府厅州县地方自治章程,取法于日本府县自治章程。清末京师地方自治章程,根据上述日本两个自治章程删改而定,由宪政编查馆制定奏请颁行。所以说,清末地方自治,十之九取法日本。而日本的地方自治,则多取法欧洲,特别是德国。

上述观点,还可以从清末袁世凯在直隶,特别是在天津实施地方自治的个案中得到佐证。要不要实行地方自治,在清王朝内部也是有争议的,如大臣铁良就持反对意见。他认为:"今若预备立宪,则必先讲求自治。"而实行地方自治,让那些"不肖"之徒"公然握地方之命脉,则事殆矣"。对此,袁世凯做了如下的解释:"此必须多选循良之吏为地方官,专以扶植善类为事,使公直者得各伸其志,奸匿者无由治施其计,如是,始可为地方自治之基础也。"③

1906年秋,时任直隶总督兼北洋大臣的袁世凯,委派天津知府凌福彭及曾留学日本的金邦平等,拟定自治章程,创办自治局。他们先在天津筹办"自治研究所",选拔天津府所属各州县"士绅之阅历较多素孚乡望者"入所听讲,并招纳其他各府州县"旁听生"。此后,袁世凯又从直隶全省选拔官绅160余人到日本参观行政、司法及学校,准备让这些官绅回国后在本籍开办自治学社。一年之后,天津县士绅集会,选举30人为评论员成立了天津议事会。袁世凯命令各州县以天津县为模范,三年之内地方自治"一律告成"。袁世凯的地方自治,以"中学为体,西学为用"的理论作指

---

① 吕美颐:《清末宪政编查馆考察》,《史学月刊》,1984年,第12期。
② 尚小明:《留日学生与清末宪政改革》,王晓秋:《戊戌维新与清末新政》,北京大学出版社,1998年版。
③ 中国史学会:《政闻社宣言》,《辛亥革命》(第四册),上海人民出版社,1957年版,第16页。

导,其目的并非要兴民权,而是兴地主豪绅之权,"以辅官治所不及","补守令之阙失,通上下之悃忱"。①

清政府实施地方自治令下之后,袁世凯行动积极。他以直隶总督名义与巡抚下令天津府设自治局,云:"设立乡官即地方自治之道。各国地方制度,俱有议会以为立法枢纽,有参事会以为行政机关,监督之权仍受成于府县,不独使人民练习政治,亦以积小成大,则国家基础屹然不可动摇,长治久安,百废俱举。今当改良政体之始,亟须试办,以树风声。应在天津府属先设自治局,委天津府凌守(即天津知府凌福彭——引者注)、金检讨邦平(即翰林院检讨金邦平——引者注),会同筹办。此次法政毕业官绅,即均调派任使,俾资练习,分赴各属会同地方官办事。另选学识最优者在局参议佐理。所有章程节目,按照学理,参以本国风俗,分别缓急,妥议施行。此为他日宪政先声,至关紧要。合行札饬,札到该府即便遵照办理。"②

袁世凯批准了《天津自治局开办简章》。简章云:"本局调集留学日本法政学校结业官绅入局,研究地方自治事宜,藉资练习。如确有心得,即派往天津城厢四乡各处实习试验。"③天津自治局还制定了该局办公规则及庶务课经理文书规则。自治局督理为凌福彭、金邦平。天津自治局制定了《试办天津县地方自治草案》。自治局法政科员吴兴让的《地方自治章程理由书》云,自治局制定该草案时,特别参考了日本的地方三新法。其中关于议员总数、各地区的定员数、停止选举权及董事会设置等规定,即援用日本的地方自治制的做法。④

从天津试办地方自治的过程可以看出,其模式也是仿效日本的做法。运作过程中,曾去日本留过学的或曾去日本考察过地方自治者,起了骨干作用。天津这种情况具有一定的代表性,清末各地官办地方自治的运作方式,大体与天津类似。如仿照天津设自治局的即有北京、江苏、浙江、湖北、山东、奉天、广东等地区。⑤

有的论者认为,清末筹备立宪中的地方自治是一场骗局,固不无道理。但这只是问题的一个方面,而不是事物的全部。换一个角度来看,清政府推行地方自治,是基于社会激愤情绪和革命浪潮的冲击而被迫做出的让步,是当时统治阶级的一种自救行为。历史证明,任何一个统治阶级的统治发生危机时,为了维护本阶级的利益和地位,都必然要不断地调整其实施的各项政策,协调整个阶级的步伐,改善国家的统治机能,这可以说是一种本能。当然,就清末地主阶级而言,这种调整与改革不可

---

① 袁世凯:《养寿园奏议辑要》,《奏报天津试办地方自治情形折》卷四十四,第10页。
② 《自治局文件录要初编》(光绪三十二年七月初十至十月十五日),第1页。
③ 《自治局文件录要初编》(光绪三十二年七月初十至十月十五日),第2页。
④ 《随报附送》,天津《大公报》,1908年2月25～28日、3月1～2日。
⑤ 参见天津《大公报》,1907年3月8日;《顺天时报》,1906年12月8日,1907年3月8日、5月17日、8月1日、8月15日、8月22日有关新闻报道。

能是自觉的、积极的,而是表现为被动的、消极的,系由时势推动所致。尽管如此,清末地方自治的实施,仍有它顺应社会潮流发展的一面,因而有积极意义。对此笔者已有另文具体分析。这里所要阐明的是:清末地方自治思潮的兴起,是中国留日学生的大力宣传之结果;而清末预备立宪中的地方自治章程法规及具体运作方式,则主要效法日本,这应该说是没有疑问的。

(郑永福　吕美颐　《郑州大学学报》2001年第6期。)

习惯与制度

近代中国民事习惯中的合会与互助会

　　近代中国民间集资会社组织名目繁多。其中一类组织多称为请会,或曰钱会、请钱会、摇会等,系一种邀集多人参加的有融资信贷意义的组织,此即学界严格意义上的"合会"。另一类组织,则纯属民间互助形式,虽亦常归于广义的合会范畴之内,但实际上与严格意义上的合会有所不同,可称为"互助会",其中有的还带有慈善性质,如老人会、媳妇会等。上述这些组织,大多有很深的历史渊源,且在中国近代社会中广泛存在。对这类组织进行考察分析,是近代社会史、经济史、文化史研究中不容忽视的课题。本文拟对近代分布在全国各地的民间各种合会组织的种类、运作方式及其社会功能做一初步考察,以从一个侧面展现当时的社会风貌。本文参考的资料,主要来自政法学社 1924 年出版印行的《中国民事习惯大全》以及 1930 年南京国民政府司法行政部印行的《民商事习惯调查报告录》①。

这两种资料,出自清末和北洋时期一些法学工作者及各级法院或行政部门的调查报告,或直接节录自当时法院判案的案例,时空定位,可靠性强,具有极高的史料价值。

一、民间融资储蓄性质的合会

中国近代社会中,民间流行的带有融资、储蓄意义的会社组织,分布极广,形式多样,有请钱会、摇会、拔会、画会、领会、七贤会等各种名目,亦有称"标会"、"积金会"、"基金会"者,学界统称之为"合会"。这类组织大体情况是,为筹集一笔资金,某人出面邀请乡亲、朋友多人出钱若干组成一个"会"。一般情况下,会的发起人即为会首(亦有称之为会东、会主者),余为会友(亦有称之为会脚、子会者)。在资金使用上,会首得首会,然后由会友按某种顺序依次使用。开会的时间长者一年,短者一月,一般以全体会员得一次会则该会即告终结。这类会的组织名称、运作方式依全国各地民事习惯不同,多所差异,择其要者介绍如下。

直隶保定一带的合会,名为"摇会",规模较大。因该会在进行当中,凭骰子摇点,决定得会先后次序,故名摇会。该会由会首组织而成,拟定会签多寡为一道会。开会之前,会首邀约会友集会吃饭一次,会首承担费用。入会人数多在百名上下,不超过10年完会。请会之始,资金概归会首收用。遇每月摇会,由老会钱内除去茶水、小会等费,下余若干仍退归次第得会者本人。据当时调查者云,此种摇会之习惯,虽带些赌博色彩,但似不能以赌博论之。因考察最终结局,请会、入会之人,两有利益而不会有什么大的损失。②

据当时奉天西安县首席承审员张颉时的调查报告,该县一带的"请钱会"大致分

---

① 在清末新政的法制改革中,为求最适于中国民情之法则,使民事立法体现中国国情民俗之特点,当局曾自上而下地在全国组织开展民事与商事习惯的调查工作。入民国后,这项工作仍在断断续续进行。1923年,这些民事与商事调查资料经过整理后编纂成《中国民事习惯大全》,于次年出版发行。1926年,北洋政府司法部民事司将调查资料整理编成《各省区民商事习惯调查报告文件清册》,拟进一步编成《民商事习惯调查录》。1930年5月,南京国民政府司法行政部印行了《民商事习惯调查报告录》一书。该书凡例三条,云:"一、本书系就前北京政府司法部修订法律馆及各省区司法机关搜罗所得之民商事习惯调查录将关于民事部分先行付印。二、本书凡四编,第一编民律总则习惯,第二编物权习惯,第三编债权习惯,第四编亲属继承习惯。三、本书中所用地名机关名称及法律名词,现经更易者仍用原名,以存当时真相。"比较《中国民事习惯大全》与《民商事习惯调查报告录》两书,编辑方式不同,分类各异,材料亦有所不同,但后者内容对前书多所涵盖,本文使用的资料取自后者。

② 《民商事习惯调查报告录》(二),中华民国司法行政部民国十九年五月印行,第750~751页。

为三种:

一曰"拔会",亦名"请钱会",由会首组织而成。假如甲请100元之会,甲会首邀集乙、丙等10人为会友。第1次各会友各出洋10元,共100元,交于该会首拔去。过10日或20日或若干日,再拔第2次之会,除会首已拔不训外,乙、丙等10人各密写认利若干之纸条一纸,卷成小团置十碗内,然后当众同时将条揭开,以认利最多者得会。再过若干日拔第3次之会,除会首及乙已拔不计外,则丙、丁等9人亦依第2次密写认利若干字条办法。第4次以下类此,至拔至第11次期满,即为会期终了。又会首所请会友人数,亦有请20人、15人、8人、7人不等者,其所请会金额数亦有多则200元、500元,少则20元、10元不等。总之次第拔会时,各会友出款若干之标准以会金总额平均分配之,第2次以下拔会时亦以密写认利若干之最多者为得会。这类拔会之会友,在奉天西安县以澡塘伙友及理发匠为多。

二曰"摇会"。其组织与拔会略同,但第2次以下用骰子摇点(概此即摇会名称之由来),得点最多者得会。用骰子6个、4个、3个不等。假如甲为会首,请乙、丙等10人为会友,共11人,请100元之会,计行11次。或半年或四个月行一次。第1次各会友各出洋10元,共100元,交甲收受。第2次甲出洋10元,乙、丙等各出洋9元共100元。除会首甲不计外,如乙摇点最多,则该会即为乙得。第3次以下仿此。①

三曰七贤会。会首甲1人请会友乙、丙等6人共7人组织而成。此种得会方法不拔不摇,预定某年某人得会,或1年行1次,或半年行1次,以行至7次为终期。②

上列请钱会三种,第一种由拔而得,第二种由摇而得,第三种由预定而得。一般而言,因其最终请会、入会之人两有利,毫无损失,且在一定意义上有利于经济流通。

与上述奉天西安县第一、二种相似者,在河南开封县则有所谓的"画会"与"摇会"。画会习惯系由紧急用钱之人出面做会首,邀集会友若干人,各出会资1000文,均归会首先用。嗣后每月一会,照前出之会资,唯会首多出钱600文,由画出钱数多者先得。如他人仅画100文、200文或250文,则由画300文者得会,每人会资即扣回300文,实出钱700文。得会后每月实填会钱1100文。以每人各得一次会之日为止。如人多为时太长,每逢3、6、9月亦可加画1次,若某会友不能如期交钱,则由会首负责。此法以需钱不急、得会最迟者为最有利,颇有储蓄性质。

开封县"摇会"之法与画会略同。唯画会多画钱数者可以必得,摇会则凭骰数点多者先得,若会友不如期交钱亦由会首负责。③

山东省历城、城武、淄川、东阿、临邑、福山、蓬莱、宁阳、济宁等县民众,有组织"齐摇会"之习惯,唯名称不一,有谓拔会、请摇社、积金会、协济会、云游会等说法,究其内容如出一辙。民间因有急需者为会首,集邀会友10人,占定等次,筹足会首所

---

① 《民商事习惯调查报告录》(二),第761~764页。
② 《民商事习惯调查报告录》(二),第764~765页。
③ 《民商事习惯调查报告录》(二),第776~777页。

需之数,先交会首应用,而等次既有差别,会友所纳会费亦因之不同。譬如会首需用100000文,其会友之占第一等者须纳会费14500文,第二等者纳费13500文,以此递减至第十等者则仅纳会费5500文,适符百千之数。迨二次集会时,即应归占第一等者得之,而其应纳之费,亦即由会首如数补足。以后每会均效此办理,直至第十等者得会后,会始结束,周期约5年之久。

此法在会首方面而言,骤得巨资,可解决急用。会友则可以以零聚整。山东寿张县另有"财产社",办法是:社员集资,公推社首一人主持社务,或以社资储放生息,或置地收租,均须取得社员之同意,至年终时分配收益,或俟特种目的达到后再分。①

山西黎城、昔阳两县民事习惯中有所谓"请会",其中之一便是请钱会。例如,赵姓有紧迫需用而手中一空,邀请亲族友朋钱、孙、李等20家,言明请3000钱。请3000钱者,系请会之人预先拟定此数,名曰会首。会首择定日期,预备蔬酌,将20家请到,酒饭已毕,每家出钱3000文,20家共出钱60000文。此60000文钱会首初次全然净得。即行开拨,议定行会日期。通常每年行四会,定期为3月、6月、9月、12月,每月15为会期。15日以前,会首于全体各送会帖,届期同到会首处,下利开拨。下利者,谓三千钱之会,甲下利钱100文,乙下利钱500文,丙下利钱700文,各书姓名于红纸条上,入于竹筒或瓷罐内,不愿得会者不书纸条亦可。欲得会者则皆书下利钱若干,同众开拆纸条,何人下利钱较多,即何人得会,因此亦谓之拔会。周而复始,挨次皆然。②

陕西葭县有所谓摇会请会者,由会主先具酒食邀束多人聚会,指定一人作保,假贷于众人。如10人入会,各纳制钱5000,共计50000,每千月利1分,现扣一期利钱,余交会主,至第1次续会时仍由会主具馔集会,还钱十分之一。以后递推至第10次亦如之。每逢续会,均以认利最多者为得会,谓之摇会。除得会之1人外,其余9人各依前例扣利纳本,10次皆然,唯最后以1人独揽底会,本利毫无损失。③

陕西省雒南县又有所谓"摇钱会",每会一局或10人或8人均可。可先由会首备筵召集议定,每人各出钱若干,交给会首使用。嗣于3个月或5个月过会一次,由会内出买头钱拈阄摇会,名曰买会。得会后应由会首暨其他会员各照议定钱数措给得会人。如此按期过会,必在会各员均得过会而后已。④

据调查,江苏省各县普遍有所谓"十贤会",又名"至公会"。江苏各县民间,每以一人(或一家)亏累债务或其他原因,纠合亲友多人集聚金钱,此种组合谓之曰"会"。其性质与单纯之借贷不同,其利益分配亦异。"十贤会"云者,即由会主央集

---

① 《民商事习惯调查报告录》(二),第787~790页。
② 《民商事习惯调查报告录》(二),第850页。
③ 《民商事习惯调查报告录》(二),第1223~1224页。
④ 《民商事习惯调查报告录》(二),第1231~1232页。

会友10人,每人每年各出一定之金额付与应得会资之人,以其除会主外尚有会友10人,故名"十贤会"。且利益分配甚为平均,与一般之摇会可以射幸者不同,故又名"至公会"。例如第一年由会友10人共出钱200000文付与会主,次年会主仍将所得之款按年吐还,以会友10人得尽为止,会友亦年出资,以各会友得尽为止,以阄定次序之先后定出资之多寡。出资多者得会之期早,出资少者得会之期迟。唯每届得会之人,当年不出资,由会主以应吐出之钱偿补其数。如中途有少数人不能继续出资者,即谓之散会。会主对于已出资之会友,负逐年偿还会款义务,俗名"打桩"。其他已收会款之人,对于出资之人,亦同负有偿还之义务。①

安徽省民间流行的积金会有秋浦县的"领会"及天长县的"七贤会"。秋浦县居民,如有急需,多以"领会"为筹款之方法。例如甲欲约会,乃备席邀乙、丙、丁、戊、己、庚6人上会,名曰"七子议会"。如每人付会洋10元,共计60元,交甲收领,每年按2分息付出。另办会酒一席,在息内扣一成为席资。开会之先,须由会主具柬邀上会诸人到会,届时各会友仍均带会洋,用骰摇之,点多者得会。已得者于次会亦照2分息付出,6年会满为止。②

天长县财用欠缺之家,往往向其亲友邀请"七贤会",以资应用。例如甲为会首,邀请乙、丙、丁、戊、己、庚、辛7人为会友,议定每会100元,先由乙出洋21元为第一会,丙出洋18元5角为第二会,丁出洋16元为第三会,戊出洋14元为第四会,己出洋12元为第五会,庚出洋10元为第六会,辛出洋8元5角为第七会,共成100元,给会首甲收用。甲出立会书7份,载明某人应得第几会,交乙、丙、丁、戊、己、庚、辛执存。以后以一年为一会,或以半年为一会,7次会期始行终了。第一会乙净得洋100元,甲即照乙所出洋21元之数贴出,丙、丁、戊、己、庚、辛仍照前数出洋。第二会丙净得洋100元,甲即照丙所出洋18元5角之数贴出。乙以后每会仍出洋21元,丁、戊、己、庚、辛仍照前数出洋。以下照此类推。如请10元或50元或200元为一会,皆视会金之多寡定出洋之增减。此7年中往往因会首或会友经济情形之变动致会不能终了,与会首兴讼者恒多。③

江西赣县有所谓的"银钱会"。赣县民间因需款而又无力筹措者,每向亲友邀集一"银钱会",以应急需。运作程序大同小异,如七人会,除邀集者当然为首会外,而二、三、四、五、六、七会有先用骰子摇出点数计其大小以定先后者,即某甲为二会,某乙为三会,其次序于集会之初摇定之,故应发还之会款,虽各会友多寡不一,亦系先时议定。有集会之初并不摇定次序,而于每次会期以骰子摇出之点数计其大小,而以点数大者取得会款者。每一会期则摇一次,故取得会款之次序无定,而应发还之会款亦无定(如先得者发还之款应加多,后得者反是)。由二会、末会先摇定,并由一

---

① 《民商事习惯调查报告录》(二),第860~861页。
② 《民商事习惯调查报告录》(二),第946页。
③ 《民商事习惯调查报告录》(二),第952页。

人任之,而三、四、五、六会则由每次会期摇出点数之大小而定者。其应发还之会款,则二会与末会有定,而三、四、五、六会则以取得之先后而分别多寡。唯在首会,无论该会为全部摇定或部分摇定,其应发还之会款虽每期有多少,而其数则有一定。①

福建厦门,民间常有人企图营业而又无资本,爰集亲朋戚友创立一会,以其会金充当资本者,俗呼之为"义会"。其创会人名曰会首,余均为会脚。会脚至多不得过30名,各出同数会金若干交与会首收受。每月投标举会一次,以标贴利息最多者为中彩。其中彩者即将各会脚所出会金收去,嗣后每遇举会,只将前收额定会金按期交与会东,不能再行标贴利息以期得彩(俗呼此已得彩之会曰死会)。未中彩者届期仍集会所重新投标(俗呼未得彩之会曰活会)。其与他处各会相异之点即在于此。②

湖北省汉阳、五峰、竹溪、兴山、麻城、郧县等六县,也有邀集钱会之习惯。该地区凡贫人需钱使用,或欲营某种事业,邀集钱会以代借贷,唯会名、人数、用出钱之计算方法等,则各地不尽相同。五峰县邀会习惯,由起会人邀集相契10人设席起会,名曰"缩截半钱会"。其法由所邀10人共同出资凑给起会人使用,而起会人则各给会单一纸,分交所邀之10人收执。例如起会钱百串,头会人应出钱14串500文,二会人至末会人挨次递减1串,合共凑成100串文,交与起会人收用。至第二年,复邀集原人到场,又由起会人与二会人至末会人共同凑钱100串,改归头会人收用。至第三年仍依样由起会人、头会人及三会人至末会人凑钱100串,改归二会人收用。从第四年起,则由起会人及头、二会人共还三会人至末会人钱各50串。限定10月一轮或一年一轮,挨次还清。

湖北郧县邀会习惯有邀8人凑钱80串者,名"八仙会"。其计算方法,得头会者出钱17串,得次会者则较头会者减2串,得次会者以下到得末会者,均各挨次递减2串,8人合共凑足80串归会主(即起会人)。使用满一年后,对期开会,其得头会者所原出之钱17串即归会主还纳,以下会主分年还纳。次会人至末会人所各出之钱均仿此。亦有邀集6人凑钱60串者,连会主共7人,名曰"七星会"。头会出钱17串,次会出钱15串,三会出钱13串,四会出钱7串,五会出钱6串,六会出钱3串,均名"会底钱"。其摆会、填会之法,亦与前同。又有邀十数人或20人、30人不等,每会友出钱10串者,即为以10串钱开拨。其法每会友各下拨头钱条,以条内拨头多者为得会。凡以10串钱开拨之会,若得会之人出拨头钱1串,则各会友只填9串,各会友为短分会友,其得会之人为长分会友,长分会友须按年2分申息。例如10串钱开拨之会,长分会友每会应填钱12串,填至会终则得会早者对于得会晚者每会均已认有息钱。通盘计算,前后各会友所得利息均属相等。

竹溪县邀会习惯由会母(即起会人)邀集会友10人,每人各出会金钱10串,交与会母。该会母每年开会2次,每次各退还会金钱10串,其跟垫法则,由各会友于

---

① 《民商事习惯调查报告录》(二),第988~989页。
② 《民商事习惯调查报告录》(二),第1095页。

起会时共同约议,有50串之跟垫,或百串之跟垫不等。如系百串之跟垫,则会母开会时每会友各跟垫9串,连同会母退还钱10串共100串,作每月2分息计算,得会者得钱认息。例如6月开头会,12月开二会,其得头会者,即将百串之6个月息缴出10人公分。如头会每人跟垫9串,则二会每人只跟垫7串800文,以后各次开会均属照此类推。

兴山县邀会习惯人数以10人或12人为度,各人出资入会,名曰"摇会",会分轻重半年一交,已得会者为重包,未得会者为轻包。其会钱息金有依3分计算,亦有依2分计算者。

麻城县邀会习惯有"召公会"、"缩资会"两种。召公会系各人平担应付之利,缩资会则先有申缩后仍平担应付之利。汉阳县亦有邀会之习惯,但人数及会金计算方法均系临时议定,无定规。①

湖南省澧县、临沣、桃源、石门、慈利、大庸、湘乡等7县有金钱结会之习惯,称为"富人会"。山东新泰有所谓"积粮社"。乡民集合若干户立一会社,合资买地若干,共同耕种。历年所得粮食,全数积存生息,随时添置地亩,至丰足后按份均分,各自管理。据云,此种习惯较合伙经营商业尤为有益,并只有增加土地,断无亏赔之虞。有人以此兴家致富。②

上述各种会社,虽然名目不一,运行办法也不尽相同,但该种会社有融资、信贷、储蓄性质,应该视为一类,亦即学界比较严格意义上的合会。

二、互帮互助性质的互助会社

近代中国社会中,除上述带有储蓄、信贷性质的合会外,还大量存在着纯属互相帮助性质的积金会社。

这一类型的会社,最多者是为了老人死后丧葬而设,名目有长寿会、老人会等。山东省历城、临淄、东阿、菏泽、福山、济阳、曹县、惠民、昌邑、邹平、嘉祥、无棣、高苑、邱县、淄川、观城、德平、蒲台、蓬莱等县,普遍设有"长寿会"组织。该会之设,是专门为了预筹丧葬费用。集会之始,公立条规,推选会员一人为会首主持会务。遇有会员中老亲丧葬时,即由会首通知各会员按照原议各纳会费以资应用,概不取息值。直到各会员之老亲一律死亡,会始解散。唯各处会的名称不一,有的县称为白礼社,有的县称为孝帽社,也有的县称为老亡社、孝子社、老人会、助葬会等。邱县称老人会,组织方法也与他处不同,系以所集会资,购造丧杠一具,以备会员中丧殡之用,仍复各自纳费,以资挹注。山东福山、临沂还有所谓的"储金会",专门救助贫民无力葬亲者。与长寿会有别者是,此会会款系由士绅按年或按季寄付所筹集。山东德平等

---

① 《民商事习惯调查报告录》(二),第1106~1108页。
② 《民商事习惯调查报告录》(一),中华民国司法行政部民国十九年五月印行,第237页。

县,有所谓"板社"。凡入社者,月纳社资若干,存储社中,长年生息,即以其所积利息购置棺木,以备社员中家属死亡时取用。其中途退社者,除将所纳社资扣还棺价外,有余给还,不足者追征之。这类组织非临时集会,存在时间一般比较长久。①

山西省孟县有所谓的"老人会"。该会系贫民为预谋办理丧葬事宜而组织。会员中遇有老亲死亡,其他会员均应按照原议规条出资助理丧事,概不取息,直至各会员之老亲一律死亡,始得解散。该会也明显属于乡民之间互相帮助的性质。山西省稷山县也有与孟县类似的老人会。盖丧祭之事,为子孙者处顺境则办理尚易,处逆境则办理实难。故贫民设立老人会以资互助。其法每会每人助大洋若干元,各会多寡不等。无论何家老人辞世,择定出殡日期,主持会务者即出帖邀请会友,而入会者决不敢逾期而至,也不得计较事主饭菜之优劣。使用会银者,必须寻觅保人,并立字据,质产业于会中,年人只准使用会银一次。俟会中人均使用毕,即将各家字据焚毁。因为人之死生无定,故该会年数亦无定。②

安徽省贵池县亦有老人会之组织。贵池县贫民居多,凡有尊亲垂老,恒虞后日殓费无资,乃预邀有高尊亲之家约共十数人,凑钱集会,名曰"老人会"。书立约据,各执一纸。倘有一家老人病故,讣音一至,均各依议给会洋赙助。在赙助者钱少易于为力,在丧者得此醵款俾次殡殓,实为地方良善习惯。③

陕西省雒南、华阴等县有所谓的"孝衣会"。凡贫民家有父母,无力预备后事者,邀集家境相似之户组成孝衣会,议定每股各纳会金若干,储蓄生息。遇有会员之父或母亡故时,即照会规赙送钱文以助丧葬。陕西省朝邑县这类积金会称"孝义会",会员十数人或数十人,共同投资储蓄,非因丧葬,投资人概不得支用。例如一人出钱10000文,以20人为会员,共积钱200000文,公举会员一人经理,设法生息。每逢会员遭有亲丧大故,即由会中酌送钱若干备用。④ 陕西省有所谓"赙老会",由无力葬亲之家约定10人为会员。如遇会员之父或母亡故时,其他9人各出银5元以为丧葬之助。嗣后如再有会员丁难时,前次得银之家及其余8人亦各出银5元,10次始能完成一会。⑤

天津县有所谓的"荣寿社",亦属这类组织。该县民间小户,每有因父母年老预立一社,以便父母亡故时互相扶助,名为荣寿社。其法公举一社首,管理社事,约定社友各认出总额若干元,按年陆续缴出,由社收存,5年或10年缴齐。社友无论何时父母亡故,即通知社首,由社首按照认出总额若干元给付。⑥

---

① 《民商事习惯调查报告录》(二),第786~789页。
② 《民商事习惯调查报告录》(二),第808~820页。
③ 《民商事习惯调查报告录》(二),第953页。
④ 《民商事习惯调查报告录》(二),第1200~1201页。
⑤ 《民商事习惯调查报告录》(二),第1229页。
⑥ 《民商事习惯调查报告录》(二),第1292页。

北京则有所谓"带子会"。入会者率系城市中从事工业、手工业的平民,或自顾衰老,或家有老亲,月纳微资,猝有死亡,报之于会,则殓事毕备。至鼓乐、棚杠以用庖茶、奔走,皆由会员完成。办事时因参与的会员每人系一白色的带子,故曰带子会。①

另一类互助性质的积金会则旨在预筹子女婚嫁费用。山东省各地的"红礼社"即属于这类组织。唯有的地方将红礼社、白礼社合而为一,名曰"红白会"。②

山西孟县关于婚事者曰媳妇会,其宗旨在预谋幼子之娶媳,办法与老人会相同。③ 山西黎城县有"请喜会",请会时钱若干,行会时钱仍若干,具体数目由会员议定。何人子弟先定亲完婚,何人先使用会钱,唯须备酒食宴请全体会员。④

红白事会之外,还有一些其他宗旨的积金会社。山东菏泽、曹县有"油蜡年货会"。此会以每月初一、十五或初五、二十为会期,所集会款储放子金,至年终时即以其款购香烛麦肉之类,平均分配,或又谓之"灶爷会"。其目的在于使贫民度岁有资。⑤

山东平原县有所谓房社。修葺房宅以防塌压,乃民间之一种必要费用,亦属于特别之大宗费用,家贫者为筹集巨资,每陷于困难之境。房社之设,集合十家八家结一小社,每遇社友应修房屋,合力出资,轮流帮工,各以修葺一次为限。山东省德平县有所谓"坐山会",乡民集合三四十人,每月出资一次,储放生息,以三年为期,期满共计所得本息若干,以作酬香及公益之用。山东掖县有"香纸会",莱芜县有"当年会"。这些会的宗旨专为民间过年香烛赛神之用,会期长短不一。山东沾化县有"泰山香会"。此会每月集资一次,各约三二百文,储放息金,三年为期,期满后即以此款为会友赴山酬还香愿之用。⑥

陕西省华阴县有所谓"画会",也属这类性质的积金会,以应付祀神所需费用。例如,乡民同祀一神,于祀神之日先由一人备筵邀请32人商定,每人出钱5元,共储生息作为祀神及筵宴费用,至下次祀神之期,仍由原人备筵邀请在会之人各以纸条书本届之会,以数目最少者为得会。凡业经得会者,每次须出钱5元;其未经得会者,则照得会人条内所书数目出资,以4个月为一会期,历32次始尽。最后得会之人每人给银5元,不须再画,盖即含有先扣利息之意。唯利之多寡无定。若有人需用银钱特急,当第二次会期以书银3元得会,除本身外该得银92元。至会期终了,

---

① 夏仁虎:《旧京琐记》,《旧京遗事·旧京琐记·燕京杂记》,北京古籍出版社,1986年版,第41页。
② 《民商事习惯调查报告录》(二),第787页。
③ 《民商事习惯调查报告录》(二),第808页。
④ 《民商事习惯调查报告录》(二),第850页。
⑤ 《民商事习惯调查报告录》(二),第791页。
⑥ 《民商事习惯调查报告录》(二),第790~800页。

计历 8 年,共需银 155 元之多。①

山西闻喜县有所谓帮会。民间因有急需,筵请交好多人,各按资力帮助,名曰帮会。受帮助之人,谓之会首。既帮之后,有无须偿还者,有分年偿还无须利息者。②

山东武城、高苑等县习有"义坡会"。每届秋禾将熟时期,各村按地集资雇人昼夜看守,以防偷盗,直至秋禾收获,会始解散。此项习惯颇近于守望相助之义。③ 一些地区的"青苗会"、"看青会"、"油茶山场茶会"等组织,与此类似。

江西省宁都县风俗,大抵聚族而居,各族之中多有所谓的"众会"。其成立时,先由族人倡首捐集款项,订立簿籍,登载用途及其管理方法,以便世守。此种财团法人之作用,大约以办理公益及慈善事业为指归,如修族谱、供祭祀、修道路或建醮禳灾等类,皆为众会应办之事。其管理人则由族众公推,生息方法为外贷款、贷谷数种。秋冬收息,以作正用。④

三、民间会社运作习惯及其评价

近代中国民间各类会社,为了正常运作,一般都订有会规。由于会的性质不同、会的规模有大有小、各地文化风情有别,有的会规仅为简单口头约定,有的会规则要复杂完备得多。从会社组织形态来说,有极简单者,亦有相当复杂者,因而运作起来就显现出较大的差异。现择其比较典型、比较正规者做一介绍,以了解这些民间会社的运作程序。

湖南省澧县、临沣、桃源、石门、慈利、大庸、湘乡等七县有金钱结会之习惯,俗称"富人会"。其做法有二:其一,甲因特别事故金融竭蹶,则邀集与甲声气融洽之 8 人为会首,再由该 8 人各邀 4 人,共足 40 股之数,每股平均各出股金 10 串或 20 串,成为 400 串或 800 串之"富人会"。是甲为头会,必备酒席邀允会首 8 人及 40 股友,并散给会书。各会股始以股金付与头会,俾享优先权利。每越 10 个月亦各缴集股金,其收用次序以抽签法定之。其二,甲因事故邀集素有感情之数人共足 10 股,分别等第各出钱物若干,成为 100 串或数百串之"苏接半会",是甲为头会,得 10 股许可先酒席散给会书(会规)。各会友始按等第以会金付与头会,俾享优先权利。每越周年,亦各按等缴集会金,其收用次序,先由首会及各会友认定,不得变更,但可许其让与第三者。又查此会每有解除者,解除后由头会按认定次序及所得会金之等第,以 15% 年息合本偿清,取还会书。否则可据会书向头会追索。⑤

湖南这类典型合会之会规如下:

---

① 《民商事习惯调查报告录》(二),第 1230 页。
② 《民商事习惯调查报告录》(二),第 810~811 页。
③ 《民商事习惯调查报告录》(二),第 796 页。
④ 《民商事习惯调查报告录》(一),第 8 页。
⑤ 《民商事习惯调查报告录》(二),第 1173~1174 页。

1. 以8人为首，除自占外，各领4人各按份出钱25串文共计1000串文，会期10个月一轮。开会之期前半月由首会具帖与8会首分送32会友带钱赴席，凭摇接会，毋得争论。

2. 有中途退会者，由首会另邀顶补之人，其本利概归顶补之人领受。

3. 接会人必书立田地屋产抵据，经会首共同踏看实在，方可领钱。否则书立确实红票，但须会友全体认可，否则依第4条办理。

4. 接会人若无抵据，只能领钱250串文，内仍除酒席钱30串文，其余250串文行息归8会首分掌，或归会内富足者独掌将息，填充元会之日，仍归该会友领回。

5. 会首踏看抵产倘有徇私不实等情，应唯踏看人是问。

6. 会首经理余款，一分行息，至整会之日，必将所存本息交出经众验实后仍照例分存。

7. 会首经理款项事务烦剧，会友公议酌酬辛劳。其款即在15会以后赢余项下提出，俟元会摊分。

8. 会首或有年老及他事故不能经理会务者，或命子侄兄弟或推于会友代理均可。

9. 未接会者每会明钱25串文，至15会截止。

10. 已接会者每会出钱100串文，至末会止。

11. 每会接钱1000串文，除内补首会酒席钱30串文，实接钱970串文。

12. 接会人应补首会酒席钱30串文，无论同日轮接几人，亦须照人各补如数不得减少。

13. 请会首清算账目，均在首会家中，即以接会次日为期，公议另补首会酒席纸笔钱10串文。

14. 接会之日，凡会友出钱者归入会首共同经理，无论亲疏，总以不欠现交为是，否则将抵业交易，但亦不得故溢其数。

15. 接会之法，宜先编会友号次，俾各认定后用骰子六粒、瓷盘杯各一，将骰入盘中，杯俯盘内执摇，以点多者接会，若点同数，则以先摇者接，毋得争议。

16. 本会有始有终，不得以强凌弱，过饮发狂。倘有不守会规者，罚钱40串文席请会友不贷。

17. 会友无故乱规，即将会钱罚作余数另邀顶补之人。有恃强反抗者，大众防御，不得彼此推诿。

18. 会友有未接会而死亡者，准其有相续资格之人入顶。倘无其人，由外人顶补者，会首代荐其人，该会友仅能收本，其利息概归顶补之人接受，并责该戚族书立超荐字据，否则由8会首共同超荐，勉尽团体之义务。

19. 末会存钱1292串，以400串酬8会首辛劳，以824串归会友按会平分，下余钱 70 串补作首会十余年纸墨之费。此系编成公约,全体毋得异议。①

在湖南一些县的"富人会"会规中,还编制好具体运作表格,七贤会也有类似的表格,非常直观,便于操作。从两个表格中,可以看出两种不同类型的会社,运作方面亦多有所差异。

近代中国社会中的类基金会社组织,在金融信贷不发达的情况下,起到了某种调剂作用,也体现了中国传统社会中互帮互助的民事习惯。

应该指出,大量类基金会社组织的存在,在中国是有其深厚的社会土壤和文化渊源的。传统的中国社会是一种乡土社会,人们集中居住,各个家庭结成了左邻右舍的邻里关系,并产生了浓厚的邻里情感。一般情况下,人们和睦相处,礼尚往来;遇到天灾人祸,便会互相帮助,救穷济急。这种社会结构的特点,为惜老怜贫、友爱互助风尚的形成和发展提供了良好条件。扶危济困,是中华民族处理群己关系方面又一美德。人生在世,不可能一帆风顺,难免遇到天灾人祸等意外危难。人们遇到危难穷厄,常常陷于困境,有时个人和一家一户难以抗拒,需要群体的力量、社会的力量的帮助才能渡过难关。人们的互助团结,是人类得以生存和发展的重要条件。因此可以说,这种会社组织的广泛存在,不是偶然的,从某种意义上来说,是近代中国社会发展自身需求所决定的,是在社会保障、金融信贷不发达的情况下的一种必然。就实际情况而言,这些会社组织在社会整合和社会发展中也起到了一定的积极作用。比如,安徽潜山乡间为解决农事资金不足问题,流行"六人会"、"九人会"。发起者邀集亲戚朋友 6 人或 9 人凑成一会,聚钱若干。发起者为首会,他者依次得之,6 年或 9 年终会。得在前者利息重,在后者利息轻,以期负担平均,利益均沾。据当时调查者云,"因是无钱租佃或无牛力与种子者,得是补助,亦可进行无碍矣"②。当地除"六人会"、"九人会"这类年会外,还有月会、季会,其原则与年会同。

当然,这类合会组织也存在不少问题。早在 20 世纪 30 年代即有研究者指出了合会的两个流弊。一是浪费问题。一些会社在组织之前和成立后运行中,逢会必安排酒席吃喝,造成浪费。二是公平问题。当时流行的会社,每个人逐期应纳会金并非由精密数理计算得来,使得得会会次不同的人,有的占便宜,有的吃亏。③

由于这些会社均为民间自发组织,操作又有很多不规范的地方,加之有的会期拖得时间较长,与会者的经济状况发生了较大变化,往往会引起争纷乃至诉讼。如安徽天长县的七贤会,在长达 7 年的时间里,往往因会首或会友经济情形之变动,导致会不能终了,与会成员与会首兴讼者恒多。在安徽潜山县,越贫穷者邀会越难,有的急着用钱,又借挪不易,只好重息入会。届时无力偿还,只好变卖田产,从而更加

---

① 《民商事习惯调查报告录》(二),第 1174~1178 页。
② 王恩荣:《安徽的一部——潜山农民状况》,《东方杂志》,第 24 卷第 16 号,1927 年 8 月。
③ 杨西孟:《中国合会之研究》,商务印书馆,1935 年版,第 3~4 页。

剧了贫穷。

即便是互帮互助性的组织,也因未纳入法治轨道,人治色彩很浓,不免生出许多弊端。如江西宁都的"众会",该会立意本来很好,取互相帮助之善意,但由于规章制度不严密,经理人选不当,以致账目不清,时滋讼累。①

新中国建立后,互帮互助性质的会社组织在长时间内仍广泛存在。就笔者接触到的情况而言,20世纪五六十年代北京等地区的一些国营企业和集体企业及其一部分机关事业单位中,普遍都曾有互相帮助性质的"互助会"。这种会在工厂中多以车间为单位,由工会委员、工会小组长等负责组织运转。这种互助会在解决职工一些临时性的困难或需求(如职工本人或家属生病,急需钱治疗;职工自己想买自行车等物件,但钱一时不足;等等)方面,起了一定作用。而入会职工每月交的会钱,多在春节前将一部分或大部分退还本人,对于工资不高的职工而言,这又是一笔小小的储蓄。而在农村,不少地方红白喜事方面的互助会,也存在了一段时间。而带有信贷性质的"合会",1949年后则逐渐减少,乃至销声匿迹。但改革开放后,一些地方特别是在南方私营经济比较发达的一些地方,这类组织又出现了。据报载,近年来不少地方民间集资组织又有所发展,出现的问题也较多。如有的有非法集资之嫌;有的集资款用来从事非法的营业或活动(如偷渡、走私等);有的集资款管理不当,被不法之徒贪污挪用,甚至席卷而去,群众蒙受损失,也给社会带来不安定的因素。这都说明,民间这类集资会社组织亟待规范化,并纳入法治化管理的范畴之中。有关部门应通过积极引导和加强管理,使这类民间基金会社组织在法律许可的范围内健康运行,发挥其正面的社会作用。总之,对于中国近代社会中这种集资会社组织进一步分析研究,不仅有历史意义,也有现实意义。

(郑永福 原载《郑州大学学报》2006年第6期,中国人民大学报刊复印资料《中国近代史》2007年第2期全文复印。)

---

① 《民商事习惯调查报告录》(一),第8页。

清末民初家庭财产继承中的民事习惯

在漫长的中国历史上,除国家权力机构制定的各种法律外,各种民事习惯也往往起着重要的作用,规范和调整着人们在社会生活中的权利与义务,用以维系社会的正常运转及方方面面的利益。作为观念形态的文化,直到近代,有的地方的一些民事习惯甚至起着"准法律"的作用,虽然该习惯与当时的法令法规相抵触,仍被司法部门认定有效。或者说这也是出于一种无奈,或者说这也成了一种"习惯"。

清末民初在立法方面取得了显著的成绩,社会朝着法制现代化的方向迈进。但是,在实际的社会生活中,中国固有的文化传统还在延续。也就是说,法律之外,民商事习惯在规范人们的行为、维系社会秩序方面,仍然起着不可忽视的作用。本文拟就清末民初民事习惯中亲属继承方面的习惯做一考察,以期更好地了解当时的社会风俗文化,对今天进行法制建设及和谐社会建设,或许也有借鉴意义。

清末民初,中国由传统社会向现代社会转型,总体上来说尚处于初期阶段。从西方传过来的有关民事的法律观念和条文,与当时中国人特别是广大农村和内陆地区的人民固有的观念和民事习惯差异很大。考虑这一因素,清末民初,当局启动了大规模的全国性的民商事习惯调查。1924年上海广益书局发行的《中国民事习惯大全》和1930年中华民国司法行政部印行的《民商事习惯调查报告录》,是根据两次大规模调查中上交的报告整理出来的部分资料。这些由当时司法及行政部门组织的调查成果(包括当时法院的一些案例),内容丰富,时空定位,有很高的史料价值。本文使用的资料,即出自上述两书①。

作为社会文化习俗,某种民事习惯的形成要有一个过程,往往经历相当长的时间;而一旦形成,又有其历史的惯性,在相当长的时间内继续发生影响。所以,尽管上述两书中披露的资料系清末民初的调查,也大体反映了近代中国民事习惯的风貌。

（一）家庭财产分析中的一般习惯

中国幅员辽阔,在财产分析中,我国大多数地区有特定的民事习惯与方式、方法,各地习惯不尽相同,甚至出入很大。

大部分地区,处分家庭财产时,一般来说要立分产字据。这种字据,有的地方称作"分书",有的地方称作"分家单"或"分单"。分书虽无定式,一般要载明备分财产之总额及种类、分产方法、承受财产之人名单、参与分产会议各亲族之姓名等,这成了处分财产之定式。分书由主持家务者召请亲族共同议定。有的地方,则由族长书立"分家单"。凡承受财产者,各执分书一份,为拥有财产权利之证明。参与析产会议者,都应在字据上签名,以作他日之参考。

具体操作中,各地的分书有详有略,格式不一。下面选择南北两个省份的分书各一件,以窥一斑。

一例是家长立的分书,言明析产办法。此分书系浙江嘉兴县公署民商事习惯调查会会员报告中附录的一则分产合同:②

"立合同分授据 冯祝春:

今因年老力衰,不能清理家事。所亲生三子一女,螟蛉一子。惟一女去年病故矣,螟蛉子士贤早经完姻,亲生子士良、士俊、士杰三子均未成婚。至于祖遗房屋什物,因遭兵燹无存。余身克艰勤苦备尝,稍有余蓄,故特邀集公亲长,将仁记店中盘存各货洋二千五百四十元,现洋八百八十元,裕昌股本洋八百元,太平坊房屋三间半,造价洋八百元,共计洋五千另念元。提出做坟墓洋五百元,提出太太传老洋三百

---

① 《中国民事习惯大全》,施沛生、鲍荫轩、吴桂辰、晏直青、顾鉴平编纂,上海法政学社校阅,广益书局民国十三年一月出版,二月发行,全书共8册。《中国民商事习惯调查报告录》,国民政府司法行政部民国十九年五月印行,分一、二两册。后一书出版凡例中云:"本书中所用地名机关名称及法律名词,现经更易者,仍用原名,以存当时真相。"因行政区划变易颇多,本文亦照录原书地名。笔者与吕美颐撰写的《近代中国妇女生活》(河南人民出版社1993年出版)一书的注释中,两种资料曾交替使用。考虑到《民商事习惯调查报告录》出书较晚,对《中国民事习惯大全》一书的资料已经涵盖,本文引文注释一律使用《民商事习惯调查报告录》一书。

② 《民商事习惯调查报告录》(二),中华民国司法行政部民国十九年五月印行,第1551～1552页。

元,提出老房传老洋一千元,提出三子亲事用洋一千二百元,提出小宝仙缘用洋一百元。除提出之外,尚剩洋一千九百廿元。今邀集公亲长,秉公酌派,并无偏袒,四子平分。计派每股洋四百三十元,又派长孙洋二百元,归士贤收管。所内堂略有首饰,前年失去,以致无派。任凭亲长公同议定,三面妥洽,并无争夺等情。惟余二人精力渐衰,将提之款自行过渡。倘或嗣后短缺等项,向与亲生子侍奉办事,与螟蛉子无涉矣。自分之后,各自成家立业,兄弟和睦,以冀家道兴隆焉。

今欲有凭,立此合同分授据存证。"

该字据比较正规,财产种类、数目、分产方式、承受人应得数目等项,一一注明。

另一例是陕西省华阴县调查员等报告的该县的一份分书:①

"立写分单人田应武、田福堂:

因为家事不和,均各情愿分炊另度,邀请亲族人等到场,将先辈遗留家产、庄房、地亩及家俱(具)各物,按照两份均分。田应武分得村南首祖房一院(中略——原编者注),田福堂分得本村中间祖房一院(中略——原编者注)。其本村南城外,城门口路旁旱地十亩,提作长房田应武祀田,以为永远奉祀之用。所有家产,均经配搭清楚,均无异言。立分单二张,各持一张为证。空口无凭,立分单字据为证。"

上述南北两案,大体反映当时分家析产的一般情况。当然,有的地方并不立字据,只有一口头协议,但有族人、证人在场,亦与书立字据有同等效力。

分家析产的具体习惯和实际操作,各地不尽相同,呈现出多样化。其中有以下诸点值得关注。

其一,分配财产时,嫡、庶子及养子的权利。

各地嫡、庶子分产,大都均分;但少数地方,嫡、庶分产有别。

如湖北竹山、谷城、京山三县,兄弟分产,嫡子与庶子无多寡之分别。巴东、潜江两县,则嫡子与庶子有平分者,亦有不平分者。②

黑龙江布西设治局析产方法,多立分书。至于嫡、庶之子,向无区别,义子(指无血缘关系,由于彼此有恩义关系而结成的养亲子关系)则由当时议定数目给予之。而该省龙江县,不问嫡子、庶子,均按人数平均分配。至于养子应否列入平均之数,则随其养父母或亲族会议公决。青冈县分产方式,嫡子、庶子一律均分,养子虽也有享受平均分产之权利者,但属例外。木兰县习惯,嫡、庶子分配财产方法,素无区别,养子则酌量给予,不能告争。绥东、龙镇、大赉等县属,也是不论嫡、庶,财产均分,而养子只能酌量提给,不能与亲子并列。虽有个别户也有养子与亲子一律看待者,但不能视为原则。③

陕西省一些地方,分家析产时,习惯上养子与亲子均分家产。如该省华阴县,养

---

① 《民商事习惯调查报告录》(二),第1754页。
② 《民商事习惯调查报告录》(二),第1649页。
③ 《民商事习惯调查报告录》(二),第1321~1345页。

子之风盛行。小康之家,凡得子较迟者,大半收有养子。主人对于养子,视与亲子无异,所有家财与亲子均分。①

而福建省的一些地方,则重嫡轻庶。庶子分得之财产,常不及嫡子三分之一。唯若由父母主分,则不尽然。②

河南省,凡义子,无论自幼抱养,或长大后收养者,均不准继嗣。但许与继子侁分继产,其分给成数,各县又有所不同。氾水县,义子与继子各半均分;睢县,义子得遗产十分之三;禹县,义子得遗产三分之一或四分之一;襄城县,义子得遗产三分之一。③

湖北省京山、巴东、通山三县,异姓子对于养父母之遗产得全部承受,竹山县则反是。潜江县限于有亲属者,谷城县限于抱养之人,有亲房、疏房兄弟子侄及亲生之女者,不得全部承受。④

另外,有的地方,如吉林德惠,家庭诸子分居,必酌拨财产若干,谓之为"养老"。如分契不载明该产专归奉养之子承受,其父母过后,除丧葬费用外,剩款应由诸子均分。⑤

热河境内,有所谓"养老地"习惯。甲、乙二人分析家产,因有老亲在堂,应提一分养亲,名之曰"养老地"。亲在,则以之赡养;亲殁,则以之变价作埋葬费。⑥

其二,长子与遗产管理、遗产继承问题。

清末民初的民事习惯中,关于长子在遗产管理与遗产继承方面的习惯,多有不同。

河南省西平、镇平、郑县等地,凡亲子不分嫡、庶,于遗产上之权利概属均等。唯父亡以后,未析产以前,遗产之管理权专属于长兄。⑦ 而开封县则有所谓"奉祀地"一说。"同父兄弟对于遗产上之权利,概属平等,而每持长子主祭之说,于兄弟分家析产时,先为长子除地若干亩,再行平分。其所除之地名为'奉祀地'。"⑧

陕西长安县习惯,父亡后,兄弟未析产之管理权属于长兄。而陕西扶风县、乾县习惯,兄弟析产,多由家产内先为其父母提出若干地亩,以作生养死葬之资。其父母

---

① 《民商事习惯调查报告录》(二),第1753页。
② 《民商事习惯调查报告录》(二),第1572~1573页。
③ 《民商事习惯调查报告录》(二),第1374~1375页。
④ 《民商事习惯调查报告录》(二),第1652页。
⑤ 《民商事习惯调查报告录》(一),中华民国司法行政部民国十九年五月刊行,第58页。
⑥ 《民商事习惯调查报告录》(一),第707页。
⑦ 《民商事习惯调查报告录》(二),第1373页。
⑧ 《民商事习惯调查报告录》(一),第217页。

故后,其地多归长房耕种,每年所有生息,作为祭扫之费,名曰"香火地"。①

湖北省汉阳、竹溪、麻城三县习惯,凡诸子分产,其长子必另提长房田,以示与众子有别。郧县虽亦有另提长房田之习惯,然必以其家产系由长子兴创者为限。该省竹山、京山、通山、潜江、巴东五县,长子与众子分产,亦有提长房田之习惯。②

另外,有的地方还有分居析产长子不离祖房的习惯。如陕西华阴县,乡民分产,往往以人丁过、房屋不敷分配,原有祖房恒为长子分得,故俗有"长子不离祖"之说。该县兄弟分产,须为长房酌提田产,以为奉祀之用,名曰"祀田","盖犹古宗法重大宗之风云"③。山西兴县则有"长子不离旧院"之说。该县兄弟分居,如有住宅数院,次子、三子得移住他院,唯长子务须居其原宅。④

分析房产,山西省襄陵县又有"兄左弟右"之习惯。该县"兄弟分析祖遗,房产以左右为长幼之顺序,故兄居左,弟居右"⑤。

其三,赘婿财产继承问题。

关于赘婿财产继承问题,各地民事习惯亦不尽相同。

河南省嵩县、禹县、汜水县,同宗无子应继者,招婿为子,其财产即归所招之婿承受。而在睢县,如本宗有应继之子,则赘婿与应继之子各半均分。⑥

湖北省京山、巴东、谷城三县,招赘之女婿,如系女家、婿家均有财产者,其两家财产均得归赘婿承受;若仅婿家有财产,则赘婿受婿家之财产而承女家之宗祧;若仅女家有财产,巴东县归赘婿承受,京山县须另立一嗣子与之平分,谷城县则须女家亲族无嗣子可立时,始得由赘婿承受。竹山县赘婿,如女家、婿家均有财产,应由女家酌量支配,赘婿不能全部承受,婿家财产应按股均分;若仅女家有财产,须另立一嗣子与之平分;若仅婿家有财产,其对于女家不过尽生养死葬之义务而已。⑦

其四,所谓"分润遗产"。

在民事习惯中,析产时有的地方还有"分润遗产"之说。湖北武昌、兴县、汉阳、麻城、谷城、潜江等县,无子有产者,其择立嗣子时,所有同宗及其他亲属,得对于遗产有所"分润",名曰"分给遗爱田"⑧。其他省份的个别地方,也有"遗爱田"一说。

(二)无继嗣者遗产处理中的民事习惯

社会生活中,常遇到无继嗣者遗产如何处理的问题。这方面,各地民事习惯不

---

① 《民商事习惯调查报告录》(二),第1736~1740页。
② 《民商事习惯调查报告录》(二),第1638~1658页。
③ 《民商事习惯调查报告录》(一),第1754页。
④ 《民商事习惯调查报告录》(一),第300页。
⑤ 《民商事习惯调查报告录》(一),第288页。
⑥ 《民商事习惯调查报告录》(二),第1376页。
⑦ 《民商事习惯调查报告录》(二),第1659页。
⑧ 《民商事习惯调查报告录》(二),第1638页。

同,有的地方是"绝产充公",多数地方的习惯是由承担办理丧事者承受遗产。

如黑龙江省兰西县,生无子孙又未立有子嗣,死后丧事由本族叔侄等辈主办,所有产业归办丧之人承受。如无本族,由女或由戚友办理丧事,遗产或归女承受,或变价作为丧事费用,尚无一定办法。泰来县属习惯,遇有是项人死后,丧事应由最近亲族承办,遗产应归最近亲族承受。亦有由死者遗言嘱何人承办丧事、由何人领受遗产者,他人不得干预。生无子孙又未立嗣,死后无人继承,其丧事皆由戚谊或友人代为主办,其遗产即归主办丧事之人承受。①

关于"办理丧事人",各地风俗不一,又有习惯种种。

其一,执幡。

据民国七年五月十八日龙江地方审判厅报告,黑龙江省龙江县习惯,顶灵驾丧(即执幡引柩之类)者,得多分遗产,或取得遗产全部。顶灵驾丧为人子送终之职务,承继遗产为人子应享之权利。故凡生有子嗣及过有子嗣者(过子为嗣,须立过继单为凭。旗人有不立过继单者,唯须立案过档),于所遗财产究应谁属,并无问题。唯生无子嗣又未定有承继之人,即有亲族公推一昭穆(辈分)相当之族人子为死者顶灵驾丧,执行人子送终之职务,并非过继为子。葬后所有遗产,亲族人等公议分析,顶灵驾丧之人较其他族人所得为多,盖其中寓有报酬之意。亦有全分遗产均归顶灵驾丧人承受者。②

其二,"顶盆破盆"。

陕西兴平县、咸阳县习惯,死者于出柩时,其子以柩前烧纸盆顶于首,跪于门外,柩发则破之,谓之"顶盆",又谓之"破盆",死者财产即归顶盆之人承受。如无子者,必以昭穆相当或其他有血族关系、经亲族认可者顶盆,故顶盆之人即可证明其为死者之嗣续。然因继嗣未定,族人争相顶盆,以致误其葬期者有之。陕西渭南、华县、洋县、华阴、邠县、临潼等县习惯,生前继嗣未定,迨至身故,主丧无人,亲族协议,就族中房分亲者,择昭穆相当可继之人,顶纸灰盆,于出殡时将盆摔碎送殡出门,族中即认其为死者继嗣,所有死者遗产,即归顶盆之人承受,他人不得竞争,谓之"顶盆",又名"顶占门份"。陕西渭南县,无子者,家道富厚,族中同等应继之侄甚多,竞争不决,至生前未将继嗣立定,死后势必争执,亲族恐于出殡时,因夺盆细故致酿事端,往往将纸灰盆置于棺盖,至灵柩出发时带出摔毁。事后,或亲族公议,或法庭公判,再行定立嗣子。该县无子者,家道寒兼负外债,族中无人愿为承继,因于出殡时,亦将纸灰盆置于棺盖摔毁,以为无承继人之表示。③

山西省芮城县还有"顶盆搭幡"之说。该地兄弟三人如一人无子,余两人各有一子,无子之人身死,即由该两房之子一人顶盆、一人搭幡,均分死者遗产。若一房有

---

① 《民商事习惯调查报告录》(二),第 1318~1364 页。
② 《民商事习惯调查报告录》(二),第 1326 页。
③ 《民商事习惯调查报告录》(二),第 1708~1743 页。

数子,一房仅一子,则顶盆搭幡均由多子之房择一子照办,承受遗产,仅一子者不得妄争。山西神池县,无子者身故,生前并未立嗣,而有义子者,则以义子为嗣。如无义子,则以族中于无子者身故,出殡时服斩衰而打烧纸盆(亦称打沙锅)者为嗣。大同县人死无后,尚未立嗣,无人抱持死者灵幡者,须择族中卑属一人行之,事毕得受酬金,名曰打幡钱。①

山东省东阿县,亲亡,长子于行柩时摔一瓦盆,其底钻孔,父一母三,故谓之"摔漏盆"。无子者未立嗣而死,则侄辈皆争摔此盆,冀承遗产,即使族议摔盆者不能承嗣,亦必酌给财产。该省临朐县习惯,无子者未及立嗣而死,其近支子辈皆争先"指路送浆",并焚化香纸,及出殡之日,谁将柩前烧纸之盆顶出(当地俗名劳盆,或为漏盆、老盆之误),亲友即认为其人有承继权。如日后亲族会议顶盆者不获承继宗祧,亦得承继死者遗产十分之二三。②

其三,"送盘川"。

河南开封这类民事习惯中,形式多种。有"摔牢盆"一说。凡亲丧举柩出殡之日,柩出门时,其子例掷瓦器于后,俗谓之"摔牢盆"。凡行此者,必为其子故。继嗣未定之人,死后有继承资格者,往往争摔牢盆,以为取得继承之根据。又亲死举殡,例由其子执幡前导。故无子而继嗣未定之人,往往由其侄辈执幡送葬,涉讼时以执此为人继之证。这与其他地方略同。另有"送盘川"一说。开封习惯,亲故时须焚纸钱(俗名往生钱)。例由其子躬行,故无子而继嗣未定者,侄辈率以曾"送盘川"为争继之理由。③

这类财产继承中,一些地方的其他习惯也值得一提。

"待嗣"。山东惠民县,死亡者如无子孙,并其支属内现无应继之人,则于讣文及因丧葬出帖式内,均将承嗣之子或孙照常开列,至只关其名上注"待嗣"二字,先行出殡,殡后再行立继。④

"占绝业"。陕西华阴县,乡民年老乏嗣,族中既无昭穆相当之人可继,又不准异姓乱宗,竟至嗣子无着,谓之"绝户"。其人身故,即由族中近支承揽葬埋,取得该项遗产,是名"占绝业"⑤。

"遗念田"。陕西周至县有一侄承继、余侄应得遗念田的习惯。如同父周亲甲、乙、丙、丁四人,分家析产,各居有年。一旦甲乏后嗣,于甲夫妇生前恒不立继,迨死后,由亲族协议立继。若系乙之子承继,则丙、丁之子必得"遗念田"若干;若以丙或丁之子承继时,则乙、丁或乙、丙之子亦必得遗念田若干,谓之应得"遗念田"。因田

---

① 《民商事习惯调查报告录》(二),第1422~1457页。
② 《民商事习惯调查报告录》(二),第1394~1402页。
③ 《民商事习惯调查报告录》(二),第1381页。
④ 《民商事习惯调查报告录》(二),第1396页。
⑤ 《民商事习惯调查报告录》(二),第1754页。

为死者遗留,略分此田,以为同父周亲之纪念。① 这和前面提到过的"遗产分润"、"遗爱田"大意相同。

此外,陕西凤翔县有甥继嗣舅习惯。无子者须得亲族同意,得以甥嗣舅,唯承继后如再生子,该嗣子对于家财,即不得享受平均分配的权利。②

甘肃全省习惯,户绝财产,亲女所生之子亦有承受之权利。③

关于失踪者的财产处理。陕西凤翔县习惯,外出之人三年不返,杳无音信,存亡未卜。如其年龄已达八九十岁,有财产而无子嗣者,由其尊亲为之择继承祧,并送木主入宗庙,嗣子受其遗产。若失踪者并无父母妻子,其财产恒为族戚剖分或变卖。但一旦失踪者归来,仍须照数返还。④

(三)与女性相关的财产继承习惯

在清末民初关于财产继承的民事习惯中,牵涉女性继承的问题值得人们关注。上述文中已有所涉及,此处再做一单独介绍。

其一,关于亲生女的继承权。

有的地方习惯,户绝(系指无子嗣)财产,亲女不分遗产,只有充公办法,而无亲女分析遗产之权。直隶清苑县即如此。当地有谚语曰:"儿承家,女吃饭",即此意思。⑤

但就全国大部分地区而言,已嫁、未嫁之女,不同程度地有财产继承权,各地做法不一。举例如下。

黑龙江省兰西县,绝产情况下,有族归宗承受者,有归亲女承受者,亦有归亲友承受者,大抵出于本人生前之赠予或临终之遗嘱,故一依本人之意思为标准。至若并未赠予于人,而又无遗嘱者,则依亲族会议处分。实际上,亲女承袭财产者,事例甚多,但并非绝对之惯例。

黑龙江布西设置局习惯,凡绝产统归亲女承受,倘并亲女亦无之,则归近族之人掌管,或由亲族会议公决。该省青冈县民俗,亲女有承袭财产之特权,所以女性承受绝产为当然之事。如果事主并无亲女,则此项绝产即归族有。木兰县习惯,处分绝产先尽亲女,次尽祠族,再次则归亲友承受。但本人生前有遗嘱者,即依遗嘱办理。绥东、绥棱、龙镇等县属,大体如此。

而黑龙江通县北习惯,凡绝产,先尽近族承受,无近族,则归远族或亲女承受。至调查之日,该县竟无由亲女承受遗产之事例。该省泰来县民俗,亲女对于绝产,向

---

① 《民商事习惯调查报告录》(二),第1758页。
② 《民商事习惯调查报告录》(二),第1763页。
③ 《民商事习惯调查报告录》(二),第1768页。
④ 《民商事习惯调查报告录》(二),第1764页。
⑤ 《民商事习惯调查报告录》(二),第1298页。

例只能承受一半,其余一半归祠堂管理。这种方式,与他地不同。①

湖北省汉阳、五峰、麻城三县,凡无子有女者,如同宗内并无昭穆相当之人可为立嗣,除被承继人曾以女招赘承嗣者得承受全部遗产外;若其女已经出嫁,即不得再行承受全部遗产。而该省竹山、京山、通山、谷城四县,无子有产有女者,其女除将酌提"嫁奁田地"或"遗爱田地"外,不能承受全部遗产。潜江县,女子虽可承受全部财产,然有另提纸笔费给亲侄之习惯。②

甘肃省有的地方,"绝产"有归亲女或孙女承受的习惯。如东乐县民间,无继承人之遗产,除提出常年祀田外,余则尽归其女或孙女承受。若并无女或孙女者,方能由最近房族议定代理人,将遗产妥为保护,俟其继承有人,归其承受。③

其二,寡妇改嫁的财产权问题。

寡妇再醮,往往涉及财产分割与继承问题,如由谁主婚、原在夫家财产可否带走,等等。

孀妇改嫁,依当时法律规定,由男家主婚。但吉林省农安县则由母家主婚,所得财礼,亦全归母家。④

黑龙江兰西县则男女两家均可主婚,习惯上该孀妇原有妆奁等财产,亦不得带走。而该省布西设治局的习惯,大半由女家主婚,甚至有由孀妇自己主婚者,男家女家均不得干涉。该妇女原有妆奁,愿意带走者,前夫家亦不得干涉。龙江县男女两家均可主婚,也可由孀妇自己主婚,原有妆奁可以带走,夫家不得阻止。林甸县男女两家均可主婚,但原有妆奁不许携去——双方有协定者例外。木兰县夫亡改嫁,由前夫家主婚,该妇女原有之妆奁,非经前夫家同意,不得携取。海伦县孀妇改嫁,男女两家均出场主婚。甚至有书立人契者,俗称"卖寡妇"。此恶习清末民初经禁绝,已不多见。至于孀妇原有之赠嫁财物能否带走,须经主婚人定夺。龙镇县孀妇改嫁,主婚权先尽男家,次尽女家,再次即由孀妇自主。其原有妆奁须得前夫家尊亲属允许,方能携去。大赉县主婚事务多属男家,男家无尊亲者才能由女家主婚。至于原有妆奁财物,改嫁时不许携带。而肇东县有以女家之父母兄弟为之主婚者,有由孀妇自由选择者,前夫家属向不过问。其原有妆奁等物愿携去者,悉听自便。绥化县习惯,男家主婚,并立婚据;如男宅无亲属,得由女家主之;其原有妆奁不许携带。汤原县孀妇再醮,无论男女家主婚,均需书立婚约,并将孀妇私有财物载明,随妇改适;但从前赠嫁之妆奁,则不许携带。泰来县,原有妆奁汉族习惯得舅姑允许方能带走,而蒙古族习惯则凡舅姑在堂,绝对不许携带。⑤

---

① 《民商事习惯调查报告录》(二),第1317~1363页。
② 《民商事习惯调查报告录》(二),第1658页。
③ 《民商事习惯调查报告录》(二),第1788页。
④ 《民商事习惯调查报告录》(二),第1313页。
⑤ 《民商事习惯调查报告录》(二),第1315~1362页。

浙江省宣平县习惯,妇人于成婚时,由母家携来一切妆奁及母家拨赠田亩(俗名拨奁田)。嗣因夫亡改嫁时,该项财产妇人得随身带去。浙江缙云县、丽水等县,习惯大体如此。①

山西省寡妇再醮商议财礼时,一般夫家须得其母家同意,所得财礼,两家平均分受之。山西黎城主婚翁姑或伯叔兄弟议定身价若干,始成婚姻,名为身价,其实与买卖人口无异②。山东稷山、汾城等县出嫁之女本夫死亡,如愿改嫁者,其母家得出赎身价若干,将女赎回,另行改嫁。③

其三,非婚生子的继承权问题。

关于私生子的继承权。

浙江省宣平县中下等社会,对于异姓妇女因奸而生之子,得由其父抚养成人,与正式婚姻所生之嫡子同一分析财产,并得承继宗祧,分给胙肉,登载族谱,族人均行公认,无一反对者。谷城、通山两县,均无认私生子为亲子之习惯。因两县不认私生子为亲子,其结果必至溺毙或遗弃。京山、巴东、潜江、竹山四县,均得认私生子为亲子。④

关于典妻所生之子的继承权。

浙江省不少地方有典妻习惯。典妻契约,或称婚书,或称合同,或称妻,或称妾,或称投靠,甚不一律,要以典妻署名签字为唯一要件,无一定格式。

浙江奉化县习惯,典妻所生之子取得亲子身份并得承受全份遗产。该地习俗,妇人夫亡,遗有子女,并无财产,难以度日者,得将其身典与他人为妻妾。年老或家贫乏嗣少人,艰于婚娶,即典此项寡妇为妻妾,典期以10年或8年为限(并无一定期限,系当事人于立典书时,双方合意所定)。限内所生子女认为所典人之子女,限满将典约解除,此等子女大抵仍居前夫家者居多。所典人给予典妻财物亦于约内载明,每年银若干元、谷若干斛,其数极微。此典妻习惯,浙江省台州、金华、衢州、温州处各属皆有。唯他处典妻之原因,率以无力顾养者为多,奉化则十有八九以夫死而有子女(如无子女即完全再醮),难以自存者始典与人为妻妾。如典妻于典期内生子,有同一分析财产权;如所典人无子,该子即取得嫡庶子身份权,入嗣登谱,并取得全份遗产,族中无反对之者。⑤

其四,"孀妇招夫"相关财产继承问题。

孀妇所招之夫的财产承继权,各地习惯不一。

湖北省各县属做法就有明显区别。谷城、巴东、潜江三县习惯,孀妇招夫养老

---

① 《民商事习惯调查报告录》(二),第1536~1537页。
② 《民商事习惯调查报告录》(二),第1428~1443页。
③ 《民商事习惯调查报告录》(二),第1411页。
④ 《民商事习惯调查报告录》(二),第1537页。
⑤ 《民商事习惯调查报告录》(二),第1544页。

者,其前夫之财产归后夫承受;招夫抚子者,谷城县,无论前夫之产或后夫之产,或前、后夫均有产,仅前夫有子者,归前夫之子承受;前、后夫均有子者,应由前、后夫之子平均分受。巴东县,前、后夫均有产,由前、后夫之子均分。潜江县,前夫财产应归前夫之子享受,若前、后夫均有产有子,则前、后夫财产归前、后夫之子均分。

而湖北省京山、竹山县习惯,孀妇招夫养老或抚子者,其前夫之财产,后夫只能代为经理,不能承受。唯京山县前、后夫均有产有子,各承各父之产。竹山县仅前夫有产,或仅后夫有产,或前、后夫均有产有子,其财产应按照前、后夫分内之业,会同亲属斟酌分析。①

浙江省各县,孀妇招夫,事前大都订立契约,有"婚约赘书"、"招夫养子约"等名目,间有婚后补立者。下面是浙江汤溪县一份这样的合同:

"立合同人廖门陈氏

今因夫故子幼,口食无糊,自情愿托媒说合,将刘裕光招归为夫,带子养老。三面言定,聘金英洋三十元正,其聘金当日兑足。洞房花烛之喜归门管理家务、带子,廖宅田地屋业、手用什物,归事廖宅。日后,刘裕光归门成家立业,如若置田地产业,与廖宅之子对半均分,廖门陈氏十年之后归宗(指前夫之宗而言),幼子五岁到十六岁归廖宅,立合同为据。"

该省一般后夫入赘之后,得为前夫之子管理财产,并得行使监护权。然因此有由夫家亲族特别订立契约者,此项约据或称为"婚约赘书"或"招夫养子约"等名目,然其内容并无甚区别,大都于订婚或入赘之始即先行订立,间亦有入赘后补立者。订立后,由赘夫执一份,前夫亲族间执一份;内容每将前夫遗产如数载明,所有财产契据亦同时交付。此外,则赘夫代管及为前夫之子行使监护权之原因,亦复详载明晰。②

孀妇绝卖田产,有的地方规定,须亲族出名见卖,始能发生效力。江苏省江北各县,凡孀妇绝卖田产,除出卖人于契内署名画押外,另须相当之亲族,以见卖人地位同在契内列名画押。其因是孀妇单独卖田,族人横加干涉,易生纠葛,于买卖上颇有窒碍。下面是当时一诉讼案中出示的绝卖文契:③

"立绝卖田文契人鞠周氏　同卖叔文秀

今将祖遗承分之产,坐落县西乡顾家巷北首池塘河北,沙浆秧田七亩整。其田东止与北首出水槽外岸中界,西止岸中界,南止池塘中界,北止沟外路界。在田砖窑一墩理 一 不通(此处原书有两空格,意思费解——引者注),大井一口通用。南首池河水,与西边七亩田通用。又东北旮旯古塔坟一墩,照旧耕种。此田四至明白,宽窄在内,出入水、旱路通行无阻。悉照旧界,情愿请凭中出笔,立契绝卖与鞠文彩名

---

① 《民商事习惯调查报告录》(二),第1649页。
② 《民商事习惯调查报告录》(二),第1540~1543页。
③ 《民商事习惯调查报告录》(一),第322~323页。

下永远耕种为业。当日凭中人言明,公估绝卖,得当年时值田价足兑纹银一百七十六两正。其银随契下三面交足,无欠毫厘,使费画字各项一切在内。此田未卖之先,并未抵典他人,亦非房族有分之产。既卖之后,听凭名下,粮随过割,契即投税,起造、做挖、自种、招佃,与出笔人无涉。倘有外人争论,俱系出笔人一面承管。自卖之后,永无异说,永无回赎,永无杜找,永无反悔。此实系两愿,非逼勒成交。今欲有凭,立此绝卖田文契,永远存证。

中华民国六年旧历十一月二十六日　立绝卖田文契人　鞠周氏　十

　　　　　　　　　　　　　　　　同卖叔　鞠文秀　十

　　　　　　　　　　　　　　　　见卖叔　鞠文莲　十

此田正价、使费各项一应收讫,不必另立收附再照　十

　　　　　　　　　　　　　　　　　中人　鞠子明　十

（以下名单略——引者注）"

福建福清县习惯,孀妇与人缔约契约,典卖祖遗业产,须经亲族同意署名签字。若本夫手置业产,订约典卖,亦必经房内一二人在见签字,方生效力。①

对女性财产继承的种种不公正的民事习惯,显示了那个时代的文化特色。尤可虑者,其中某些习惯和观念,至今仍残存在一些地区一些人的头脑之中。

简短的结语

民事习惯,是社会风俗文化中的重要组成部分。加强对清末民初民事习惯的考察与研究,对于深入研究中国近代社会史、文化史,均有重要意义。中国幅员广阔,人口众多,历史悠久,各地民事习惯呈多元化态势,差异很大。仅以本文揭示的各地财产种种继承中的民事习惯而言,尚未包括少数民族的地区,已经显示出其多样性、复杂性,即是明证。这要求我们在研究社会史、文化史时,应高度重视这种差异性,不可一概论之。

考察、研究清末民初财产继承中的民事习惯,还特别具有法律方面的意义。历史上,一个国家的法律制定,不能不考虑社会上存在的民事习惯。这要求在制定某一项法律时,要考虑本国传统民事习惯这一因素。在法制现代化的过程中,引入先进法律理念与条文,是极为重要的。但必须看到,"与一个社会的道义上的观念或实际要求相抵触的法律,很可能会由于消极抵制以及在经常进行监督和约束方面所产生的困难而丧失其效力"②。

清末民初各地流行的民事习惯有不少积极因素,在维护社会稳定、家庭稳定方面有一定的历史价值。但其中不少习惯,深深打上了传统宗法制度、宗法社会的印

---

① 《民商事习惯调查报告录》（一）,第523页。

② （美）博登海默（Edgar Bodenheimer）著,邓正来等译:《法理学——法哲学及其方法》,华夏出版社,1987年版,第373页。

记。某些传统习惯在一些地方已经根深蒂固,以至于虽然与当时的法律规定不合,当时司法机关也不得不认为其有效。而有些民事习惯纯属陋俗,与现代的立法精神相距甚远或格格不入。这要求我们一方面在立法时要考虑——但不是迁就——本土的传统习惯;另一方面,也是更重要的一个方面,是加强宣传教育,移风易俗,弘扬现代人应有的法制精神,以使新的法令制度得到认真的贯彻执行。

(郑永福 《郑州大学学报》2007年第5期。)

近代中国"相邻关系"中的民事习惯

（一）研究"相邻关系"中民事习惯的意义

构建和谐社会中,处理好相邻关系是重要环节之一。正常、健康的相邻关系,对营造好的创业环境和生活环境,都是必不可少的。公民如何正当运用自己的相邻权,尊重他人的相邻权,处理好相邻关系,行政司法部门如何妥善解决相邻关系中的一些纠纷,是值得人们认真关注的问题。

本文所说的"相邻关系",主要是指不动产的相邻各方,因行使所有权或使用权发生的权利义务关系。不动产相毗连,不动产的权利人之间就要发生相邻关系。相邻关系,是社会上经常、普遍地会遇到的问题。我国的民法通则中,对于相邻关系有过一些原则性的规定。2007年公布实施的《中华人民共和国物权法》中,进一步明确了相邻关系主体之间的权利和义务。值得注意的是,《中华人民共和国物权法》第八十五条明示："法律、法规对处理相邻关系有规定的,依照其规定；法律、法规没有规定的,可以按照当地习惯。"[1]

这里所说的"当地习惯",也就是当地的民事习惯。法律上依据的"习惯",必须是当地多年实施且为当地多数人所遵从和认可的习惯。这种习惯已经具有"习惯法"的作用,在当地具有类似于法律一

---

[1]《中华人民共和国物权法》,法律出版社,2007年3月版,第18页。

样的约束力。同时,这种习惯以不违背社会公共利益和善良风俗为限。① 实际上,世界上不少国家和地区的民法涉及相邻关系的条文,都有遵从习惯的规定。比如,在用水、排水的相邻关系中,关于自然水流的规定、关于排水权、关于堰的设置与利用等方面,日本民法及我国台湾地区的"民法"在具体规定的条文外,多有从其规定或习惯的规定。德国、瑞士民法和我国台湾地区的"民法"关于土地权利人有权禁止他人侵入的条文中,均列出依当地习惯例外允许之事。② 在整个中国民法体系中,处理相邻关系需要以习惯作为依据所占的比例是比较大的。原因是相邻关系的种类繁多且内容丰富,而物权法对相邻关系的规定比较原则和抽象,大量需要以习惯作为标准来判决基于相邻关系而产生纠纷的是与非。③

在漫长的中国历史上,一些民事习惯曾经长时期地起到规范人们社会生活的作用。这些民事习惯,规定了人与人相互间的权利和义务关系,并通过人们认可的方式,保障这些权利和义务的实施。民事习惯不是一朝一夕形成的,往往经过了一个较长的历史过程。而某种民事习惯一旦形成,又有它的稳定性,持续地在社会中发挥作用。

对中国近代相邻关系中的民事习惯进行历史考察,有着重要意义。从法学的角度来说,不少民事习惯在近代曾起了"准法律"的作用,规范着社会秩序,体现了社会的自我调整。其中某些民事习惯,发展到今天仍然发生着或大或小、或明或暗的作用。一些良善民事习惯,既是今天重要的立法资源,又在某种意义上成为法律的补充。从历史学的角度而言,民事习惯中透露出多姿多彩的文化信息,蕴藏着丰厚的文化内涵。深入开展对近代民事习惯的考察,对中国近代社会史、文化史、经济史、法制史等各方面的研究,都有着不可忽视的意义。

为制定新的法律做准备,清末及民国初年,曾展开过大规模的民事习惯调查,先后结集出版了两部重要的历史资料,即《中国民事习惯大全》及《民商事习惯调查报告录》④。近20年来,根据这些资料,一些史学和法学工作者开始关注近代中国民事习惯的研究,出版了一些研究成果。专著主要有梁治平的《清代习惯法:社会与国

---

① 全国人大常委会法制工作委员会民法室编著,王胜明主编:《物权法学习问答》,中国民主与法制出版社,2007年3月版,第132页。
② 全国人大常委会法制工作委员会民法室编著:《物权法立法背景与观点全集》,法律出版社,2007年3月版,第424~426页。
③ 全国人大常委会法制工作委员会民法室编著,姚红主编:《物权法学习问答》,人民出版社,2007年3月版,第142页。
④ 《中国民事习惯大全》,施沛生、鲍荫轩、吴桂辰、晏直青、顾鉴平编纂,上海法政学社校阅,广益书局民国十三年一月出版,二月发行,全书共八册。《中国民商事习惯调查报告录》,国民政府司法行政部民国一九年五月印行,分一、二两册。《民商事习惯调查报告录》出书较晚,编辑体例与《中国民事习惯大全》一书不同,但对该书的资料已经涵盖。本文资料引自《中国民事习惯大全》,所涉行政区划及地名,一仍其旧,特此说明。

家》(中国政法大学出版社1996年版)。论文主要有吕美颐的《中国近代民事习惯在稳定家庭中的社会功能》(《郑州大学学报》1997年第1期),郑永福的《中国近代民事习惯中的合会与互助会》(《郑州大学学报》2006年第6期)及郑永福的《清末民初家庭财产继承中的民事习惯》(《郑州大学学报》2007年第5期)等。总体来说,研究还不够细致,更有待于深入。

房屋、土地等不动产利用涉及面非常广泛,而由此发生的相邻关系也呈现出多样性。本文拟根据《民商事习惯调查报告录》提供的史料,对中国近代相邻关系中的民事习惯做一初步的梳理和分析,不当之处,敬请指正。

(二)建筑物相邻关系中的民事习惯

涉及建筑物不动产的相邻接关系,近代民事习惯主要内容包括房屋建筑问题、道路通行问题、排水问题、毗连地利用问题等,分述如下。

1."滴水"问题

所谓"滴水",一是指下雨时,从建筑物房檐落下的雨水,亦称"檐水"。通常房檐滴下之雨水落到地面的区域,亦称之为"滴水",系"滴水地"的简称。

中国传统民间习惯,物主在修建房屋时,滴水问题是特别需要考量的问题之一。一般来说,滴水不得侵犯邻居家的利益,比如水不能落在邻居家的房屋、围墙或其他建筑物之上。滴水虽然落在自家地面上,但因距离邻家建筑物太近,有可能对邻居家的不动产造成某种损害,民事习惯上也是不允许的。民国时的民律草案也明确规定,建筑工作物自疆界线起,须有一定距离,并注意预防邻地损害。

近代中国,各地都有关于这方面的民事习惯。如,甘肃全省习惯,"土地相邻人于其地面建筑房屋、墙垣,不得侵及他人土地界线"[①]。各地民事习惯大体原则如此,但不同地区,又有一些不尽相同的风俗习惯。

河南开封县的习惯是,"地主建筑房屋,不得使檐水注滴邻近"。所谓"不得使檐水注滴邻近",在该地区仅仅是指滴水不得伤及邻居的房屋。如果建房之初并无墙,屋后必预留若干尺距离,以使滴水不至于伤及邻居房产。但在市区繁盛之区,房舍鳞次栉比,地土逼仄,有时竟至无余地可承滴水,在此情况下,一般多采取在檐头修一"天沟",引水回流,使其进入自家的院落。[②]

一些地区,有借用滴水地的习惯。如江西省安国、安新等县,一般情况下,建房者在自己的地界预留滴水。但也有特殊情况,在自己的地界不留余地,借用地邻毗连之地作为滴水地。这种做法,事先必须征得毗邻之地业主之同意,否则事后有可

---

① 《民商事习惯调查报告录》(一),中华民国司法行政部民国十九年五月印行,第668页。

② 《民商事习惯调查报告录》(一),第216页。

能造成邻里纠纷。① 山东省平度县的习惯,也大体如此。

至于预留滴水地的尺寸,各地习惯多有差异。

山东省嘉祥县等地的习惯,建筑房屋,须留滴水地二三尺。② 山西省平遥县,房屋滴水地,除契载尺寸明确及界址明显者外,以距离墙根六寸或八寸为滴水地。③

2. 两地毗连建筑距离

两地毗连之建筑房屋距离,各地民事习惯也不一样。福建顺昌等地,习惯上留一二尺隙地。④ 湖北省各县习惯不同。竹溪县习惯,须距离尺许;麻城县习惯,须距离十余尺;汉阳县习惯,须距离五尺或一丈;郧县习惯,建筑房屋须距离二尺;五峰、兴山两县习惯,以不越本人地界外为限,无一定距离之规定。⑤

而湖北省京山县,须各于连界处距离尺许。广济县,建造房屋,于屋檐留二三尺滴水;谷城县各以地界为限,无距离若干之习惯。竹山县造屋以屋檐滴水为界。⑥

山西省荣河县,凡民宅建筑围墙,有两种情况:一是从两邻基界中点筑起,名曰"官界墙";二是齐自己基界筑墙,名曰"私墙"。⑦

山东聊城县等地,有所谓"站脚地"一说。该县习惯,建筑瓦房,应距离一尺五寸;建筑平房,应距离八寸。若以胡同之中为界,则建筑应距离三尺五寸,俗名为"站脚地"。⑧

3. "借墙筑房"、"伙墙"、"房屋寄缝"

一些地方有借用邻居山墙建房的习惯。借邻居山墙建房,或双方有亲戚关系,或双方交谊较深,才易协商而成,且不至于日后产生纠纷。福建顺昌县,如有甲、乙两地毗连,甲欲建筑房屋,一般习惯,疆界处皆应留一二尺之隙地。但甲和乙若订立书据,约定接近疆界建筑,将来乙建筑房屋时,可附就甲建筑之墙。或甲当初建筑时,即将其墙建筑于疆界线上,将来该墙即成甲、乙之伙墙。⑨

安徽省贵池县也有"借墙造屋"的相关习惯。该地某甲有房屋一座,其屋旁系某乙之空地,如乙在空基地上建造房屋,为图省工省料且增大使用面积,欲借甲墙架梁修造,不另筑新山墙。事先不仅必须征得甲同意,还要书立借墙字据与甲收执。倘乙日后卖屋于丙,丙亦加立借墙字据与甲。设甲卖屋于丁,应将乙、丙借墙字据随契

---

① 《民商事习惯调查报告录》(一),第31~32页。
② 《民商事习惯调查报告录》(一),第242页。
③ 《民商事习惯调查报告录》(一),第255页。
④ 《民商事习惯调查报告录》(一),第521页。
⑤ 《民商事习惯调查报告录》(一),第571页。
⑥ 《民商事习惯调查报告录》(一),第586~587页。
⑦ 《民商事习惯调查报告录》(一),第307页。
⑧ 《民商事习惯调查报告录》(一),第243页。
⑨ 《民商事习惯调查报告录》(一),第521页。

检交与丁,以为凭证。① 这种习惯系 1919 年、1920 年安徽省贵池县审理周凤藻与童斐然因屋墙涉讼案及汪焕章与方献廷因屋墙涉讼案中发现的。该地这种习惯做法,显然更加规范,否则空口无凭,一旦涉诉,不易处理。

山东省平度县则有所谓"借山不借水"的习惯。该地借山墙可以盖屋,但滴水不许浸入邻人地内,谓之"借山不借水"。当地习惯,若排水阳沟不在自己地界内,不能任便修理,也是"不借水"之意。②

湖南省长沙、常德等县,有"房屋寄缝"一说。该地属人烟稠密地区,屋庐栉比,致无隙地,其间架而居者,不得不借用他人之墙壁为自己之墙壁,名曰"寄缝"。最初需得相邻人之承诺,承诺以后应受拘束,迨展转让渡,契约上迭次注明,遂成为固有之权利。但如果邻地所有人于自己屋墙角嵌有"不许寄缝"字样之石碑,此项习惯即不适用。③

直隶清苑县,有伙柁伙山之习惯。"乡邻宅基毗连,有以山柁为宅基之界限者,是为伙柁伙山。究于住居之主人毫无滞碍。"④

4. 出行道路、下水通道问题

一般习惯,在他人房院前建筑房屋、围墙时,须留通行之道路。繁华地段,房屋类多衔接,建筑时,应以不妨碍交通为要件,留出行人行走道路,甘肃省将其称之为"过风路"。⑤

山东省嘉祥县习惯,宅基坐落胡同内,外出无路者,该胡同地基虽系他人所有,亦应准其出入,名曰"无抬牛宅子"。⑥

山西省介休县又有"世无天爷毛子"之说。该县民间所有田地房院等类,如果四邻同系甲某之业,绝无通路,乙某欲至其地或房院时,仍得由甲某之地通行,甲某亦不得干涉阻拦,当地俗曰"世无天爷毛子"。⑦

为保障水路通畅,山东省一些地方有"水流原形"习惯。一般来说,房屋卖契载明水流何方者甚少,普通习惯,契面有"水流原形"四字,即依其顺势,以最低之某院为放水之处。⑧

关于房屋开门方向,一些地方也有相应的民事习惯。山西省猗氏县,如果房屋

---

① 《民商事习惯调查报告录》(二),中华民国司法行政部民国十九年五月印行,第 954~955 页。
② 《民商事习惯调查报告录》(一),第 232 页。
③ 《民商事习惯调查报告录》(一),第 597 页。
④ 《民商事习惯调查报告录》(一),第 24 页。
⑤ 《民商事习惯调查报告录》(一),第 669 页。
⑥ 《民商事习惯调查报告录》(一),第 242 页。
⑦ 《民商事习惯调查报告录》(一),第 284 页。
⑧ 《民商事习惯调查报告录》(一),第 254 页。

数面临街,已有大门南向,则不得再于东、西、北三面另开后门或旁门出入。①

5. 房屋出卖"先尽近邻"、"知会近邻"

房屋出卖,先尽四邻,是许多地方的民事习惯。

陕西省雒南县,买卖产业,除尽让亲族、地邻外,并须尽让老业主,必老业主亦不愿承买时,始能卖与外人。②

山西省虞乡县有"尽近不尽远"一说。该县凡卖不动产时,由卖主央中执契,先向近族,次及近邻说合,如有愿买者,外人不能争买;如无近族、近邻,始向别人说合,俗名曰"尽近不尽远"。③

绥远全地区有所谓"房尽邻,地尽畔"的说法。该地区出卖房屋须先尽邻佑,邻佑不买,始可卖与他人,出卖地亩亦然,故有"卖房尽邻、卖地尽畔"之称。④

房屋出卖时,不少地方还有"知会近邻"的民事习惯。山西省解县,买卖田宅要通知四邻。购买田宅立约时,须邀请四至地邻,以证明契载界址之确否。⑤

山西省一些县的"吃割食"与"会邻割事",讲的也是这种民事习惯。山西省襄陵、临汾等县,买卖田宅,凭中立契后,买主于交价之日,设席遍邀卖主及中人、四邻等,谓之"吃割食"。⑥ 此项习惯目的在于确证所有权之移转,且杜绝邻地界址之争执。与此相仿,山西省夏县买卖不动产成约时,由买主设席邀请四邻并中人会食,如无异辞,即同中人丈量定界,业价两交。意在会邻交割,免得日后发生纠葛,名之曰"会邻割事"。山西省其他县的习惯大体如此。⑦

6. 相邻关系中的"风水问题"

关于筑屋、造坟,相邻关系中往往还牵涉到所谓"风水"问题。

福建省连城县习俗,凡殷富家新建一房屋或新筑一坟,其相邻者常有借口房屋高低、坟之远近等问题"有碍风龙",防害风水,提出异议。甚至地隔达数十号,有人还以"骑龙跨穴"之说阻扰不休,致缠讼破产而不悔。⑧

福建省顺昌县习惯,如甲有房屋一所,共分三院,前后有门,今将后院卖绝于乙,约定乙可由前门通行,甲亦可从后门出入,但乙有丧事时,其灵柩不准由前门通行,或甲有丧事,其灵柩亦不准从后门出入。凡此之类,习俗上皆依当事人所立之契约

---

① 《民商事习惯调查报告录》(一),第 257 页。
② 《民商事习惯调查报告录》(一),第 657 页。
③ 《民商事习惯调查报告录》(一),第 274 页。
④ 《民商事习惯调查报告录》(一),第 721 页。
⑤ 《民商事习惯调查报告录》(二),第 815 页。
⑥ 《民商事习惯调查报告录》(二),第 816~817 页。
⑦ 《民商事习惯调查报告录》(二),第 858 页。
⑧ 《民商事习惯调查报告录》(一),第 517 页。

而定。①

山东省寿光县习惯,甲茔地与乙地毗连,在离茔百步之内,乙不得在自己地内穿井或建筑房屋,否则即认为破坏了风水。②

山西省潞城,有无主坟墓四邻代守的习惯。该地地主如有任意平毁其地内无主坟墓时,该地四邻均义务出面干涉。③

湖南省益阳县有葬坟"不得骑头"之习惯。该地民众对于阴阳风水先生的说法深信不疑,谓"骑葬"有横断先葬者之龙脉,且女坟不得葬于男坟之上。故凡葬坟,若紧接邻地而骑跨在邻坟上者,无论男坟、女坟,均须保持一定距离,始免争执。④

福建省闽清人信风水之说,凡欲圈地造墓,其前后左右须各距离他人墓地一丈二尺之外,否则,必致涉讼。⑤

7. 私家碾、磨、水井的使用

近代广大农村中,多有官碾、官磨、官井供村民使用。另又有属于私家的碾、磨和水井,坐落在自家院内。在后者的使用上,也有相应的民事习惯。

山西省潞城有"碾磨千家用,打水不用问"的说法。该县村中碾磨、水井,虽系有主之物,但无论何人皆可使用,该物主不得拦阻,故俗有"碾磨千家用,打水不用问"之谚。⑥

此种习惯在全国各地比较普遍。但一般来说,使用者大都要礼貌地和物主打声招呼。

(三)土地毗邻关系中的民事习惯

土地毗连相邻关系中的民事习惯,主要涉及邻接地利用问题,越界植物问题,公用水道的取水、流向及排水问题等。

1. 邻接地之利用

在邻接地的使用方面,各地多有限制性的民事习惯。

比如,土地所有人因疏通水道或开设道路,依该地天然形式必须向相邻地通过者,及不通公路之土地,所有人因欲达公路必须由周围邻地通行者,具体操作上各地都有一定的民事习惯。湖北省五峰、竹溪等县,关于疏通水道,分个人利益与公众利益两种,如仅属个人利益,必须向邻地人置买或租借,始准通过;若事关公益,则只须通知邻地人即准通过。关于开设道路,亦分个人利益与公众利益两种,仅属个人利

---

① 《民商事习惯调查报告录》(一),第520页。
② 《民商事习惯调查报告录》(一),第251页。
③ 《民商事习惯调查报告录》(一),第265页。
④ 《民商事习惯调查报告录》(一),第603~604页。
⑤ 《民商事习惯调查报告录》(一),第528页。
⑥ 《民商事习惯调查报告录》(一),第266页。

益亦须租借;若属公益,则事前即使不通知,其相邻人亦不得阻止。麻城县习惯不同,疏通水道或开设道路,分为有老例与无老例两种。有老例者不必租借,应准通过;无老例者必须置买。仅系租借,仍不准通过。兴山县习惯,开通水道,必须向邻地人租买后,始准通过,唯开设行路,则不必租买,亦准通过。郧县、汉阳习惯,不论水道或行路,均须向邻地人置买或租借,始得通过。①

湖北省潜江、谷城、广济、竹山四县系向邻人租买,始能通过;巴东、京山两县,有须租买、有不须租买亦准通过者。②

陕西澄城县习惯,土地所有人得排除邻接地侵害。土地所有人于自己地上设立工场或挖坑取土,若于邻接地有损害者,邻接地之所有人有权禁止。③ 此习惯似各地皆然。

实际上,当时民律草案仅规定通行地发生损害时,须支付偿金,并无必须租买之限制。上述一些民事习惯,多与当时法理不合。

2."磨牛地"

一些地区,土地相连,耕种收割当中涉及牛马车辆行走、转弯等引发的问题。东北地区不少地方有"磨牛地"一说。"磨牛地",系牛马拐弯调头之地。

黑龙江嫩江县,凡两家地头相接,须由两家共同留出磨牛地六尺。甲户地头与乙户地边相接,则甲户独自留出磨牛地六尺,乙户亦留出隙地一尺,以明界线。两户地边相接,则两家各留隙地一尺,作为地隔。至由甲户之地分劈,乙户则以交界之地分劈,乙户则以交界之垄作为地隔,由两家轮流耕种。④

黑龙江景星设治局(设治局系当时一种行政区划)属内土地经界自清丈后,彼此直垄相连者,则共同留出"磨牛地"。若毗连处一为东西垄,一为南北垄,则东西垄之业户于其头独自留出"磨牛地"以人,系地边无须多留余地,即可旋转犁耙,故南北垄之业主于其地边仅留尺许隙地,以便挖立封堆,证明经界而已。至两户土垄彼此均系地边相连者,则两家同留地二三尺,以为地隔,至狭亦必留一垄宽之隙地。大概因为当地地广人稀,地价甚廉,故此等事向无争议,亦未发生诉讼事件。⑤

黑龙江省兰西县属民间耕种地亩,无论直垄、横垄,凡甲地垄头回旋牛马即在乙地,乙地垄头回旋牛马即在甲地,是以两家垄未留隙地。⑥

黑龙江省瑷珲县甲、乙两户地头接连者,均由两家各留五六尺,以为回旋牛马之用;甲户地头与乙户地边相连者,由甲户独留磨犁隙地;甲、乙两户地边相连者,则两

---

① 《民商事习惯调查报告录》(一),第574页。
② 《民商事习惯调查报告录》(一),第591页。
③ 《民商事习惯调查报告录》(一),第621页。
④ 《民商事习惯调查报告录》(一),第93页。
⑤ 《民商事习惯调查报告录》(一),第97页。
⑥ 《民商事习惯调查报告录》(一),第124页。

家同留隙地宽二三尺,均不耕种,谓之"地隔"。若由甲户之地分劈乙户者,彼此地边各留二三尺作为地隔,均不耕种,以明界线。①

山东省平度县,某家土地坐落中心,四边无出入之车路者,若非商得地邻同意,不准牛车出入,名曰"抬牛地"。地处中心,出入临地似理所当然。但因牛车笨重,或有碍及地邻稼禾之虞。因而若需牛车出入,要商得邻人之同意,亦属平允。②

3. 毗邻地道路及水利设施的开挖与使用

近代北方旱地居多,但种植蔬菜的园地要用水灌溉。直隶清苑县,菜园地出卖后,相邻地主无阻止新买主使用水道之权。当地习惯,地主变卖园地,两邻如不欲留买,新买主仍照旧用水灌溉,因为园地未有无水道者,使用水道,园邻无阻止之权。③

南方水田居多,相邻关系中水利设施的修建与使用,经年历久,各地形成了一些人人应该遵守的民事习惯。

湖北省竹溪等县,甲、乙两人土地相连,甲于毗连乙地之处开挖田塘,其自疆界线起应该保持一定距离。竹溪习惯,须距离尺许;麻城习惯,须距离十余尺;汉阳习惯,须距离五尺或一丈;郧县习惯,开凿池塘须距离丈许,最近亦不得在二尺之内;五峰、兴山两县习惯,以不越界外为限制,无一定距离之要求。④

湖北省京山等四县,甲、乙两人土地相连,如开挖田塘,京山县须各于连界处距离尺许。广济县开挖田塘,留一条田岸或塘岸。谷城县各以地界为限,无距离若干之习惯。竹山县开田仅留田塘。⑤

安徽省蒙城县,两地相连,中隔一沟,各以沟心为界,盖沟道系邻人双方公共之地,彼此地内给水之所由出。如一方管有全沟,则此欲出水彼欲阻塞,则彼此不便,或彼欲挑深,此欲填高,则水路窒碍。以沟心为界,公共管理,彼此互商,于农务颇有裨益。⑥

浙江省永嘉县,邻地过水无须书据设定。田亩内由外引水灌溉,当地视为当然之事,向不用书据设定,即取得过水权。⑦

甘肃省土地所有权人为灌溉便利,欲由他人地内经过者,须得其地主之允许,并须予以相当之报酬。此为甘肃通省所公认之惯例,亦为法律之当然。⑧

陕西省澄城县连畔土地,其低处地之所有人,对于高处地自然流至之水,不得任

---

① 《民商事习惯调查报告录》(一),第163页。
② 《民商事习惯调查报告录》(一),第242页。
③ 《民商事习惯调查报告录》(一),第25~26页。
④ 《民商事习惯调查报告录》(一),第571~572页。
⑤ 《民商事习惯调查报告录》(一),第587页。
⑥ 《民商事习惯调查报告录》(一),第394页。
⑦ 《民商事习惯调查报告录》(一),第477~478页。
⑧ 《民商事习惯调查报告录》(一),第669页。

意筑堤防阻。如高处地之所有人,欲施工作开挖沟渠蓄水、泄水,必须计及低处地俾无损害;若于低处地有损害时,则低处地之所有人得阻止之。该县凡连畔土地,其有以他人土地供自己需役,或以自己土地供他人需役,例如甲赴地务农须由乙地行走,或乙引水灌溉须由甲地经过,均须遵照向来轨辙,不得侵越范围以外。①

山西省解县甲、乙两地毗连,至甲地必须经过乙地,甲地所有人于乙地播种至收获之期间内,只得行走地畔,不得从地内穿行,以免损害乙的利益。②

4. 毗邻地种植及植物越界问题

东北地区,特别是黑龙江省,由于地广人稀,毗邻接地往往留出地隔。

黑龙江景星设治局两户土垄彼此均系地边相连者,则两家同留地二三尺均不种植,以为地隔,至狭亦必留一垄宽之隙地。③

黑龙江嫩江县的一些地方,两户地边相接,则两家各留隙地一尺,作为地隔。至由甲户之地分劈,乙户则以交界之地分劈,乙户则以交界之垄作为地隔,由两家轮流耕种。④

黑龙江大赉县农家习惯,两界之垄谓之"地半",两家均不耕种。⑤

黑龙江木兰县土地经界多以垄为界,两垄之间公留一垄,轮年耕种,此公留之垄即为界线。⑥

黑龙江汤原土地经界原以交界之垄作为地隔,得由两家商明,轮年耕种一季,后大半两家各留出一垄作为地隔,并不轮年耕种。⑦

黑龙江瑷珲县,甲、乙两户地边相连者,则两家同留隙地宽二三尺,均不耕种,谓之"地隔"。若由甲户之地分劈乙户者,彼此地边各留二三尺作为地隔,均不耕种,以明界线。⑧

两地毗连之种植距离,各地亦有不少民事习惯。植树种竹,湖北省诸县有距离限制之习惯。自疆界线起之距离,兴山县、郧县,均需距离一尺;麻城习惯,需距离界线五尺以外;竹溪习惯,甲、乙两地毗连,仅甲地或仅乙地种植,可即由疆界线种起,若甲、乙两地均欲种植,则需共同商酌,各距界线尺许,种树则以两树间之适中地点为界线。汉阳、五峰两县习惯,从疆界线起即可种树,但以不侵越界线外之土地为

---

① 《民商事习惯调查报告录》(一),第622~623页。
② 《民商事习惯调查报告录》(一),第262页。
③ 《民商事习惯调查报告录》(一),第97页。
④ 《民商事习惯调查报告录》(一),第93页。
⑤ 《民商事习惯调查报告录》(一),第103页。
⑥ 《民商事习惯调查报告录》(一),第144页。
⑦ 《民商事习惯调查报告录》(一),第160页。
⑧ 《民商事习惯调查报告录》(一),第163页。

限,并无一定距离。①

湖北省京山、谷城两县均系各守疆界,无距离习惯。竹山县有抵齐边者,有距离二三尺或数丈不等。巴东、潜江两县,以预计将来竹木根枝不防害林地及其地上之物为限。②

如果甲、乙两人土地相连,甲地之树竹枝根横长越入乙地界以内,致与乙地之耕作有妨害者,如何处理呢?湖北省汉阳、兴山两县习惯,乙应先向甲声明,请其刈除,甲已应允,则枝根应归甲有,若甲不应其所求,乙即得自行刈除,其枝根即归乙有;郧县习惯,乙得迳自刈除,其枝根应归乙有,甲不能过问;麻城习惯,乙虽得迳自刈除,但枝根仍归甲有;竹溪习惯,乙得迳自刈除,但树根侵入地中者应归乙有,其树枝虽越界线,仍归甲有;五峰习惯,树枝应向甲声明,令其刈除,其枝仍归甲有,树根得由乙迳自挖除,其根即归乙有。③

湖北省通山、谷城两县,甲地之树竹枝根侵入乙地,乙得请甲将其侵入之根枝刈除,如甲不理,乙得凭中自行刈除,所刈除之根枝,乙得留为己有。潜江、竹山两县,乙可向甲声明将其根枝刈除,其刈除之根枝归甲。巴东县有请甲刈除,有商允乙代为刈除,根枝仍归于甲,有商请不听或并不商请径自刈除,而留其根枝者。广济县分两种:地上之根侵入乙地,乙得刈除,仍归甲有;地下之根侵入乙地,乙得自砍自有。京山县侵入乙地根枝,乙得自行刈除,归甲、归乙,无一定习惯。④

关于果实落入邻地问题的民事习惯。

甲、乙两人土地相连,甲地内所种果木落入相邻乙地界址以内,湖北省兴山、麻城、汉阳、五峰四县习惯,甲之果实落入乙界,仍归甲有,乙不得视为己有,纵然拾取,亦须向甲说明;竹溪习惯,分旷野与比屋而居二种,如落入乙之旷野地界之内,其果实仍应归诸甲有,若系比屋而居落入乙地者,即应视为乙有;郧县习惯,凡果实自落入乙地者,视为乙有,若系由甲打落或摘落者,则仍应归甲有。⑤

湖北省通山、潜江、广济、竹山四县,甲地内所种果木之果实落入相邻之乙地内,其所落之果实均归甲有。京山县则多归于甲。巴东县因甲摘取落入乙地者,多归甲;自落于乙之院内者,多归乙。谷城县自落于乙地者,归乙。⑥

5. 毗邻地矿产相关问题

山西浑源县开煤窑只管地上,不管地下。开窑采炭,其掘口则各依地面疆界,及

---

① 《民商事习惯调查报告录》(一),第 571~572 页。
② 《民商事习惯调查报告录》(一),第 587 页。
③ 《民商事习惯调查报告录》(一),第 572 页。
④ 《民商事习惯调查报告录》(一),第 588 页。
⑤ 《民商事习惯调查报告录》(一),第 572~573 页。
⑥ 《民商事习惯调查报告录》(一),第 589 页。

至地下,则遇炭即开,无分界,至若两窑相逢,则合采,谓之"只管地上、不管地下"。①此等习惯,与当时矿业条例亦明显抵触,实为不良习惯。

山西省介休县,五台山,以见面处为界。凡营窑业者,地内初无界线,如此窑与彼窑掘通时,即以见面之处为断,均各不许前进,另由别方采掘。② 此项习惯山西省产炭各县大抵皆然。

6."让产作绝"

山西省高平县,民间有亲邻和睦无分彼此者,以房地产业写立让约无偿让与者,其让与之原因不一,统为所有权之转移,与卖绝无异。此习惯山西洪洞等县,亦间或有之。③

结　论

1. 诚如一些专家所指出的,中国传统法制主要侧重于刑法,民事财产类法律规范相当缺乏,大都要依赖民事习惯自我调整。到了近代,随着法制的现代化,情况有所变化。但应该说,民事习惯到今天仍对相邻关系发生着重要影响。一些民事习惯,为处理物权中相邻关系纠纷提供了依据。正因为如此,新《物权法》才规定:"法律、法规对处理相邻关系有规定的,依照其规定;法律、法规没有规定的,可以按照当地习惯。"不久前发生了这样一件事:辽宁省本溪市某地农民院中种有一大树,根系延伸至邻居家房屋下,不仅将其屋墙拱裂,且将火炕拱裂,造成损害。如何处理? 无具体法律条文。法官根据民事习惯,判决该农民将越界根系切断,并给予受害一方以一定赔偿,妥善处理了这一纠纷。这是一个执行《物权法》的一个典型案例。实际上,《物权法》出台之前,各地在处理相邻关系纠纷中,在缺乏具体法律、法规条文的情况下,不少地方是按当地民事习惯断案的。

2. 一些民事习惯系从传统延伸而来,有些明显有不合理的因素,或与相关法律相抵触,值得注意。如,近代湖北等一些地方关于土地所有人因疏通水道或开通道路由相邻地通过的民事习惯,在当时来说,也与民国民律草案不合。近代山西省煤矿开采中的相邻关系民事习惯,弊端甚多。遇到这类问题,当时的地方司法行政人员往往认定地方民事习惯虽不合法但有效,并以此断案。从今天的眼光来看,这种做法肯定有不合适的地方。民事习惯有它的稳定性、承传性,但它又是动态的,不断发展的。对原有的民事习惯,应取其精华、去其糟粕。随着社会发展,相邻关系中还会出现一些新的问题,需要与时俱进,形成新的良善民事习惯。1986年通过的《中华人民共和国民法通则》,规定了处理不动产相邻关系的准则。该通则第八十三条规定:"不动产的相邻各方,应当按照有利生产、方便生活、团结互助、公平合理的精

---

① 《民商事习惯调查报告录》(一),第271页。
② 《民商事习惯调查报告录》(一),第283页。
③ 《民商事习惯调查报告录》(一),第282页。

神,正确处理截水、排水、通行、通风、采光等方面的相邻关系。给相邻方造成妨碍或者损失的,应当停止侵害,排除妨碍,赔偿损失。"[1]这一规定的基本原则和精神,也应该是发展形成新的民事习惯的指导方针。

3. 中国著名法学前辈许之森认为:对社会习惯的尊重,就是对人们长久以来生活方式的尊重,也是对人的尊重。[2] 在执法过程中,遇到与民法通则、物权法原则规定及其细则不相符合或有冲突的民事习惯,原则上当然应该按法律办事,而不是一味迁就旧有的民事习惯。但还要看到,在我国特有的大文化背景下,相邻关系的处理要复杂得多。在一些案件中,充分尊重当事人意愿(其中在一定程度上也包含了尊重当地民事习惯),应当允许自由约定变更法定相邻关系的内容,体现"国家法制,社会自治"的原则。相邻权是否行使、如何行使,可以赋予当事人较大的自由协商空间。当然,前提是当事人的自由约定,不得损害社会公共利益,不能有悖社会公序良俗。孟德斯鸠有云:"法律是立法者创立的特殊的和精密的制度;风俗和习惯是一个国家的一般的制度。因此,要改变这些风俗和习惯,就不应用法律去改变。用法律去改变的话,便将显得过于横暴。如果用别人的风俗和习惯去改变自己的风俗和习惯,就要好些。因此,一个君主如果要在他的国内进行巨大的变革的话,就应该用法律去改革法律所建立了的东西,用习惯去改变习惯所确定了的东西;如果用法律去改变应该用习惯去改变的东西的话,那是极糟的策略。"[3]孟德斯鸠此言自然有其特定的语境和所指,但抽象来说,对今天仍有借鉴意义。

(郑永福　陈可猛　《史学月刊》2008 年第 12 期。)

---

[1] 《中华人民共和国民法通则》,中国法制出版社,2005 年 6 月版。

[2] 敏而:《千里怀人月在峰——追思法学前辈许之森先生》,《南方周末》,2007 年 12 月 13 日 A4 版(法制版)。

[3] (法)孟德斯鸠著,张雁深译:《论法的精神》(上册),商务印书馆,1961 年版,第 310 页。

清代的督催与注销制度

研究清代督察制度时,人们往往注重御史、给事中对百官的纠劾作用,而忽视了对行政效率的督催作用。事实上,有清一代形成了一套完整的督催与注销制度,对承政机构的办事效率实行了较为严格的监督。督催与注销应是清代监察制度的重要组成部分。

所谓督催,即督促检查各承政机关承行事件是否如期办完;所谓注销,是指每件事情办完后,要及时办理注销手续,以示了结。清朝历代皇帝都十分重视、完善和执行这一制度。清初沿明制,以各部督催所、六科和都察院管理督催与注销。由于制度不甚健全,怠慢推诿、稽迟事件多有发生。对此,世祖福临屡加申斥,顺治十年(1653)曾谕六科:"朕惟内外本章关系民生国计,岂宜迟延时日?如往年部臣稽迟事件,朕察出罚治,而科臣竟不预行摘参,又不具奏认罪,己职不尽,何以纠人?著六科将六部、都察院从前奉旨应销事件,挨顺年月各造清册逐月进呈,以后俱照旧例严行注销,其行各督抚按者,亦定限报完,内无留滞,外无推诿。若瞻徇容隐,罪必不宥。"[①]雍正年间,清政府调整并增设了督催机构,缩短了承办各类事件的期限。乾隆年间,清政府对督催、注销制度的细微末节进一步做了明确规定。以后,经历代斟酌损益、修改补充,这一制度日臻完善,从机构设置、办事程序,到督催内容、注销标准及罚治办法等,都实现了规范化、制度化。

---

① 《皇朝掌故汇编》内编卷五。

（一）

清代具体办理督催、注销的机构，有各部院督催所、内阁稽察房、稽察钦奉上谕事件处及都察院的六科、十五道。以下分别简要介绍。

督催所。六部均设。清代六部内部机构设置略同，主要有三类：办理各部业务的清吏司；办理文书的司务厅和当月处；负责监督行政效率的督催所。督催所一般设有郎中、员外郎、主事等司官（无定员），及额设经承若干人。督催所负责查催各司承办事件，督以例限，以防积压。由主管官员按期向本部堂官呈报以备查，并代表各部逐月至都察院注销。其中，刑部督催所事较繁，所内特设"现审簿"，逐日记载十七个清吏司分案情况及办理结果。除每月末按例向都察院注销外，还须年终将各省命盗案件与现审案内赃罚银数分别汇奏、汇题。①

理藩院、光禄寺、八旗都统衙门亦分别设有督催所，负责催办文移，按期注销。②

都察院为专门的监察机关，清初未设督催所，乾隆十三年（1748），依照各部通例始设，按年轮委满汉御史各一人兼理，负责督催各厅、道、五城的承办事件，按季具奏，不能依限完结而又无正当理由者，予以纠参。③

大理寺不设督催所，由司务厅兼管其事，于月终将该寺承办案件造册送都察院注销。④ 其余未设督催所的衙门，各派司员一人专司督催、注销之事。⑤

内阁稽察房。雍正五年特旨设立，为内阁的下属机构。由内阁大学士酌委侍读学士、侍读中书兼司，无定员。专门为皇帝催办、检查汇报各部院衙门执行上谕情况，包括由内阁下达的皇帝所交各部的议复事件和由军机处下达各部院的折奏事件及拣选引见人员等事，负有"总司稽察、督催之责"。⑥

稽察钦奉上谕事件处。雍正八年（1730）特旨设立，专门督察皇帝特交事件。谕称："凡朕谕旨特交事件，该衙门有即行办理者，亦有迟久尚未办理者，总因无专门稽察督催之人，是以迟速不齐，间或至于留滞。嗣后著于满汉文武大臣内点出数人，总司稽察督催之意，于事务大有裨益。"该处设管理大臣，于满汉大学士、尚书、左都御史内特简，无定员。管理大臣下设委置主事一人（满员），行走司官四人（汉员），笔帖式、额外笔帖式、供事等数十人。该处主管官员品级高（正一或从一品），设官完

---

① 《光绪会典》卷六至卷五八。
② 《光绪会典事例》卷一四七、卷二一；《理藩院则例·通例》（下）；《历代职官表》卷三。
③ 《光绪会典事例》卷一〇三〇。
④ 《光绪会典事例》卷一〇四三。
⑤ 《钦定六部处分则例》，文海出版社影印《近代中国史料丛刊》（332）卷一一，第275页。
⑥ 《光绪会典》卷二；《光绪会典事例》卷一五；《清朝通典》卷二三。

备,官员人数较多。《光绪会典》将其作为独立机构与内阁并列,《光绪会典事例》《清朝通典》《清史稿》则将其列为内阁的附属机构,似前者更为妥切。稽察钦奉上谕事件处初设时专司督催检查各部院奉旨的"特交事件"。乾隆五年(1740)始将八旗事件交该处稽察,乾隆九年(1744)又将修书各馆事件交该处查催。后来,各部院、八旗奉到上谕及军机处的折奏事件,均须知照该处稽察。可见,稽察钦奉上谕事件处的监察范围比内阁稽察房更为广泛。①

都察院。做为专职监察机关,都察院一方面总司风纪,匡谬纠邪,或以政事得失进谏皇帝,或以官员贪酷妄行而进行弹劾。另一方面,分稽各项庶政,通过注销监督行政效率。清初,六科与都察院分立,各司其事。雍正元年(1723),六科并入都察院与十五道双重稽核注销在京各衙门文卷。

六科有明确分工,各科注销范围如下:吏科——吏部、顺天府;户科——户部;礼科——礼部、宗人府、理藩院、太常寺、光禄寺、鸿胪寺、国子监、钦天监;兵科——兵部、太仆寺、銮仪卫;刑科——刑部、都察院、通政使司、大理寺;工科——工部。各科均设有掌印给事中(满汉各一)、给事中(满汉各一)、笔帖式、经承等,承办有关衙门的注销事宜。②

十五道是按省区划分的,分工如下:京畿道——内阁、顺天府;河南道——吏部、詹事府、步军统领衙门、五城察院;江南道——户部、宝泉局;浙江道——礼部、都察院;山西道——兵部、翰林院、六科、中书科;山东道——刑部、太医院;陕西道——工部、宝源局;湖广道——通政使司、国子监;江西道——光禄寺;福建道——太常寺;四川道——銮仪卫;广东道——大理寺;广西道——太仆寺;云南道——理藩院;贵州道——鸿胪寺。各道均设掌印监察御史(满汉各一)、监察御史(各道人数不等)、笔帖式、经承等。各衙门文卷由稽察之道依限注销,办法与六科同。③

以上几个负责督催与注销的机构,分成了内外两种监督系统。"内"主要指各衙门的督催所,它是一种设置于本机构内部,在本部堂官管辖之下的自我监督系统。"外"是指独立于行政各衙门之外的一系列监督机构,内阁稽察房、稽察钦奉上谕事件处、都察院等均属此类。两种监督互为表里、纵横交织,组成了一张较为严密的监督网。

(二)

清代中央各机关的承行事件,不外以下三种:一为奉旨事件和科抄;二为各部门主管的例行公事;三是各部院之间及部院与地方督抚、将军之间的行查、会办事件。

奉旨事件最为紧要,是稽察的重点。清代谕旨下达的途径一般有两个,或通过

---

① 《光绪会典》卷三;《光绪会典事例》卷一五;《清朝通典》卷二三。
② 《清朝文献通考》卷八二;《光绪会典》卷六九;《清史稿》职官志二。
③ 《光绪会典》卷六九;《光绪会典事例》卷二○。

内阁,或通过军机处。涉及国家例行政务的上谕(如巡幸、经筵、蠲免、官员迁调及晓谕内外臣工之事),多由内阁明发。涉及机要或随折谕旨需速议速办的事件,由军机处发交在京有关衙门办理,或通过廷寄由军机处交兵部捷报处经过驿站传递至地方。凡奉旨事件,除由该衙门督催所催办,还由内阁稽察房、稽察钦奉上谕事件处稽察。

科抄事件也备受重视。清制,凡属例行公事,如钱粮、刑名、兵马、地方民务等,内外臣工皆须按定例缮本具题。题本得旨批红后,每日由都察院六科给事中赴内阁领回,传抄给有关衙门分别承办,称为"科抄"。科抄事件,由各衙门督催所稽察,都察院注销。

平行各衙门之间行查、会办事件及本部门主管的例行公事,亦由本衙门督催所催办,都察院注销。

各类承办事件的督催与注销均有固定程序。一般情况下,各衙门接到承办事件后,首先"登号"并移至稽察部门;办理过程中受监督部门的监督检查;事件完结后由稽察机构审核、注销;违例逾限者,予以纠参,稽察部门定期向皇帝汇题、汇奏。

雍正初,各部院奉旨设立"用印档案",亦称"号簿",堂司分立。科抄或咨文到部,由司务厅按日登记于号簿,呈示堂官标到,用堂印,然后分发各司用司印。外衙门文移,由当月处移副承办司与督催所,难于依限办结事件,承办司须通知有关衙门和督催所。督催所分别按例催办各司题、奏、咨等各件,每半月将办结情况呈报堂官。各司将已结、未结事件按期造清册送督催所。督催所根据号簿勘对审校。无误者,督催所官员于清册填写"结语",列衔画押钤印。若发现遗漏迟延,呈堂处理。各部院督催所每月两次赴都察院科、道注销。倘若督催所对违例事件未能查出回堂,经科、道查出,将督催所一并议处。①

各部院遵旨议复事件,由内阁票签处传抄后,内阁稽察房按日记档。承办衙门每月将已结、未结情由声明,交送内阁。内阁每月向皇帝汇奏一次,称"月折"。军机处每日所发谕旨,亦移至稽察房存储。同时,每届十日军机处将所发谕旨及折奏汇开一单,转交该处核对,若有遗漏,迅速补抄,事关紧要,还要将遗漏之员参奏议处。稽察房按日抄记登册军机处所发折奏事件。承办部院于奉旨之日须赴内阁登号,并于3日内录原折及所奉谕旨,具印送阁备案。俟各衙门知会到日,照册查核有无逾限、遗漏之处。如有遗漏,即"发言询问",如有迟延以至违限未结者,令内阁、科道纠参,照例议处。② 稽察房于每月月底,将军机处所发上谕,向皇帝汇奏,称"汇奏谕旨"。

奉旨特交事件由稽察钦奉上谕事件处稽察。按规定,各部院及八旗奉旨后,限5日抄录知照该处。内阁典籍每10日将奉到上谕汇送一次,两相稽核俱稿,呈堂存

---

① 《光绪会典事例》卷八八;《钦定六部处分则例》卷一一,第270页。

② 《光绪会典事例》卷一五。

案,按限稽察已结、未结之件。咸丰十一年(1861)起,统于每月二十五日造册注销,若有逾限、遗失、遗漏等情,该处将经手各员照例参处。每月稽察结果存案,年终向皇帝汇奏一次。八旗承办事件,3个月汇奏一次。修书各馆"课程"(即修书工程)按月查核。①

都察院全面监督各部院庶政。顺治十八年(1661)规定:各部院事务,无论奉旨与否,有科抄与否,六科各差一员随时稽察,发现逾限迁延者,即行参奏。六科并入都察院后,各部院承办事件均每月两次赴科道注销,造册载明已完、未完若干件。科抄事件分送六科和主管道,现理事件只须送主管道,勘对限期。若系各部院会稿,要求于清册内注明行查会议、出本等日期。逾限而有因者,须于册内声明;无故逾限者由科指参。户、兵二部还须送事件原稿赴道检核,其余衙门不送原稿,填写事由册送院即可。稽察结果月终由科道题奏,年终由河南道向上汇题一次。②

清代的督催与注销,建立了制度化的程序,这是对行政效率进行有效监督的必要条件。

(三)

办事时间的迟速,是衡量行政效率的重要标准之一。为了便于监督检查,清代严格规定了各种事件的承办期限,作为督催、注销或惩处的依据。顺治年间规定了办理谕旨、具奏、具题的期限和违限的处理办法。康熙四十六年,雍正元年、二年、五年,直至乾隆五十六年,对办事期限进行了十数次修定。这些修定的内容,均载入了历朝会典与则例,光绪十三年(1887),总汇成《钦定六部处分则例》。该则例是一部清代行政监督制度的集大成之作,具有行政法规的性质。该则例依据承办事件的大小、难易,办理手续的繁简,详细制定了行查、会稿、止奏的期限,并明确规定了违例的治裁办法。

按规定,在京各部院办理事件,凡紧要者,根据上谕所定期限随时赶办;寻常事件按收交日期次第办稿。除行查会议外,吏、礼、兵、工等衙门限20日内呈堂完结,户、刑二部事繁,限30日内呈堂完结。各部院翻译笔帖式将汉字稿译为满文时,易译者限1日毕,难译者不许超过2日。迟误者记过一次,再犯者即行革退,漏泄招摇等情节严重者治罪。③

下面是各类事件在不同情况下的办理期限:

1. 在京衙门行查期限

承办衙门需向其他衙门询查的事件为行查事件。被询查的衙门一般情况下限5日回复,应办稿呈堂声复者,吏、礼、兵、工四部限10日查复,户、刑二部限15日查

---

① 《光绪会典》卷三;《光绪会典事例》卷一五;《清朝通典》卷二三。
② 《光绪会典》卷六九;《光绪会典事例》卷二〇、卷八六。
③ 《钦定六部处分则例》卷一一,第269页。

复。

2. 会稿期限

几个衙门共同办理的事件需要会稿。凡由户部主稿者,其会稿衙门限 10 日送回;其余五部主稿者,限 5 日送回。如经手之员推诿行文或遗漏行文者,各罚俸一年,迟延者照在京事件迟延例按月日议处。

3. 具题期限

题本是办理例行事务的上行文书。吏、礼、兵三部专题案件,呈堂议定后,限 20 日交本,本房限 10 日内具题。吏部汇题案件,限 30 日交本,本房 20 日内具题。礼、兵二部汇题案件交本后,限 20 日内具题。户部题本,于交本后 25 日内具题。刑部专题、汇题,于交本后 50 日内具题。工部题本,于交本后 30 日内具题。都察院及事情较简诸衙门专题、汇题,俱交本后 10 日内具题。①

4. 行文期限

各部院衙门一切先行及专题事件,俱限 5 日内行文,汇题事件限 1 月内行文。如有迟延照在京衙门事件迟延例议处。行文讹误舛错者,专管司员罚俸 3 个月。办理京外事件应行文知照之处有漏遗者,经手之员罚俸 2 个月至 1 年。在京衙门承办行查、会议、具题、行文事件,承办官员若有迟延逾限,1 至 10 日罚俸 1 个月,10 日以上罚俸 3 个月,20 日以上罚俸 6 个月,30 日以上罚俸 1 年。该部院堂官督察不力者,罚俸 1 至 6 个月。情节严重者革职或治罪。②

5. 行查外省咨复期限

凡各部院行查外省事件,俱以接到部文之日为始,除扣去属员查核往返程途外,统限地方衙门 20 日出文咨部。其有必须辗转行查及款项过多应行造册咨复者,限 1 个月内出咨。若系册籍繁多一时不能确复者,须于限内先行咨部展限。迟延者照事件迟延例议处。承办官逾限后若捏词蒙混托故,照任意耽延例降一级调用,转报上司罚俸 1 年,不行详查之督抚罚俸 6 个月。行查外省途程时间具体规定举例如下:直隶总督衙门至京 360 里,限 4 日;山东巡抚衙门至京 960 里,限 9 日;河南巡抚衙门至京 1545 里,限 15 日;两江总督衙门至京 2261 里,限 23 日;黑龙江将军衙门至京 3982 里,限 40 日;广州将军、广东巡抚衙门至京 5570 里,限 56 日;云贵总督、云南巡抚衙门至京 6025 里,限 60 日。各部院按照各省路途远近按月查核,例限已届尚未复到者,即行严催。如承办司员不行查催,罚俸 2 个月。各直省督抚于各部院查催事件咨复迟延者,给以罚俸或降级处分③。

6. 官民呈请事件期限

凡官民呈请上行事件(如起文、赴选、赴补、呈请开复及民人留养、赎罪等),俱以

---

① 《钦定六部处分则例》卷一一,第 269~272 页。
② 《钦定六部处分则例》卷一一,第 274 页。
③ 《钦定六部处分则例》卷一一,第 278~280 页。

呈报之日始,限 3 个月详咨完结,并将具呈月日声明以凭查核。如有逾限,不及 1 月者罚俸 3 个月,1 月以上者罚俸 1 年,半年以上者罚俸 3 年,1 年以上者降一级留任。①

《钦定六部处分则例》的制定,使督催与注销有标准可循,惩治违例有法可依,因而使监督更具实效。

督催与注销制度的建立,进一步完善了清代的监察制度。它不但扩大了监督的范围与对象,从监督"为官"发展为监督"行事",而且进一步加强了监督的制衡作用。正规化办事制度的形成,是督催与注销制度的衍生物。较为健全的机构、严密的法规和办事程序,使正常国家事务的处理趋向程序化、法制化。其结果,一方面加强了封建国家对行政工作的全面控制,一方面有利于中央各机构的工作有秩序、有节奏、和谐一致地向前推进。

清代的督催与注销制度,对保证国家机关,特别是中央国家机关的行政效率,起了一定作用。因而,这一制度基本与清代相始终,至清末筹备立宪中因机构大变动才废止。有些部门即便在机构改革后仍旧遗留着这一制度,如光绪三十二年(1906)设立的度支部,即把原司务厅和督催所合并为"收发稽察处",下设诸股中包括"督催股",以督催各司办理文件和查核销号事宜。② 清朝历代皇帝,都积极维护督催与注销制度,对办事推诿拖延积压者屡加申斥或惩治。嘉庆十年(1805),兵部与吏部对特交议叙司匙长舒隆阿拏获书吏陈瑞华偷盗印册一案,3 个月始具题。嘉庆帝以"因循延搁"为由,谕令承办司员罚俸 3 个月,两部尚书、侍郎各罚俸 1 个月。③ 同治二年(1863),户部向吏部移咨时,遗漏应行议叙的新疆宝迪局铸额加增出力人员名单,致使事隔年余,尚未议复。同治帝谕令将"所有经手遗漏之司员著交都察院查取职名,严加议处"。④

当然,制定制度与执行制度相比,后者更加不易。随着清代国力下降,统治阶层的腐败没落,督催与注销所起的作用愈来愈有限,因循疲玩之风屡禁不止。嘉庆十二年(1807)嘉奖护送实录、圣训赴盛京兵丁一案,竟然拖了 13 年,至嘉庆二十五年(1820)才报题销。⑤ 道光以后中央部院"对已发咨移而承办衙门日久未办者",以及"外省接到部咨大半视为具文,任意迟逾,案悬不结"的情况,时有发生。⑥ 同治初,位处宰辅的内阁,在办理题本时也"每多积压稽延,甚或移前抽后"。⑦ 至清末,光绪

---

① 《钦定六部处分则例》卷一一,第 285 页。
② 《清朝续文献通考》卷一二一;《大清光绪新法令》第三册。
③ 《光绪会典事例》卷八五。
④ 《清朝续文献通考》卷一一九。
⑤ 《钦定六部处分则例》卷一一,第 285 页。
⑥ 《清实录》道光五年十一月,道光二十五年六月。
⑦ 《清朝续文献通考》卷一一六。

帝在一道谕旨中亦承认,"甚至特旨交查事件消弥延搁,比比皆是"。①

此外,清代的督催与注销制度本身,虽然较为完备,但仍存在着不少漏洞和弊端,难以做到疏而不漏。例如:作为政务中枢的军机处,不在督催与注销之列,得不到有效的监督。地方上,从总督、巡抚到州县衙门似无完整有效的监督体系。② 对迟延玩忽事件的处理又过于宽泛。③ 同时,对中央各部院的双重、多重督催与注销又嫌繁琐苛细,对办事效率的提高,只能适得其反。

行政效率的提高,是由多种因素决定的,如决策科学化、精简机构、减少层次、简化办事程序及健全人事制度等。"效率"起码包含以较少的时间,较少的人力、物力办更多的事情两方面内容。然而,在封建专制制度下,这些都很难做到。清代统治者一味在时间与速度上做文章,还着意使机构设置重叠,职责混淆,以达到互相牵制加强中央集权的目的。因而从根本上看,督催与注销制度对于行政效率的提高十分有限,特别到了清代后期,行政效率的低下,成了官僚体制的不治之症。

(吕美颐 《中国史研究》1991年第3期。中国人民大学报刊复印资料《明清史》1991年第10期全文复印。)

---

① 《光绪政要》卷一一。

② 各省布政使司、按察使司及府、州、县衙门均设有照磨所或照磨,与督催所职掌相似。督抚衙门内部机构中有否类似设置笔者不详。

③ 《钦定六部处分则例》规定:督抚对于部院查催事件咨复迟延者,一〇案~四〇案罚俸六个月至二年;四〇案~八〇案降级留任;八一案以上降二级调用。各省钱粮题销事件,迟延三年以内免议;迟延三至六年者罚俸一至三年;迟延六至八年者降一至三级;迟延九年以上者革职。

清代灾赈制度中的"报灾"与"勘灾"

办理灾赈是历代社会生活中的经常性活动。作为灾赈制度的重要环节,报灾与勘灾是开展赈济的前提和依据,一向为研究荒政者所重视。正如有的论者所言:"救荒如救焚,惟速为济",报荒与通报军情一样必须讲求快速,"凡申报荒灾,务在急速,与走报军机者同,失误饥民与失误军机者同"。①一般论者所谓"戒迟缓"、"戒后时",首先指的就是厉戒报灾与勘灾延误时机。

历史发展到中国最后一个封建王朝——清代,既是自然灾害空前频繁的时期,也是灾赈制度集大成的时代。仅据见诸记载的统计,有清260余年,自然灾害竟达1100多次。因此,清代历朝都很重视完善灾赈制度,鼓励荒政研究,使清代的灾赈制度基本实现了程序化、法规化。形成了报灾、勘灾、放赈、折色、蠲免、蠲缓、平粜、放贷等一整套制度。

从报灾看,首先明定了成灾标准。清代以前,历代地方报灾请赈的起点各不相同,直至顺、康年间,仍旧没有统一规定。乾隆二年(1737)上谕曰:"嗣后将被灾五分之数亦准报灾……永著为例。"②从此,被灾五分始准成灾请赈成为定例,被灾不及五分,虽可经督抚题请后奉旨蠲贷,但不入成灾之列。终清如此。

其次,严格规定了报灾期限和报灾程序。根据《户部则例》,"夏

---

① 杨景仁:《筹济篇》卷二,报灾。
② 杨西明:《灾赈全书》,凡例。

灾限六月终旬,秋灾限九月终旬"上报朝廷,不得延误,甘肃省因地气较迟,报灾期限特准延至七月半和十月半。若某地出现灾情,初由该地区士民绅衿呈报到县,县申送府道各员,折层而上,再由督抚"将被灾情形、日期飞章题报"到户部,若"题后续被灾伤,一例速奏",以请旨赈济,或蠲缓,或借贷。①

报灾的同时,须立即开展勘灾。勘灾比报灾繁杂得多,既包括勘查被灾程度、范围、人口,又包括审户,还包括发放赈票,是赈灾的主要准备阶段。

按规定,被灾省份的督抚,"一面题报情形,一面于知府、同知、通判内遴选妥员(沿河地方兼委河员)会同该州县,抵诣灾所,履亩确勘"。② 查灾委员与本州县官员亲临灾地,随庄按田踏勘,为"履勘"。赴勘官员须带灾户呈报填写的"底册",纠正多余少报,正式填明被灾份数、亩数,勘不成灾但收成欠薄者,另造一册,以备酌情蠲缓。

被灾程度用成灾份数表示,从一分灾至十分灾计十等。由于水、旱、冰、雹、风、霜、蝗灾、地震等,成灾形式不同,一般依据灾害造成的损失对收成与生活造成的影响而定。五六分灾者为轻灾,九分、十分灾者为重灾。例如,乾隆十八年(1753)江南沭阳县办理大灾成案记载,由于该县地势低洼,接壤海隅,是年秋连日滂沱大雨,房倒屋坍,平陆俱成巨侵。其中19镇(11670余顷)定为十分灾,这些地方水深二三尺以上,收成无望。地势略高,兼存禾豆,但水浸根叶萎黄,收成无几的地方勘定为九分灾,计7镇(1820余顷)。③

勘灾的另一项内容是"审户",查实受灾应赈户口。按规定,被灾地方管官,一面对成灾份数依限勘报,"一面将应赈户口迅速查开,另详请题"。④ 应赈户口分极贫、次贫两等,大口、小口两类。由查赈官员"视田亩被灾轻重与器用牛具之有无,以别极贫、次贫(不包括不因灾而贫者)"。⑤ "产微地薄,家无担石,或房倾业废,孤寡老弱,鹄面鸠形,朝不保夕者,是为极贫。如田虽被灾,蓄藏未尽,或有微业可营,尚非极不待者,是为次贫。"⑥极贫、次贫的勘定,往往因灾因地而异,很难定出量化标准。一般是赤贫如洗列极贫;糊口无资列次贫;家有粮储,或为商贩,或有手艺力能过活者,不入应赈之列。大口、小口以年龄分,16岁为限。两小口折一大口。清初,各地审户列等不一,江南等省例分三等,贵州等省例不分等,雍正七年(1729)始定,审户一律分为两等。⑦

---

① 《户部则例》卷八十四,蠲恤。
② 《户部则例》卷八十四,蠲恤二。
③ 杨西明:《灾赈全书》卷四。
④ 《钦定六部处分则例》卷二十四,灾赈。
⑤ 《清续文献通考》卷八十一,国用十九。
⑥ 汪志伊:《荒政辑要》卷三,查赈。
⑦ 《筹济篇》卷五,审户。

审户由委员和本县县丞、教谕、典史承办,分区进行。按要求需携带排门烟户底册,亲自深入灾民人家,所谓"户必亲到,口必面验"。确核后,将应赈者按极、次贫,大、小口当面填写入册,不入赈者以朱笔注于册。同时在"额征确册"内按例分注应蠲应缓(清制定例,十分灾免征七分,九分灾免征六分,五六分灾免征一分)。发放赈票随审户进行,亦须当面填写,当面截给,并注入根单,作为以后领赈的凭据。审毕一户随即于户首用灰粉大书姓名、极次贫、大小口数,以备上司验查。

审户难度极大,对于灾情严重、居住分散的地区尤是如此。乾隆沭阳赈济成案记载,一天审户多则二百家,少则一百余户,一些船不能到、马不能行之处,只能乘木板木桶前往,速度更慢。审户中还常常受到人为的干扰。一些地痞土棍之流,组成帮派,自设灾头,为霸一方,"其凶恶情形则在强索赈票,不许委员挨查户口。如不遂意则抛砖掷石,泼水溅泥,翻船毁桥,甚至将委员拥至空屋扃其户,以为要求"①,使勘灾无法正常进行。清代论者无不慨叹:"发赈最难审户,审户不清,不但槩济第等不均,抑且虑丁口混乱。"②

受灾州县俟勘齐灾田,立即核造"总册",并开折通禀。内容包括本邑成灾份数、亩数、按例蠲缓额数、注明村屯的被灾区图、受灾不及五分勘不成灾的范围。勘报总期限为45日。"州县官,扣除程限,定限肆拾日上司官;以州县报到日为始,定限伍日,统于肆拾伍日内勘明题报",逾限者,按例予以处分。③ 灾户较少易于审核的地区,成灾份数与应赈户口一并勘报,户口繁多难以并举者,可先按限题报受灾份数,赈毕报销时再将应赈户口清单上呈。

所赈对象包括一般灾民、贫生、饥军三种人。一般灾民系力田农民和城镇闲散贫民。贫生指取得生员资格的府、州、县官学生,清初为重斯文曾规定生员不给赈,乾隆三年起,始由教官开列贫生名籍一体赈济。饥军指驻防八旗及绿营兵丁,按兵籍上报给赈。

为了防止弊端,使报灾及时、勘灾准确,清代在汲取前人成败经验的基础上,进一步完善了有关制度,加强了监督网络,并针对违例制定了行政及刑事处罚。一种是复勘制,即受灾之地,除本州县与委员确勘外,该地区府、道大员必须亲往踏勘复查。将州县勘查结果"加结",详呈督抚具题。若遇灾伤异常,还须由"该督抚轻骑减从,亲往踏勘"。④ 每遇大灾,轮翻复勘常在六七次以上。另一种是委员参办制。由上级官员于受灾相邻地区,遴选同知、通判、州同、州判、县丞或本府、州、县的候补、试用官员等参与勘灾审户。这样做,不仅是为了弥补人手不足,也寓有监督制衡之意。

---

① 《林则徐集·奏稿四》上,第146页。
② 寄湘渔父:《救荒六十策》,凡例。
③ 《户部则例》卷八十四。
④ 《筹济篇》卷四,勘灾。

值得一提的是,清代历朝会典、户部则例、吏部则例、钦定六部处分则例、大清律例等典章制度,都对报灾、勘灾规定了明确的要求和期限,以及违例的惩处细则。例如,不按期限报灾、勘灾者,将分别给予罚俸、降级、革职的处分。迟延半月以内者罚俸一个月,迟延一至三个月者降一级,迟延三个月以上者革职。督抚与州县一体适用。① 造册迟延违限一至三个月者罚俸三至九个月,迟延四个月至一年以内者降一级,违限再长者可给至降三级的处分。② 若地方匿灾不报,督抚罚俸一年;上报成灾份数有任意增减者,革职;非有意而出现成灾份数失实者,降三级留任。勘灾审户中若有开报不实、冒滥挟私者,处以革职。勘报不实,不仅要以公罪或私罪给予行政处罚,而且以触犯刑律论处。大清律例规定,凡管内有灾,有司不即受理申报、检踏,以及本管上司不委官复踏者,各杖八十;官吏不行亲诣田所,不用心从实检踏,任凭里甲等蒙混供报,或通同作弊者,各杖一百罢职不叙。检踏不实误差十亩至二十亩者,笞二十;误差每二十亩罪加一等,杖至八十止。③

为了防止查赈人员派累地方,户部则例规定,承办人员的盘费、饭食和笔纸银均由藩司动支。参办的教职、试用、杂佐及跟役等每日支银三钱至三分不等。对于不易约束的胥吏书役之流,则禁止他们参加容易舞弊的审户工作,严格要求"凡应赈户口,应委正佐官分地确查,亲填入册,不得假手胥役"。并规定,审户者不得放赈,放赈者不得审户,以防通同作弊。④ 对于在勘灾、审户中索贿受贿者,根据大清律例按"受财者",以"计赃枉法"论处,严惩不贷⑤。为了加强监督机制的有效程度,又规定上级对下属负连带责任,若此辈在勘灾审户中派累索贿,州县失于觉察者降一级或二级调用,故为容忍者革职。⑥ 若州县官在勘灾放赈中借机肥己而上级未行参奏,督抚降三级调用,情况严重者,"该督抚藩司道员府州……俱革职"。⑦

可以看出,为了保证赈灾活动的有序性,以收预期效果,清代确实下工夫完善和加强了报灾与勘灾两个环节。但是,由于封建半封建政体原本就是滋生官僚主义和贪污腐化的温床,加之报灾与勘灾涉及面广、参办人员杂、组织实施难度大,因此各种弊端仍旧陈陈相因,屡禁不止。主要表现如下:

其一,讳报或捏报灾情。一些地方官不顾灾民死活匿灾不报,以图虚名,或怕办灾不力累及自身。嘉庆年间宝坻、山阴两案中,由于大批有连带责任的官员受到惩处,总督以下均遭贬官,此后各地每每出现讳灾不报的现象。另有一些地方谎报灾

---

① 《钦定六部处分则例》,第 525~527 页。
② 杨西明:《灾赈全书》卷二,处分。
③ 《大清律例会通新纂》卷八,户律田宅。
④ 《户部则例》卷八十四,蠲恤。
⑤ 《大清律例会通新纂》卷二十九,刑律受赃。
⑥ 杨西明:《灾赈全书》卷二。
⑦ 《钦定六部处分则例》,第 528 页。

情,目的是利用蠲缓钱粮之机,暗渡陈仓,以弥补财政亏空,时称"例灾"或"补欠"。有些则在报灾之初,就隐藏着中饱私囊的不可告人目的。这就使报灾经常出现以荒作熟、以熟作荒,以轻为重、以重为轻等不实情况。

报灾中"指荒"亦有很大弊端。因清代定例,成灾之地一经报灾,即不准耕种,"以待州县勘灾出结,又候上司查验",名曰"指荒"。由于"历经查验,动需数月,虽有可种之时,往往坐废",于是出现"被灾之百姓不愿报灾以图收获者"。① 这也是报灾难以属实的原因。

其二,需索与勒价。借端开销,勒索册费、票价,是赈灾中一大公害。虽然清制规定办赈费用出自公款,但是报灾之初,就常是"吏役藉端敛费",否则不予注荒;勘灾审户时,口册、赈票、纸张、夫马草料,无一不按户科派"在在需索"。其中索钱卖单最为严重,开报饥口有"使钱",领取赈票有"票钱"。有的竟然"贿则入册,不贿则不入册",若无力出钱"即为删减户口"。一些无钱买票者,不得不"舍赈不领"。②

其三,审户弄虚作假。审户中,除了遗漏、错报等积弊外,主要是浮开丁口,"或一户分做几户","或于本户之下多报户数",或冒名顶替,将家丁、佃户、贴写、皂班,甚至已故乞丐入赈册,或公开增造诡名假姓。③ 这种情况的出现,经常是承办官员与地方保甲上下勾结的结果,为贪污冒赈者惯用手段。各级官吏利用勘灾审户、放赈领赈之机贪污中饱的事件时有发生。嘉庆十四年(1809)江苏山阴、直隶宝坻曾连续发生两起冒赈大案。山阴县令王伸汉,捏报户口,浮冒赈款三万两,并赂买仆人害死查赈委员,焚册灭迹。案发,朝野为之震动。

灾赈活动是一项系统工程,作为第一个环节报灾与勘灾审户,直接影响放赈、蠲缓等其他环节的施实。报灾、勘灾中的种种弊病,扰乱了这一系统工程的正常运转,给以下诸环节埋下了随时可能复发的病根,形成破坏赈灾的连锁反应,这就使得整个灾赈制度难以发挥应有的社会功能。

(吕美颐 《文史知识》1995 年第 9 期。)

---

① 《户部则例》卷一,灾地赶种。
② 《清续文献通考》卷八十一,国用十九。
③ 汪志伊:《荒政辑要》卷二。

士绅与学人

试论辛亥革命前河南人民收回矿权的斗争

20世纪初,帝国主义列强对中国铁路、矿山的争夺日趋激烈,中国人民收回利权的斗争也逐步推向高潮。其中,河南人民反对英国福公司(Peking Syndicate Ltd.)的斗争,是一场有广泛社会阶层参加的规模较大的反帝爱国运动。这场斗争和全国各地收回利权运动相呼应,推动着辛亥革命的到来。本文拟对这场斗争做一考察,从一个侧面透视辛亥革命前的河南社会。

(一)英国殖民者垄断河南矿业的野心

福公司是英国资产阶级为攫取中国矿权而成立的一个投资机构,1896年成立于伦敦,在北京设有办事处。1898年,福公司夺得了山西路安、泽州、平定等五处煤铁矿的开采权。同年,福公司采取狡诈的手段,与有名无实的"豫丰公司"签订所谓"借款合同",获得为期六十年的"专办怀庆左右黄河以北诸山各矿"的特权。《辛丑条约》签订后第二年,英国殖民者开始在修武境内的白作(焦作)买地造屋、打钻探矿、修筑铁路,作为侵夺河南矿业的基地。福公司在山西的开矿权被山西保晋矿务公司集资赎回后,便专营河南焦作煤矿。

1906年,福公司焦作矿开始见煤,并擅自在河北三府(彰德、卫辉、怀庆)销售。道清铁路完工后,福公司又在铁路沿线设立转运点,准备在河南内地大量销售煤炭,遭到河南人民的强烈反对。这样,由福公司总董白莱喜和河南地方官员在1909年2月签署的《见煤后办事专条》作出了如下的规定:"福公司所出之煤宜遵照通商条约不在内地开设行栈卖煤","福公司之煤纳出井税后运销他埠,经过河南鳌下,或由水路,或装火车,议定仍照中国通行章程完纳税项"。① 意思是,福公司矿所出之煤,须运往各通商口岸出售,不准在河南内地销售,以免侵夺民间煤业生计。据英方统计,1908年9月至1909年2月,焦作矿第一、第二号竖井采煤两万四千六百吨。"于煤矿卖出者有三千零八十九吨,一半供给清国商人,一半供给道清铁路。此外,于天津、北京、汉口及京汉铁路沿线卖出者,计九千三百零四吨,煤矿汽缸使用计九千五百吨。"② 这个资料反映了福公司煤炭销售的一般趋向,即除自用外,以销往河南以外各地为主。焦作矿的开发,给福公司带来了巨额利润。据英国《泰晤士报》透露,截至到1909年上半年,福公司获利二十五万七千六百二十五英镑。③ 河南人民的血汗,养肥了英国资本家。但是,殖民主义者追求利润的贪欲是永无止境的。为了攫取更大权益,进而垄断河南全省采煤业,福公司玩弄了一个新花招。在《见煤后办事专条》签订后一个多月,英方曲解专条原意,赂买、胁迫原办理交涉的候补知府杨敬宸、候补知县严良炳,签订了所谓补充条款作为续约。内容之一是:"华商如有自愿赴公司购买者,他人不得阻挠买煤。如有此种情事,中国地方官自应就近立行禁止查究,惟每人至少以二十吨起码。应禀明河南抚帅,饬地方官出示晓谕。"④ 这个续约如若实行,无异给福公司在河南内地售煤开了绿灯。

豫北"沿太行一带,人稠地狭,菽粟不足,以活人百万黔首所赖为一线生机者,惟兹煤矿耳"⑤。据《东方杂志》记载,"河南彰(德)、卫(辉)、怀(庆)三府,遍地出煤,居民每多合伙挖井采煤,行销山东、直隶、山西等省,以为生计。业煤之人,不下二十万人"⑥。以汲县陈兆村为例,当地人采煤,"或占地十亩八亩为一家,甚或一亩半亩亦成立一矿","煤矿甚多"。⑦ 为数众多的土窑,采用原始方法开采,自采自销。福公司矿机械采煤,效率高,成本低。出井后每百斤销售价格仅制钱八十文,运往道口一带,也只有一百三十文。而土窑出煤百斤,光计成本已在百文上下,运至道口一带,必合二百四五十文钱,方能够本。⑧ 福公司就地售煤阴谋得逞,必使当地土窑备受打击。这不仅使中国的主权进一步丧失,也严重地威胁着绅商阶层的切身利益和以业煤为生的劳动人民的生计。当时的舆论界,对此有不少中肯的分析。

发表在当时报刊上的《维持豫省矿产贩卖权通告书》指出:将河南地内煤炭贩卖

---

① 《修武县志》卷十一,民国二十年铅印本(台北1976年影印),第8页。
② 汪敬虞编:《中国近代工业史资料》(第二辑上册),第90~91页。
③ 转自《民呼日报》,1909年6月17日。
④ 《东方杂志》,1909年第5期,记事。
⑤ 《豫北矿务交涉始末记》,民国石印本(台北成文出版社影印),第3页。
⑥ 《东方杂志》,1909年第7期,记事。
⑦ 王锡彤:《燕豫萍踪》,第2页。
⑧ 《民呼日报》,1909年7月24日;又见《东方杂志》,1909年第9期,记事。

权送与外国人,实际上等于出卖了全省煤矿的开采权。因为一旦内地贩卖权丧失,外国资本雄厚,机械便利,手段狡猾,他们与我国商人竞争,简直"如汤沃雪,如石击卵",必得胜无疑。虽然在中外竞争时,用煤者未尝不得一时之廉价利益,"迨竞争结果,内商倒闭,贩卖权尽被夺走,开采权势难独存。将来全省矿产,唯听外人所欲为","若至此时,我们的生命权就掌于外人之手了"。①

资产阶级革命派主办的《神州日报》也发表文章指出:采煤业是河南人民的命脉。怀庆、彰德、卫辉、禹州、巩县、荥阳等地,"依煤矿为生者,不下数百万人"。自1898年煤炭开采权被福公司夺取后,河南煤业大利,已被断送大半。今杨敬宸等"又并此一线生机之发卖权而斩绝之","倘不能将附议(指续约)两条作废,福公司必贱价以争销路,厚资以招劳工,不及一年,大河以北之土窑尽倒;不及两年,大河以南业煤之民生计悉绝。然后(福公司)垄断居奇,全豫之生命,为彼所制,而永无作主之一日"。②

应该指出,英国殖民者掠夺河南矿业,不仅是为了垄断居奇,攫取巨额利润,还有它卑鄙的政治企图。帝国主义矿场、铁路势力所及,俨然成了他们的租界和势力范围。焦作矿建成后,英国人以福公司总经理的名字称焦作为"詹美生"街。1904年他们曾得意洋洋地说:"'詹美生'虽然其存在不过两年,却是一个充满了生活和进步的租界区。"③总工程师亚历山大·李德令每天上午8时在矿区门首悬挂英国国旗,"并且要由威海卫兵团组成的中国警卫向国旗致敬"。李德狂妄地声称:"福公司一旦在河南把英国的旗帜挂起来以后,就不愿再把它取下来让位给俄国人或其他任何人。"④

革命导师列宁指出:"建筑铁路似乎是一种简单的、自然的、民主的、文化的、传播文明的事业。"但"实际上,资本主义的线索像千丝万缕的密网……把这种建筑事业变成对十亿人民(殖民地加半殖民地),即占世界人口半数以上的附属国人民,以及对'文明'国家资本的雇佣奴隶进行压迫的工具"⑤。英国福公司在河南开矿筑路,绝非什么"传播文明的事业",而是对河南人民的奴役和压榨,这必然要引起河南人民强烈的反抗。

(二)河南社会各阶层的反福公司斗争

河南人民反对英国福公司的斗争,从20世纪初就开始了。

1906年,山西人民收回福公司在晋开矿权的通告发出后,一些河南留日学生

---

① 《民呼日报》,1909年5月18日。
② 《神州日报》,1909年5月12日,转自《东方杂志》,1909年,第5期,记事。
③ 《北华捷报》,1904年12月30日,转自《中国近代工业史资料》(第二辑上册),第91页。
④ 《北华捷报》,1904年3月25日,同上引第89页。
⑤ 《帝国主义是资本主义的最高阶段》,《列宁选集》第二卷,第733页。

"触目感怀,佩愧交集"。他们邀约河南各属志士及留日学生,于是年冬群集开封,经多次会议决定,先组织自己的煤矿公司以抵制英国福公司,而最终目的是"踵效晋人集资赎归"①。次年春,留日河南同乡会发布《警告河南同胞速办矿务书》,大声疾呼,一任福公司侵夺矿权,"我们河南将成了南非洲了!"并指出:"福公司专办大河以北怀庆左右诸山各矿",实际上是允许福公司任意开采,没有限制。"说六十年归还中国,那就是永远为业了"。警告书号召河南父老兄弟"拿定主意,咬着牙根,拼出死命,这一回一定要争到废约"。同时提出了以实力相争的两条办法:一是不卖矿地;二是赶紧自办。② 1908 年,怀庆府人民自发的反福公司斗争时有发生。1909 年,杨敬宸等擅自与英方签订续约的消息传出后,全省各界人士大哗。于是以反福公司就地售煤为契机,一场大规模的反帝爱国运动爆发了。

在收回矿权的斗争中,政治上最为敏感的学界知识分子,表现出高昂的爱国热情。1909 年 5 月 16 日(一说 17 日),省城开封绅、商、学界数千人在小行宫集会,其中大部分为在校学生。会上,年仅 15 岁的修武学生王某,当场发表演说,因悲愤至极,未及数语,已气绝在地,"经百计灌救幸苏"。5 月 20 日,开封各界又在栗大庙开会。这一日并非星期天,省提学禁止学生请假出校。"各校学生相赌之下,怒发冲冠,恨气填胸,一时拍案声、叫骂声、裂纸声轰轰烈烈,瓦屋震动。"法政学堂"犹恐有徘徊观望者牵引阻大计,乃豫以全体教员请假牌示高悬校门之外,于是一唱百和,他校亦群起追随"。有的学堂监督、堂长惧事,"以扣分数相难,而该生等毫不顾惜",届时到会者近万人,会上,高等学堂教习丁小川、法政学堂教习贺绍章等发表演说。贺绍章的演说,"语甚激昂"。他明确提出,我们不但反对福公司就地售煤的续约,而且要"以法理令其正约作废",要求从福公司手中争回矿产开采权。丁小川说,河南矿产,应以河南人民为主体。河南人不承认英国人开矿权,杨敬宸等无权将开矿权、销售权卖给外国人。丁小川指出,只要河南人能尽力坚持到底,矿务之权断无不能争回之理!与会者"人人感奋,决议力争,无不涔涔泪下",场面极其感人③。

听到续约的消息后,郑州中学堂的师生也发出了争矿檄文,严正地指出:"福公司能盗我矿产,盗我商权,而不能盗我豫人之心。福公司能运动我交涉局,能运动我外务部,而不能运动我豫人坚忍不拔之志!"④表达了与福公司斗争到底的决心。

随着斗争的发展,反帝爱国阵线不断扩大。6 月,当福公司无视中国人民的反对私自强行就地售煤时,齐集省城开封应考的科举士子亦纷纷筹议,力求抵制,加入

---

① 《豫北矿务交涉始末记》,第 21~22 页。
② 《时报》,1907 年 3 月 10 日,转自《中国近代工业史资料》(第二辑下册),第 746~748 页。
③ 《豫北矿务交涉始末记》,第 23~26 页;《民呼日报》,1909 年 6 月 3 日、6 月 6 日。
④ 《民呼日报》,1909 年 6 月 1 日。

了斗争的行列。7月24日,他们晤商省保矿公会会员,定于7月28日在曹门大街火神庙内召开特别大会。为此,他们印发传单转达各界。传单中写道:"吾汴同胞悯鉴:福公司事为吾汴民生死之大关键,矿争回汴民生,矿难争民必死,凡有知识,无不知之。独杨贼、严贼,串通抚藩及部害我汴民,此仇不报,何以生存,此事不争,同胞必死。吾辈固为求功名而来,倘汴地难存,得功名何益,所以保矿一事,犹重于求功名万亿之倍也。"传单宣告:"定于本月(七月)12日,在曹门大街火神庙开议此事。如有到者,各能据其高见,以救吾同胞,以卫我祖宗坟墓、子孙基产。倘有以此事为非者,或与杨、严二贼同心,此非吾辈所敢问!"火神庙大会,群情激愤,表示绝不承认福公司在内地开矿,更勿论在河南内地售煤。①

辛亥革命前河南人民在收回矿权的斗争中,学界虽行动迅速,带了好头,表现出他们爱国保矿的炽热之心,但除几次颇具声势的大会外,没有更多的实际活动。斗争最艰苦时正值暑期,各校学生已云散四方,一度十分活跃的学界便沉寂下去了。

绅、商界在收回矿权的斗争中,起了重要作用。1909年5月20日,开封各界集会后,成立了省保矿公会。接着,卫辉、许州等处,纷纷建立分会。5月28日,省保矿公会派20余人前往黄河以北,沿道清铁路福公司售煤的要害地方,"联合绅、商、士民实行文明抗制"。同时派员赴郑州、许州等各铁路车站,预阻福公司煤炭销路。②黄河以北三府的广大劳动人民也奋起斗争。河南巡抚吴重熹曾透露:"河北煤窑林立,因闻该公司(指福公司)将就地售煤,生计被夺,人心恐惶异常,情形岌岌可虑。"③许多城镇"群情汹汹,几欲暴动"④。但软弱的绅、商界,一方面寄希望于清朝中央和地方政府,与福公司进行法理之争;一方面只想联合绅、商士民,对福公司进行文明抵制;对外,拟捐巨款请娴于国际公法的人赴英国裁判所控诉。⑤劳动人民中蕴藏的伟大力量,他们看不到,也不依靠。

省保矿公会成立后,委派杜友梅、方干舟等赴京联络同乡京官60余人,开会公议,并向外务部、农工商部递呈,请求废约,同时请都察院代奏清帝。⑥福公司就地售煤的消息,引起全国各地以绅、商为主干的河南同乡会的强烈反响。旅沪河南同乡会致函豫抚吴重熹,云:"福公司串通汉奸,私立内地贩卖炭约,必至合豫火食尽仰外人鼻息,且等内地于租界,后患何堪设想!闻我公极持正论,豫人铭感,望始终主持,废此私约,为豫造福。"他们还致函北京同乡会,云:"福公司串通杨、严二汉奸,私立内地贩卖煤炭约,将来我豫人一饮一啄,皆仰外人鼻息。且失内地贩卖权自豫省始,

---

① 《民呼日报》,1909年8月4日。
② 《民呼日报》,1909年6月6日。
③ 清军机处宣统元年三月初八收吴重熹代奏电。
④ 《东方杂志》第六卷,第7期。
⑤ 天津《大公报》,1909年8月15日。
⑥ 《东方杂志》,1909年第6期。

亦豫人羞也。诸公热心桑梓,祈速筹对策。"①可以看出,河南省内和河南籍的绅、商,都行动起来了。他们的希望固然寄托在清政府与英帝国主义的谈判上,但当清外务部一味妥协,河南巡抚吴重熹步步退却的情况下,绅、商界也明显地表示出对清朝各级政府极大的不满。7月初,当清廷有意让出河南售煤权的消息传来后,省保矿公会即致电赴京代表:"兹闻有让出河南之说,是愚民之计。外人目的达,豫人生命绝。断送国民权,得外人欢心……豫人惟有一死而已,誓不承认。"同时他们致电清政府外务部,表示:"豫人不认福公司,并责其赔偿盗挖费,已屡电大部力争。倾闻有让出河南之说,一味尽忠外人,毫无保国卫民之意。天理难容,国法何在?"②保矿公会还愤怒地指出:"外部梁尚书敦彦,违国法,拂与情,擅在私宅与白莱喜定议,誓不直豫人所争。无法无君。不知是何肺肠,直汪大燮不如。倘再执迷,势合全国之力以对付之。"③这不单单是声讨外务部尚书梁敦彦的一篇檄文,也明显地流露出河南绅、商界对清政府的不满。

豫省绅、商赴京代表在省保矿公会的敦促下,再次向外务部递禀,主张干脆将福公司取消。与此同时,在京河南绅、商也曾拟仿照山西、安徽等省的做法,集资将焦作矿赎回,"必达目的而后止"。但议论来议论去,又感到此路不通。因为"晋绅之财,豫绅万不能及;皖绅才力,豫绅亦不能及"。资本主义发展的缓慢和资产阶级政治上的软弱互为表里。而河南的民族资产阶级和正向资产阶级转化的绅、商,政治上尤其软弱。如果说声讨梁敦彦檄文的发表是河南绅、商界反对福公司斗争的高峰,此后他们便从斗争的旋涡中败退下来。后来到外务部与白莱喜交涉、辩论,"豫绅不予",只剩下吴重熹派去的地方官了。④ 赴京的绅、商代表"每日逐队饮酒、剧院观剧而已",有的如资本家王锡彤,径自返豫。⑤ 后来在京代表听说外务部代表赴天津与白莱喜等谈判答应英方要求,代表们"竭力拒驳,并警告豫会(指省保矿公会)筹议抵抗,当即谒请中丞电阻,并自行电达外部,表明豫人死不承认之意"。同时飞函各府县保矿分会,"筹备抵制之策"。但此时大势已去,外务部已单衔具奏清廷,妥协投降已成定局了。

在河南人民收回矿权的斗争中,清朝地方官员的表现也值得注意。河南巡抚吴重熹,在群众舆论的压力下,曾经表示:福公司就地售煤问题"关系数十万生命,我宁去官,不能允许"。但吴毕竟是一名封建大吏,又十分担忧人民群众闹出过激行动,故又说:"本部院忝抚兹土,责在保民;事为地方权利所关,无论若何,自必竭力尽忠,力图补救。诸绅亦必共体时艰,顾全大局。尚望传知商民,静候主持,毋任过激,致

---

① 《民呼日报》,1909年5月29日。
② 《民呼日报》,1909年7月9日。
③ 《民呼日报》,1909年7月9日。
④ 《东方杂志》,1909年第7期,记事。
⑤ 《燕豫萍踪》,第45页。

生枝节,是为至要。"①绅、商、学界对吴重熹的犹豫态度是不满意的。在查获几起福公司串通奸商售煤的事件后,河南各界便呈请吴重熹严禁福公司就地售煤,并严厉指出:"倘吴抚再一味犹柔,全不做主,吾豫人定生一悉恶感,势难甘休。"②群众斗争迫使吴重熹做出站在反福公司斗争一面的抉择。

6月15日,清廷发出谕旨,著外务部与吴重熹"会商妥善处理"③。外务部安排白莱喜到省城开封。吴派巡抚衙门总文案、候补道蒋懋熙等与白莱喜交涉,说明续约未经抚院批准,不能承认。白莱喜见地方官态度坚决,又见河南各界群情激愤,交涉局外"聚数百人,汹汹欲入",便离汴返京。④

在北京进行交涉的过程中,白莱喜等人态度蛮横。英国驻华公使朱尔典还恫吓清朝外务部,交涉一日不了,中国必须日赔偿福公司"损失"银洋千元。白莱喜甚至公开进行战争讹诈,说什么"如不准卖煤,我国亦有兵轮来!"⑤

清政府外务部,本来是个媚外投降部,加之英方高压、贿赂两手政策,外务部大员早已屈服。6月2日,接到与河南巡抚商筹办理的谕旨后,外务部致电吴重熹,说什么英使索偿一日银千元,不再与本部提议。"我若一味坚持,不特不能就范,且恐变本加厉,不及挽回,如此银款,将从何取偿?"电文中提出两个方案:或由官商合股成立一个总公司,专购福公司煤炭,以防福公司故意压低销售价格,冲击土窑;或是对土窑出煤,减轻税厘货捐、京汉运脚,使其可以销售各地。电文又说,前一个专购办法,恐难全包,且英国公使也未必能允,故保全土窑,似以第二层办法为宜。很明显,后一办法必使清政府税收大大减少,很难实行。即便实行,土窑也依然无法与资本雄厚、机械化采煤的福公司竞争。两个方案均不过是虚晃一招,实际是说除允许福公司就地售煤,别无他路。外务部的电文最后说,"本部已计穷力竭","应由尊处权衡得失轻重,妥善了事办法"。并警告吴重熹"勿协力坚持等语,空言推宕"⑥,压迫吴重熹妥协屈服。

实际上,自售煤案发生后,外务部见吴重熹"争持坚确","对之甚怀恨"。外务部要员曾密告摄政王载沣:"豫抚耄耋,见事不明,致失中国主权。"⑦外务部尚书梁敦彦还曾上军机处说帖一纸,内言:"河南此案应移交本部交涉,不可令豫抚任意办理,致伤两国和谊。"甚至无耻地说:"福公司煤价既廉,在用煤者不无利益。可否将此案移交本部,速行签押,免致豫人争执,以失英公使之心。"完全是一副买办的腔

---

① 《东方杂志》,1909年第7期,记事。
② 《民呼日报》,1909年5月29日。
③ 《宣统政纪》卷十,第6页。
④ 《燕豫萍踪》,第43页。
⑤ 《东方杂志》,1909年第7期,记事。
⑥ 《民呼日报》,1909年6月15日。
⑦ 《民呼日报》,1909年6月29日。

调。"量中华之物力,结与国之欢心",这就是清政府的外交方针。只是军机处虑及"时河南人群情愤激","似此无理专制,万一豫人不能忍受,激成巨变",对梁敦彦的意见才暂时没有采纳。①

由于福公司强行售煤,"本地之煤业已无人过问",河北三府人民掀起更大规模的斗争。7月15日,修武县各界聚众,"拟将私行签字之严云樵大令殴毁"。严某闻声逃窜。后数千人集会,编发传单,"拟图肇事"。报载,"因矿而殉者,学界、商界已有四人,怀郡之卜昌一带,更有岌岌难支之势"②。在这样的情势下,吴重熹陷入进退维谷的境地。一方面他怕事情解决不好,激起民变,故仍据理力争。吴电奏清廷,谓外务部允准福公司内地售煤,即不啻允各国商人在内地开设行栈。万一他国援例,何以应付?"轻视国权,莫此为甚"。另一方面,吴重熹更怕清政府和英帝国主义,故又电告在京绅、商代表,除不准英商在内地卖煤外,不要再提别的要求了。"深怕商学绅民别有要求,更难措手。"③在清政府和帝国主义双重压力下,吴重熹开始向后退了。他提出了上、中、下三策。下策是准许福公司就地售煤,但在一两年内需运出怀庆、卫辉、彰德三府销售。吴重熹也明白这一办法必然还会激起人民群众的反抗,实为下策。但外务部早已不愿听他啰唆了,议定准许英国人就地售煤,但只卖整不卖零,以百吨起码,致电要求吴重熹会衔上奏。吴重熹不同意,外务部单独将此项议案专折入奏。

1909年8月9日,清政府发布谕旨,批准外务部议案,并申斥吴重熹"既不能审慎于前,又不能调和于后","固执己见,多所顾虑","未能权其轻重"。著吴重熹即照外务部议案议行,并严饬所属,撤消福公司售煤之禁,同时晓谕商民,毋得阻抗。"倘有无知之徒借端滋挠情事,定惟该抚是问。"④吴重熹最终完全倒向清政府一边,派副将谢宝胜署理河北镇总兵,带队驻扎福公司矿附近,着意保护。谢宝胜会同地方官分赴柏山、常口等村,面见绅董,"晓以君父大义,怵以身家利害"⑤,镇压了人民的反抗斗争。

当然,河南人民反对英国福公司的斗争,并未因中外反动势力的镇压而停止。1910年,当福公司再次提出开采河北铁矿时,河南各界人民又一次奋起反抗,迫使福公司作罢。但这已是斗争的尾声,就总体来说,辛亥革命前河南人民收回矿权的斗争是失败了。

(三)反福公司斗争失败的原因

在20世纪初收回利权运动中,全国有许多省份取得了程度不同的胜利。为什

---

① 《民呼日报》,1909年7月6日。
② 《民呼日报》,1909年7月24日。
③ 《东方杂志》,1909年第7期,记事。
④ 《宣统政纪》卷十二,第23页。
⑤ 吴重熹奏折,见《政治官报》,宣统元年8月21日,第699号。

么河南人民收回矿权的斗争失败了呢？值得人们认真思索。

河南社会各阶层在收回矿权的斗争中,总的形势应该说是好的。但充当这场斗争领导力量的河南民族资产阶级,比起其他一些省来更加软弱,这是斗争没能取得胜利的最主要的原因。

辛亥革命以前,资产阶级革命派在河南的势力尚十分弱小,在收回利权运动中没起到什么作用。同盟会在东京成立后,河南籍的会员是全国各省份中比较少的。1906年后,同盟会总部曾陆续派人回河南进行宣传和组织工作。但在河南人民收回矿权的斗争中,无论在舆论上还是在实际行动上,看不出革命派有什么影响,运动的领导权掌握在资产阶级立宪派手中。

在反福公司斗争中,起主导作用的,从阶级范畴来说,是民族资产阶级上层。就具体成员来说,包括一些民族资本家、开明士绅及学界知识分子。

辛亥革命以前,河南资本主义发展非常缓慢。① 1909年以前,河南资本万元以上的企业共11家,其中煤炭业4家,占36%。帝国主义掠夺中国矿权,直接触及了民族资产阶级的利益,他们本能地起来斗争,并充当了领导力量。但一开始,他们把斗争定在"文明抵制"、"以法理相争"的基调上。如果说河南民族资产阶级经济上软弱的话,他们政治上的软弱则更加突出。以赴京谈判代表之一的煤业资本家王锡彤来说,他眼睛看着的是握有实权的袁世凯,称袁是人心所归、中外所向的大人物。王锡彤在北京与福公司谈判受挫径自回家,固然是见谈判无有端绪,又"腰缠已尽";但还有一个更重要的原因,就是当时王锡彤的一位好友飞函至京,透露了袁世凯想让王锡彤为他办实业的口信。王锡彤5月底返豫回家,6月初便前去彰德拜谒袁世凯,之后受袁世凯重用,为袁世凯奔走于京津燕豫之间。② 资产阶级立宪派把希望寄托在袁世凯之流身上,殊不知在对外妥协投降上,袁世凯比起清廷、外务部是有过之而无不及。河南代表谈判的对手是福公司总董白莱喜。白莱喜的直接后台便是英驻华公使朱尔典。而袁世凯又早同朱尔典建立了密切的联系,并结成密友。这真是历史对立宪派的一大嘲讽。辛亥革命爆发后,河南竟然连形式上的独立局面也未曾出现,由收回矿权斗争中资产阶级的表现亦可看出端倪。

河南人民收回矿权的斗争,在河南近代史上写下了重要的一页。通过斗争,人们对帝国主义和清政府有了进一步的认识,新的斗争在酝酿着。当然,由于反动势力强大,资产阶级又异常软弱,近代河南人民的革命斗争,还要走过一段艰难曲折的历程。

（郑永福　《河南大学学报》1984年第4期。）

---

① 据王天奖同志统计,1895~1912年河南兴办的资金万元以上的企业11家,资本总数187万元,只占同时期全国工矿企业资本总数1.5%,见《学术研究辑刊》,1979年第1期。

② 《燕豫萍踪》,第45~46页。

从理学家到著名实业家的王锡彤
——一个近代中原士绅的嬗变追踪

（一）

首先，笔者有必要对本文的写作宗旨与资料的使用作一简要说明。

谈到近代中国最大的实业家，南方要属张謇，北方要算周学熙。中州著名实业家王锡彤（1866～1938），不仅曾在河南省办实业，还是周学熙诸多企业的主要创办者、管理者之一。1909年前，王锡彤曾任河南禹州三峰矿务公司经理，参与策划洛潼铁路和河南铁矿的建设，曾参加河南收回矿权的斗争，成为当时河南有影响的士绅。1909年后，王锡彤应袁世凯之邀，充当袁的幕僚，并与周学熙在京、津、唐、豫等地办实业。在京师自来水公司、天津启新洋灰公司、天津华新纺织公司三个大企业中，周学熙任总理，王锡彤任协理。周学熙两度出任北洋政府财政总长期间，王锡彤代理总理之职。此外，王锡彤还是华新纺织公司唐山厂专务董事、华新纺织公司（河南）卫辉纱厂董事、兴华资本团主任董事、棉业公会董事、开滦煤矿股东，地位显赫。可以说，在河南近代经济史乃至中国近代经济史上，王锡彤都占有一定的位置。

王锡彤无疑是近代河南屈指可数的著名实业家。但就是这样一位近代企业家，当初却是一个地地道道的理学家。成为一名企业家之后，王锡彤还时时做着他理学家的梦，当初以自己走上工商业者的道路为耻辱，继而为自己终日运作工商事务而深以为憾，这种内心独白,在他的日记中有真实披露。浓重的理学氛围,是造成河南近代化过程缓慢的重要原因之一,也是王锡彤选择自己人生道路时产生的茫然、无奈的根源所在。

清初经世致用之风大起,其后汉学大盛,独河南学者恪守前轨,在这种大背景下,王锡彤对理学情有独钟。王锡彤系河南汲县(今卫辉市)人。汲县系长芦盐一个大的集散地。王锡彤家即住汲县盐店街,其父亲是盐肆执事。其父病故后,王锡彤曾被迫中断学业到修武盐店做工。在家境极端恶劣的情况下,王锡彤毅然回家继续读书。他多次参加科考不中,仍痴心不改,耻于言利,耻于言商。

社会变迁呼唤着文化转型,文化变迁推动着社会转型。社会改革的大潮毕竟不可阻挡。中州文化圈中的人们,也逐渐发生了重大变化。王锡彤迫于家计,又看到官场险恶丛生,虽然有些不情愿,但终于彻底走上实业家的道路。

追踪王锡彤一生由理学家到近代企业家的历史轨迹,探索王锡彤一生的心路历程,旨在说明在浓重的理学氛围之下,河南地区的近代化进程是多么地艰难。进一步说明,在今天我们进行现代化建设中,观念的转变是何等地重要。

做个案研究,必不可少的是以比较充分可靠的历史资料为依据。幸运的是笔者手中掌握了鲜为人知的《抑斋自述》[1]。

《抑斋自述》是一部类似自叙年谱性质的著述,五十余万字,系根据王锡彤本人日记排比整理而成。"先生所记,不仅自身之一言一行,凡先代之遗型,乡先哲之故事,推而至于一乡一国举六十年来所躬亲而目击者皆为之记。"[2]自述按时间顺序分为七大部分,即:《浮生梦影》《河朔前尘》《燕豫萍踪》《民国闲人》《工商实历》《药饵余生》《病中岁月》。其中前三卷王氏生前已刊印流布,第四、五、六卷及第七卷《病中岁月》甲编,也经王锡彤生前手订。而《病中岁月》中的乙、丙、丁、戊诸编,则系王锡彤去世后由其次子王泽傲根据王氏日记照录刊印。《抑斋自述》仅有少量私家印本,且分散流存于各地图书馆和私人手中,笔者历时数载,多方搜讨,才得齐全。《抑斋自述》以时间为顺序,逐年记述王锡彤一生言行、见闻、经历以及家庭琐事,记事详明,内容充实,为我们研究当时的社会历史提供了可贵的第一手资料,有着很高的史料价值。择其要者,如,辛亥武昌起义后,各省纷纷独立,而河南却出现了一个怪胎,即"请愿共和不独立",《抑斋自述》中详细披露了袁世凯等人策划实施请愿共和不独立的内幕,为其他资料所未见。民国初年的白朗起义影响很大,历来为史家所重视。但白朗究竟出身如何,学界语焉不详,只说其是宝丰县一农民。据《抑斋自述》载,白朗为王锡彤主持的河南禹州三峰矿务公司里的一个"散工小目",即临时工头,此事为他书所未载。王锡彤曾任袁世凯亲信幕僚,结交广泛,清末民初一些政界要人如周学熙、徐世昌、冯国璋等,自述中多有论及,而关于袁世凯的记述尤多。王锡彤次子系留日学生、同盟会会员,王锡彤和河南籍革命党中的一些人如曾昭文等也

---

[1] 王锡彤著,郑永福、吕美颐点校:《抑斋自述》,河南大学出版社,2001年版。
[2] 徐文霨:《浮生梦影·序》,《抑斋自述》,第3页。

有联系,南北议和时,袁世凯曾通过王锡彤向时为南方代表的曾昭文施加影响。又袁世凯复辟帝制时参政院开会,作为参政的王锡彤和革命党人胡瑛站在一起,王锡彤亲耳听到的是孙毓筠和胡瑛等带头喊的"大皇帝万岁"。类似记载均有重要价值,且多为他书所未见。1909年后,王锡彤与周学熙在京、津、唐、鲁、豫等地创办实业。《抑斋自述》中对一些企业的集股过程、经营管理方式、盈亏状况等,逐年作了或详或略的记录,是研究中国近代经济史的重要资料。该书还为研究河南近代政治、经济、思想及文化教育的变迁,提供了大量的第一手资料。

本文使用的资料以《抑斋自述》为主,参之以《抑斋诗文集》,证之以相关史籍笔记。

(二)

王锡彤,字筱汀,号悔斋,晚号抑斋行一,河南卫辉府汲县人,世居汲县西关盐店街。其父王宝卿,县学附生,在卫辉、延津、修武等地执事盐业。王锡彤16岁时丧父辍学,一度赴修武盐店当学徒。19岁时以县试第一名考中秀才入邑庠,曾在开封大梁书院肄业。前后多次参加乡试不中,32岁赴京朝考,被选为拔贡,注直隶州州判。为王锡彤撰写年谱的童坤厚云:王氏"天性笃于孝友,为学初宗阳明、夏峰、船山,终乃以程朱为依归"①。也有人说其"学宗伊洛,旁及阳明"②。青年时代与李敏修等切磋濂洛关闽之学。他撰写的《抑斋自述》之一《浮生梦影》的自述中云:"生既无益于时,死何必留名于后。顾有所窃窃然虑者,鄙人幼尝读书,薄负乡曲之誉。遭逢乱世,间与当代大人先生游,摇唇鼓舌,颇预时议。老而习贾,幸不颠坠。他日儿孙以私爱其亲之故,或乞铭志于文学士。而文学士各以其意中之经济家、实业家藻绘无盐,刻画嫫母,而鄙人之真形实状,或遂泊没于此绮丽文字中,亦一憾也。"③可以看出,至老王锡彤也不愿意人们把他看成一个实业家,而以理学家自居。

众所周知,宋代之后形成的理学,主要有四个大的学派,即以周敦颐为代表的濂学,以程颢、程颐、邵雍为代表的洛学,以张载为代表的关学和以朱熹为代表的闽学。二程和邵雍均为河南人,系理学大家;朱熹继于二程,集理学之大成,故理学又称程朱理学。元代最大的理学家之一许衡系河南河内(今沁阳)人,曾向元朝统治者建议用程朱理学作为统一人心的印板,深受当局重视。到了明代,河南又有吕坤为理学张目。河南的理学传统,可谓根深蒂固。明末清初,国内不少思想大家进行反思,进而抨击程朱理学,但河南学术界的风气仍无大的改变,虽然此时文化重心已经南移,

---

① 童坤厚:《王筱汀先生年谱》,民国二十八年铅印本,跋。
② 童坤厚:《王筱汀先生年谱》,附录,第4页。
③ 《浮生梦影·自述》,《抑斋自述》,第4页。

但理学重心依然在河南。梁启超云,清代初期,中州学者无一不渊源于理学家孙夏峰。① 嵇文甫在谈到河南省学术流变时也说过:"河南本理学最盛之区。其在清初,有孙、汤、李、窦、二张所谓八先生者,树立坛站,更唱迭和,苏门嵩岳之间,彬彬如也。"②所谓的"八先生",即孙奇逢、汤斌、耿介、李灼然、窦克勤、张沐、张伯行、冉觐祖。以上述诸人为核心的知识分子群,形成以宋明理学为依归的中州文化圈。

清初经世致用之风大起,其后汉学大盛,全国景从,至乾嘉时期,考据大家如林。独河南学者恪守前轨(即程朱理学),不为时风众好所转移。此时河南有相当影响的学者,如夏用九、马平泉、李棠阶、王少白等,皆暗然自修,孤行其志,沿着程朱理学的路一直走。鸦片战争前后,在理学、考据学互相攻击、互争正统时,以能容纳一些新思想的今文经学崛起,其后西学东渐加剧。而河南学术界对此反应迟钝,笼罩在中州大地上占主导地位的仍是程朱理学。19世纪末20世纪初,河南的一批文化名人往来唱和切磋,自然形成一个覆盖中州的网络。其中知名者有李敏修、王锡彤、史筱舟、王靖波、刘纯仁、魏联奎、张嘉谋等,这些人多以理学为依归,以传衍理学遗绪为己任。魏联奎就曾认为,义利之辨是人禽之别。王锡彤和李敏修是这个文化圈中的最重要的成员,二人均曾师从理学家王辂。王辂,字少白,其父王六吉系理学家李棠阶讲学之友,著有《四书记悟》。王少白师从李棠阶,治学承孙夏峰,人称其"学醇品粹,衾影不欺"。王锡彤对王少白的学问、人品非常景仰,以至在民国初年王少白从孙王书樵因故要被捕时,王锡彤特意由天津赶赴北京营救,先电请张镇芳力予保全,又请袁世凯电豫,使王书樵免祸。

在这种大背景下,王锡彤对理学情有独钟。36岁时他与李敏修等创经正书舍,切磋学问,指导生徒。王锡彤曾主讲致用精舍、溟西精舍,讲《大学》融合朱子,讲《论语》沿朱子集注而归本程子,间采陆王。王锡彤耻于言利,耻于言商。以至后来他40岁时,李敏修推荐其任河南禹州三峰矿务公司经理,王锡彤大为恼火,复书大责敏修,云:余16岁习商逃归读书,岂有二十余年后顿食前言再腼颜作商者?当局异想天开,邀请王锡彤任三峰实业学堂山长,聘函中夹带一句"并管理三峰矿务公司事宜"。实际上当时禹州三峰只有煤矿,并无实业学堂,先有山长而补出一实业学堂。实业学堂而有山长,实业学堂山长为学生讲《论语》,改应试文字,可谓驴唇马嘴,不伦不类,但这却是当时的实际情况。

(三)

光绪三十一年(1905年),王锡彤赴禹州煤矿任职,这对王锡彤此后的走向有重

---

① 梁启超:《清代学风之地理分布》,《饮冰室合集·文集》(第五册),中华书局,1989年版,第58页。

② 郑州大学嵇文甫文集编辑组编:《嵇文甫文集》(中册),河南人民出版社,1990年版,第393页。

大影响。途经郑州时,他见经商者多为湖北及山西、陕西人,而河南人极少,感慨良多。上任不久他曾去天津参观学堂,并为公司购买抽水机器,眼界为之开阔。次年,在全国收回利权运动高涨的形势下,河南人民也轰轰烈烈地开展了反对焦作英国福公司的斗争。是年十一月,河南绅民集议与福公司交涉黄河以北矿权,王锡彤赴开封参与策划成立矿务研究会,被推为发起人。后王锡彤曾数次赴省城开封偕李敏修等与省矿政调查局磋商。

与福公司交涉办法,也曾在开封直接与英国福公司谈判,据理力争。宣统元年(1909)四月,福公司交涉案移至北京开议,王锡彤被推为四名代表之一赴京谈判。其后王锡彤参与了为修建洛潼铁路议定章程及劝募集股等事宜。

宣统元年,王锡彤辞去禹州煤矿公司职,任洛潼铁路公司驻汴总协理。可以说,这时的王锡彤已经成为河南的著名士绅。

接着,和袁世凯的会面、受袁世凯的重用,是王锡彤一生走向的重大转折。

宣统元年六月初,经王肖庭(曾任江西饶州知府,后曾署理河南布政使,河南鹿邑人)推荐,袁世凯邀请王锡彤襄办实业,到彰德(今安阳)与开缺回籍在彰的袁世凯会面,"畅谈数日"。袁云:"罢官归田,他无留恋。惟实业救国,抱此宗旨久矣。所创之实业概界之周缉之(学熙),缉之以现任臬司,丁忧释服后即当放缺,不定何省,已办之实业弃之岂不可惜。前日缉之来,专为此事研究数日。君幸为我谋之,我知君胜此任也。"①八月,王锡彤赴京,会晤周学熙等。九月,在京师自来水公司股东会上被选为董事,旋视察开平煤矿、唐山启新洋灰公司。宣统二年(1910)初,在京师自来水公司股东会上被推为协理。其后还曾参与议办罗山银洞冲银矿事宜。当年闰六月兼任启新洋灰公司董事。

成为袁世凯亲信幕僚后的王锡彤,在武昌起义后,曾有机会朝政界发展。他做的两件事,深得袁世凯的赏识。

其一,是策划河南请愿共和不独立。武昌起义爆发,各省纷纷独立,河南省要求独立的舆论也很盛。十一月,旅沪革命党人组织了河南北伐军支部,发起人中有王锡彤的儿子、留日学生王泽攽。该组织发布《河南北伐军宣言》,号召人们起来光复河南。河南北伐队在沪成立后,也致电河南省咨议局"急速独立"。这时,豫籍在京士绅齐集京师豫学堂开会,提出速谋河南独立。其理由一是全国形势发展迅速,清王朝已经朝不保夕;二是与会者揣测袁世凯虽初出山时"抱定君主立宪之旨",但此刻因大势所趋,"似已改变宗旨,亦有趋向共和之意"。他们认为,此时宣布共和独立,"既可为吾汴省同乡之光荣,而日后亦不至见弃于同胞"②。王锡彤与中州士绅李敏修"日夜过从",讨论河南局势,一致主张河南及早独立,争取主动。但江西独立后狼狈跑回京师的王肖庭坚决反对这一主张,他认为独立是一件非常冒险的事。经

---

① 《燕豫萍踪》,《抑斋自述》,第147~148页。
② 《申报》,1912年1月12日。

过数天讨论,他们终于拿出一个方案,即所谓的请愿共和不独立。

1912年1月29日午夜,袁世凯突然给王锡彤打电话,约王锡彤次日晨至袁邸会晤。会晤中,袁世凯言不由衷地试探说,你们对河南共和独立久有策划,现在可以去河南办理了。王急忙解释说,近数日我们的宗旨改变了。袁问何故,王说:"河南,公桑梓邦也,决不能独立。独立则损公威望。况河南即独立,山东独立虽撤消,亦仍是独立,直隶亦要独立,果省省独立,纵京城给保,而号令不出都门(时袁已任内阁总理大臣——引者注),公之声名将一败涂地。故决决不敢独立也。"闻此袁十分高兴,"首肯者再",并问不独立又怎么办,王将请愿共和不独立的方案告之。袁对此方案十分赞赏,并立即与王锡彤一起筹划具体实施方案。2月1日,王锡彤受袁世凯之命急赴天津将时在那里的王肖庭叫回北京,袁世凯任命王肖庭署理河南布政使。2月2日,王锡彤、王肖庭等一行南下,到彰德见袁克定,并由袁克定"授意前敌将士,照请愿共和不独立之策进行"。2月3日,王锡彤一行抵达省会开封,由王锡彤单独会见巡抚齐耀琳,向其通报袁世凯的安排。2月4日,王锡彤分别会见省城的官绅和立宪党人,向他们说明请愿共和不独立的道理。接着,王锡彤就炮制了一个请愿共和的公呈。2月6日,齐耀琳向清廷上奏河南咨议局请愿共和之书,敦请清廷即时宣布共和。次日,王锡彤驱车北返向袁世凯汇报。河南请愿共和不独立的目的有二:不独立,稳住了河南局势,使已经担任内阁总理大臣的袁世凯保持对河南等省的指挥权,也加重了与南方谈判的筹码;请愿共和,可进一步向清廷施加压力,迫其退位,使袁早日登上大总统的宝座。王锡彤曾毫不掩饰地对袁世凯说,这里演的是一出"滑稽戏"。毫无疑问,导演这出戏的主角便是袁世凯与王锡彤。①

其二,是王锡彤对曾昭文的拉拢与利用。曾昭文,字可楼,河南光山南新集(今属新县)人。1904年赴日留学,次年同盟会成立时,曾为书记。1911年武昌起义,在黄兴革命军中任副官长。1912年被孙中山委任为军需总监。武昌起义后,曾昭文一度为袁世凯所获。王锡彤劝袁世凯不要杀害曾昭文。袁在彰德会见曾昭文后将其放回南方。王锡彤此举有两重意义:一是曾昭文系王之次子王泽放的留日同学,也是同志,于私应帮忙;二是王锡彤预料到日后可以利用曾昭文,"以通南北声气"。也正是后者,使袁世凯采纳了放回曾昭文的建议。1912年,蔡元培一行赴北京迎袁世凯南下就职,曾昭文随蔡前往。曾昭文到京后,数次前去拜会王锡彤。王锡彤借机向曾说:"南方以总统至南京就职为词,其理由未为不正。第北方民心惶惑,乱兵乘之,遂肇大祸。今各处蔓延殆未易遽了,非速予收拾殆不可为。且建国之始,外交为重。今各国公使麋集北京,使馆建筑华丽,费各不赀。京都迁则使馆亦当迁,恐非外人所乐许。南方何苦争此虚名,受许多实祸耶。"曾昭文答曰:"诺,吾当与代表言之。"②后南方代表不再坚持袁世凯南京就任,王锡彤与曾昭文的谈话固然不是决定

---

① 《燕豫萍踪》,《抑斋自述》,第177~179页。
② 《民国闲人》,《抑斋自述》,第185页。

因素,但不能说一点作用没有。且此前学界多谈及袁借口南京缺乏使馆用房云云,但事情原委不详,此处也提供了一个重要说法。

王锡彤成了袁世凯的亲信幕僚。一段时间里,许多要人见袁世凯,都是经王锡彤介绍的。如1912年5月23日,介绍于右任见袁世凯。6月3日介绍景耀月、6月10日介绍张继、6月12日介绍张忠夫见袁世凯。此时有关河南的大事,袁也往往委托王锡彤赴豫处理。

以王锡彤之能力以及当初与袁世凯之关系,王锡彤有机会步入政界。但由于王锡彤不同意袁世凯称帝,使袁颇感不快,其对王政治上的信任大打折扣。王锡彤谈及自己的处境时曾说:"新人嫌我旧,旧人嫌我新。"王锡彤当然不是一个思想激进的人,但也不是一个思想很守旧的人。加之其次子王泽敩为同盟会会员,王锡彤与革命党方面的人时有来往,一些人往往将其看成新派人物。王锡彤在日记中说:民初,"北京考知事,以知事资格送验者数千人,加之政治议员、约法议员,率皆前清耆宿。一般清流名士,搜访无遗"。王锡彤为此大发感慨:"大总统招揽人才,可谓极盛。吾每独居深念,民国成立,断脰绝腹万死不辞者伊何人?清廷退位,虽仰赖当局阴阳捭阖之妙,而实藉民党发扬蹈厉之势,乃可以恫吓而成功。今大局渐定,一班青年志士死者死、逃者逃,中央不一顾及,乃搜求一班亡国清流以为坐[座]上客,又甄录一班嗜进无耻、热中[衷]利禄之恒流以充塞庶位,欲以勤求治理,殆其难哉!"①也正是出于这种情感,王锡彤对于宋教仁被害身亡深深抱以惋惜之情。又如,民国建立改用公元纪年,守旧之人颇不以为然。有人署春联于门曰:"男女平权,公说公有理,婆说婆有理;阴阳换历,你过你的年,我过我的年。"王锡彤在日记中写道:"旧民心理,此足代表。然阳历之行便利既多,且中华新国与世界各大国相周旋,固不容独自立异也。"②于此足见王顺应潮流之一面。1915年3月10日,报载袁世凯明令解散国会,王锡彤认为这是令人心寒的事,也是袁失人心之始。王还认为袁世凯所用之大老,皆一班预备立宪之旧人,其结果也必重蹈灭亡覆辙。待袁策划复辟帝制的活动开始后,王锡彤有意远离政治。此后王锡彤决意不参与政治,一心办实业。他把自己这一时期的日记取名为《民国闲人》,在其小引中写道:"民国之兴,创中国未有之局。方其未成,窃妄预于冀幸之一人。比其成立,乃立法、行政两途全不预焉,宜当时同人多以为不情也。其实,内揣其才,决不合于世用;外观当世,亦与平昔所期望者绝远。明知不试则已,试则必踬,故宁终其身于商贾,免蹈身败名裂之祸而已。"③

(四)

1912年,王锡彤仍任京师自来水公司协理,4月在启新洋灰公司股东会上被推

---

① 《民国闲人》,《抑斋自述》,第203页。
② 《民国闲人》,《抑斋自述》,第183页。
③ 《民国闲人》,《抑斋自述》,第182页。

举为协理。5月,河南督军张镇芳请王锡彤任河南实业司长,王力辞之。1913年,天津造胰公司召开股东会,王锡彤被选举为董事。1914年6月,王锡彤任天津恒丰公司主任董事。8月,天津通惠公司开会,王锡彤被选为董事。通惠公司系为通商惠工而设,举办中孚银行,并于河南新乡设立通丰面粉公司。1917年4月,江西南浔铁路新股维持会开会,王锡彤被选为理事长,设事务所于北京。1918年5月,华新纺织公司改为商办(原为官商合办,官股4成,商股6成),股东会上王锡彤被选为董事,并任专为扶助华新纺织公司而设的兴华资本团主任董事。

1919年,王锡彤与周学熙等创办华新纺织公司唐山、卫辉两厂,王被举为唐山厂专务董事、卫辉厂董事。兴华棉业公司成立,王被举为董事。天津棉业公会成立,王被举为董事。1921年,赴上海出席华商纱厂联合会,并催运唐山、卫辉两厂设备,加订纺机附件。1922年6月,辞去京师自来水公司协理,任董事。1923年3月,王兼任实业总汇处理事,该处系唐山启新洋灰公司,华新纺织公司天津、青岛、唐山、卫辉四厂,滦州矿务公司等合组总办事处。5月该处改为实业协会,王任副会长。

应该说,王锡彤不愧为一个盐商的后代,可能是遗传基因起了重要作用,在创办实业中,本为一个理学家的王锡彤,却显示了管理才能与务实精神。

光绪三十二年(1906),王应邀主持三峰煤矿。该公司于20世纪初开办,土法开采,虽出煤但无利润可言。且当地土矿林立,争斗甚多,无法正常生产。王到任后,大力整顿矿务,并赴天津等地考察购买机器,经数年努力,公司渐有起色,股东逐年可以分到红利。宣统元年(1909)王任京师自来水公司协理后,为扭转连年亏损的被动局面,一方面加强管理,裁员减薪,自己带头不拿薪水,以节约开支;另一方面吸收天津银号为最大股东,使公司局面有所改观。

在与外商谈判和建厂过程中,王锡彤注重调查研究,决策精明果断。筹建唐山和卫辉纱厂时,与英商会谈进口机器事宜,王锡彤仔细研究设备主附件中的英文资料,做到心中有数。订合同时字斟句酌,尽量压低价格。后英商以第一次世界大战后运输不畅(实为价格偏低)为由,想支付一些赔款废除合同了事,王严驳不允。选择卫辉纱厂厂址时,王锡彤认真勘察论证,否定了通泰洋行外国专家的意见,选择了最佳方案。1921年后,英镑大幅度升值。王锡彤以中方已预付半数款额及英方交货误期应予以罚款为由,据理与英方力争,坚持按原价购买设备,维护了中方的利益。

在办实业的过程中,王锡彤对家乡河南经济的振兴高度重视。在收回利权运动中,他力主收回英国福公司煤矿,并作为四代表之一赴京与北洋外务部交涉。1919年兴华资本团拟建几个纱厂,王促成在卫辉设一纱厂之事。卫辉距天津千里之遥,许多商人不知其地在何处,集股相当困难。王锡彤认为,卫辉是自己的家乡,办纱厂即使自己不获利,亦于桑梓有益。况当时棉纱业正在勃兴之际,卫辉当地收购棉花容易,棉纱出售亦不难,不能坐失良机。当时卫辉纱厂额定股本80万元,纱锭12000枚。为了不丧失振兴家乡之机会,王锡彤带头认股10万元。当时王并不富裕,这笔钱大部分要靠出息借贷。此后,王锡彤与其弟王锡龄等为卫辉纱厂的建设做出了重要贡献。

20世纪初,中国有两家大水泥厂,即天津启新洋灰公司和湖北水泥厂。前者经营比较得法,年年盈利。后者却连年亏损,欠日本商人白银70万两。如此下去,该厂就很可能因债务问题落入日本人手中。王锡彤与周学熙等决定出资140万元,一部分用来偿还日债,一部分用来启动湖北水泥厂,这种举动是值得称道的。

在从事实业活动的数十年中,王锡彤非常勤奋。他要不停地参加各公司和厂矿的办公会、董事会、股东会,还要深入实际了解各厂的生产运营或基建情况,直接参加与中外商的谈判。这些方面,王锡彤的日记中有详细记载,从中我们可以看到一个精明、勤奋、兢兢业业的企业家形象。60岁后,当他感到体弱多病难以很好地履行职责时,便陆续辞去一些职务。1926年初,王锡彤先后辞去棉业公会董事、实业协会副会长、兴华资本团董事、华新纺织公司卫辉厂董事等职。次年又辞去天津启新洋灰公司协理之职。到了3月,王锡彤不得已应邀任华新纺织公司唐山厂专务董事兼任管理。由于股东的信任,6月,天津启新洋灰公司召开的股东会上王锡彤被选举为总理,他力辞不就,仅任董事。1935年3月,华新纺织公司唐山厂改名为唐山华新纺织股份有限公司,王锡彤仍任专务董事。

实际上,从1926年起王锡彤便基本上杜门谢客,复理旧业,一意著述读书。至1938年其去世时止,计编纂印成《清鉴前编》三册,《清鉴正编》完成康熙朝两册,雍正朝辑至十二年;根据其日记,整理排比成《抑斋自述》前六卷。王锡彤另有《大学演》等著作和一批诗文,由其后代刊刻成《抑斋诗文集》问世。实事求是而言,王锡彤的诗文水平不能算高,但却有相当高的史料价值,为研究河南乃至全国的近代政治、经济、思想、文化留下了宝贵的资料。而根据这些资料,追踪一个中原士绅由理学家到近代实业家的发展轨迹,会给人以不少的启示。

(郑永福　王玉强　《郑州大学学报》2003年第2期。)

嵇文甫先生旧学师承渊源考略

嵇文甫先生,本名明,字文甫,以字行,河南汲县(今卫辉市)人。先生是饮誉中国学术界的大家,于哲学、史学等领域造诣颇深,道德文章,均称一流,为学界所景仰。值先生诞辰一百周年之际,不揣浅陋,谨对先生旧学渊源做一粗略的考察,以为纪念,并表示对先生的敬仰之情。

(一)

研究中国古代哲学、历史,没有点旧学的底子,恐怕不行。反过来说,嵇文甫先生之所以成为蜚声中外的史学、哲学大家,一个重要条件是得益于深厚的旧学功底,这应该说是没有疑问的。研究嵇先生的旧学师承渊源,对我们把握其一生的治学风格、治学思想、治学道路,不无裨益,同时这也是研究先生学术思想的课题之一。

探讨嵇先生的旧学师承关系,难度较大,但不是没有线索可寻。1941年,先生被国民党囚禁于洛阳期间曾赋诗词数首,其中一联曰:"寝馈六经三史,瓣香一峰二山。"[①]一峰是指孙奇逢,二山是指王夫之、全祖望。王夫之(1619~1692),明清之际思想家。字而农,号姜斋,衡阳人。晚年隐居湘西蒸左石船山,学者称船山先生。明亡后,曾隐伏深山,研究著述垂四十年,对天文、历法等均有研究,尤精于经学、

---

① 嵇道之:《嵇文甫传略》,见《中国现代社会科学家传略》(第一辑),山西人民出版社,1982年版,第342页。

史学、文学。哲学上总结和发展了中国传统的朴素的辩证法和唯物论。全祖望（1705~1755），清代经学家、史学家。字绍衣，号榭山，学者称榭山先生。浙江鄞县人，乾隆年间进士，选翰林院庶吉士。因受大学士张廷玉排斥，贬任知县，后辞官归乡，主讲蕺山书院、端溪书院。经学、史学、词科三者兼治，为浙东学派的重要代表。学术上承黄宗羲等"钻研史籍、通经致用"的传统。嵇文甫先生史学、哲学理论方面受王夫之影响很大，而在治学门路上则近乎全祖望代表的浙东学派。但从总体上来说，其为人处事、读书治学，受孙奇逢的影响更大一些，这是有案可查的。

孙奇逢(1585~1675)，字启秦，号钟元，直隶容城人（今属河北），清初迁居河南辉县（今河南省辉县市）苏门山下夏峰村，学者称之为"夏峰先生"。清初，北方学者奉孙奇逢为泰山北斗，与黄宗羲、李颙并称"三大儒"，是颇有影响的一代儒宗。孙奇逢在苏门山下隐居二十余年，躬耕自食，授徒讲学，弟子甚多。当时直隶、河南一带的学者，多出自孙奇逢之门。嵇文甫先生的故乡汲县与辉县毗邻，汲县的学者受夏峰先生的遗风影响更加明显。而且考究起来，嵇先生的老师是李敏修，李敏修的老师是王少白，王少白治学便是承继孙夏峰，其中的师承关系应该说是非常清楚的。

据嵇先生之公子嵇道之先生云，文甫先生"处人处世以孙夏峰为师"①。那么，夏峰先生为人处世如何呢？他为人谦和，对来访者均能真诚相待。他见长者言仁，见少者言孝。不论是做官的还是种田的，学问大的还是初学者，孙奇逢都能与之交谈开导，其学术影响波及江浙一带。在生活上，他甘居土室，粗茶淡饭，一心问学教书。他治学严谨，持之以恒，到八九十岁了还执著地研究追求。他注重名节，注重心性修养，为时人所称道。② 这些，可能就是嵇先生景仰夏峰先生的重要原因吧。

孙奇逢一生以理学家自处，著述颇多，入清后三十一年间就有《四书近指》《理学宗传》等近二十种著述。其《理学宗传》在理学发展史上有一定的开创意义。该书强调理学宗传必须本"天"，不能本心，本心乃是禅学，这实有贬斥陆、王心学之意。但是，孙奇逢曾学宗陆、王，到了晚年也并不完全尊程、朱而退陆、王。他认为后世学者之所以对程朱、陆王的异同争诉不已，是缺乏融通之见，失去了两学派的原初之旨，才产生了诸多分歧。诚如嵇先生后来指出的："夏峰是著名的朱陆调和派。……夏峰仍沿袭着宋明理学的旧传统，并未脱出其窠臼，但是至少在注重躬行实践、打破一般理学等先生们偏执迂拘狭隘的门户之见这一方面，实际上是作了通向颜李学风的一道桥梁。"③夏峰先生这些学术观点，对他的弟子们有相当的影响，嵇文甫先生

---

① 嵇道之：《嵇文甫传略》，见《中国现代社会科学家传略》（第一辑），山西人民出版社，1982年版，第342页。

② 郑永福：《一代儒宗名隐孙奇逢》，载高敏主编《隐士传》，河南人民出版社，1994年版，第462~470页。

③ 嵇文甫：《颜习斋与孙夏峰学派》，《嵇文甫文集》（下册），河南人民出版社，1990年版，第641页。

后来致力于左派王学的研究并取得了突出的成就,也与夏峰先生有关。嵇先生曾写道:"我向来有一种臆说,以为陆、王学说中含有实用主义成分,孕育着清初经世致用的学风,而夏峰之学更直接和颜习斋有关系,可以作为从陆、王到颜、李的桥梁。这其间错综微妙异同流变的情形,我已经从许多方面步步证实。"嵇先生在这篇题为《孙夏峰学派的后劲——马平泉的学术》的文章中,进一步分析说"本来平泉是从赵宽夫以上接夏峰学派的。夏峰之学,专务躬行实践,不讲玄妙,不立崖岸,宽和平易悃温无华,和一般道学家好为高论,而孤僻迂拘,不近人情者,大异其趣。平泉从这一路发展下去,而更神会于陆、王,泛滥于百家。所谓'权略机应皆适道,空明澄澈不是禅'正揭出陆、王妙谛……这显然自成一格,已非复夏峰所能限了"。[1]

(二)

我们知道,宋代之后形成的理学,主要有四个大的学派,这就是以周敦颐为代表的濂学,以程颢、程颐、邵雍为代表的洛学,以张载为代表的关学和以朱熹为代表的闽学。程颢、程颐、邵雍均为河南人,系理学大家;朱熹继于二程,集理学之大成,故理学又称程朱理学。元代最大的理学家之一许衡,河南河内(今沁阳)人,曾向元朝统治者建议用程朱理学统一人们的思想,深受当局重视。到了明代,河南又有吕坤为理学张目,颇具影响。河南的理学传统,可谓根深蒂固。

明末清初,随着大明朝的衰败,国内不少思想大家进行反思,进而抨击程朱理学,但河南学术界的风气仍无改变。梁启超曾经说过,清代初期,"中州学者,无一不渊源于夏峰"[2]。嵇先生在谈到河南省学术流变时也说过:"河南本理学最盛之区。其在清初,有孙、汤、耿、李、窦、二张所谓八先生者,树立坛坫,更唱迭和,苏门嵩岳之间,彬彬如也。"[3]

嵇文甫先生这里说的清初八先生中的孙,即指孙奇逢。汤是指汤斌(1627~1687),字孔伯,顺治九年(1652)进士,河南睢州(今睢县)人,以孙奇逢为师,笃守程朱理学,又主张调和程朱陆王,造诣颇深,著有《洛学篇》《汤子遗书》等。汤斌不以学媚世,后以忤权相明珠而遭杀戮。耿即耿介(?~1686),字介石,河南登封人,清顺治九年进士,主嵩阳书院讲席,以阐扬宋明理学为己任,著有《中州道学篇》《理学正宗》等。李即李灼然(1654~1721),字来章,河南襄城人,清康熙十四年(1675)举

---

[1] 嵇文甫:《孙夏峰学派的后劲——马平泉的学术》,《嵇文甫文集》(中册),河南人民出版社,1990年版,第349页。马平泉,名时芳,号平泉,河南禹州人,乾隆年间曾任封丘、巩县教谕,著述颇多。

[2] 梁启超:《清代学风之地理分布》,《饮冰室合集·文集》之四十一,中华书局,1989年版,第58页。

[3] 嵇文甫:《读〈毋自欺斋文字纪年〉》,《嵇文甫文集》(中册),河南人民出版社,1990年版,第393页。

人,幼读《二程遗书》,著述甚丰。窦即窦克勤(生卒年不详),字敏修,河南柘城人,清康熙二十七年(1688)进士,谢病归里后,于朱阳书院精研经学,著有《理学正宗》《朱阳书院讲习录》等数十种。二张指张沐、张伯行。张沐(生卒年不详),字仲诚,上蔡人,清顺治十五年(1658)进士,时称当代真儒。曾从孙奇逢游,与汤斌、耿介往来讲学,深受汤斌推重,后主讲游梁书院,著述十数种,学宗陆、王,不废程、朱。张伯行(1651~1725),字孝先,康熙二十四年(1658)进士,河南仪封(今兰考县)人,博览儒家群籍,精研程朱学说,著述富赡,主要有《正谊堂论文集》《性理正宗》《濂洛关闽书》等。按:嵇先生文中说清初八先生,文集中实只点了七人姓氏,疑遗漏者为冉觐祖。冉氏(1638~1718),字永光,河南中牟县人,曾杜门潜居,精研《四书集注》凡二十年,康熙三十年(1691)进士。主讲请见及嵩阳两书院,以程朱理学为宗,著述仅刊刻者即达数百卷。清初,以上述诸人为核心的知识分子群,形成以宋明理学为浓重氛围的中州文化圈。

在顾炎武、黄宗羲提倡下,清初经世致用之风大起,其后汉学大盛,全国景从,至乾嘉时期,考据大家如林。独河南学者,恪守前轨(即程朱理学),不为时风众好所转移。这一时期及其后,河南考据学家寥寥,影响甚微,而有相当影响的学者如夏用九、马平泉、李棠阶、王少白诸先生,皆暗然自修,孤行其志,沿着程朱理学的路子走。李棠阶(1798~1865),道光二年(1822)进士,先后任军机大臣、工部尚书,1864年任礼部尚书。称病归里后主讲河朔书院,理学大家。其为学无所偏主,不龂龂为程朱陆王之辨。王少白(1810~1891),名辂,字少白,河南武陟人。其父六吉先生系中州理学大家李棠阶之讲学之友,少白曾从李棠阶研习理学。少白弟子门人甚多,其中毛昶熙(1817~1882)官至尚书。少白"泊然乡里,笃守儒素,讲学以程朱为归,亦不批驳汉儒、瑕疵陆王"。教导学生"躬行实践,莫尚空谈"。被称作"经师人师,俱臻绝顶"①。

1840年前后,中国正处于社会大变动之中。社会转型呼唤着文化变迁,文化变迁推动着社会转型。鸦片战争前夕,就在已经没落的宋学(即程朱理学)与汉学(即考据学)互争正统的时候,今文经学崛起,其后西学东渐加剧。而河南学术界对此反应迟钝,笼罩在中州大地上的、占主导地位的仍是程朱理学。对此,我们这里不多作评析,只是想说明,直到清末,河南思想界的理学传统仍未动摇。1866年出生的、后来对中州学界发生重大影响的李敏修,"早岁从武陟王少白先生游,笃守洛闽矩矱。既而出入诸经,博观约取,特心折于船山之学,故其教人,由船山以上溯洛闽,而归宗

---

① 王锡彤:《浮生梦影》,载《抑斋自述》,1915年版,第48~58页。按:王锡彤(1866~1938),汲县人,与李敏修关系甚密,曾问学王少白,著述多种。

于洙泗"①。李敏修继承乡正遗绪,成为河南历史上最后一位很有影响的理学家。

(三)

对嵇文甫先生影响最直接最大的当属李敏修。李敏修(1866~1943),又名时灿,号闇(暗)斋,与文甫先生同为汲县人。光绪十八年进士,授刑部主事。青少年时代,李敏修受王少白等人影响,对理学情有独钟。光绪十五年(1889),他24岁时还对好友王锡彤云:"名教自有乐地,周(敦颐)、程(程颢、程颐)、张(载)、朱(熹)之书,为孔孟真传,吾辈不可不勉,以之自修,以之淑世,达而在朝,穷而在野,皆有安身立命之地。"②

光绪二十七年(1901),李敏修在汲县县城创办经正书舍,收藏图书最多时达三十余万卷。经正书舍不仅供乡里青少年借阅图书,还由李敏修、王锡彤等人为青少年批阅读书笔记,从今人眼光看来实有业余学校的性质。

嵇文甫先生学童时期,常到经正书舍看书,对李敏修非常敬仰。李敏修,中州"一代耆儒,早岁讲学,笃守程朱。至晚年则行事类夏峰,持论宗船山"。文甫先生十二三岁时曾见敏修一篇《告汲县父老文》,"读斯文至成诵,感受实深且切也"。嵇先生回忆说:"余生也晚,未及侍先生盛年之讲席。自先生罢归故里,始得相从问业。"后来嵇先生到故都开封任教职,寄居李敏修寓庐,"益得朝夕侍坐。每饭毕,杂论古今,尽情倾吐,往往连五六时,不知叶之落夜之深也"。当时嵇先生给敏修师的寿诗谓:"小子生同里,叨置弟子列。奖引逾寻常,闻见倍亲切。"敏修赠文甫题扇诗中有"晚年起予得吾子,探索新旧觅新知",视文甫如子,属望至殷③,足见两人关系密切之程度。

19世纪末20世纪初,河南的一批文化名人往来唱和,切磋学问,自然形成一个覆盖中州的网络。这些人中有:汲县李敏修、王锡彤,辉县史筱舟,新乡王靖(一作静)波,新蔡刘纯仁,汜水(今属荥阳)魏联奎,南阳张嘉谋等。这些人为学多以宋学为归,以传衍理学遗绪为己任,讲求修身养性。其中魏联奎,学宗宋儒,认为义利之辨是人禽之别;王锡彤耻于言商,以至于清末赴禹州三峰煤矿公司任经理,当局要以三峰书院山长的名义邀请他,唯恐他不肯去,其实当时只有煤矿,并无书院。当然,社会改革的大潮毕竟吹动了固守传统的中州,这个知识圈中的人们,也逐渐发生了重大变化。李敏修与时俱进,鼓吹新学新政,致力于新式教育,成为河南举足轻重、

---

① 嵇文甫:《读〈毋自欺斋文字纪年〉》,载《嵇文甫文集》(中册),河南人民出版社,1990年版,第392页。文中"上溯洛闽"指上溯二程和朱熹;"归宗于洙泗"系指归宗于孔子。洙、泗原是鲁国水名,孔子是鲁国人,于是有是说。

② 王锡彤:《浮生梦影》,载《抑斋自述》,1915年版,第46页。

③ 嵇文甫:《闇(暗)斋师伤辞》,《嵇文甫文集》(中册),河南人民出版社,1990年版,第398~399页。

贡献颇多的教育家。

嵇先生对李敏修师十分尊重,评价甚高。1946年李先生逝世三周年时,嵇先生特为《河南民报》撰写社论《纪念李敏修先生》。其中写道:"我们应该知道,学术的确是国家民族的精神命脉所系……任何时代,任何国家,一到了所谓'学绝道丧',所谓'上无礼,下无学',一到了大家都'不悦学',不尊重学术,不尊重学者,那就是必亡的征兆。""李老先生讲学数十年……现在河南教育界四十岁以上的人士,大概都直接或间接受过他的影响。""自然,他是个理学家,他所讲的那一套不一定尽合现代人的口味。然他始终以学术为他的安身立命所在,热心的追求着,仔细的探索着。不以学成德尊而鄙夷新进,不以衰病颠沛而姑息偷安。""李老先生逝世了!无论怎样伟大的学者,谁也不能不受时代的限制,地域的限制,李老先生当然也不例外。然而只要是一个真正的学者,总都是超然独立于势力纷华之外,而别有一种崇高伟大的境界,以自乐其天怀。视世之蝇营狗苟者如无物,他那种忠心于学术,献身于学术的精神,总是永远光明的。"①我们之所以引用上述这些话,不仅是想说明李敏修先生的品德高尚,同时感到,这也正是嵇文甫先生所追求的思想境界。

综上所述,由于嵇文甫先生生活在一个特定的文化传统氛围之中,决定了他熟谙程朱理学和陆王心学,并有极深的情感;加之直接受李敏修的影响,又钟情于船山之学。嵇先生一生研究领域甚宽,在许多方面取得了引人瞩目的成就,但在左派王学及船山学派研究方面尤勤且精,不能不说和他的旧学师承有极大的关系。当然,嵇先生的研究水平远远超出了他的前辈们,这不仅是因为他处的时代不同了,更主要的是,嵇先生既有深厚的旧学功底,又通西学,还掌握了辩证唯物主义和历史唯物主义的理论武器。

(郑永福 原载《史学月刊》1995年第6期,中国人民大学报刊复印资料《历史学》1996年第1期复印。)

---

① 嵇文甫:《纪念李敏修先生》,《嵇文甫文集》(中册),河南人民出版社,1990年版,第390~391页。

文不虚发　有所不为
——胡思庸先生逝世十周年祭

著名历史学家胡思庸(1926~1993)先生,河南省信阳县人,幼年在家乡上小学,后就读于甘肃省清水国立第十中学。1946年考入河南大学农学院园艺系。河南大学1948年南迁苏州期间,转到文学院历史系就读。1951年2月毕业后留河南大学任教。

留校后的一段时间内,胡思庸先生一方面在河南省历史学会主办的新中国第一个史学刊物《新史学通讯》编辑部任职,担任一些行政事宜;一方面充任当时河南大学校长、著名哲学家、历史学家、教育家嵇文甫先生的学术助手,从事中国古代思想史与近代思想史的研究。后任河南大学历史系助教、讲师,1979年12月破格提升为历史学教授。1983年创建河南大学历史系中国近代思想史研究室,并任研究室主任。

胡思庸先生1983年8月出任河南省社会科学院院长,仍兼任河南大学历史系教授、中国近代思想史研究室主任,直至去世。他1983年10月加入中国共产党,1990年后担任中共河南省社会科学院委员会委员。在河南大学和省社会科学院工作期间,他还曾兼任郑州大学历史系名誉教授、省哲学社会科学规划领导小组副组长、中共河南省委咨询小组特约研究员、省哲学社会科学联合会副主席、省社会科学职称高评委主任、省史学会会长、河南省炎黄文化研究会副会长、《中州学刊》主编、河南省政协第六届委员会委员等职,曾任中国史学会第二、三届理事会理事、辛亥革命史研究会常务理事、太平天国史研究会常务理事。因积劳成疾,不幸于1993年8月26日在郑州逝世,享年67岁。

胡思庸先生的一生,是由一个好学深思、具有民主爱国思想的青年学子,逐渐成长为一位有共产主义理想并在学术上取得突出成就的一生。

胡思庸先生有深厚的旧学功底,又掌握了先进的思想方法,他一生治学严谨,文不虚发,在学术界有较高的声誉。中国近代史学界的一些著名学者,曾称他为"中州大儒",以肯定他的学术水平和学术地位。

胡思庸先生研究的重点,是中国近代史,特别是中国近代思想文化史。由于他的根柢深厚,尤其在中国古代思想史方面造诣很深,故在中国近代史、近代思想文化史研究中,每每取得开创性的成果,并引起学界的重视与肯定。胡思庸先生在学术上的突出贡献,主要在鸦片战争史和太平天国史等领域。

（一）关于鸦片战争史研究

1952年至1953年,他先后在《新史学通讯》发表了《平英团——近代中国人民反侵略运动第一幕》①及《关天培与陈化成》②两篇论文。这是他最早发表的有关中国近代史的论文。文章反映了他的学术眼光,但也给他留下了几多遗憾。特别是后一篇文章,有明显的不该有的疏漏,这对胡思庸先生刺激很大。他用铅笔将有问题处一一画出、更正,并在多处写了自责、悔恨的警语。此后他经常把刊载这篇文章的杂志放在自己的书桌上,以时时警醒自己。1954年,他在《新史学通讯》1月号、2月号上发表了长篇论文《伟大的爱国者林则徐》。这篇论文可以说是胡思庸先生的成名力作。文章以扎实的史料、充沛的情感、流畅的文笔,评判了林则徐一生的伟大贡献,刊出后立即引起了学术界的高度重视与一致赞赏。

20世纪60年代,是胡思庸先生的学术成熟期。这一时期他撰写并发表的《林文忠公家书考伪》③一文,奠定了他在中国近代史研究特别是鸦片战争史研究中的不可动摇的地位。该论文就学者经常引用的《清代四名人家书》(广益书局1936年版)中的40余件林则徐家书,一一进行详细的考辨,断定其全系伪造。文章思想敏锐,旁征博引,考证缜密,得出的结论不容置疑,成为铁案。后来胡思庸先生发表的另一篇论文《林则徐手札十则辑注补证》④,再一次展现了他这方面深厚的专业知识与扎实的学风。

中国共产党十一届三中全会后,胡思庸先生在科学的春天中迎来了自己的又一次学术研究高峰。在鸦片战争史研究方面,发表了《清朝的闭关政策与蒙昧主义》⑤

---

① 《新史学通讯》,1952年第11期。
② 《新史学通讯》,1953年第11期。
③ 《历史研究》,1962年第6期。
④ 《近代史研究》,1980年第4期。
⑤ 《吉林师大学报》,1979年第2期。

《何玉成冤词——三元里抗英斗争领导问题之我见》《林则徐手札十则辑注补证》《鸦片战争前夕的"汉宋之争"》[①]《龚自珍思想论略》[②]《〈川鼻草约〉考略》[③]等一系列重要论文,可谓硕果累累。

《清朝的闭关政策与蒙昧主义》一文,从重农抑商政策的延续、封建统治者妄自尊大的心理及隔绝人民与外界的联系以利于专制统治等三个方面,就闭关政策产生的社会历史根源进行了全面深刻的剖析。文章还对清代对外贸易的管理和闭关政策的主要内容,提出了真知灼见。文章发表后,曾被收入到人民出版社1984年出版的《鸦片战争论文专集》(续编)一书中,成为该领域研究中极具代表性的著作之一。

关于三元里抗英斗争,1949年后学术界异口同声说是菜农韦绍光领导的。胡思庸先生阅读了大量的文献,经过深入细致的研究,得出了何玉成是这场斗争领导人的结论,推翻了过去的不实之词,得到了史学界的认可。[④]

胡思庸先生师从嵇文甫先生,旧学根柢深厚,尤长于研究中国古代经学发展的历史。他发表的《鸦片战争前夕的"汉宋之争"》一文,对乾隆、嘉庆以后至鸦片战争前大约一百年统治中国学术思想界的宋学和汉学,进行了系统的考察,指出:"江藩的《汉学师承记》意在为清代汉学作一个总结,但其门户之见的卑陋,思想内容的贫乏,再加上根深蒂固的对国计民生的冷漠态度,使该书变成一部琐屑的流水账。这正是汉学走向末路的征候";"鸦片战争前夕的汉宋之争,固然标志着'汉学专制'局面的崩溃,但宋学也远非胜利者。尽管《汉学商兑》(方东树著)里用了许多人身攻击的恶毒字眼,甚至用乾隆年间文字狱的案例来威胁对方,但那种陈旧而又空洞的性命义理说教,久已为人所讨厌。理学一统的局面也已一去不返"。这一论文对于研究鸦片战争前的思想学术史,有重要价值。胡思庸先生为研究生开了一门课,即《中国经学发展史》。惜由于后来他忙于行政工作,这部他多年潜心研究的专门著作未能完成、出版。但仅就其弟子就课堂笔记整理的《古代经学的发展与清代今文经学的兴起》[⑤]一文,已可看出他对经学研究的独到见解。

凭借敏锐的学术眼光加之深厚的学术功底,胡思庸先生对龚自珍的思想做出了新的评价,引起近代史学界的广泛注目。《龚自珍思想论略》一文的闪光点可谓比比皆是。针对有些学者在论著中否认今文经学对于龚自珍的影响,胡思庸先生通过大量史料辨析,指出龚氏确受今文经学影响无疑。龚自珍在《尊隐》一文中宣告了社会危机的到来,满腔热情地欢呼"山中之民"将要兴起,取代旧的统治。但这个神秘的

---

① 《史学月刊》,1981年第4期。
② 《河南师范大学学报》,1981年第4期。
③ 《光明日报》史学版,1983年2月2日。
④ 《何玉成冤词——三元里抗英斗争领导问题之我见》,《史学月刊》,1980年第1期,署名田用。
⑤ 《胡思庸学术文集》,河南大学出版社,1995年版,第351~366页。

"山中之民"是谁？他代表哪种政治力量？此前，史学界有人推测是指农民阶级。胡思庸先生通过有说服力的、机智的考辨后断言："山中之民"决非农民的代表，而是龚自珍那样的封建士大夫的化身。

《龚自珍思想论略》一文最具分量、影响最大的，应该说是对"农宗"——龚自珍的理想国的剖析。龚自珍1823年写了《农宗》一文，作为其"理想国"的蓝图。一些史家对这篇著作评价甚高，认为它有限制大地主土地兼并、保护中小地主的意图。胡先生在论文中持不同意见，尖锐地指出："《农宗》的理想国根本无法实现。它不但是空想的，而且在政治倾向上是反动的。"他认为，《农宗》中提出的方案，只能扩大官僚地主的特权，根本没有保护中小地主的意义。又"根据《农宗》的设想，是要强化封建宗法制度和自然经济，用血缘关系的强韧纽带，把穷人（'闲民'）束缚在土地上，子孙恒为闲民，世世代代不得翻身。而且，这种剥削与被剥削的阶级关系，还可以被血缘宗谱的幕布所掩盖……哪里还懂得反抗呢？"胡先生在文章中还指出，龚自珍把传统的重本抑末思想发挥到了极致。他要求社会上货币要少得不能再少，基本上等于取消，恢复到以物易物的时代去，这只能是历史的倒退。胡思庸先生的文章还评析了龚自珍的所谓"改革"主张，认为无法对其做出较高的评价。当然，正如胡先生文章中指出的，"如实地指出龚自珍的阴暗面并不是要抹去他的光辉。他生当封建社会向半殖民地半封建社会转变的边缘，思想充满矛盾是不足为奇的。他对清朝的官僚政治作过深刻的批判，尤其在封建社会晚期，高度皇权专制统治下，许多可憎可耻的东西被他无情地揭发出来，予以鞭挞，确实起了振聋发聩的作用"。

胡思庸先生对于魏源思想的研究，也透出他的睿智与深厚的学术功底。他认为："在哲学上，魏源的历史进化观点和朴素的辩证法思想，超过了同时代的任何一个学者。"但他又尖锐地指出，魏源给自己的变易的进化观点加上了两条限制，一是强调"道"不能变，一是受今文经学三世说和老子的"归根""复命"哲学的消极影响，陷入了历史循环论，因而这种变易的观点难以贯彻下去。胡先生还就魏源思想中丰富的辩证法因素及其朴素的唯物论的反映论予以肯定，但又揭示了其终于走上有神论的失足之处。这些论述，显示了胡先生在中国近代思想史研究中与人不同的地方。①

胡思庸先生与其助手郑永福合作的《〈川鼻草约〉考略》一文，获得学术界极高的评价。已故著名中国近代史学家林增平先生指出：这篇论文，是新中国近代史实考证的重大创获之一。鸦片战争初期，英国侵略军于1841年1月强占香港时，曾发布公告称义律与琦善已经签订协定（即此后所谓的《川鼻草约》），将香港一岛割让给英国。其后百余年，中外史籍（包括中国大陆大学、中学的历史教科书）均沿袭这一说法。胡先生等的文章，查阅了大量中文文献，参考了五六种英文著述及日本学者收集的有关资料，经过缜密的考证，推翻了这一延续百余年的结论。指出："琦善

---

① 《魏源思想论略》，见《胡思庸学术文集》，第124~139页。

始终没有向义律答应割让香港,只许寄居;而且始终也未答应英方占香港全岛,只同意香港一隅。""所谓《川鼻草约》,是在英军强占香港以后,才单方面制定的条文,而琦善始终未在该约上签字或加盖官防。故《川鼻草约》不仅事后未经中、英两国政府批准,即便当时也并没有签订。'订立''签订''签字'等说法,是缺乏事实根据的。""英国殖民主义者先是在没有任何条约根据的情况下,武力强行霸占了我国领土香港,以后又经过一年多的持续侵略战争,用武力胁迫清政府签订《南京条约》,将抢夺来的权益用条文的形式固定下来,充分暴露了殖民主义的强盗本性。"

这篇论文发表后不久,人民教育出版社的一位编辑便发表文章指出:此后中国历史教科书涉及《川鼻草约》的内容都要做郑重修订,其根据就是这篇论文。果然,1984年后出版的严肃的学术著作和教材中,都断然纠正了过去的错误论述。① 1997年香港回归祖国前夕,《历史教学》杂志编辑部又特约郑永福撰文,重申对《川鼻草约》的考订。② 《〈川鼻草约〉考略》一文既是一篇高质量的学术著述,其影响又超出了学术范围,引起了多方面的重视。

(二)关于太平天国史研究

胡思庸先生不仅是一位研究鸦片战争史的专家,也是一位出色的研究太平天国史的专家。在太平天国史研究中,胡思庸先生在中国古代思想史方面的造诣,显露得更加充分。他发表的《太平天国与儒家思想》③《太平天国与佛教》④《汪士铎思想剖析》⑤等论文,堪称这方面的代表之作。另外还有《太平天国革命时期贵州苗教大起义》⑥《太平天国的知识分子问题》⑦等文章。

胡思庸先生大学毕业留校后不久,便发表了一篇有相当影响的长篇文章《太平天国革命时期贵州苗教大起义》。该文章至今仍被有些专家看做是研究苗教起义的重要参考文章之一,给予很高评价。1963年,胡先生发表了长篇论文《太平天国的知识分子问题》。这是笔者所见到的关于太平天国与知识分子关系问题的第一篇专门文章,也是至今这方面为数不多的几篇文章中比较有分量者之一。

《太平天国与儒家思想》一文,是奠定胡思庸先生在太平天国史研究中的学术地位的论文。该文对太平天国与儒家思想的关系,作了系统的阐述,多有创见,并纠正了学界过去的一些错误或模糊的看法。文章最有价值的观点,主要有以下几点:

---

① 邢克斌:《〈川鼻草约〉实无其事》,《中学生学习报》,1984年10月16日。
② 郑永福:《莫须有的〈川鼻草约〉》,《历史教学》(天津),1997年第6期。
③ 《中国哲学史论文集》(第2集),中华书局,1965年出版。
④ 《太平天国史论文集》,广东、广西人民出版社1983年联合出版。
⑤ 《历史研究》,1978年第2期。
⑥ 《新史学通讯》,1954年8月号。
⑦ 《开封师范学院》,1963年第2期。

1. 在太平天国革命的早期,即上帝教创立直至金田起义前后,太平天国的领导集团以洪秀全为代表,在思想上带有浓厚的儒家色彩。他们对"孔孟先儒"是十分尊重的,并且往往打着孔孟的旗号进行"革命的托古改制"。那些认为洪秀全把孔子当做"阎罗妖""邪神"的意见,是错误的。

2. 随着思想战线斗争的深化,在定都天京前后,太平天国开始严厉地排斥儒家,洪秀全也对自己过去的著作加以审查,删去了那些带有儒家色彩的部分。但太平天国的"排儒"没有也不可能彻底执行。洪秀全的晚期作品,仍有不少改头换面的儒家封建思想因素。

3. 1853年,太平天国开始了对"四书""五经"的删改工作,但是直到太平天国失败为止,"四书""五经"的任何一部改正本,也没有钦定颁布下来。

4. 太平天国后期的重要领袖洪仁玕,又对儒家表示尊重;他力图把儒家思想的有用部分和革命的上帝教义调和起来,并且建立了一种独具体系的历史观。他在某些地方虽然也曾对儒家有所非议,但在态度上是比较温和与软弱的,他还没有摆脱儒家正统思想的影响。

《太平天国与佛教》一文,是研究太平天国与佛教关系的开创性的成果。在这篇文章中,作者通过认真地梳理史料,严密地考证,得出如下的结论:太平天国反对儒、佛、道三教的斗争,是被压迫的农民对封建精神牢笼的勇猛冲刺。在太平天国运动中,佛教所受的打击最为沉重。不管这次运动采取了如何离奇怪诞的形式,不管它是如何不彻底,并且最后归于失败,但它的进步意义应予以充分肯定。在反对三教的斗争中,洪秀全是最为激进的领袖人物。但由于佛教与儒家互相结合,长期统治,对中国的思想和文化造成了深远的影响。这个前提是无法回避的,所以洪秀全在世界观上,在思想资料的借取上,都存在着来自佛教的因素,这些佛教的思想因素,有些是通过耳濡目染,有些是通过儒家哲学的渠道,不自觉地带进了拜上帝会。

1978年,胡思庸先生发表了《汪士铎思想剖析》一文。文不虚发,每论必有创见,文采飞扬,平中见奇,可读性极强,胡先生的这些写作特征在《汪士铎思想剖析》一文中有集中的体现,因而这篇文章是胡思庸先生一生中最具代表性的著述。

在太平天国运动的洪流中,汪士铎不过是一个"泡沫"。《汪士铎思想剖析》一文,就是力图通过对汪士铎的个案研究,进一步透视当时整个思想界的一般趋势和斗争实质。胡先生在文章中,通过对汪士铎对社会各阶级的态度、历史观、人口论及其"王霸之辨""藩镇论"的剖析,指出,"汪士铎的思想色彩鲜明,毫不掩饰,一切出发点都是为了镇压农民革命。他之所以痛骂孔孟,尊崇申韩,也是为了同一目的"。唯其如此,尽管其激烈抨击孔孟,却深得以程朱理学为标榜的曾国藩等人的同情和重用。文章就儒学在明清时期的发展变化作了简明扼要的考察分析后指出:"曾(国藩)、胡(林翼)都是以孔孟之道和程朱理学相标榜的。但正如汪士铎不是什么'法家'一样,曾、胡也不是纯粹的儒家,更不是纯粹的宋学。只要能把农民革命镇压下去,他们什么手段都用,什么思想武器都用。他们不但'汉宋兼采',而且'儒法并用'。"该论文发表后,引起学界的重视,国内权威报纸作了摘介。

(三)其他方面的研究

胡思庸先生作为河南学者,对河南地方史也极为关注。他参与了关于民国初年最大规模的农民起义——白朗起义的调查工作,并撰写了《白朗起义调查报告》①。后又发表了《五十年前的白朗起义》②一文。他还与王天奖先生合作撰写了《义和团运动时期河南人民的反帝斗争》③。

20世纪80年代后,随着文化史热的兴起,他对中国近代文化史研究也倾注了热情。

《西方传教士与晚清格致学》④一文,在1984年全国第一届中国近代文化史学术讨论会上报告后,即受到广泛关注。文章发表后,得到较高的评价。

《"五四"的反传统与当代的文化热》一文,是胡思庸先生提交到在北京召开的五四运动七十周年学术讨论会的论文,后收入中国社科文献出版社出版的该讨论会论文集中,并发表在《中州学刊》1989年第4期上。该论文着重探讨了中国传统文化研究的态度与方法问题,并对当时文化研究中出现的某些倾向,从尊重历史实事求是、树立健全的开放心态两个方面谈了自己的看法。

他认为,"五四"以来,我们为了追求西方现代化,冲破旧思想的牢笼,对自己的传统文化进行了猛烈的批判,并且几十年一贯地反复扫荡。主流是好的,但也有盲目的非理性的破坏,例如"文化大革命"等。一味地破坏,这不是"五四"先驱者的本意。我们还有一种"矫枉过正,不过正就不能矫枉"的哲学,这在某种特定的情况下是必要的。不能超过了限度,凡事物都有一定的限度,真理也有一定的适用边界。孔子说"过犹不及",这是儒家中庸之道的合理一面。

胡思庸先生治学严谨,主张文不虚发,加之有十年的时间主要在河南省社会科学院任院长,从事行政管理工作,发表的著述不算多。但学界同仁公认,他的文章是高质量的。著名的老一辈史学家荣孟源先生曾对郑永福说:"胡思庸有几篇好文章!"当这话传到胡先生耳朵里时,他无比兴奋、欣慰,感到这是对他学术生涯的最高褒奖。他对郑永福说:"有的人一生可能'著作等身',并不见得能得到这样高的评价。对我来说,有这样的评价,知足了!"

胡思庸先生长期在大学里从事教学工作,他学术造诣深厚,治史严谨缜密,态度谦虚谨慎,对学生谆谆善诱,严格要求,悉心指导。他常对学生和青年教师谈的有两句话:一是"文不虚发",要求他们学习要脚踏实地,研究要有真知灼见;另一句话是

---

① 《开封师院学报》,1960年第5期。
② 《河南日报》,1961年12月19日、20日。
③ 《义和团运动60周年纪念论文集》,中华书局,1961年版。
④ 《近代史研究》,1985年第6期。

"有所不为",意思是有所不为才能有所为,要尽量摒弃对名利地位的追逐,才能在学术上有所成就。这两句话胡先生一生当中身体力行,为学生树立了榜样。"文不虚发",他无疑是做到了;"有所不为"在他身上同样有突出的体现。河南的社会科学学界中,胡思庸先生是在全国有较高学术地位的顶尖学者之一,但他不是省管专家,更不是国管专家,也没有获得过什么科研奖励,他对此从来没有发过怨言,不为名利所累。当了社科院院长之后,他公正廉洁,两袖清风,一身正气,平等待人。他鼓励学生不为一些社会上的不正之风所动时,常常引用他的老师嵇文甫先生数十年前的一段话要学生引以为戒:"我们应该知道,学术的确是国家民族的精神命脉所系,学术救国决不是一句好听的单方面的话。任何时代,任何国家,一到了所谓'学绝道丧',所谓'上无礼,下无学',一到了大家都'不悦学',不尊重学术,不尊重学者,那就是必亡的征兆。为什么?因为他们的精神堕落了,腐化了,不肯向上,不求进步;什么原理原则,正当不正当,都不管了。于是乎卑污苟贱,乱闯瞎碰,混、混、混……这个国家还有什么希望呢?"[1]这些都是他留给他的学生们的宝贵财富!

(郑永福 《中州学刊》2003年第4期,收入本书时做了少许补充。)

---

[1] 嵇文甫:《纪念李敏修先生》,《嵇文甫文集》(中册),河南人民出版社,1990年版,第390页。

后记

　　这本书里的论文,是我和吕美颐教授多年来公开发表的部分习作。有关性别、妇女史研究方面的论文,未收入此书,有机会将另成一集。30多年来,工作之余,我和吕美颐教授从早到晚谈论的正题,大都离不开中国近代史的学习和研究,我们发表的论文或出版的著作,不管最终署名如何,实际上都凝聚了两个人的心血。书中有几篇文章是我和同门田海林先生或我的博士生陈可猛君、李道永君合作完成的,文中已经注明,谨向他们表示谢意。有的文章在收入本书时,做了部分修改或补充。同类专题的文章中,个别地方或有重复,为保持每篇文章的相对独立完整,一仍其旧。本书开篇《〈川鼻草约〉考略》,系我在导师胡思庸先生指导下完成的,而末篇《文不虚发有所不为》一文,则是2003年我在韩国做客座教授时,为纪念恩师胡思庸先生逝世十周年时所撰。两文一首一尾收入此书,一是表达我们对先生的无限感激之情和深深的怀念;一是鞭策自己,牢记恩师教诲:文不虚发,有所不为!郑州大学历史学院出资赞助出版学术著作,心存感激。责任编辑杨天敬先生为本书出版贡献颇多,其敬业精神令人感佩。我的硕士生、博士生诸君在文章收集、校对方面出力不少,恕不一一列名,在此一并致谢。

郑永福
2011年元月于郑州大学明园公寓